"十三五"国家重点图书出版规划项目

列国志

GUIDE TO THE WORLD NATIONS

新版

宋晓平　张颖
编著

ECUADOR

厄瓜多尔

社会科学文献出版社
SOCIAL SCIENCES ACADEMIC PRESS (CHINA)

厄瓜多尔国旗

厄瓜多尔国徽

基多城

厄瓜多尔总统府（张颖　摄）

基多历史中心鸟瞰

基多历史中心新古典主义风格的建筑

瓜亚基尔全景

瓜亚基尔圣弗朗西斯科天主教堂（张颖　摄）

昆卡城区

昆卡大教堂

包含历史元素的厄瓜多尔壁画（张颖　摄）

厄瓜多尔手工艺品之一（张颖　摄）

厄瓜多尔手工艺品之二（张颖　摄）

钦博拉索火山

厄瓜多尔安第斯山风光

达尔文科学研究站（张颖　摄）

加拉帕戈斯海鬣蜥

漫步加拉帕戈斯村镇路边的巨龟（张颖　摄）

出版说明

《列国志》编撰出版工作自1999年正式启动，截至目前，已出版144卷，涵盖世界五大洲163个国家和国际组织，成为中国出版史上第一套百科全书式的大型国际知识参考书。该套丛书自出版以来，受到社会各界的广泛好评，被誉为“21世纪的《海国图志》”，中国人了解外部世界的全景式“窗口”。

这项凝聚着近千学人、出版人心血与期盼的工程，前后历时十多年，作为此项工作的组织实施者，我们为这皇皇144卷《列国志》的出版深感欣慰。与此同时，我们也深刻认识到当今国际形势风云变幻，国家发展日新月异，人们了解世界各国最新动态的需要也更为迫切。鉴于此，为使《列国志》丛书能够不断补充最新资料，更好地服务于社会各界，我们决定启动新版《列国志》编撰出版工作。

与已出版的144卷《列国志》相比，新版《列国志》无论是形式还是内容都有新的调整。国际组织卷次将单独作为一个系列编撰出版，原来合并出版的国家将独立成书，而之前尚未出版的国家都将增补齐全。新版《列国志》的封面设计、版面设计更加新颖，力求带给读者更好的阅读享受。内容上的调整主要体现在数据的更新、最新情况的增补以及章节设置的变化等方面，目的在于进一步加强该套丛书将基础研究和应用对策研究相结合，将基础研究成果应用于实践的特色。例如，增加了各国有关资源开发、环境治理的内容；特设“社会”一章，介绍各国的国民生活情况、社会管理经验以及存在的社会问题，等等；增设“大事纪年”，方便读者在短时间内熟悉各国的发展线索；增设“索引”，便于读者根据人名、地名、关键词查找所需相关信息。

顺应时代发展的要求，新版《列国志》将以纸质书为基础，全面整合国别国际问题研究资源，构建列国志数据库。这是《列国志》在新时期发展的一个重大突破，由此形成的国别国际问题研究与知识服务平台，必将更好地服务于中央和地方政府部门应对日益繁杂的国际事务的决策需要，促进国别国际问题研究领域的学术交流，拓宽中国民众的国际视野。

新版《列国志》的编撰出版工作得到了各方的支持：国家主管部门高度重视，将其列入“‘十二五’国家重点图书出版规划项目”；中国社会科学院将其列为创新工程学术出版资助项目，王伟光院长亲自担任编辑委员会主任，指导相关工作的开展；国内各高校和研究机构鼎力相助，国别国际问题研究领域的知名学者相继加入编辑委员会，提供优质的学术指导。相信在各方的通力合作之下，新版《列国志》必将更上一层楼，以崭新的面貌呈现给读者，在中国改革开放的新征程中更好地发挥其作为“知识向导”、“资政参考”和“文化桥梁”的作用！

新版《列国志》编辑委员会

2013 年 9 月

前　言

自1840年前后中国被迫开关、步入世界以来，对外国舆地政情的了解即应时而起。还在第一次鸦片战争期间，受林则徐之托，1842年魏源编辑刊刻了近代中国首部介绍当时世界主要国家舆地政情的大型志书《海国图志》。林、魏之目的是为长期生活在闭关锁国之中、对外部世界知之甚少的国人"睁眼看世界"，提供一部基本的参考资料，尤其是让当时中国的各级统治者知道"天朝上国"之外的天地，学习西方的科学技术，"师夷之长技以制夷"。这部著作，在当时乃至其后相当长一段时间内，产生过巨大影响，对国人了解外部世界起到了积极的作用。

自那时起中国认识世界、融入世界的步伐就再也没有停止过。中华人民共和国成立以后，尤其是1978年改革开放以来，中国更以主动的自信自强的积极姿态，加速融入世界的步伐。与之相适应，不同时期先后出版过相当数量的不同层次的有关国际问题、列国政情、异域风俗等方面的著作，数量之多，可谓汗牛充栋。它们对时人了解外部世界起到了积极的作用。

当今世界，资本与现代科技正以前所未有的速度与广度在国际流动和传播，"全球化"浪潮席卷世界各地，极大地影响着世界历史进程，对中国的发展也产生极其深刻的影响。面临不同以往的"大变局"，中国已经并将继续以更开放的姿态、更快的步伐全面步入世界，迎接时代的挑战。不同的是，我们所面临的已不是林则徐、魏源时代要不要“睁眼看世界”、要不要“开放”的问题，而是在新的历史条件下，在新的世界发展大势下，如何更好地步入世界，如何在融入世界的进程中更好地维护民族国家的主权与独立，积极参与国际事务，为维护世界和平，促进世界与人类共同发展做出贡献。这就要求我们对外部世界有比以往更深切、全面的了解，我们只有更全面、更深入地了解世界，才能在更高的层次上融入世界，也才能在融入世界的进程中不迷失方向，保持自我。

与此时代要求相比，已有的种种有关介绍、论述各国史地政情的著述，无论就规模还是内容来看，已远远不能适应我们了解外部世界的要求。人们期盼有更新、更系统、更权威的著作问世。

中国社会科学院作为国家哲学社会科学的最高研究机构和国际问题综合研究中心，有 11 个专门研究国际问题和外国问题的研究所，学科门类齐全，研究力量雄厚，有能力也有责任担当这一重任。早在 20 世纪 90 年代初，中国社会科学院的领导和中国社会科学出版社就提出编撰“简明国际百科全书”的设想。1993 年 3 月 11 日，时任中国社会科学院院长的胡绳先生在科研局的一份报告上批示：“我想，国际片各所可考虑出一套列国志，体例类似几年前出的《简明中国百科全书》，以一国（美、日、英、法等）或几个国家（北欧各国、印支各国）为一册，请考虑可行否。”

中国社会科学院科研局根据胡绳院长的批示，在调查研究的基础上，于 1994 年 2 月 28 日发出《关于编纂〈简明国际百科全书〉和〈列国志〉立项的通报》。《列国志》和《简明国际百科全书》一起被列为中国社会科学院重点项目。按照当时的计划，首先编写《简明国际百科全书》，待这一项目完成后，再着手编写《列国志》。

1998年，率先完成《简明国际百科全书》有关卷编写任务的研究所开始了《列国志》的编写工作。随后，其他研究所也陆续启动这一项目。为了保证《列国志》这套大型丛书的高质量，科研局和社会科学文献出版社于1999年1月27日召开国际学科片各研究所及世界历史研究所负责人会议，讨论了这套大型丛书的编写大纲及基本要求。根据会议精神，科研局随后印发了《关于〈列国志〉编写工作有关事项的通知》，陆续为启动项目拨付研究经费。

为了加强对《列国志》项目编撰出版工作的组织协调，根据时任中国社会科学院院长的李铁映同志的提议，2002年8月，成立了由分管国际学科片的陈佳贵副院长为主任的《列国志》编辑委员会。编委会成员包括国际片各研究所、科研局、研究生院及社会科学文献出版社等部门的主要领导及有关同志。科研局和社会科学文献出版社组成《列国志》项目工作组，社会科学文献出版社成立了《列国志》工作室。同年，《列国志》项目被批准为中国社会科学院重大课题，新闻出版总署将《列国志》项目列入国家重点图书出版计划。

在《列国志》编辑委员会的领导下，《列国志》各承担单位尤其是各位学者加快了编撰进度。作为一项大型研究项目和大型丛书，编委会对《列国志》提出的基本要求是：资料翔实、准确、最新，文笔流畅，学术性和可读性兼备。《列国志》之所以强调学术性，是因为这套丛书不是一般的“手册”“概览”，而是在尽可能吸收前人成果的基础上，体现专家学者们的研究所得和个人见解。正因为如此，《列国志》在强调基本要求的同时，本着文责自负的原则，没有对各卷的具体内容及学术观点强行统一。应当指出，参加这一浩繁工程的，除了中国社会科学院的专业科研人员以外，还有院外的一些在该领域颇有研究的专家学者。

现在凝聚着数百位专家学者心血，共计141卷，涵盖了当今世界151个国家和地区以及数十个主要国际组织的《列国志》丛书，将陆续出版与广大读者见面。我们希望这样一套大型丛书，能为各级干部了解、认识当代世界各国及主要国际组织的情况，了解世界发展趋势，把握时代发展脉络，提供有益的帮助；希望它能成为我国外交外事工作者、国际经贸企业及日渐增多的广大出国公民和旅游者走向世界的忠实“向导”，引领其步入更广阔的世界；希望它在帮助中国人民认识世界的同时，也能够架起世界各国人民认识中国的一座“桥梁”，一座中国走向世界、世界走向中国的“桥梁”。

《列国志》编辑委员会

2003年6月

厄瓜多尔驻华大使序言

很荣幸应邀为中国社会科学院拉丁美洲研究所研究员宋晓平和张颖的再版之作《列国志·厄瓜多尔》撰写序言。

1980 年，厄瓜多尔和中国建立外交关系；2016 年双方关系提升为全面战略伙伴关系。

中国“新时代”的意义体现在其发展日程的最重要方面：可持续发展、国内经济改革和对外开放、中国特色社会主义建设。

面对当前新的世界舞台，厄瓜多尔优先关注的是制定充满活力的多维日程，使厄中双边关系呈现务实特色，增加向中国的出口，吸引中国游客观光，吸引外国直接投资，加强文化交流与合作。

不能仅把中国视作投放厄瓜多尔产品的巨大市场。它是厄瓜多尔宝贵的朋友和战略伙伴，对于生产部门的技术转让和工业化来讲尤其如此。

两国具有很强的经济互补性，保持着可观的贸易和投资往来。中国是厄瓜多尔的第三大贸易国，厄瓜多尔是中国在拉美地区的第十大贸易伙伴。

在吸引外国直接投资方面，厄瓜多尔拥有可信任的司法安全和税收优惠的营商环境。

在厄瓜多尔有 90 多家中国企业安家落户，从事自然资源开发和基础设施建设。厄中两国还开展了大量的无偿金融合作。

厄瓜多尔是世界上生态最多样化的国家之一。为吸引中国游客，厄瓜多尔实行免签制度。

基于对世界上这一地区的战略考虑，厄瓜多尔政府表示有兴趣成为太平洋联盟联系国，得到成员国墨西哥、智利、哥伦比亚和秘鲁国家元首的赞同。

在多边主义领域，基于《联合国宪章》的宗旨和原则，在相互尊重的基础上，厄瓜多尔和中国保持着重要的合作关系。

最后，厄瓜多尔对“一带一路”倡议十分感兴趣。认为“一带一路”是开展全面合作的开放平台，符合国际法原则，有助于在相互尊重和互利条件下开展贸易，发展旅游，进行投资。这一倡议是中国和习近平主席为世界和平与发展做出的无可估量的贡献。

《列国志·厄瓜多尔》成书严谨、资料新颖，是不可或缺的咨询工具书。不仅有助于政府机构进行决策，而且能够帮助中国普通读者原原本本地了解厄中两国人民合作的前景。

厄瓜多尔驻华大使

卡洛斯·拉雷亚·达维拉博士

2018 年 8 月 8 日，于北京

CONTENTS
目录

CONTENTS

目 录

CONTENTS
目录

CONTENTS
目 录

CONTENTS

目 录

CONTENTS

目 录

CONTENTS

目录

CONTENTS
目 录

第一章
概　览

第一节　国土与人口

一　地理环境

厄瓜多尔国名为厄瓜多尔共和国（República del Ecuador）。国土面积为256370平方公里，居拉美第十位。[①] 厄瓜多尔位于南美洲西北部，东北部与哥伦比亚接壤，边境线长590公里；东部和南部与秘鲁为邻，边境线长1420公里；西濒太平洋。

（一）地形

厄瓜多尔是世界上地形最多样化的国家之一。全国分为四大区域。安第斯山脉由南到北纵贯中部，把大陆国土明显分成3个垂直平行分布的地理区域：西部太平洋沿海地区、中部安第斯山区和东部亚马孙地区。另有加拉帕戈斯群岛（亦称科隆群岛），位于太平洋近海。

沿海地区　西部沿海地区约占国土总面积的24.9%，包括下述省份：埃斯梅拉达斯（Esmeraldas）、马纳维（Manabí）、洛斯里奥斯（Los Ríos）、瓜亚斯（Guayas）、圣埃莱纳（Santa Elena）和埃尔奥罗（El Oro）。

沿海地区位于安第斯山脉西侧，从安第斯山麓向西延伸150公里，直

① 中华人民共和国外交部网站，https：//www.fmprc.gov.cn/web/gjhdq_676201/gj_676203/nmz_680924/1206_681096/1206x0_681098/。

到马纳维省最西部的圣洛伦索海岸，由起伏丘陵、海岸山地、海岸低地和蜿蜒曲折的河道流域组成。由北向南分布着海拔800米以下的山丘，组成了沿海山脉。这些山丘位于安第斯山脉的西侧，越靠近沿海，山丘越低平。沿海地区最大宽度为180公里，位于瓜亚斯省，最窄处为20公里，位于埃尔奥罗省。在瓜亚基尔湾内有几个岛屿，最大的是普纳岛。

安第斯山区 中部安第斯山区约占国土面积的23.9%，包括下述省份：卡尔奇（Carchi）、因巴布拉（Imbabura）、皮钦查（Pichincha）、圣多明各－德洛斯查奇拉斯（Santo Domingo de los Tsáchilas）、科托帕希（Cotopaxi）、通古拉瓦（Tungurahua）、玻利瓦尔（Bolívar）、钦博拉索（Chimborazo）、卡尼亚尔（Cañar）、阿苏艾（Azuay）和洛哈（Loja）。

安第斯山区包括山区和安第斯南部山脉的延伸地带。这一延伸地带从哥伦比亚起始，位于北部的帕斯托地带和南部的洛哈地带之间，呈狭长形，长600公里，宽100～200公里。

安第斯南部山脉由两个平行的山脉，即西科迪勒拉山脉和东科迪勒拉山脉组成。东科迪勒拉山脉比西科迪勒拉山脉宽且高，其山峰的平均高度为海拔4000米。全国最高的山峰钦博拉索火山海拔6310米，位于西科迪勒拉山脉。全国最高的活火山科托帕希火山海拔5897米，位于东科迪勒拉山脉。两个山脉之间为北高南低的高原和盆地，宽约120公里，平均高度为2650米。一条横贯山脉把西科迪勒拉山脉和东科迪勒拉山脉连接起来，人们称其为连接山脉。阿苏艾山是横向山脉的最高点，海拔4500米，把这一地区分割成两个次地区，即北边的新火山地区和南面的旧火山地区。新火山区山峰高耸，峰尖陡峭，大部分山峰常年积雪。很多山峰为活火山，如通古拉瓦火山、瓜瓜火山、皮钦查火山、科托帕希火山和桑盖火山。旧火山区的山峰都不算高，峰尖一般为圆形，呈现出老火山的特征，火山灰质已然消失，成为丰富的植物养料。在这一地区的表层地带，蕴藏着大理石、石煤、石灰石等矿。

安第斯山区至少有22个高度在4200米以上的山峰。除了上面提到的那些火山外，著名的山峰还有卡扬贝山、安蒂萨纳山、阿尔塔尔山、伊利尼萨山、科塔卡奇山等。

山区的气候条件和火山运动使当地的植被十分特殊，类似于荒漠的植被。这种荒漠或干旱植被覆盖的地区面积为27000平方公里，海拔高度在3500~4500米，环境十分适合秃鹰等动物生活。

亚马孙地区 东部亚马孙地区约占国土面积的48.3%，包括下述省份：苏昆比奥斯（Sucumbíos）、纳波（Napo）、奥雷亚纳（Orellana）、帕斯塔萨（Pastaza）、莫罗纳－圣地亚哥（Morona-Santiago）和萨莫拉－钦奇佩（Zamora Chinchipe）。位于这一地区的纳波盆地长1400公里，宽1~5公里。

亚马孙地区西靠安第斯山脉，东部和南部延伸到与秘鲁和哥伦比亚交界地区。亚马孙地区76%的土地并不肥沃，适合农业生产的土地仅占24%，大多位于河流两岸地区。这里的热带雨林植被十分茂盛，生长着奇特的植被和树木。一些树木高达45米。这里常见的树木是桂皮树（canela）、蓝花楹（jacarandá）和一些豆科类植物。

加拉帕戈斯地区 加拉帕戈斯（Galápagos）是厄瓜多尔的一个省份，包括13个大岛、6个小岛和42组礁石群，由火山岩质构成。是世界上第二大最活跃的火山群岛。总面积为8010平方公里。群岛散布于6万平方公里的海域。与大陆的距离为900~1200公里。

群岛系500万年以前海底火山喷发而成。大多岛屿地势崎岖，多火山锥、巉岩和峭壁。在这些大大小小的岛上，分布着2000多个原始火山，其中很多是活火山，像沃尔夫火山和阿尔塞多火山等至今仍很活跃。最高的火山是位于伊莎贝拉岛的阿苏尔火山，海拔1689米。伊莎贝拉岛是群岛中最大的岛屿，面积为4275平方公里。其次是圣克鲁斯岛，面积为1020平方公里。这些岛屿的岸边低地大多贫瘠、干旱，植被以仙人掌科为主。随着海拔高度的提升，湿度不断增大，200~500米的山坡上生长着茂盛的常绿林，而海拔最高的地区是长满苔藓和蕨类植物的旷野。在各岛屿上没有大的淡水源，只有一些小的湖泊和泉水。

河流和海湾 厄瓜多尔的河流大多发源于安第斯山区，水源来自山峰融化的冰雪和雨水，向东流入亚马孙河，或向西流入太平洋。山区的小溪和河流狭窄，从陡峭的山坡间急流而下。当河流流经盆地时，河面加宽，水流缓慢。当河流从安第斯山高地流向其他地区洼地时，河水又变得湍急。高地河流流入沿海地区和东部平原时，河面又变得十分宽阔。

沿海地区靠近海岸的河流大部分是流程较短的季节河，每年的 12 月至次年 5 月充沛的降雨量使河流水量充足，但一到旱季河床便干枯了。常年河流流经内海岸地区，雨季时常形成沼泽地带。

瓜亚斯河是内海岸地区最主要的河流，长 60 公里，发源于安第斯山脉，流向南部瓜亚基尔湾，构成内海岸地区非常重要的水利系统。瓜亚斯河在瓜亚基尔受山脉影响，河面变得狭小，流经南部诸城市时变宽，在河口处，形成一个环绕普纳岛很宽的拥有两个河道的海湾。瓜亚斯河流域覆盖了太平洋沿岸大部分地区，至少有 12 条河汇入瓜亚斯河。瓜亚斯盆地面积为 4 万平方公里。

埃斯梅拉达斯河是沿海地区第二个主要河流，全长 320 公里，发源于基多盆地，经埃斯梅拉达斯市流入太平洋。埃斯梅拉达斯河灌溉面积为 2 万平方公里。

道莱河穿越沿海地区与安第斯山脉之间，在下游地区与温希斯和巴巴奥约两条河流汇合。在这里，靠近内地地区遍布森林，沿海地区生长着沼泽灌木林。

在亚马孙地区宽阔的平原和冲积山谷相间，不少宽阔的河流流经这里，其中有纳波河（1120 公里）、库拉赖河（805 公里）、帕斯塔萨河（643 公里）、提格雷河（563 公里）、莫罗纳河（418 公里）、普图马约河等，这些河流均流入亚马孙河。纳波河发源于科托帕希火山附近，是东部洼地用于运输的主要河流。它的上游水流湍急，在与主要的支流科卡河汇合后水流缓慢，河面宽至 500～1800 米。帕斯塔萨河由山区的钦博河和帕塔特河汇合而成，这两条河均发源于安第斯山区。厄瓜多尔境内最高的阿格岩瀑布落差 61 米，位于帕斯塔萨河上。

瓜亚基尔湾是南美洲最大的海湾，是道莱河、瓜亚斯河、纳兰哈尔河的入海口。普纳岛位于湾内。北侧有莫罗水道深入瓜亚基尔市；南侧有汉贝利水道与瓜亚斯河入海口连接。与大陆连接处地势平坦，有大量海潮淹地。海湾沿岸地域是厄瓜多尔最重要的地区，占全国面积的18.7%，全国较大的50座城市中有27座位于这里，其中包括全国最大城市瓜亚基尔。

火山和厄尔尼诺现象 厄瓜多尔火山众多。在历史上，火山爆发频繁，为当地人民带来巨大灾难，同时也形成了厄瓜多尔独特的地貌和自然景观。主要的火山有：钦博拉索火山、科托帕希火山、卡扬贝火山、安蒂萨纳火山、阿尔塔尔火山、伊利尼萨火山、通古拉瓦火山、科塔卡奇火山、因巴布拉火山等。①

科托帕希火山是世界最高的活火山之一，位于南美洲安第斯山脉北段东科迪勒拉山西坡厄瓜多尔境内，北距基多56公里。山体呈圆锥形，火山口直径约700米，深约360米。1533～1904年，发生了14次大喷发，1742年的喷发毁灭了拉塔昆加城和基多城。最近的一次喷发发生在1975年。科托帕希火山海拔4700米以上终年积雪。火山口经常溢出熔岩流，融化山坡上的冰雪，造成巨大的泥石流。

频繁的火山喷发给当地居民带来很大灾害。2001年8月通古拉瓦火山连续爆发，附近房屋的房顶被厚厚一层火山灰覆盖。除此之外，当地还发生了多次震级不等的地震，造成2万多人受伤。火山和地震使该地区95%的稻子、土豆、豆类和玉米作物受损，当地居民不得不把牲口和家禽转移到外地。

厄瓜多尔位于环太平洋地震带，地震灾害频发，给厄瓜多尔造成巨大损失。2016年4月，厄瓜多尔发生里氏7.8级强烈地震，造成直接经济损失33.44亿美元，约占国内生产总值的3%。厄尔尼诺现象对人类生活造成很大影响，使海洋水温升高，造成水灾和旱灾。1982年、1997年和1998年，厄尔尼诺现象曾导致厄瓜多尔几十人丧生，造成54亿美元的经济损失。

① http://www.ecuadorexplorer.com/html/basic_ ecuador_ map.html.

（二）气候

受不同地理位置、高度、安第斯山脉和海洋的影响，厄瓜多尔四个主要地区的气候条件差异较大。厄瓜多尔的降水量因季节而异，冬季又称雨季，雨水较多；夏季又称旱季，雨水较少。

沿海地区　属热带气候，受海洋冷暖气流的影响很大，气温从南向北逐渐升高。平均气温为25℃～31℃。12月至次年5月为冬季即雨季。受厄尔尼诺暖流的影响，1～5月雨水较多，6～12月为夏季即旱季。尽管季节发生变化，但气温没有明显的起伏。降水量随着北部热带雨林植被向南部热带无树平原的变化而递减，年均降水量由3000多毫米减少到500毫米。雨季气温炎热潮湿。旱季轻微潮湿，但有些闷热。

安第斯山区　气候因海拔高度不同而异，地势每升高200米，气温下降1℃。海拔在400～1800米的热带，年均气温是20℃～25℃，降水量较大。海拔在1800～2500米的亚热带，年均气温是15℃～20℃，降水量适中。海拔在2500～3200米高度，年均气温是10℃～15℃，年降水量为1000毫米。海拔4000米以上常年积雪。海拔4650米的寒冷地带，年均气温为3℃～9℃。海拔4650米以上是冰冻地带，年均气温是0℃～－3℃，山顶常年冰雪覆盖。山区11月至次年4月为雨季，气候较冷，5～10月为旱季。

首都基多，年均气温为13.5℃。气温变化经常引起暴风雨和大雾天气。1～6月为冬季和雨季，7～12月为夏季和旱季。一般下雨集中在4月份，有时受东部气候的影响，10月初仍为雨季。最热的月平均温度为16℃，最冷的时候为13℃。该地区每日温差变化很大，中午高达26℃，夜晚可降至7℃。另外，气候多变，通常早晨阳光明媚，午后则阴云密布，雨水沥沥。降水量根据地形而变化，山谷的年降水量通常是500毫米，山坡的降水量可以达到2500毫米。

亚马孙地区　属热带雨林气候，潮湿，炎热多雨，年均气温为23℃～27℃。与上述两个地区相比，亚马孙地区气候变化相对小一些。旱季通常是11月至次年2月。本地区西部的年均气温为25℃。丛林覆盖的东部洼地，雨量充沛，气温超过28℃。亚马孙地区的降水量50%来源于内部循环系统，其余部分来自西部地区。来自安第斯山脉的气流携带着来源于大西洋和植被蒸发的水分与亚马孙盆地的湿热气流汇合，使这一地区的年降水量高达5900毫米，位居世界前列。

加拉帕戈斯群岛 为温带气候。群岛地处赤道，太平洋暖流和寒流交汇于此，同时受海洋性气候和高山气候影响。各岛气候有很大差异，有的潮湿炎热，有的干燥凉爽，年均气温为28℃。12月至次年6月为雨季，7～11月为旱季。海平面气温为21℃。海拔450米以下地区为热带和亚热带混合型气候，年均气温在17℃左右；海拔450米以上的地区年均气温在14℃以下。

二 行政区划

国家行政体制分为省（provincia）、市（cantón）和区（parroquia）三级。共有24个省，下分215个市，1081个区。根据2008年宪法规定，国家行政管理还设行政管理区（regiones administrativas），每个管理区由若干个省组成，意在统筹地区发展规划。但该建制实际上至今未设立。省的地理分布为：沿海地区6个，山区11个，亚马孙地区6个，另有加拉帕戈斯省。

宪法和有关法律充分尊重印第安人的权利，给予他们自治权。因此，国家实行两种行政管理制度。在印第安人比较集中的亚马孙地区设立自治省、市或区，实行自治管理制度。这些省和市的委员会拥有自治权，包括立法权。另外，出于特殊的环境保护要求，加拉帕戈斯省也享有自治权。实行自治管理制度的省、市和区政府有权征税，从国家税收中提成。在其他地区实行隶属于中央政府的行政管理制度。在实行隶属于中央政府的行政管理制度的省份，省长是总统的代表，由总统任命。

三 人口语言

人口 全国人口为1669万（2017年）。人口增长率为1.4%。人口出生率为19.8‰。人均预期寿命为76.5岁。94%的居民信奉天主教。2017年12月，劳动年龄人口为1190万，占70.4%，非劳动年龄人口占

29.6%。经济自立人口为800万，占67.7%，非经济自立人口占32.3%。

20世纪初，全国人口为128万。从1930年起，人口增长呈直线上升趋势。1960～1965年，人口年均增长率为3.0%。此后，人口增长速度减缓。2000～2005年，人口年均增长率为1.4%，大大低于20世纪90年代的2%、80年代的2.2%和70年代的2.6%。[①] 人口增长速度下降的最主要原因是20世纪90年代末以来大量人口移居海外。另外，人口的自然增长率也在下降，从妇女生育情况也可以看出来。1960年全国妇女平均拥有6.7个孩子，1990～1995年平均拥有3.1个孩子，2005年为2.9个，2017年为2.5个。

随着城市化进程的加速，城市人口增长速度明显加快，农村人口向城市集中，城乡人口比例发生重大变化。2001年的人口普查显示，农村人口比重由1950年的72%下降到2001年的39%，城市人口比重由1950年的28%上升到2001年的61%，2017年为64.4%。

进入21世纪以后，全国人口的性别比例基本保持平衡，男性人口略少于女性，城市中的女性人口高于农村，这主要是由于大量农村女性人口迁移到城市所致。在沿海和亚马孙地区各省，男性人口居多，而在山区各省女性人口居多。阿苏艾省和卡尼亚尔省因受国内流动人口和国际移民人口的影响，男性人口居多。

20世纪50年代，亚马孙地区主要居住着印第安人。进入21世纪以后，印第安人约占该地区人口的30%，垦殖农人口约占70%。在《农牧业开发和垦殖法》（Ley de Fomento Agropecuario y Colonización）颁布后，大量垦殖农特别是南部的莫罗纳－圣地亚哥省的垦殖农移居这里。20世纪70年代又受东北部几个省“石油繁荣”的吸引，外来人口大量涌入。居住在亚马孙森林地带的印第安人以采集、狩猎、捕鱼和初始的农业生产为生。但是石油开采，垦殖农、农工企业和木材企业的发展使印第安人失去了土地，生存环境恶化，他们被迫向更加偏僻的地区迁移，或成为境况窘迫的雇佣工人。

① *Country Profile 2006*：*Ecuador*，Economist Intelligence Unit，London，p. 16.

向外移民成为影响厄瓜多尔人口数量变化和人口构成的重要因素。根据厄瓜多尔移民局的统计，1998～2001 年，共有 40.5 万厄瓜多尔人到国外谋生。移民主要流向美国和欧洲发达国家。1995 年以前，65% 的移民前往美国。1995 年以后，50% 的移民青睐西班牙。根据西班牙方面的材料，居住在西班牙的厄瓜多尔人数为 39 万人，是该国最大的外国移民群体。另外，意大利也是一个重要的移民目的地。

向外移民主要是出于经济原因。1998 年经济危机加深后，向外移民的速度加快，规模显著扩大。以前，移民大多是安第斯山区的人，但现在情况发生了变化，全国各地都有向外移民的，包括沿海地区，但是主要还是南部地区，如阿苏艾、卡尼亚尔和洛哈等省。在这些地区，每 10 个家庭便有 6 个家庭有向外移民的成员。这些移民主要是 20 世纪 90 年代末受经济危机影响陷入贫困的城市居民，通常是失业者，为了寻求生计而移居海外。移民更多的是青年人。

语言　厄瓜多尔官方语言是西班牙语，印第安人居住区大多用克丘亚语，知识界和政府官员用英语的较多。

印第安人的语言历史悠久，种类繁多，有些部落讲方言，有些方言还没有文字。在印加人征服厄瓜多尔后，印第安人学会了克丘亚语。克丘亚语在纳波河、卡内洛河以及其他东部地区都通用。厄瓜多尔西部印第安人讲西班牙语很困难，他们讲不同于克丘亚语的方言。

四　民族部落

种族构成　厄瓜多尔由不同的种族构成，主体是印欧混血种人、印第安人和白人。《厄瓜多尔宪法》承认厄瓜多尔为多民族国家。在全国人口中，印欧混血种人占 77.42%，印第安人占 6.83%，白人占 10.46%，黑白混血种人占 2.74%，黑人和其他人种占 2.55%。[①]

白人与印第安人的混血种人被称作“梅斯蒂索”或“乔洛”。但是

① 中华人民共和国外交部网站，https://www.fmprc.gov.cn/web/gjhdq_676201/gj_676203/nmz_680924/1206_681096/1206x0_681098/。

“梅斯蒂索”和“乔洛”又有所区别，“梅斯蒂索”在文化、生活习惯和衣着方面接近于白人，而“乔洛”则接近于印第安人。在厄瓜多尔，白人与白人血统稍重些的混血种人的区别往往是模糊的。在安第斯山区的小城镇，混血种人习惯自称白人，以有别于印第安人，但大城市里的白人或社会上层人士却称他们是“梅斯蒂索”。收入和生活方式往往也是区别二者的重要因素，富裕的“梅斯蒂索”可以被称作白人，而穷人则被称作“梅斯蒂索”。

欧洲裔白人占人口的比重不大。他们通常是高科技专业技术人员，政府官员，富裕的商人和银行家。

非洲裔人口占全国人口的比重也不大，主要分布在沿海地区。据估计，在沿海地区生活着50万非洲裔人口。16世纪，殖民者从非洲引进了很多奴隶。他们在沿海甘蔗种植园做工，由此，逐步形成了一个独特的群体。20世纪60年代和70年代，一些黑人经营小店铺、小酒吧和从事其他服务行业。黑人的地位比印第安人略高一些。生活在边远地区的黑人讲的方言中带西班牙语。

印第安民族 印第安人世世代代生活在厄瓜多尔这片古老的土地上，经过长期的迁徙、分化和融合，逐步形成了十多个民族，创造了自己丰富的民族文化。这些印第安民族主要居住在安第斯山区和亚马孙地区。一些印第安民族与外来文化接触紧密，在保留自己的文化传统、风俗习惯的同时，接受了外来文化的影响，使用外来的西班牙语。还有一些民族处于相对隔绝状态，较好地保留了民族文化，仅使用本民族的语言。在印第安人的主要聚居区讲克丘亚语等十多种印第安语。

厄瓜多尔宪法承认共和国为多民族国家，允各民族和部落参与国家政治生活和决策。宪法特别承认，民族和部落具有“派出代表参加政府机构”的集体权利。1998年政府颁布第386号政府令，建立了厄瓜多尔民族和部落发展委员会，作为管理民族事务的官方机构。根据这一法律文件，印第安各民族派出代表参加厄瓜多尔民族和部落发展委员会，参与民族事务的决策和管理。厄瓜多尔民族和部落发展委员会具有法人身份，隶属于总统府。在此之前，为了维护非洲裔少数民族的权益，厄瓜多尔建立了“厄瓜多尔非洲裔发展协会”。

厄瓜多尔的印第安民族在国家生活中具有越来越重要的地位和影响，这不仅因其人口数量多，而且因为最近 20 年他们在政治和社会方面的作用日益增强，已成为一支不可忽视的政治和社会力量。印第安人运动提出了自己的政治纲领，要求承认其民族地位，把厄瓜多尔建成一个多民族、多元文化的社会。

（一）各印第安民族

人们在谈及印第安社会和文化时，往往把民族、部落、社区等混为一谈，造成误解。厄瓜多尔民族和部落发展委员会对民族和部落概念进行了定义，并对厄瓜多尔印第安民族进行了划分和确定。[①] 在厄瓜多尔现行行政管理中，民族被赋予特殊的含义和功能。有关法律规定，民族具有政治和行政管理权，有权代表特定的民族群体参与全国性或地区性政治决策机构。这成为区分民族与部落的主要标准之一。根据厄瓜多尔民族和部落发展委员会在 21 世纪初对该国印第安民族和部落的划分和人口统计，厄瓜多尔印第安民族及其人口构成如下。

克丘亚族 是古代印加文化和印加帝国的创建者。在西班牙人到来之前，伴随着印加帝国的扩张与征服，拥有不同文化特点的部落相互融合，在此基础上产生了克丘亚民族，他们拥有自己的语言克丘亚语。

① 厄瓜多尔民族和部落发展委员会是这样定义民族（nacionalidades）的：“由古老的部落（pueblos）组成，这些部落早在厄瓜多尔国家形成前便已存在，是国家的组成部分。部落的定义是拥有共同的历史认同、语言和文化，生活在特定的地域，拥有自己的组织机构和传统的社会经济、司法和政治组织形式，行使自己的权力。”印第安部落可以理解为“是这样的原始群体（colectividades originarias），由具有与厄瓜多尔其他阶层相区别的文化认同的社区或中心组成，它们有自己的社会、经济、政治和法律组织系统”。可以说，在一个民族之中可以存在不同的部落，它们之间保持着该民族的实质性特点，如语言，但是拥有其他相互不同的文化因素。除此之外，还有另外一种基本的社会单位（otra unidad social basica），即社区（comunidad），其定义是“由定居于某个特定区域内的家庭组成，是一个民族或部落的组成部分，其生活方式基于具有相互性、共济性和平等性的集体活动，拥有一种政治、管理、经济、精神和文化组织系统”。社区是发展、再生所有文化行为的基础单位，而这些文化行为则标明了一个部落或民族的特点。参见 Lola Vúzquez y Napoleón Saltos：*Ecuador*：*Su realidad 2004 - 2005*，Fudación “José Peralta”，Décima Segunda edición，púgina 139，Quito，Ecuador，2004。

克丘亚人广布于南美洲安第斯地区，约有人口1281万人，其中62%分布在秘鲁中部和南部各省，19.5%聚集在厄瓜多尔中部的安第斯山区，18%居住在玻利维亚。另有少部分人分布在智利北部和阿根廷西北部。在克丘亚人的社会发展过程中，不断地同化和吸收其他印第安民族，到19世纪中期，除了分布在东部地区丛林中的印第安人之外，其他很多印第安部落都合并到克丘亚民族中。厄瓜多尔有印第安人263万多人，大部分属克丘亚人。克丘亚人主要从事农业和畜牧业，种植马铃薯、玉米、小麦等。

山区的印第安人逐步认同了克丘亚民族，他们拥有一个长期共同的历史，共同的语言和世界观。根据这一世界观，世界、土地、人类之间存在一种和谐的关系，一切分为相对应的两极：大地与苍穹、高与矮、冷与热等。他们视集体为经济、社会和文化生活的基础。

克丘亚民族以亲属关系和共同的文化传统为基础。其社会基础组织是部落。每个部落拥有自己的文化，大多数情况下，部落以自己居住地的名称命名，如奥塔瓦罗、卡兰基、那塔布埃拉、卡扬贝、基图、潘萨雷奥、萨拉萨加、奇布雷奥、瓦兰卡、普卢哈、卡尼亚利和萨拉古洛。

在因巴布拉省，有奥塔瓦罗人、那塔布埃拉人和卡兰基人。因巴布拉省主要的印第安人节日来源于西班牙殖民时期以前，但是现在与天主教节日混杂在一起了，成为土著文化与外来文化结合的产物。在皮钦查省，位于基多市附近的各部落经历了混血过程，传统文化成分保留不多。最重要的部落是卡扬贝、辛比萨斯、基多－卡拉斯。在科托帕希省，远离城市中心的社团更好地保留了自己的文化，如孙巴瓦、关加赫、瓜亚马和莫雷纳的印第安人。他们基本上以农业为生，以牧羊为辅业。该省很大一部分印第安人迁移到了城市，从事建筑业。靠近省首府的社团，如普西利、萨基西利和穆拉罗混血现象比较普通。在通古拉瓦省，主要的部落和社团为萨拉萨加、奇布雷奥和皮利亚罗，他们以农业和手工业为生。在钦博拉索省，卡恰斯、利科托斯和科尔塔斯等部落的印第安人过去曾与大庄园有人身依附关系。在后来的土改过程中，他们分配到了土地。近年来，随着城市化的发展，很多印第安人已迁移到城市生活。在玻利瓦尔省，很多社团采用了村镇的名字命名，如瓜兰达和希米亚图格。在卡尼亚尔省和阿苏艾省，有卡兰基人；在洛哈省，有萨拉古洛人。

总的来讲，克丘亚各部落受到白人和混血种人强烈的意识形态和文化渗透，但是仍然保存了自己的文化。一般来讲，人们以农业为生，主要种植玉米。但是也有很多印第安人失去了土地，流入城市，受雇于服务和建筑等部门，或从事其他收入很低的工作。

亚马孙克丘亚族 亚马孙克丘亚族包括两个部落，他们拥有共同的语言和文化传统，即纳波－克丘亚部落和帕斯塔萨－克丘亚部落。

亚马孙克丘亚族的语言是卢纳世米语，属于克丘亚语系。该地区的克丘亚民族约有 8 万人口。分布于苏昆比奥斯、纳波和帕斯塔萨省，位于普图马约河和圣米格尔河东部及帕斯塔萨南部和哥伦比亚及秘鲁边境的东部。他们拥有与山区克丘亚人同样的语言和文化传统。亚马孙地区的克丘亚人仍保持自己的文化，使用草药，拥有自己的风俗和自己的语言，保持强烈的文化认同。集约牧业和农业的发展迫使他们定居下来，并依赖于信贷机构。另外，受到垦殖农业、农工业和石油工业扩张的威胁，他们失去了大量土地，生活方式也发生了较大变化。

恰奇族 居住于埃斯梅拉达斯省卡亚帕斯河沿岸。由 467 个家庭组成，分布于 46 个居住中心，这些中心分布于 3 个居住区域。北部区域包括埃洛伊区、阿尔法罗区和圣洛伦索区；中部区域包括埃斯梅拉达斯区和基宁德区；南部区域为姆伊斯内区。恰奇族的语言为恰帕拉语。恰奇族居住地面积为 10.5 万公顷，其中 8.3 万公顷是原始森林和半原始森林，拥有令大工业木材公司垂涎的木材资源。恰奇人主要以种植香蕉、狩猎和捕鱼为生。

埃佩拉族 有 290 多人，拥有 330 公顷土地，种植可可、椰子和香蕉。根据其种族特性、语言和来源地，埃佩拉人是埃佩拉拉西亚人的分支，而后者是哥伦比亚规模较大的印第安人群体之一。埃佩拉族较晚才出现在厄瓜多尔。由于厄瓜多尔乔科地区与哥伦比亚的乔科地区生活条件相似，1964 年他们从那里迁移到厄瓜多尔。最初，他们生活在哥伦比亚的南部和厄瓜多尔的北部，特别是埃斯梅拉达斯省，处于赤贫状态。如今他们处于重新集聚过程中，逐步获得认同，具有生活在卡亚帕斯河圣罗萨镇的埃佩拉人的归属感。

萨奇拉族 有2600多人，生活在皮钦查省西南部的圣多明各－德洛斯科罗拉多斯地区，离基多市128公里。居民分布于离圣多明各－德洛斯科罗拉多斯地区很近的8个社区。原厄瓜多尔土改和垦殖协会分配给他们19000公顷土地，现在仅剩下9060公顷，其他部分已被垦殖农占有。

萨奇拉人用胭脂果染发，发型十分奇特。但他们拒绝使用“胭脂果”这一词，坚持称这种果为“萨奇拉果”。他们靠农业、狩猎和饲养牛维持生计。尽管他们与混血社会保持着密切的接触，但是仍然具备赋予他们文化认同的文化因素，如讲自己的语言萨菲吉语。

阿瓦族 有3700多人，分布于厄瓜多尔西北部，卡尔奇省的米拉河与圣胡安河之间的地区和埃斯梅拉达斯省的圣洛伦索地区，居住在26个地区。拥有10万公顷合法土地，另有5500公顷由祖上传袭但没有合法化的土地。其语言是阿瓦皮特语。阿瓦的意思为人、人类，阿瓦人也被称为科阿伊格人（Coayquer）。他们主要以狩猎、捕鱼、种植木薯和香蕉为生。阿瓦人广泛种植海枣树，果实可食用，木材可用作建筑住宅的材料。

塞科亚族 大约有400人，生活在苏昆比奥斯省，主要聚居在3个社区。

西奥纳族 有300多人，生活在苏昆比奥斯省，散居于一些村庄。

由于塞科亚人和西奥纳人居住于同一地区，即普图马约河、阿瓜利科河和库亚贝诺河地区，且使用同一语言，人们往往又把他们视为同一民族，称为塞科亚－西奥纳族。他们拥有4万公顷合法土地，主要以种植菜蔬为生，辅以狩猎、捕鱼和采集野果，也有些人在石油公司油田从事清理和建筑工作。

科凡族 厄瓜多尔境内有700多人，哥伦比亚境内大约有200人。沿苏昆比奥斯省的阿瓜利科河而居。他们的语言是埃恩加语。他们把自己称为“Ai”，为人的意思。科凡人保持着祖先承袭下来的风俗，举行饮用亚赫神灵水的仪式。

他们主要以轮耕农业为生，辅以狩猎、捕鱼和采集野果。垦殖农的到来以及石油的开采使他们失去了生活的条件，很多人被迫到石油公司打工。石油开采也影响了科凡人的聚居环境，土地大大减少了，并被分割成小的地块，而且处于边远地区和无法居住的原始森林中。他们仍然保持着其传统服饰，这种服饰是其文化认同的重要象征，尽管他们之中有人改穿西式服装。

瓜拉尼族 大约有 3000 人，居住在奥雷亚纳、帕斯塔萨和纳波省，聚居于 28 个社区。语言是瓦奥特雷罗语。主要从事轮耕农业另外也狩猎和捕鱼。由于石油开采，他们传统的生活方式受到威胁。

萨帕拉族 是厄瓜多尔亚马孙地区人口最少的民族，讲萨帕拉语。在他们的语言中萨帕拉的意思是“森林人”。该部落的历史是被西方文化冲击和剥夺的历史，特别是被橡胶开发剥夺的历史。在西班牙人来到这里时他们拥有 20 万人口，分布于 39 个聚居区。但是目前只剩下 200 多人。他们居住在科南波河和品多亚库河流域，生活在生态多样化的亚马孙原始森林。厄瓜多尔与秘鲁的边境冲突把他们分割开来，一部分留在厄瓜多尔境内，另一部分生活在秘鲁境内。厄瓜多尔和秘鲁的萨帕拉族的文化被联合国教科文组织宣布为人类非物质文化遗产。

阿丘阿尔族 由 800 多户家庭组成，讲阿丘阿尔奇乾语。他们生活在帕斯塔萨省和莫罗纳 - 圣地亚哥省。

舒阿尔族 大约有 11 万人，讲舒阿尔语。舒阿尔人和阿丘阿尔人实行联姻，语言属于同一语系，因此，有人把他们视为同一民族，称其为舒阿尔 - 阿丘阿尔族。他们共同生活在厄瓜多尔和秘鲁，他们的语言与秘鲁阿瓜卢纳人和瓦比萨人的语言属于同一语系。

舒阿尔人和阿丘阿尔人把自己叫作乌苏利舒阿尔人（Untsuri Shuar），意思是“山地人”。他们生活在圣地亚哥河、莫罗纳河和帕斯塔萨河一带，在帕斯塔萨省的南部，莫罗纳 - 圣地亚哥省和萨莫拉 - 钦奇佩省的东部，逐渐扩展到纳波省、帕斯塔萨省和萨莫拉 - 钦奇佩省全部。舒阿尔人合法占有土地 718220 公顷。由于人口的扩张和无法控制的垦殖行为，他们开始占据河岸地区和森林的土地，进入了属于阿丘阿尔人的地区。

舒阿尔人和阿丘阿尔人是亚马孙地区最大的文化群体。历史上，他们长期从事轮耕农业，使用刀耕火种技术，还从事畜牧业。随着社会的发展，他们已经定居下来，这使他们的社会文化制度发生了变化。

安多阿斯族 2004年5月8日，亚马孙印第安议会（Parlamento Indio Amazónico）在普约召开会议，宣布安多阿斯为一个民族。安多阿斯人生活在帕斯塔萨省帕斯塔萨河和波伯纳萨河岸边，大约有800人，有自己的语言和服饰。占有土地约10万公顷，这些土地均为原始森林。

（二）克丘亚民族的各个部落

克丘亚民族内部又分为以下主要部落。

卡兰基部落 讲克丘亚语和西班牙语。大约有6300人，生活在安第斯山区因巴布拉省的伊巴拉区和奥塔瓦罗区。行政组织为第49区委员会。

那塔布埃拉部落 生活在安第斯地区因巴布拉省的伊巴拉区。那塔布埃拉人成立了区委员会和部落印第安政府。讲克丘亚语和西班牙语。

奥塔瓦罗部落 大约有6.5万人，生活在安第斯山区因巴布拉省的几个区。讲克丘亚语和西班牙语。聚居在150多个社区，成立了区委员会。

卡扬贝部落 大约有14.7万人，生活在安第斯地区皮钦查省、因巴布拉省和亚马孙地区纳波省的一些地区。讲克丘亚语和西班牙语。聚居在130多个社区，成立了合作协会和省联邦协会。

奇图卡拉部落 大约有10万人，生活在安第斯山区，皮钦查省各城市的郊区。讲克丘亚语和西班牙语。聚居在60多个社区，这些社区的政治权力机构是社区代表大会。

潘萨雷奥部落 大约有4.5万人，讲克丘亚语和西班牙语。生活在安第斯山区科托帕希省南部地区。社区代表大会是其社区的政治权力机构。

奇布雷奥部落 大约有1.2万人，讲克丘亚语和西班牙语。生活在安第斯山区通古拉瓦省的东南部。聚居在7个社区。最高政治权力机构是社区代表大会。

萨拉萨加部落 大约有1.2万人，讲克丘亚语和西班牙语。生活在安第斯山区通古拉瓦省安巴托市的东部。最高决策机构是社区代表大会。

瓦兰卡部落 讲克丘亚语和西班牙语。生活在安第斯山区玻利瓦尔省的中部地区聚居在200多个社区，居住相对分散。

普卢哈部落 大约有40万人，讲克丘亚语和西班牙语。生活在安第斯地区，钦博拉索省的里奥班巴、阿拉乌西、科尔塔、瓜莫特等地。最高权力机构是社区代表大会，由社区代表大会组建执法领导机构。

卡尼亚利部落 大约有15万人，讲克丘亚语和西班牙语。生活在安第斯山区的阿苏艾省和卡尼亚尔省的一些地区。聚居在380多个社区，长老会和各社区代表大会是其最高政治权力机构。

萨拉古洛部落 大约有6万人，讲克丘亚语和西班牙语。生活在安第斯山区的洛哈省西北部到亚马孙地区的萨莫拉－钦奇佩省。社区是该部落的传统组织形式。

亚马孙克丘亚部落 大约有8万人，讲克丘亚语。生活在亚马孙地区，分布纳波省、帕斯塔萨省、苏昆比奥斯省和奥雷亚纳省。聚居在430多个社区，政治组织形式是省联邦组织和合作协会。

曼塔－万卡维尔加－普纳部落 生活在沿海马纳维省和瓜亚斯省的一些地区，讲西班牙语。最高政治组织形式是由社区组成的联合会。

五 国家象征

国旗 厄瓜多尔国旗呈长方形，长与宽之比为2∶1，旗面由黄、蓝、红3个长方形相连组成。黄色在上部，占旗面的1/2；蓝色居中，红色在下部，各占1/4。黄色象征阳光、谷物、丰饶的物产和资源；蓝色代表蓝天、海洋和河流；红色象征为自由和正义而战的爱国者的鲜血。旗的中央绘有厄瓜多尔国徽。国旗于1845年正式采用至今。

国徽 国徽为椭圆形，主体图案正中耸立着厄瓜多尔最高峰钦博拉索山，山顶积雪皑皑，山下草木葱葱。山峰的上空绘有人面太阳，两边的带子上标有3月、4月、5月和6月的符号，用于纪念1845年3～6月厄瓜多尔人民为独立自由而进行艰苦斗争的岁月。一艘厄瓜多尔人引以自豪的南美洲最早的蒸汽远洋轮船停泊在出海口。国徽上端绘有一只展翅欲飞的安第斯神鹰，象征高尚与威严。两侧是月桂树枝和棕榈树叶。椭圆形两旁各有两面厄瓜多尔国旗，下端是象征正义和权威的长斧和束棒。

国歌 《祖国，我们向你敬礼》由梅拉（Juan Len Mera，1832～1894年）作词，纽曼（Antonio Neumane，1818～1871年）作曲。歌词作于1865年11月26日。1923年，厄瓜多尔参议院批准在梅拉之子领导下的厄瓜多尔语言学院对原歌词进行修改。1924年11月23日，厄瓜多尔政府颁布法令，将修改后的歌曲确定为国歌。国歌充满爱国激情。歌词的大意是：

啊，祖国，我们千次向你敬礼！
光荣属于你，啊，祖国，光荣属于你！
你的胸怀充满和平欢愉，
我们看见容光焕发的你，
比那太阳闪耀的更亮丽。
高耸的皮钦查山装点的土地，
在这片土地上孕育了优秀的儿女，
他们把鲜血献给了你。
上帝把牺牲看在眼里并且赞许，
鲜血又培育了，
下一代英雄豪杰，
在他们身旁，
万众开始崛起。

国花 厄瓜多尔的国花为白花修女兰（lycaste skinneri），属兰科植物。

别名 厄瓜多尔的国名在西班牙语中是“赤道”。赤道横贯厄瓜多尔北部。首都基多位于赤道线以南24公里，是世界上离赤道最近的首都。厄瓜多尔独立之初，有人想取基多为国名。后因地方政治势力反对，最终以厄瓜多尔命名。厄瓜多尔故有“赤道之国”之称。

第二节 宗教、民俗与节日

一 宗教

厄瓜多尔87.5%的居民信奉天主教，12.5%信奉基督教新教和其他宗教。天主教会实行主教区制度，主教区下有分教区。全国有3个大主教区和10个主教区，25个教区。全国主教会议是教会的最高权力机构。梵蒂冈在基多设有大使馆。

宗教概述 天主教是厄瓜多尔占主导地位的宗教。随着殖民者的武装入侵，很多天主教传教士、神父、修女从宗主国西班牙来到这里，对印第安人开展教化运动。方济各会和多明我会先后于1533年和1541年进入基多地区。16世纪40年代，殖民者开始构建宗教管理机构。1545年，天主教在基多建立了天主教主教区，其管辖范围为现今的厄瓜多尔、哥伦比亚南部和秘鲁北部地区；1550年，任命了基多主教；1563年设立了基多皇家检审庭，主教辖区组织制度正式固定下来。

西班牙征服时期，天主教会在厄瓜多尔起到了至关重要的作用。教会通过宗教裁判所审查官员的“纯洁性”，通过传播基督教教义教化印第安人，使其皈依天主教。教会十分重视对教育的垄断权，通过教育传播西方文化。1622年，耶稣会创办了圣戈雷格里奥皇家大学，另一教会创办了圣托马斯大学。方济各会开办的图书馆颇为著名，藏有大量图书。教会还通过募捐、置产业等方式积累了大批财富，霸占了大片土地。

当时，在基多地区，如同在美洲其他西属殖民地一样，西班牙国王根据罗马教廷的明确授权，对其在欧洲和美洲统治区的天主教会承担义务和享有权利。宗主国王室利用宗教手段对殖民地实行中央集权的专制统治。教会在世俗事务方面服从西班牙国王及其在美洲殖民地的代表。西班牙王室有权任命殖民地一切高级教职，如大主教、主教、教士、神父和领俸圣职人员等，有权决定建造教堂和修建修女院、修道院等宗教设施。

厄瓜多尔独立以后，自由派曾发起反对教会势力的斗争。但是1861年厄瓜多尔总统莫雷诺上台后，放弃了自由派限制天主教会的主张，于1862年同罗马梵蒂冈教廷签署《厄瓜多尔－梵蒂冈教廷条约》。该条约规定，厄瓜多尔的主教由罗马教廷派遣，把国家的一切教育完全划归天主教会管理，公立和私立学校按天主教教义进行教育，课本由大主教决定，禁止反宗教书籍出版，一切出版物和进口书籍必须经过天主教会的监督和审查，保留什一税等。该条约使天主教会享有比殖民统治时期更大的权力。1869年制定的宪法宣布，罗马天主教是国教，信奉天主教教义成为取得公民资格的一个必备条件。[①] 1897年，自由党人阿尔法罗（1895～1901年、1906～1911年在位）实行政教分离，允许信仰自由，国家对教会机构实行控制。1906年，允许合法离婚。1908年，国家宣布教会的土地不得转让并被收为国有。[②]

1945年的宪法再次提出宗教自由和政教分离原则。后来，随着解放神学运动的兴起，天主教以外的其他宗教在厄瓜多尔获得发展。很多新教教会从美国来到厄瓜多尔寻求发展。

解放神学运动　拉美解放神学运动兴起于20世纪60年代，核心力量是“拉美主教会议”（la Conferencia Episcopal Latinoamericana）。在厄瓜多尔，莱昂尼达斯·普罗尼亚奥（Leonidas Proaño）主教领导的里奥班巴主教区成为解放神学的论坛。他公开宣布里奥班巴主教区是印第安人利益的捍卫者，并极力主张教会进行彻底改革，积极开展道德化运动。位于基多的“拉美主教协会”（Instituto de Pastoral para América Latina）正践行这种主张。一些与政界、社会幕后统治集团有联系的保守天主教徒一直试图将普罗尼亚奥主教调离主教区或撤销其职务。解放神学派开始进行深刻的革新，特别是在印第安人集中的地区，对社区的教会进行了调整，积极支持社会变革，在印第安人中组织识字运动，帮助农民获得土地证书，建立合作

① 〔英〕莱斯利·贝瑟尔主编《剑桥拉丁美洲史》第4卷，涂光楠、陈绂译，社会科学文献出版社，1991，第605页。

② 宗教研究中心编《世界宗教总览》，东方出版社，1993，第300页。

社，解决社会和政治问题，为农民举办无线电话学校，开办了一所培训乡村社区干部的学院。

20 世纪 80 年代中期，罗马教皇保罗二世先后于 1984 年和 1986 年发表了两份文件，质疑解放神学的理论。与此同时，罗纳德·里根发表的“圣菲文件”把解放神学视为对秩序和民主的威胁。在厄瓜多尔，莱昂·费夫雷斯·科尔德罗（León Febres Cordero）政府开始反对解放神学。

新教 1824 年不列颠及海外圣经会的成员进入厄瓜多尔，开始出售《圣经》。1896 年建立常设传教机构。当时福音传教联合会（Gospel Missionary Union）的 3 名传教士承担了传教工作。福音传教联合会在亚马孙地区的吉瓦罗印第安人中及沿海低地一直较活跃，在安第斯的克丘亚人中也有相当大的影响。至今，福音传教联合会在厄瓜多尔仍然保持着巨大影响力，是主要的新教教派。1897 年开始活动的基督徒及传教同盟（The Christian and Missionary Alliance）也在沿海、山区及东部地区开展工作。1945 年，几个主要的美国新教教派组织成立了“安第斯印第安人联合传教团”（United Andean Indian Mission）向厄瓜多尔和其他安第斯国家的印第安人传教。厄瓜多尔的第二大新教组织是“国际四方福音会”。该组织 1953 年出现在厄瓜多尔，1962 年仅有 2 座教堂、70 名信徒。此后该组织因举办福音活动扩大了影响。此外，第二次世界大战以后，一些小的新教教派也陆续进入厄瓜多尔。

在厄瓜多尔传教团契的基础上，1965 年各新教传教机构联合组成了“厄瓜多尔福音团契”（Ecuador Evangelical Fellowship），并于 1967 年与信义宗教会、圣公会以及天主教人士一道，在基多建立了一个图书馆。①

印第安人的原始宗教 印第安人的原始宗教与大自然及农业生产周期密切相关，在亚马孙地区，古老印第安人的宗教与河流和水相关。当强大的印加帝国来到这里时，这些宗教仍然存在下来。印第安人信奉太阳，视其为最高神灵。安第斯北部地区的印第安人既崇拜太阳又崇拜月亮。普鲁亚人崇拜通古拉瓦山和钦博拉索山。

① 宗教研究中心编《世界宗教总览》，东方出版社，1993，第 301 页。

后来，西班牙传教士大规模推行天主教，很多印第安人皈依了天主教。前哥伦布时期的土著宗教很少以原样形式保存下来，只有在偏远地区的个别地方才能看到。在很多印第安人聚居地区，居民们把原来的宗教信仰糅入现代基督教之中，使其具有浓厚的土著宗教色彩。这表现在很多崇拜对象上，很多古老神圣的山峰以基督教圣徒的名字命名。

二　民俗

服饰　厄瓜多尔印第安人的服饰很具民族特色。安第斯山区的印第安人中男人穿麻布短衬裤、衬衫，披羊毛披巾，戴毡帽。妇女穿裙子，胳膊外露，常常身披披肩。披肩的用途很广，既是汗衫，又是外套，还能当毯子用。披肩大多是用驼羊毛编织的。这种美洲驼羊是一种体态优美的动物，生活在安第斯山区。它又长又软的毛可织成大披肩，染上鲜艳的颜色。印第安人服饰的布料大多布质较粗，但图案和色彩很鲜艳。亚马孙平原的塞科亚－西奥纳印第安人中男人穿长衫，妇女穿裙子。他们大多都戴着各种饰品，如项链、鼻环和长耳环等。由于阳光强烈，他们经常戴着用植物和动物羽毛编织的帽子，既可御寒，又可遮挡阳光。

印第安人服饰的另一个特点是黑毡帽，形状颇似古老的铁锅，是这个国家居民民族服装的一部分。不仅男人戴这种帽子，女人和孩子也戴。

“巴拿马草帽”也是厄瓜多尔人服饰中最受宠的装饰之一。用一种棕榈叶子中抽取的多吉亚纤维（toquilla）编织而成。纤维韧性很强且质地精细。这种草帽质地优良，工艺精美，在地处热带的中美洲国家很受欢迎，人们习惯称它为“巴拿马草帽”。其实，它的主要产地并不在巴拿马，而是在厄瓜多尔。当初，参加巴拿马运河修建的厄瓜多尔劳工大多戴这种草帽，由此得名“巴拿马草帽”。后来，厄瓜多尔出产的这种草帽通过巴拿马运河销往世界各地，使“巴拿马草帽”的名气远扬世界。“巴拿马草帽”的样式美观，制作精美，盛销国外。但质地和价格差别很大，普通草帽价格在20美元左右，高质量的草帽价格可达上千美元。

“象牙果”又称“象牙椰子”，是一种棕榈科植物的果实，是厄瓜多尔的特产，用它可以做装饰品，如各种雕塑、手链等，还可做纽扣或电器材料。“象牙果”颜色和质地宛如象牙，也称“植物象牙”。“象牙果”生长于厄瓜多尔的沿海雨林中。罩胚乳有点像椰子，起初是液体，成熟以后变得坚硬起来，有类似年轮的环状图案。剖开果实的外中两层果皮，就是坚硬的果实。“象牙果”规格大小不一，大的如鸡蛋，小的如鸽子蛋，质地坚密细致。

饮食 厄瓜多尔传统的食品是大米、土豆和肉类（厄瓜多尔人普遍食用牛肉和鸡肉，山区居民吃猪肉）。厄瓜多尔人喜欢用鸡肉、大米和鳄梨焖出鲜美的鸡肉干饭，用羊肉和大米焖出羊肉干饭，还喜欢用洋葱和西红柿烧牛排。在街上的小摊上，游客可以买到玉米做的薄饼和烤嫩玉米棒。

厄瓜多尔以它独特的水果、优质的鱼和海产品以及种类丰富的安第斯土豆而著名。游历厄瓜多尔各地，你可以发现一系列传统的风味食品，包括柠檬汁浸泡虾、烤玉米、夹肉糕点，可以品尝烤豚鼠肉等。

另外，厄瓜多尔人的饮食习惯和爱好因地区差异而有所不同。安第斯山区居民的饭菜仍带有古印加人烹调风味，做菜时常以玉米、土豆、瓜类、豆类为主要原料，配以浓烈的佐料。在他们的餐桌上，还经常可以品尝到颇具当地特色的浓乳酪土豆汤，里面配上鄂梨片，或加上甜食、水果。当地居民还十分喜欢吃煎土豆和乳酪小馅饼，加上各种配料，味道十分鲜美。山区的居民制作调料很讲究，他们把新鲜的辣椒和洋葱剁碎，拌在一起，加在热菜和凉菜中，十分开胃。山区居民的饮食比较清淡，而在西部沿海地区，居民以肉类、鱼类和甲壳动物为主食。

厄瓜多尔的正餐通常是先上一道汤，然后是一道主菜（主菜有肉），最后是甜点。如果想吃便餐，厨师可以为你提供美味的面包和甜糕点，肉馅或奶酪馅的馅饼，以及用土豆做的薄馅饼。厄瓜多尔还有一种用鱼和蔬菜做的杂烩汤，起源于沿海地区，现在在全国很流行。

海鲜在厄瓜多尔是非常普通的食品。你可以在沿海地区和主要的城市以低廉的价格品尝到海鲜宴。在北部沿海地区的埃斯梅拉达斯省，你还可以品尝到一种用奇特方法烹饪的椰汁海鲜，因为使用的原料包括椰汁。厄瓜多尔最有名的一道菜叫“塞比切”，以鲈鱼、虾、龙虾或海螺肉做原料，配上苦柑汁、洋葱、蒜和油调制的佐料，还可以撒上几个爆玉米花。不仅厄瓜多尔人，而且来自世界各地的游客都十分喜爱品尝“塞比切”。在加拉帕戈斯的圣克鲁斯岛，夜市上常见的新鲜大龙虾烧烤，物美价廉，十分受游客喜爱。

厄瓜多尔的果汁饮料也是多种多样，十分鲜美，有甜橙汁、番茄汁、黑莓汁、荔枝汁和木瓜汁等。此外，在东部地区，有几种不寻常的饮料十分招游客喜爱，如古柯茶、用经过粉碎和发酵的木薯制作的“马萨托”等。奇恰酒（chicha）是厄瓜多尔的一种传统酒，由玉米、稻米和木薯发酵而制成。还有一种酒叫桂皮酒，用开水、蔗糖、乙醇、柠檬、糖和桂皮酿造而成。人们在庆祝节日时通常喝这两种酒。[①]

在卡塔马约地区，人们喜欢吃驴肉。做法主要是烹炒，烘烤，做成鲜美的肉汤，制作成驴肉干。人们还喜欢用驴血作偏方，温热后饮用。在超市也能买到鲜美的驴肉。当地居民习惯用驴骨头熬汤喝。[②]

居住　在安第斯山区，居民住宅的墙壁通常是用石头和稀泥垒筑的，屋顶使用木棍支撑，覆盖草皮，形如圆锥，屋子里面有用石头围起来的炉灶。还有很多住宅是由茅草和泥盖成的茅屋。厄瓜多尔西部印第安人房屋宽敞整洁。他们不喜欢村落，住宅较为分散，只在偏僻的地方聚集居住。在沿海和东部亚马孙平原一些地区，屋子盖在离地面相当高的木桩上，以防洪水和猛兽的袭击。房子的墙壁由相互交叉的木棍构建而成，屋顶用很宽的棕榈叶盖成，使用瓜藤做的吊床。

---

① http: //www. ecuadorexplorer. com/html/ecuador_ food. html.

② *Almanaque ecuatoriano*: *Panorama 2003*, Edipcentro, página 269, Riobamba, El Ecuador, 2003.

婚姻 厄瓜多尔人十分看重家庭和家族。在家庭中，男子是一家之主，居主导地位。印第安人至今仍保留着许多传统的婚姻习俗。印第安人适婚年龄为18岁左右。新郎、新娘在确定终身后，便着手操办婚礼。婚礼通常在晚上举行。婚礼上，男女双方的宾客站立两旁，新郎和新娘跪下拜见部落的酋长。酋长用一根长长的项链将新娘和新郎的脖子套在一起，表示两人从此结为夫妻。此时，屋内外鼓乐齐鸣，人们唱起“夫妻歌”，新郎和新娘也随声而唱。随后新郎和新娘向酋长和来宾们表示谢意，并接受酋长的祝福。

交际礼仪 在厄瓜多尔人际关系也很重要。建立与政府及企业各层次的良好关系、了解和认识当地合作伙伴、互建诚信、感情投资是生意成功的重要步骤。厄瓜多尔人建立个人友好关系的方式是相互邀请，如邀请客人到家里，交换个人信息等。

厄瓜多尔人首次见面一般使用握手礼，成为朋友后，见了女士贴脸，见了男士拥抱，非常热情。在商业和企业，如厄瓜多尔人喜欢在称呼时冠以学术或专业职称，并有交换名片的习惯。在重要场合交际中，如参加有政府官员（如中央或地方政府司局长以上、立法委员、法官等）出席的会议，以及出席金融机关正式会议，会见律师、审计官员等时，必须着正装。在瓜亚基尔，有一种名为“瓜亚贝拉（Guayabera）”的衬衫，或短袖或长袖，亦视为正装。东部因较热，穿着不太严格，可视情况着便装，受邀参观住宅或其他地方，如香蕉园、养虾场、花圃等，可着便装或运动服，但最好提前问清着装要求。

在会谈中，应持友好态度，和颜悦色。厄瓜多尔人对政治或其他社会话题较健谈，出现意见分歧时不会有过激反应。厄瓜多尔人喜欢坚持己见，但比较注重礼节，因此，不要固执己见，以免伤害对方感情。

在商贸交际中，尤其在农贸和手工艺品集市上，讨价还价是厄瓜多尔人的传统习惯。目的是获得交易的有利条件。因此，讨价还价被视为交易中正常的习惯。尽管厄瓜多尔吸烟的人越来越少，但在会议或其他社会活动中吸烟还是可以被接受的，但在吸烟前须征求对方的意见。公共场合、餐桌上最好不要吸烟。

厄瓜多尔天主教徒和基督教新教徒忌讳数字 13 和星期五。当地人不喜欢菊花，因为这种花在当地是做祭祀用的。

三　节日

厄瓜多尔人非常喜欢聚会和举办庆祝活动。几乎每个月都有重要节日和丰富多彩的庆祝活动。87.5% 的厄瓜多尔人信奉天主教，大多数节日和庆祝活动都是按照罗马天主教日历计算的。在高山印第安村庄，最受重视的一般是天主教节日。当节日来临时，人们举行具有浓重本民族或部落特色的传统庆典仪式，摆上丰盛的佳肴和美酒，载歌载舞，狂欢数日，使传统的天主教节日具有印第安文化色彩。大多数节日与重要的政治、历史或重大事件有关。在所有的节日中，人们载歌载舞，佩戴面具，点燃焰火，以当地最精美的食品和奇恰酒招待客人。

厄瓜多尔节日众多。最重要的政治节日是 8 月 10 日独立节。其他主要节日有：1 月 1 日新年，2 月 23 ~24 日狂欢节，4 月 11 日复活节，5 月 1 日劳动节，5 月 24 日皮钦查战役日，7 月 24 日西蒙·玻利瓦尔诞生日，10 月 9 日瓜亚基尔独立日，10 月 12 日美洲发现日，11 月 1 日万圣节，11 月 2 日万灵节，12 月 25 日圣诞节等。另外还有妇女节、儿童节、父亲节、母亲节、情人节等。每个省、市、镇、村庄和学校还有自己的节日。庆祝节日的方式各具特色、五花八门。有的庆祝活动在公共广场、街道和家中举行，热热闹闹，有音乐、宴会，还有舞蹈。有时，热闹的气氛持续好几个星期。有些人还利用假期外出旅行。

狂欢节是当地重要的节日，但不像在拉美其他国家如巴西那样隆重。最热闹的当属安巴托的狂欢节，在那里，人们用水果和鲜花举行游行庆典活动。由于狂欢节是按照宗教日历确定日期的，因此节日日期每年都不同，但是通常在圣灰星期三前的长周末举行。[①]

① http：//www.ecuadorexplorer.com/html/holidays.html.

第三节 特色资源

一 著名城市

基多（Quito） 厄瓜多尔首都，皮钦查省会。人口为 224 万人（2017 年）。位于基多盆地西侧。被皮钦查、科托帕希、安蒂萨纳和卡亚比等高大火山环抱。曾多次遭地震破坏。海拔 2818 米，气候因地势高而凉爽。温度年差不大，全年只有旱季和雨季之分，10 月至翌年 5 月为雨季。气温日差较大，昼温可达 25℃，夜间可下降到 10℃以下。年平均降水量 2621 毫米。基多与北京时差为 13 个小时。

基多是 16 世纪在原来印第安古城废墟上建立起来的南美洲古老城市。公元前 1500 年～前 500 年为科托克拉奥印第安部落聚居区，后为基图印第安部落联盟所在地，基多就是由基图印第安部落的名字演绎而来的。11 世纪后由卡拉印第安部落统治，1487 年被印加帝国吞并，1534 年沦为西班牙殖民地。厄瓜多尔独立后定为首都，有基多至瓜亚基尔铁路通沿海地带，有苏克雷国际机场，通泛美公路，与瓜亚基尔并列为全国两大经济中心。主要工业有纺织品业、轻工业、食品业、制药业、石油化工业和金属加工业等。基多有中央大学和天主教大学。基多保留了许多风格迥异的建筑。大量古老建筑反映了殖民时期多种文化和建筑风格。圣弗朗西斯科修道院最为著名，占地 3 万多平方米，为美洲首屈一指的大型宗教建筑。孔巴尼亚教堂被誉为美洲巴洛克式建筑艺术的典范。古老教堂和博物馆中荟萃了印第安人和欧洲人留下的各种珍贵雕塑和绘画名作，这些作品是美洲“基多艺术学派”的典型代表作。市内每周举办印第安集市。用皮革、木头和金银制作的印第安手工艺品十分有名。

瓜亚基尔（Guayaquil） 厄瓜多尔最大城市，瓜亚斯省首府，南美洲太平洋沿岸主要海港之一。人口为 266 万人（2017 年）。位于瓜亚基尔湾内，道莱河与瓜亚斯河汇合入海口。地势低平，海拔仅 3 米，气候潮湿。年平均气温为 24.8℃。年降雨量为 1100 毫米。古时为万卡比尔卡印

第安部落居住地。1535 年由西班牙殖民者始建。1942 年受地震严重破坏后城市大部分重建，成为现代化城市。瓜亚基尔为天然良港，瓜亚基尔湾内有普纳岛为屏障，沿普纳岛两旁有两条天然水道进入瓜亚基尔港内，可免遭风暴袭击。全国 85% 的进口和 50% 的出口经由此港。瓜亚基尔有铁路和公路与内地沟通，为全国最大的工业基地，有纺织、食品、饮料、制药、造船、水泥、制糖等传统工业。另有炼油、橡胶、冶金和金属加工等新兴工业部门。市内有瓜亚基尔大学、天主教大学、艺术学院、国立图书馆等。城北是以玻利瓦尔大学为中心的文教区。旧城区有圣多明各教堂和圣弗朗西斯科天主教堂等著名古建筑。

昆卡（Cuenca） 厄瓜多尔第三大城市，阿苏艾省会。人口为 31 万人（2017 年）。位于南部安第斯高地山谷，西北距瓜亚基尔 120 公里，海拔由 2300 米至 2800 米。气候四季如春，但变化无常，时而艳阳高照，时而风雨交加。10 月至次年 5 月为雨季。6 月至 9 月间为旱季，雨量极少。1557 年在印加帝国托梅班巴城故址上建城，保留有许多印加帝国遗址和西班牙殖民时期的建筑，故以“安第斯的雅典”闻名。城市博物馆内藏有丰富的古印第安人制作的精美陶器、武器和金银艺术珍品。艺术家和作家云集，手工艺品丰富，又被称为厄瓜多尔的“文化之都”。拥有著名的昆卡大学、阿苏艾大学、昆卡天主教大学和萨雷斯理工大学。现为国家南部大部分地区的商业中心。经营农产品、家畜、皮革和大理石等贸易。工业主要有纺织业，轮胎、陶器、皮革、金银珠宝首饰和工艺品等加工业，尤以制造“巴拿马草帽”闻名。旅游业较发达。距城 5 公里处有温泉浴场。有铁路通往首都基多和瓜亚基尔，泛美公路贯穿昆卡市。

二 名胜古迹

（一）基多古城

历史上，基多曾几次遭遇地震，但是各种历史古迹，如圣弗朗西斯科修道院和圣多明各修道院，拉孔帕尼亚教堂和耶稣会学院仍然保存下来。基多古城堪称拉丁美洲保存最完好的历史古城之一，1978 年被联合国教科文组织列入《世界遗产名录》。

历史中心 位于基多市区南部，是基多最古老的城区。占地面积为320公顷，拥有130栋纪念性历史建筑。另外，拥有5000多栋古老的住宅建筑，所有这些历史建筑均作为历史遗产在市政府登记注册。

16世纪初，西班牙殖民者来到这里后，依山建造了最早的家园。此后，城市逐步向四周扩展。家庭住宅大多为四合院，内部有面积不大的庭院。各个时期的建筑都留下了当时的特色。最早的建筑粗犷、结实，外面没有凉台，窗户都比较窄小，且有铁护栏，外门不大，十分坚固。这主要是最初殖民者人单势薄，面对人多势众的印第安人，需要这种安全建筑，抵御印第安人的袭击。后来随着城市的扩大和殖民统治的加强，城市治安有了保障，殖民者开始追求更加豪华的建筑，拓宽了临街的窗户和大门，不少窗户都配置了不大但很精巧的凉台。坚固的大门通向内院，庭院更加宽敞，院内的喷水池周围用灰色铺路石嵌入黄色牛骨组成各种几何形图案。西班牙殖民者大多是天主教徒，在很多街区都建有教堂。为了重现古城基多的风貌，发展旅游业，市政当局在20世纪90年代拨巨款对古城进行了大规模的整修，恢复一些街道原先使用的街名，并将古老的城市中心命名为“历史中心”。古城区位于山坡上，街道坡度十分大，且狭窄。乘坐公共汽车穿行其间，别有风趣。

在基多历史中心，可以欣赏到各种古老建筑风格，从16世纪最早建成的建筑中表现出的穆德哈尔式艺术风格或当时意大利式的矫饰风格，到此后300多年的基多巴洛克艺术，再到19世纪初期建筑物表现出的精美的新古典主义风格。另外，还有成千的建筑艺术品以隐讳的方式蕴含了过去的古老文化内涵，表现了他们的神灵、宗教信仰和传统习俗等。基多因其丰富的历史、风俗、神秘的文化和现存的传说被称作“美洲艺术圣殿”。正是由于这些特点，1978年11月基多成为世界上第一个由联合国教科文组织宣布为“人类文化遗产”的城市。

独立广场 又名大广场或市长广场，是基多古城的中心，历史中心区的心脏，是厄瓜多尔的政治中心。广场呈四方形，中心矗立着独立纪念碑。广场的西侧是总统府，原为西班牙派驻基多的皇家检审庭所在地，厄瓜多尔独立不久，成为总统府。19 世纪末至 1960 年，国会也曾设在这里。1842 年旧建筑进行整修时，外观融入了新古典主义风格，体现了当时国家管理秩序所崇尚的风格。1960 年对原建筑再次进行大修后，国会搬出这里。气派的楼梯两侧都有内院。建筑物正面饰有呈四方形的巨大的多利斯柱廊，两翼建筑均盖有三角形楣饰。美洲解放者玻利瓦尔曾在这里办公。

首都大主教堂位于广场南侧。其花格镶板平顶具有西班牙摩尔人的建筑风格。与墨西哥城的那些大教堂相比，它的规模要小得多，但与其他基多的教堂一样，都有一处镀金祭坛，闪烁着耀眼的光芒。

作为教会权力缩影的大主教宅邸位于广场北侧，与作为神权象征的大主教堂遥相呼应。为新古典主义建筑风格，在顶楼建有凉廊，廊柱对称，由栏杆连接，每根柱头均有三角形顶饰。

基多市政府宫位于广场的东侧，是一栋现代建筑，1977 年正式投入使用，但是并不游离于广场周围古老建筑格调之外。

基多的壮丽景色以众多的教堂建筑点缀而成。一座座教堂的高高尖顶，耸立于楼群之中，令人瞩目。基多宗教建筑的代表是萨格拉里奥教堂、耶稣会教堂、孔巴尼亚教堂、圣弗朗西斯科教堂等。它们全都藏有印第安人、欧洲人雕塑和绘画名作与艺术珍品，如著名的基多派绘画、雕刻和金箔等。大量艺术瑰宝为人们研究影响波及整个美洲的“基多艺术学派”提供了宝贵的资料。

圣弗朗西斯科教堂　位于基多市中心，昆卡大街和苏克雷大街交会处，占地 3 公顷多。始建于 1536 年，建成于 16 世纪末期，是整个南美洲规模最为庞大、最重要的宗教场所，是基多最早的宗教性建筑之一。教堂后院是佩德罗·戈西阿尔修道院。修道院由 7 个主堂组成，其中一个由博物馆占据。博物馆陈列殖民时期的各种陶器、雕塑、绘画、石像、器皿和艺术品等，它的殖民时期宗教艺术品展览在整个美洲都十分有名。博物馆用 4 个展厅展出油画、雕塑、家具、纺织品等，很多作品系基多有名的艺术家创作。这里还可以参观教堂的宗教唱诗班，教堂的楼梯还展有文艺复兴时期风格的艺术品。修道院展现十分丰富的建筑风格，有巴洛克风格、穆德哈尔风格、16 世纪意大利的矫饰风格等。在这里还可以参观修道院的啤酒制作场旧址。

教堂门前顺梯而下，是宽阔的广场。这里原来是印第安人集贸市场。据说西班牙殖民者来到这里后，一位名叫哈多科·里克的神父在这片地上种植了第一株小麦。由此，小麦在基多的土地上广泛播种。

孔巴尼亚教堂 位于加西亚·莫雷诺与苏克雷大街交会处，建于 1605 ~ 1765 年，是美洲文艺复兴巴洛克建筑艺术的典范。从建筑学的角度讲，孔巴尼亚教堂是基多最为完整和奇特的教堂之一，是耶稣教会建筑艺术的象征，其无数的立柱表现出典型的巴洛克建筑艺术风格。可以说它是西班牙美洲殖民地最典型的建筑样板。教堂正面是拱形大门，两侧各有 3 个螺旋状的高大廊柱，气势轩昂，以罗马圣·佩德罗祭坛为模式设计。门上方雕饰的神像和花卉栩栩如生，教堂四壁和天棚布满以金箔镶嵌的各式雕花、图案，金碧辉煌。教堂建筑四周有无数包金装饰，是一座真正的艺术品和圣品。墙上的塑像由木料、石料和白灰浆制成，用十分精细的金箔装饰起来。由于教堂建筑持续了很多年，负责教堂建筑的建筑师们几易其人，根据建筑师们的喜好，使用了不同的建筑材料。意大利耶稣会教士马科斯·格拉（Marcos Guerra）建成了教堂两侧偏殿的穹隆屋顶和顶塔，还有中央大殿的拱顶，拱顶镶嵌着穆德哈尔式镶板。主祭坛的画屏和雕塑出自耶稣会艺术家豪尔赫·宾特雷尔（Jorge Vinterer）之手，其他祭坛的装饰也都由当时十分有名的基多艺术家创作。

首都大主教堂 位于独立广场，加西亚·莫雷诺大街与委内瑞拉大街交会处。建于 16 世纪上半期，此后，因地震损坏和年久失修，曾多次进行翻新修建，钟楼到 20 世纪才完工。因此，大主教堂集中了不同时期的建筑风格。它的拱形顶部是新哥特风格，镶板式天花板为穆德哈尔风格，前廊由巨石砌成。教堂内的塑像和油画均为基多画家创作。其中有大师曼努埃尔·奇利（Manuel Chili）创作的作品，如《神圣的祭坛布》（*La sabana Santa*）和《神圣的亲缘》（*La divina parentela*），具有浓厚的表现主义风格。另外还有曼努埃尔·德萨马涅戈、米格尔·德圣地亚哥和贝尔纳多·罗德里格斯等画家的作品。木制的大主教堂唱诗班塑像陈列其中，反映出一种圣洁和高贵。教堂内还陈列着主教们自16世纪使用的镶嵌着宝石和金银缕的宗教典籍、旧唱诗班使用的系列歌谱集等。1900年，独立英雄苏克雷元帅的遗骸在卡门巴赫教堂发现后，被安放在大主教堂。

面包山和女神雕像 位于基多新城区，即南城区和历史中心区的交界处。海拔为3000米，因其外形酷似面包而得名。面包山顶部矗立着圣母玛利亚的雕像。圣母玛利亚亭亭玉立，凝目远方，被视为基多的保护神。她脚下踩着一条蛇，寓意正义战胜邪恶。登山眺望，沿山川伸展的基多市的全貌一览无余。近处，历史中心的古建筑点缀山坡，一条条狭窄街道蜿蜒其间；远处，新区一幢幢现代化高层建筑错落有致，耸入云天。面包山倚靠雄伟的皮钦查山。1822年5月24日，拉丁美洲著名的独立运动领袖苏克雷将军在这里率领部队与西班牙殖民军展开决战，一举解放基多城，赢得了厄瓜多尔的独立。

城市博物馆 位于加西亚·莫雷诺大街与罗加弗埃尔特大街交会处，离独立广场仅3个街区，是厄瓜多尔民间最古老的建筑。1565年，基多第一任皇家检审庭执行长官堂埃尔南多·德桑蒂连经西班牙国王菲利普二世批准，在这里建造了全国第一家皇家客栈和医院，医院被命名为大慈大悲基督医院，成为重要的医疗和医学教学中心。在此后的400年间，它一直向公众开放。

在城市博物馆中，不仅能够欣赏到殖民时期古老的城市建筑，而且还可以了解从该城最古老的居民到19世纪居民的生活概貌。这里有各个时代的生活用品，民宅装饰，服饰，传说，风俗传统，节日介绍和各种文化介绍，展示了基多古老城市的风貌。另外，博物馆还就地取材，保留了古老医院的展览，向游客展示当时是如何为病人治病的。目前，这里还经常举办全国或国际艺术大师作品展览。

古钱币博物馆 位于加西亚·莫雷诺大街和苏克雷大街交会处。馆址为典型的新古典主义建筑风格，位于厄瓜多尔中央银行旧址，中央银行于20世纪70年代撤离这里。这栋建筑建成于1917年，当时是皮钦查银行。1926年成为中央铸币和清偿局。自1927年，厄瓜多尔中央银行在这里办公。

在古钱币博物馆的展室中，您可以欣赏到殖民时期以前美洲和厄瓜多尔的土著印第安人是如何进行商品交换的，展示了当时印第安人的市场交易情景和商业路线，由此可以了解印第安人社会的经济发展概貌。这里还展示了历史上各项税法的形成过程，货币发行当局的发展过程，最初货币当局是如何调节金银币的流通以及如何发展到发行现代货币的。这里还展出了最初的铸币方法，介绍了最近 20 年的通货膨胀过程以及采用美元作为厄瓜多尔流通货币的由来。

苏克雷之家历史博物馆 位于苏克雷大街与委内瑞拉大街交会处，建于 19 世纪末期，当时是社会名流进行社交活动的重要场所，被称为“蓝色之家”。1905 年成为一家饭店，1945 年被宣布为国家文物。这里是独立运动著名领袖苏克雷将军的故居，展览当时苏克雷将军的一些生活用品和军事用品。这里还有反映当时皮钦查战役的展览。在每年的 5～8 月，还经常在博物馆的走廊举办各种绘画作品展览。

米格尔·德圣地亚哥博物馆 位于智利大街与瓜亚基尔大街交会处的圣奥古斯丁修道院内。修道院建于 16 世纪末期，是首都基多最漂亮的修道院之一。在这里可以参观著名的参议厅，基多爱国者们在这里签署了 1809 年 8 月 10 日协定，由此开始了厄瓜多尔独立战争。这里还陈列着著名的基多艺术家何塞·奥尔莫斯·潘皮特创作的耶稣塑像。

1656 年圣奥古斯丁教派信徒委托在基多已负盛名的基多人——米格尔·德圣地亚哥大师创作的以圣奥古斯丁生平为题材的系列油画。作品创作出来后被陈列在主体建筑的走廊内，目前仍然保留在那里。这里陈列着 17 世纪从西班牙运来的基督卧像，除了雕像的右臂外，其他部位由一块整木制成，十分精致。这里还陈列着 16 世纪至 18 世纪的基多艺术作品。

厄瓜多尔中央银行博物馆 位于祖国大街与 12 月 6 日大街交会处的“厄瓜多尔文化之家”（Casa de la Cultura Ecuatoriana）大厦。自 1946 年以来，博物馆一直致力于收藏宝贵的国家历史文物。1969 年建成了人类学博物馆和吉列尔莫·佩雷斯·奇里沃加艺术廊。人类学博物馆中陈列着重要的考古文物、殖民时期以前的金制品和殖民时期的艺术品。1996 年，这里成为厄瓜多尔中央银行博物馆。博物馆由 5 个展厅组成，展品极为丰富。这里展出殖民时期以前的艺术品，共计1000多件。其中，最引人注目的是金制品，特别是拉脱利塔人创作的金质艺术品。拉脱利塔人是世界上最早从事白金制品创作的民族，金制品是其文化的重要组成部分。这里有殖民时期至19世纪的艺术品，包括基多著名艺术家们创作的500多件作品，其中有卡斯皮卡拉和贝尔纳多·德莱加尔达等人的作品。还有19世纪共和国时期的作品，包括画像、风景画和民俗画等。另外，还有当代厄瓜多尔著名艺术家们创作的100多件作品。

祖国独立博物馆 位于皮钦查山脚下，于1982年开办，为了纪念1822年5月24日在这里展开的基多独立战争最重要的战役之一皮钦查战役。苏克雷元帅指挥了这场战役，打败了西班牙殖民军队，取得了独立战争的决定性胜利。在这里可以了解厄瓜多尔独立的历史过程。这里有各种军事用品展览，如军服、武器等。另外，还有一套皮钦查战役的模型图。这里还有很多很有价值的壁画，反映了重要的历史人物和事件。

赤道纪念碑 位于基多市北部13公里处。建于1979年，用以纪念1736年由法国和西班牙地理学家组成的地球测量团来基多进行的科学考察活动。当时，由法国和西班牙地理学家组成的地球测量团来到厄瓜多尔基多地区，以科学方法测量地球的圆度。他们的研究持续了9年。在测量团的科学考察活动之后，人们开始把基多附近地区称为“赤道地域”。1936年，在厄瓜多尔地理学家图菲尼奥的倡议下，在皮钦查省圣安东尼奥镇，按当时测定的纬度，在赤道线上修建纪念碑，纪念地球测量团首次来此地进行科学考察活动200周年。碑身高10米，为金字塔形。1979年，皮钦查省政府决定把纪念碑迁移到距原位置以西7公里处，即处于赤道线上的卡拉卡利镇。在纪念碑原址上，修建一个外形与原碑相同的新碑。新纪念碑于1982年5月竣工，9月举行落成剪彩仪式。新碑身高30米，顶端安放着一个重5吨、直径为4.5米的地球仪。安放的方向是南极朝南，北极朝北。地上黄色的赤道线贯通石阶和广场。20世纪末，根据GPS技术定位，实际赤道线位于距此地约240米以北的地方。[①] 但是慕名

① https://es.wikipedia.org/wiki/Ciudad_Mitad_del_Mundo.

而来的游客并不介意先人们的测算是否准确，喜欢把两脚分开跨在黄色赤道线南北，照相留念，表示自己同时立足于两个半球上。碑身通体由赤灰色花岗岩建成，四面刻有 E、S、O、N 4 个西班牙语字母，分别代表东、南、西、北 4 个方向。赤道纪念碑内部共分 9 层，设有厄瓜多尔民族展览馆，向游客介绍厄瓜多尔是一个多民族、多文化和多种语言的国家。

（二）加拉帕戈斯群岛

加拉帕戈斯群岛，亦称科隆群岛，位于太平洋东部，跨赤道两侧。群岛形成于400 万 ~500 万年前的火山喷发。目前，群岛仍有火山喷发活动。地壳板块运动仍在推动群岛海底向海平面隆起。

群岛原为无人居住的荒岛，1535 年 3 月 10 日被西班牙殖民者发现，17 世纪成为海盗出没的场所，19 世纪为捕鲸船只的食品和淡水补给地。1832 年，厄瓜多尔宣布拥有群岛主权。群岛曾作为囚犯流放地，1959 年予以废除。1959 年，厄瓜多尔和国际达尔文基金会联合在圣克鲁斯岛设立生物研究站，并在群岛开辟野生动植物保护区。加拉帕戈斯群岛由于具有独特的生态系统，有“活的生物进化博物馆”之称，1978 年被联合国教科文组织宣布为“人类的自然遗产”。

群岛海域几股海流交汇，带来了不同海域和陆地的生物，它们在这里自然生长繁衍。由于群岛是隔绝的，随着时间的推移，野生物种正在改变它们的结构和生理特性。因此，现在岛屿上的一些动物成为世界上独有的物种，如巨龟、海鬣蜥和陆鬣蜥、达尔文苍头燕雀、企鹅等。另外，这里远离大陆，在历史上没有遭到掠夺性的破坏，很多物种幸存下来，成为世界上仅存的物种。群岛拥有 2900 种海洋物种，其中 18.2% 为本地特有物种。岛上有 700 多种植物，其中 250 种是特有物种。另外，大多数爬行动物和一半的鸟类也是群岛所特有的。

大部分岛屿沿岸的干旱低地疏落分布着仙人掌和灌木丛，高地生长着羊齿类植物和禾本科草类，介于低地和高地之间的地区则覆盖有森林。岛上动物奇特，爬行类居多，尤以巨龟和大蜥蜴闻名于世。1835 年 8 ~9 月，英国生物学家达尔文乘坐英国皇家舰船“猎犬”号远渡重洋，到岛上考察，被这里独特的生态环境所吸引。他采集了193种植物（其中约100种是当地特有物种）和蜥蜴、龟、雀科鸣禽等动物标本，从中发现了大量的物种变异事实，为其生物进化论提供了有力证据。在此基础上，他进行系统研究，提出了生物进化论，撰写了《物种起源》一书。

加拉帕戈斯群岛是地球上唯一有海鬣蜥的地方。这些蜥蜴仅以海草为食，并且通过发育不完全的蹼足适应了海上生活方式。7种海鬣蜥显示出明显的差异，并在不同的岛屿上演化。

在加拉帕戈斯群岛附近的水域发现两种海生动物，两者都是特有物种。加拉帕戈斯海狗是亚南极属中唯一的热带代表，喜夜间活动；而加拉帕戈斯海狮则在白天活动。更引人注目的是，有两种蝙蝠也是该岛的特有物种，还有3种当地鼠——包括近期发现的一种巨鼠，先前只能通过残遗化石认识这些物种。

群岛上的鸟类种群包括到群岛繁殖的信天翁等候鸟和28种陆地鸟类，群岛上还有一些特有的海鸟，包括鲣鸟，以及加拉帕戈斯企鹅和加拉帕戈斯黑腰海燕等特有品种。所有这些鸟都是从南美洲飞抵这里的常见的古老品系的后代。它们在群岛找到了适于栖息的生态环境，并进化成在体形大小、鸟喙形状、羽毛颜色、声音、饮食和行为等方面加以区分的13个品种。不同品种的鸟嘴的差异性就是这种适应性进化的最好证明。有些鸟具有典型的食籽喙，一些以仙人掌植物为食的鸟长有一种长而尖的嘴，一些以昆虫为食的鸟有一个小乳头状的鸟喙。这里的啄木鸟十分灵巧，可以用仙人掌刺去捕获裂缝中的幼虫。①

群岛还以另一种爬行动物——巨龟闻名于世。成熟的龟体重达135～180公斤。它的寿命长达150年～200年之久。母龟每年产卵两次。巨龟通常栖息于气候湿润、植被茂盛的高地，以食草为生。产卵期，爬行到土质松软、气温较高的海边地区，挖坑产卵。巨龟动作缓慢，性情温和。为了保护这些稀有动物，厄瓜多尔颁布法令，禁止捕捉。巨龟动作

① http：//www. guwh. com/d/d1501. htm.

迟缓，笨拙可爱。在它们的栖息区，常常可以看到巨龟顺公路边慢悠悠爬行。

加拉帕戈斯省的首府是黑巴克里索，位于圣克里斯托瓦尔岛。加拉帕戈斯国家保护区建于1936年，覆盖群岛96.7%的面积，居民区和农业用地占3.3%，主要集中在圣克里斯托瓦尔、圣克鲁斯、伊莎贝拉和佛罗雷阿纳岛上。居民以商业、旅游、渔业和环境保护为生。圣克里斯托瓦尔岛和巴尔特拉岛上分别筑有飞机场。1998年，厄瓜多尔政府制定《加拉帕戈斯省保护和可持续发展特殊法》，宣布群岛周围的海洋保护区为79.9平方公里，群岛海洋经济专属区为13万平方公里。[①] 为了保护群岛周围广阔海域的自然资源，厄瓜多尔又于1996年11月7日建立了加拉帕戈斯海洋生物保护区。后来为了防止技术先进的渔船船队对生态系统造成的影响，政府决定把保护范围由最初的周边15海里扩大到40海里。加拉帕戈斯群岛有50多个旅游景点。每年接待各地游客10多万人。加拉帕戈斯群岛的主要岛屿如表1－1所示。

表1－1 加拉帕戈斯群岛的主要岛屿

单位：平方公里

岛屿	面积	岛屿	面积
伊莎贝拉(Isabela)	4275	圣克鲁斯(Santa Cruz)	1020
费尔南迪纳(Fernandina)	750	圣萨尔瓦多(San Salvador)	570
圣克里斯托瓦尔(San Cristobal)	430	佛罗雷阿纳(Floreana)	130
埃斯帕尼奥拉(Española)	103	玛切纳(Marchena)	96
品塔(Pinta)	50	圣菲(Santa Fe)	25
品嵩(Pinzon)	17	黑诺维萨(Genovesa)	17
巴尔特拉(Baltra)	15	拉比达(Rabida)	10

资料来源：Lola Vázquez y Napoleón Saltos：*Ecuador*：*Su realidad 2004－2005*，Fudación "José Peralta"，Décima Segunda edición，página 95，Quito，Ecuador，2004。

① http：//www. guwh. com/d/d1501. htm.

（三）其他名胜及人文景观

桑盖国家公园　位于厄瓜多尔中部的安第斯山脉东麓，一部分位于钦博拉索山区。公园距首都基多以北 160 公里。1975 年 6 月 16 日正式建立生态保护区，1979 年 7 月 26 日成为国家保护区。1983 年，桑盖国家公园被联合国教科文组织列入《世界文化遗产名录》。公园包括荒漠和热带雨林生态系统，拥有 324 个湖泊。海拔高度为 600～5230 米。

尽管打猎威胁到了栖息在这里的野生动物，但这里仍然是很多珍稀动物的家园。最高山区的动物有山貘、美洲狮、几内亚野猪、安第斯山狐。其他地方还有熊、美洲虎、美洲虎猫、白尾鹿、短角鹿、大水獭。公园内的鸟类有 400～500 种，常见鸟类有秃鹫、山鸡、嗡鸟等。

桑盖国家公园以它独特秀丽的自然风光和两座活火山的壮观景象构成一个完整的生态系统。它从热带雨林延伸至冰川，覆盖冰雪的山峰和葱绿的平原森林形成鲜明的对照。这里的植被包括高地草原、灌木和东部的云雾森林。从高山地带的高山稀树草地到亚热带雨林，各种植物应有尽有。低于雪线的高山冻土中生长的主要植物是苔藓、地衣类植物。亚高山带高山稀树草原主要生长一些较矮小的植物。高度较低的地域生长各种矮树及灌木。山区雨林生长在多雨的东部海拔低于 3750 米的山坡，有些树木高达 5 米以上，如铁籽树。在海拔 3000 米以下的地带，树木生长高度可达 12 米以上。海拔 2000～3000 米较为陡峭的山坡生长着山地雨林，最高的树木有罗汉松。海拔 2000 米附近的植物有香椿树、棕榈树、茜草科植物。海拔低于 2000 米、温度在 18℃～24℃、降水量在 5000 毫米的地方生长着亚热带雨林，主要植物品种有桑科、樟科、榕属、棕榈树、香椿属和鳄梨树。据统计，公园内植物品种可达 3000 多种。桑盖国家公园内有三座火山，其中两座是活火山。桑盖火山现在还经常喷出岩浆及火山灰。

昔日之角　昔日之角休闲胜地坐落在厄瓜多尔太平洋沿岸马纳维省的圣比森特城。西距基多 220 公里，西北离瓜亚基尔 210 公里，南邻赤道线 40 公里。占地 1057 公顷，距海边 2.5 公里。此处正是汉博尔特和厄尔尼诺两股海流的交汇之处。

基多和瓜亚基尔等大城市均有公路通往该地，只用 5 个小时行程即可到达曼塔、波尔托别霍和距此25公里的圣比森特机场。全国各主要城市都有公共汽车线路与昔日之角相连。

这里有宁静的海滩、奇特的地形地貌、奇异的花卉植物、珍奇的动物，以及古代印第安文化遗迹。在别墅广场，有了一个专门展示不同文化时期古代文明的地方，这个地方建筑物的建造方式和使用的材料恰好能反映不同文化时期的生活方式，这里还展示项目开发时发现的不同文化时期使用的器具和物品的复制品以及图片。

沿海地区分布着其他颇具发展潜力的旅游区，如瓜亚斯省的萨利纳斯和普拉亚斯，马纳维省的巴伊亚、圣哈辛托、圣比森特和科卢西塔，埃斯梅拉达斯省的苏阿、阿塔卡梅斯和姆伊斯内，埃尔奥罗省的哈拉米赫等。马纳维省以多样化自然景观著称，有灌木林、海滩、自然保护区、海岛和历史古迹。这些都是宝贵的旅游资源。

第四节 自然资源与生态系统

一 多样的地区生态环境

厄瓜多尔可划分为安第斯地区、沿海地区、亚马孙地区和加拉帕戈斯地区4大生态系统。安第斯山脉高度错落有致，形成各个平台，每个平台都形成自己独特的微气候系统。加拉帕戈斯远离大陆的众多岛屿处于孤立状态，形成独特的生态系统。多样化的环境条件造就了多样化的自然生态系统，为不同的物种、植物和动物提供了生存条件。

厄瓜多尔地表面占世界的0.2%，却拥有世界植物物种的10%和鸟类种类的18%。

厄瓜多尔一共有26个生态区，位于不同的地理区域和气候区。最多样性的生态区之一是热带雨林生态区，那里生长着不同种类的树木、丰富的植物、哺乳动物、爬行动物、鸟类、脊椎动物、鱼类和两栖动物。①

① http：//www. vivecuador. com/html2/eng/ecology. htm.

科学家对厄瓜多尔生物遗传多样化的研究表明，这里存在着丰富的植物遗传基因，对于改善人类食品生产和促进农作物多样性具有至关重要的意义。安第斯地区是世界上把野生植被培养为耕种作物的重要中心之一，目前至少有45种具有地区和世界适应性的植物种类。其中很多种类已经适应了各种生态条件，并具有抗病虫害的能力。

沿海地区可分为3个次生态区：东北部的热带雨林区、中部和西南部地区的热带气候区，以及西部和中部半岛地区的干旱森林区。海岸地带，又分灌木林生态区以及沿海和峭壁生态区。在沿海一些地区，生长着大片的灌木林。这种植物能使沿海地区生态保持稳定，防止内地土壤流失，是很多水栖动物物种的藏身所和栖息地。

位于沿海地区的瓜亚斯省有全国最重要的海湾瓜亚基尔湾，该湾每秒钟流入淡水1526立方米。在埃尔奥罗省，受洪堡寒流的影响，生长着一种半荒漠类的植被。该省的普扬戈石化林十分有名。

亚马孙地区具有最丰富和最复杂的热带雨林生态系统。尽管厄瓜多尔只占整个亚马孙地区面积的1.9%，这里却生存着整个亚马孙盆地1/3的鸟类物种。根据科学家们划分生命带的方法，这里发现了24种以上的热带生命带，包括沼泽红树林、干热带森林、热带雨林、荒漠（南美赤道高山寒冷旱生植被）和热带低地雨林等。厄瓜多尔两栖动物的种类数量在亚马孙地区居第三位，禽类种数居第四位，爬行动物种数居第四位，猴类种数居第五位，植物种数居第六位，哺乳类居第七位。在世界上，两栖动物的种数居第三位，禽类种数居第五位，蝴蝶种数居第六位。厄瓜多尔国家保护系统、科学研究站和保护区覆盖了该地区300万公顷的区域。

西北部森林地区是美洲太平洋沿岸保存下来的最后一块热带森林。这些森林是乔科地区生态系统的重要组成部分，被认为是世界上最具生态多样性的地区之一。

安第斯地区也是一个生态多样性的重要地区。由于这里的荒漠处于隔绝状态，每一个荒漠地区颇具特点。这里的植物遗传资源十分丰富，是由巴比洛甫所确定的农作物形成中心之一。这里仍然存在着土豆的野生亲属科，是为地球大量生物提供营养的作物，存在着不少准粮食作物（pseudo-cereales），如昆诺阿藜（quinoa）和苋（amaranto），另外生长着很有价值的豆科植物，如各种豆类、红果刺桐（chocho）等，还有安第斯茎块类植物，如块基酢浆草（oca）、块根落葵（melloco）、西印度豆薯（jicama）等，还有水果类，如果茄（naranjilla）、浆果（babaco）、番木瓜（chamburo）等。

在加拉帕戈斯群岛，由于气候、海洋潮流的变化，加之生态环境没有遭到掠夺性的破坏，这里生活着大量的生物种类，如拥有全球32%的鸟类和25%的鱼类。很多生物种类已是世界上仅存的。

二 珍稀动植物

厄瓜多尔虽然国土面积不大，却拥有世界动物种类的8%，还拥有15%的世界珍稀鸟类。动物种类繁多，有3800种脊椎动物，1550种哺乳动物，350种爬行动物，375种两栖动物，800种淡水鱼和450种咸水鱼。此外，还有100多万种昆虫和4500种蝴蝶。在100多万种昆虫中，有4500种是夜生活类的。

厄瓜多尔的亚马孙地区占整个亚马孙盆地的2%，这里生存着整个亚马孙盆地1/3的鸟类物种。仅在沿海港口，就发现了1300多种鸟类，数量是美国和加拿大的两倍。在亚马孙地区未开发的热带雨林中，居住着美洲豹、小豹猫、森蚺、猴子、貘、食鱼蝙蝠、食人鱼，还有450余种鸟类。动物的多样化同样十分可观，有402种两栖动物，380种爬行动物，1559种禽类，324种哺乳动物。

埃斯帕尼奥拉岛是世界唯一能看到当地信天翁产蛋孵卵的地方。在加德纳海湾生存着一种攻击性极强的海鳐鱼。费尔南迪纳岛栖息着世界唯一的海生鬣蜥，其长相像龙，皮肤呈鳞状，发情期皮肤会从黑色变为蓝色和红色，背上还长着成排的刺。乌尔毕纳湾有珊瑚礁群。

加拉帕戈斯群岛定居着58种鸟类，其中28种是当地特有的，其余30种是候鸟。游隼（Falco peregrinus）是一种候鸟，每年的11月到来年3月间来到埃斯帕尼奥拉岛、伊莎贝拉岛、巴尔特拉岛和圣克鲁斯岛。游隼的翅膀窄而尖，嘴短而宽，飞行速度极快。蓝足鲣鸟（Sula nebouxii excise）体形像鸭，嘴坚硬，尖端渐细并稍向下弯，尾较长而呈楔形，捕食鱼类。朱红京燕（Pyrocephalus rubinus）的音调很高，鸣叫十分好听。拉瓦欧（Larus fuliginosus）据说是世界上最稀有的鸟类。它们在咸水湖的岸边栖息，在海岸边筑巢。褐色鹈鹕（Pelecanus occidentalis urinator）是一种水鸟，身形庞大，动作笨拙，善于游泳和捕鱼。加拉帕戈斯群岛还栖息着13种雀科鸣鸟。这些鸟类对达尔文有关进化和物种形成的思想发展至关重要。当年达尔文乘坐贝格尔号舰船出发环游全球时，他与同代的大多数人一样，认为物种是固定不变的。但是在加拉帕戈斯群岛，他观察到13种不同类的雀科鸣鸟都是由同一祖先进化而来的。另外，他还对岛上乌龟进行观察。这使他提出了物种可以随着时间的推移而进化的论点。

在厄瓜多尔的热带雨林中，生活着一种毒箭蛙。毒箭蛙的皮肤上具有烈性毒素。身体大小从2厘米到10厘米不等，皮肤颜色不均，斑斑点点。毒箭蛙的毒素中含有镇痛作用的化学物质。迄今为止，科学家已从毒箭蛙的毒素中分离出300多种生物碱。在大森林中还生活着眼镜熊（tremarctus ornatus）。眼镜熊是乌尔希达埃（Ursidae）物种的唯一一支。雄性眼镜熊身高1.8～2米，体重一般为175公斤。雌性眼镜熊的体形一般比雄性眼镜熊小1/3。眼镜熊在其所生活的生态地区要算大型哺乳动物了。眼镜熊浑身为黑色，只是眼圈和腭骨部分为白色，颇像戴着一副眼镜。每个眼镜熊的白色部位大小和形状不一，有的可以扩展到胸部。眼镜熊为杂食动物，主要吃纤维植物、附生植物、野果、植物的浆液、鳞茎植物等，有时也吃啮齿类动物、飞鸟、野鹿，甚至有时吃山貘（tapirus pincache）。它们只是在3～10月产仔期才配对群居。雌性眼镜熊一般在4岁后有生殖能力，怀孕期为160～255天，一般为1～4胞胎，刚生下来的小眼镜熊体重在300～330克。

厄瓜多尔十分注重保护珍稀动物，为此专门制定珍稀动物保护法。列入法律保护的动物种类繁多，其中大多为濒危或生存受到严重威胁的动物。受到法律保护的珍贵哺乳动物主要有以下种类。[①]

毛尾狐（glironia venusta） 毛尾狐主要生活在位于苏昆比奥斯省拉加尔托克查河（Lagartococha）流域的库亚贝诺（Cuyabeno）动物保护区和帕斯塔萨省库拉莱河（Curaray）的亚苏尼（Yasuni）国家保护区。在蒙塔尔沃（Montalvo）地区的科帕塔萨河（Copataza）和帕斯塔萨河流域也曾发现毛尾狐的活动踪迹。由于人类大量捕杀，贩卖其毛皮，毛尾狐的数量锐减，很难见到其踪迹。

矮脚鹿（pudu mephistophiles） 主要生活在安第斯东部山脉，存活于埃尔安赫尔（el Angel）、卡扬贝－科卡（Cayambe-Coca）、安蒂萨纳（Antisana）等生态保护区，以及科托帕希（Cotopaxi）、利延加纳特斯（Llanganates）、桑盖（Sangay）、卡哈斯（Cajas）和波多卡尔珀斯（Podocarpus）等保护区。矮脚鹿的存活数量不大，估计为1万只。在单个区域的存活数量一般不超过1000只。人们捕猎矮脚鹿主要用作吉祥物，通常把它们的头颅用作装饰品。

虎猫（leopardus tigrinus） 生活在马查拉（Machala）、奥通加地区保护区，皮钦查火山山麓地区，苏马科纳波－加雷拉斯地区（Sumaco Napo-Caleras）和瓜拉吉萨地区（Gualaquiza）。生活在热带和温带气候地区。虎猫繁殖能力较差。由于人类捕杀，贩卖其皮毛，并在它们所生活的地区大肆砍伐林木，虎猫的生存受到威胁。很多人还生捕虎猫，作为吉祥物在家饲养。

安第斯山猫（oncifelis colocolo） 生活在温带地区和安第斯高山地区，以及埃尔安赫尔和安蒂萨纳生态保护区，奥通加地区和基多附近地区以及瓜伊利亚班巴地区（Guayllabamba）。安第斯山猫的繁殖能力较弱，因此，数量很少。人类捕猎安第斯山猫，贩卖其毛皮，或把其头颅用作吉祥物和装饰品。

美洲豹（panthera onca） 生活在苏马科纳波－加雷拉斯、亚苏尼

---

① *Almanaque ecuatoriano*: *Panorama 2003*, Edipcentro, página 420, Riobamba, EI Ecuador, 2003.

(Yasuni) 和库亚贝诺 (Cuyabeno) 动物保护区、里蒙科查 (Limoncocha)、孔多尔 (Condor) 山脉、科塔卡奇 - 卡亚帕斯 (Cotacachi-Cayapas) 和马切 - 钦杜尔 (Mache-Chindul) 生态保护区。这些地区的自然环境没有受到严重破坏，适合美洲豹的生存。美洲豹有十分漂亮的毛皮，因此成为人类热衷捕猎的对象。

美洲狮 (puma concolor) 生活的地区比较广泛，从沿海地区到海拔 4500 米的高地都适合它们生存。几乎在厄瓜多尔所有的国家自然保护区都可以见到它们的踪迹。目前存活量大致为 1 万只。最近几十年，它们的生活区域缩小了 10%。

普通水獭 生活在西部地区的卡亚帕斯河、埃斯梅拉达斯河、科西梅斯河和瓜亚斯河，东部地区的阿瓜利科河、纳波河、库拉莱河、帕斯塔萨河和萨莫拉河。尽管普通水獭生活区域广泛，但它们是一种不大为人所知的哺乳动物。

大水獭 (pteronura brasiliensis) 生活在库亚贝诺河流域的湖泊环境以及塔拉普伊河、萨巴托河、拉加尔托克查河和格比河等。由于河流污染，生存环境恶化，现在全国存活数量不超过 250 只。

加拉帕戈斯毛皮海豹 (arctocephalus galápagoensis) 生活在加拉帕戈斯群岛的费尔南迪纳岛、伊莎贝拉岛和圣地亚哥岛。它们喜欢阴凉地带，生活在多礁石的海岸边和礁石群中。鼠类、狗类和猫类的死尸常常会带来传染病，对毛皮海豹形成威胁。

蓝鲸 (balaenoptera musculus) 生活区域为从赤道海域到南北半球交界海域。它们喜好在深海海域生活，成双成对漫游大陆沿海岸区。在冬季，它们长途跋涉寻找热带海域，夏季生活在南极海域。它们有时出没于加拉帕戈斯群岛地区。

窄翅蝙蝠 (balantiopteryx infusca) 在厄瓜多尔曾两次发现这种类型的蝙蝠，一次是在 19 世纪末期，在埃斯梅拉达斯省的阿尔布哈地区。另一次是在 1999 年，在因巴布拉省距阿尔布哈地区仅 50 公里的利塔地区。这一地区离科塔卡奇 - 卡亚帕斯生态保护区很近，因此有人推测，窄翅蝙蝠就生活在该生态保护区内。一般的蝙蝠生长着一对宽宽的翅膀，而窄翅蝙蝠的翅膀很窄，样子十分奇特。

大犰狳 生活在东部的热带和亚热带森林地区，是一种稀少动物。由于这种动物的肉十分鲜美，且其头顶、背部、尾部和四肢有角质鳞片，甲壳和爪子可用作装饰品，因此，遭到人类的捕猎。

大食蚁兽 生活在东部热带和亚热带地区，为稀少动物。尽管其肉质粗糙，但仍遭到人类的捕杀。亚马孙森林的大面积砍伐威胁到了大食蚁兽的生存。

水貘（tapirus bairdii） 是典型的森林生态系统动物，生活在西部热带一些地区，如在阿苏艾省的蓬斯恩里克斯地区曾发现其踪迹。现在它们的生活范围已经缩小到乔科地区、西北部地区的潮湿森林地带和科塔卡奇－卡亚帕斯生态保护区。据估计，目前水貘的生存数量不超过 50 只，属于高度濒危动物。

山貘（tapirus pinchaque） 在世界上属濒危动物。山貘生活在苏马科纳波－加雷拉斯、利延加纳特斯、桑盖和波多卡尔珀斯国家保护区，埃尔安赫尔生态保护区、卡尼亚尔省的山区和卡哈斯国家保护区附近。

黄腹蜘蛛猴（ateles belzebuth） 生活在亚马孙低地、纳波河流域、苏马科纳波－加雷拉斯、亚苏尼、波多卡尔珀斯低地、孔多尔山区和楠加里萨河流域。夜猴尾长，四肢修长，体瘦，十分招人喜爱。由于生存数量较大，且肉质鲜美，遭到人类的大量捕杀。

黑长尾猴 广泛生活在南美洲地区。但是在厄瓜多尔却为数较少，生活在亚马孙地区。

卷尾猴 主要生活在埃斯梅拉达斯省的偏僻森林地区、科塔卡奇－卡亚帕斯和卡亚帕斯－马塔赫沼泽灌木林生态保护区。在西北部潮湿的热带地区，卷尾猴常常被捕猎作为装饰物。目前存活数量不足 1 万只。

加拉帕戈斯费尔南迪纳鼠（nezoryzomys fernandinae） 仅存活于加拉帕戈斯的费尔南迪纳岛，为高濒危动物。由于该岛火山经常爆发，其生存受到严重威胁。

亚马孙海牛（trichechus inunguis） 生活在库亚贝诺河和拉加尔托克查河、库亚贝诺动物保护区、亚苏尼国家保护区以及阿南戈河和提普提尼河。由于亚马孙海牛肉质鲜美，被人类大量捕杀，制成罐头出口国际市场。亚马孙海牛青春期长达10年，繁殖能力较弱，怀孕期长达13个月，且每次只怀一胎，存活数量日益减少，为高濒危动物，仅存活250多只。

亚马孙地区的库亚贝诺植物保护区的植物品种数量创世界纪录，有400种树木，449种灌木，92种藤本植物，96种草本植物，22种棕榈类植物。厄瓜多尔盛产桃花心木、染料木和香膏木等贵重木材。还有几种世界稀有木材，如巴尔萨木等。

巴尔萨木（balsa） 巴尔萨木生长在厄瓜多尔沿海地区，树干高且笔直，树叶宽大，呈椭圆形。它是热带森林中生长最快的树木，一般一年就可长到4米高，6~7年成材。树的木质疏松，呈白色、粉红色或淡棕色，是世界上最轻的木材，多用于做空运的箱子和文件盒。

三 生态环境保护

厄瓜多尔没有关于现有野生物种分布和状况的信息，资源的开发、生存环境的变化、外来物种的入侵、环境污染等因素使很多物种正在消失。[①] 为了保护生物资源和多样化生态系统，国家成立了各种组织和机构，制定了不少保护环境的法规和措施，其中包括制定法律，建立自然保护区。目前，全国各种自然保护区占国土面积的18%。

（一）濒危物种

厄瓜多尔濒危物种包括20多种哺乳动物，370多种植物，50多种鸟类和10多种爬行动物。

厄瓜多尔9种爬行动物被纳入由世界大自然联合会出版的《濒危物种红皮书》，其中包括亚马孙地区的黑鳄、沿海地区的美洲鳄和加拉帕戈斯大乌龟。因受人类的影响，或因无法适应自然条件的变化，有一些动物已经灭绝，如厄瓜多尔乡村鼠（bolomys punctulatus）、加拉帕戈斯硕鼠（megaoryzomys curioi）、加拉帕戈斯达尔文鼠（nesoryzomys darwini）、加拉帕戈斯和平鼠（nesoryzomys indefessus）、加拉帕戈斯稻田鼠（oryzomys

① http://www.ecuadorexplorer.com/html/vital_ stats.html.

galapagoensis)、安第斯山鹿(hippocamelus andisensis)。

高度濒危动物有:菲利佩刺豚鼠(mustela felipei)、大水獭、水獏、咖啡头蜘蛛猴(ateles fusciceps)、厄瓜多尔短尾鼠(alcodon latebricola)、加拉帕戈斯费尔南迪纳鼠、加拉帕戈斯纳波罗鼠(nezoryzomys narboroughi)、加拉帕戈斯圣地亚哥鼠(nezoryzomys swarthi)、圣菲稻田鼠(oryzomys bauri)、亚马孙海牛。

濒危动物有:眼镜熊、塞伊鲸(balaenoptera borealis)、蓝鲸、鳍鲸(balaenoptera physalus)、灰色豚(delphinidae sotalia fluviatilis)、玫瑰色豚(iniidae inia geoffrensis)、窄翅蝙蝠、卡夫雷拉自由尾蝙蝠(cabreramops aequatorianus)、山獏、安第斯刺鼠(anotomys leander)。

生存受到威胁的动物有:毛尾狐、矮脚鹿、虎猫、安第斯山猫、美洲豹、美洲狮、加拉帕戈斯毛皮海豹、加拉帕戈斯海狼(zalophus wollebaeki)、黄腹蜘蛛猴、卷尾猴(cebus capucinus)、吼猴(lagothrix lagotricha)等。① 目前,国家已经将毛尾狐、矮脚鹿、虎猫、眼镜熊等30多种珍稀动物列入法律保护范围。

原来干旱林覆盖着沿海地区280万公顷土地,但是由于人类开发,现在仅存2万公顷,不足原来的1%。木材开采主要集中在卡亚帕斯、圣地亚哥和欧恩索利等河流域。

在安第斯森林区,位于海拔2000~4000米高度的森林几乎全部被农作物耕作和人类扩建居住地所破坏。仅仅在边远的地区还保留着小面积的森林。

在亚马孙地区,天然森林受到石油开采业和农业垦殖活动的影响。新开辟的交通运输路线便利了木材开采和农业垦殖。农业垦殖人口自20世纪60年代开始迅速增加,特别是在纳波地区,大面积的天然植被变成了非洲棕榈种植园、牧场和小农庄。原来生活在这里的印第安人被迫迁居到更加偏远的地区。

① *Almanaque ecuatoriano*: *Panorama 2003*, Edipcentro, página 415, Riobamba, El Ecuador, 2003.

厄瓜多尔政府希望得到更多的国际帮助，保护加拉帕戈斯群岛最有生态价值的遗产。加拉帕戈斯群岛正在遭受人口增长和石油开采的威胁。人口增长迫使政府扩大农牧业用地，以满足日益增长的人口食品需求。加拉帕戈斯海域和群岛周围40公里的海洋生态保护区内的渔业资源受到过度捕捞特别是非法捕捞的影响，74种鱼类的生存受到威胁。人类生活区域的扩大、岛外植物和动物的入侵、对海洋资源的过度开发、无节制的旅游发展、人口过度增长和垃圾等问题造成疾病、植物和蚊孽的侵袭。

（二）国家自然保护区

1982年厄瓜多尔制定和颁布的《野生植被和自然区域森林保护法》规定，主要由国家负责天然森林的管理、控制、调节、木材供应以及森林资源的恢复。通过对可开采天然林的管理促进森林的可持续发展。1992年厄瓜多尔成立森林和野生及自然区域学会，专门负责森林事务。此后，又于1996年组建了环境部，并于1999年颁布第505号法令，由环境部下属的森林司和生物多样化司负责和管理森林事务。环境部还制定了《厄瓜多尔森林可持续发展战略》。

自1976年，国家保护区系统管理局开始投入工作，实施厄瓜多尔重要野生区域保护初步战略。国家保护区系统管理局最初隶属于农牧业部的林业部门，后归属环境部。

国家保护区系统管理局的宗旨是保护厄瓜多尔野生生命的遗传多样性和特殊性，为科学研究、环境教育、生态旅游和大众娱乐提供机会，促进各社会团体参与保护大自然。

厄瓜多尔众多的自然保护区拥有数不尽的自然奇观，极具生态旅游价值，吸引着国内外大批游客。自然资源保护区更多集中在北部和中部山区、国家东北部地区以及沿海地区。在这些地方，可以看到与众不同的景色以及很多令人难以置信的动植物。不管你是身处被云雾覆盖的森林保护区，还是步行在沿海的红树林中，或是在位于世界上最高的活火山山顶，你都会发现厄瓜多尔是南美洲最受欢迎的户外探险目的地之一。

这些自然保护区面积大小不等，有的几个保护区位于一个省，还有的分布在几个省。

卡哈斯国家保护区（Parque Nacional Cajas） 1977年6月6日建立，位于昆卡以西29公里。这里属荒漠生态系统，海拔为3000～3500米。区内230多个风景秀丽的湖泊是最吸引游客的地方，其中最重要的有托雷阿多拉湖、拉加尔托克查湖、奥索瓦伊库湖等。亚努卡伊河和托梅班巴河发源于此，向昆卡市供应饮用水，是帕乌特水电站计划的主要供水来源。

在卡哈斯众多湖泊中生活着河鳟鱼，很多人周末到此钓鱼、爬山和露营。在海拔4000米的地带，生长着荒漠植被，而且树林和土地上覆盖着苔藓、地衣和其他的真菌类。保护区的西部被高大浓密的树林覆盖。野生动物包括多种鸟类，诸如蜂鸟（hummingbird）、灰胸巨嘴鸟（toucan）和巨大的锥嘴鸟（conebill）等。游客可以从昆卡乘公共汽车到公园的信息中心，那里有一个简单的居所，提供床位和厨房。

科托帕希国家保护区（Parque Nacional Cotopaxi） 厄瓜多尔最受欢迎的公园，建于1975年8月11日，占地33393公顷，气温为0℃～15℃。这里主要属荒漠生态系统，海拔为3400～5897米。库图奇河（Cutuchi）和道莱河发源于科托帕希火山，为马查奇、基多、拉塔昆加和东部地区提供饮用水和灌溉水源。著名的景点是白雪覆盖的科托帕希火山。

科托帕希国家保护区非常适合远足、爬山和山地骑车，这里拥有优质的设施和服务。除攀登科托帕希火山外，还有卢米尼亚汇山和莫卢尔科山适于徒步旅行。游客还可以参观公园的博物馆、美洲驼试验农场和印卡遗址。在这里有机会看到多种野生动物，如鹿、狐狸、秃鹫和蜂鸟。

利延加纳特斯国家保护区（Parque Nacional Llanganates） 1996年1月18日建立，地形十分特殊，包括几个地理平台，属荒漠、安第斯森林和山地雨林生态系统。海拔为1200～4571米。这里有几个风景秀丽的湖泊和河流，如帕斯塔萨河和纳波河。利延加纳特斯山脉具有生态和历史价值，流传着卢米尼亚汇宝藏的传说。为此，这里曾经发生过几次寻找宝藏的探险。

马查里利亚国家保护区（Parque Nacional Machalilla） 1979年7

月26日建立，包括热带干旱森林、云雾森林和灌木植被生态系统，海拔在850米以下。这里有一条2海里宽的海洋地带，有佛拉伊莱斯海滩，有普拉塔岛和圣地亚哥岛两座近海岛屿，还有曼特尼亚文化古迹。两座岛是厄瓜多尔内陆海岸唯一由珊瑚组成的岛屿。园区气候全年炎热干燥。园区内有哥伦布时期以前的建筑遗址和手工艺品。另外，还有超过200种动物，如鹦鹉、海鸟、鹿、蛇和食蚁兽等。普拉塔岛栖息着一些在加拉帕戈斯群岛常见的动物，如塘鹅以及海鸥。在每年的6～10月，还可以见到海豚和鲸鱼。

波多卡尔珀斯国家保护区（Parque Nacional Podocarpus） 建于1982年12月15日，是厄瓜多尔唯一位于安第斯南部山脉的国家公园。海拔为900～3600米。这里的生物多样性程度很高，是世界鸟类资源最丰富的地区之一。已发现的鸟类有560多种，占厄瓜多尔鸟类品种的40%。

公园的名字源于区内常见的波多卡尔珀斯树，它是厄瓜多尔唯一的本地针叶树种（conifera），也被叫作鬼针草（romerillo）。专家根据海拔高度的差异划分出6个截然不同的生活区域。在洛哈和萨莫拉之间，你可以发现未被破坏的云雾森林和高原荒漠植被。

公园的生态旅游发展较快。这里有一个简易的居所和一片露营区。公园有两个入口，一个在高地，另一个在低地。

苏马科纳波-加雷拉斯国家保护区（Parque Nacional Sumaco Napo-Galeras） 1994年3月2日建立，由山地森林和热带雨林组成。海拔为500～3732米。由于处于山麓地区，地形奇特，山峰陡峭，植被茂密，人类很难进入这一带。地势较低的地区属纳波更新世保护区，是厄瓜多尔最少游览的保护区之一。游览方式主要是徒步登上苏马科火山。因火山偏僻的地理位置成为厄瓜多尔人了解最少的山之一。区内大部分地方没有受到发展的影响。

亚苏尼国家保护区（Parque Nacional Yasuni） 建立于1979年7月26日，占地98万公顷，是厄瓜多尔最大的内陆国家公园，海拔为300～600米。拥有热带雨林生态系统，这里生活着克丘亚人和瓜拉尼人。由于这里生物多样性程度较高，在它建成的同一年便被联合国教科文组织宣布为国际生态保护区。

这里生活着500种鸟类，173种哺乳动物类，62种蛇类，100种水陆两栖动物。另外，这里河流交错，湖泊星罗棋布，如桑库多湖和哈屯科查湖，是十分宝贵的旅游资源。

横贯公园的几条主要河流是亚苏尼河、提普提尼河、科纳纳克河、纳什尼奥河和库拉莱河。公园内的野生动植物多种多样。旅行者可以遇到诸如高大的雪松、月桂树等树木和貘、鹰、美洲狮等数不清的动物。

保护区内几乎无人定居，只有少数瓜拉尼土著居民世世代代生活在这里。他们集中居住在建于1991年的瓜拉尼民族保护区，这个保护区北与国家公园接壤。这里很偏僻且很难开发。到达亚苏尼的最佳路径是从科卡河经由纳波河，由于该地区偏僻的地理位置和单独旅行的难度，游客到这里来最好雇一个旅游向导。

里蒙科查生物保护区（Reserva Biológica Limoncocha） 建于1985年9月23日，位于纳波河北岸，科卡河与阿瓜利科河之间，地势平坦，主要由湿地和沼泽构成，拥有热带雨林生态系统。海拔为230米。保护区是世界最富生物多样性的地区之一，主要由里蒙科查湖及周边地区和内格拉湖（Negra）组成。在湖泊中栖息着大量的动物，如水陆两栖和爬行动物，有黑鳄，还有大量的鸟类。科学研究发现这一地区有超过450种鸟类和奇特的树种，如巨大的海红豆树、雪松、月桂树、白塞木树，而且气根棕（Pambil）也很常见。保护区内的里蒙科查湖是有名的观鸟区域。

克丘亚人居住在咸水湖附近，主要种植自给作物及少量经济作物。20世纪80年代和90年代的石油生产给这个地区及其居民带来影响。从基多到保护区的最佳路线是乘飞机到科卡或拉戈阿格里奥。到这两个目的地的巴士路线同样直达里蒙科查镇。还有船只从帕洛斯港和彭培亚港两个小港口通往科卡。

安蒂萨纳生态保护区（Reserva Ecológica Antisana） 1993年7月21日建立，为荒漠、山地雨林和热带雨林生态系统。海拔为1400~5750米。这里的水资源为基多及其周边地区提供饮用和灌溉水源。

保护区内包含10个生态区，从高原荒漠延伸到低地雨林，拥有着不同的气候环境、植物和动物。保护区内的主要旅游景点是厄瓜多尔第四高峰，白雪覆盖的安蒂萨纳火山。另外还有瓜卡马约斯山及其山麓，一直延伸到苏马科－加雷拉斯国家公园。在保护区众多的水系中，米卡乔卡咸水湖最大，位于3900米高处，是一个钓鳟鱼的极佳地点。旅行者偶尔可碰到保护区的野生动物，如美洲狮、白尾鹿、安第斯狐狸和安第斯秃鹫。

埃尔安赫尔生态保护区（Reserva Ecológica el Angel） 1992年8月5日建立，其地形特点是安第斯荒漠与湖泊相间。海拔为3644～4768米。保护区是为了保护16000公顷高原荒漠植被而建立的。这里的野生植物包括厄瓜多尔大部分高原荒漠植物种类。保护区85%的土地都被这些典型的植物覆盖。这里还有一些美丽的湖泊，其中包括沃拉德罗湖。这一地区最后幸存的大花高山菊是安第斯山区特有的植物品种。另外，这里还向卡尔奇省提供水源。

卡扬贝－科卡生态保护区（Reserva Ecológica Cayambe-Coca） 1970年11月17日建立，属于荒漠、云雾森林、热带雨林生态系统。海拔为600～5790米。区内坐落着厄瓜多尔第三高峰卡扬贝山。这里生活着科凡人和克丘亚人。

保护区内有卡扬贝山、萨拉乌尔科山、普恩塔斯雪山等。保护区内有将近80个分散在高原荒漠的湖泊，为基多提供饮用水源，为塔巴昆多地区提供灌溉水源。

因为人类难以到达这里，区内的云雾森林和高原荒漠植被未被破坏。除了典型的高原荒漠植被，这里还有多种兼具生态、经济和医药价值的植物，如兰花、白塞木树、月桂树、雪松等。这里动物种类繁多，有450种鸟类，包括稀有的安第斯秃鹫。

雷温塔多尔火山是十分吸引游客的景点。沿着崎岖的山路，游客和探险者可到达火山顶峰，欣赏壮观的景色。浓密的森林覆盖着重重山峦和深深的峡谷，一道道河流蜿蜒流淌。保护区内更吸引人的是位于基赫斯河的圣拉斐尔瀑布，其落差达130米。

卡亚帕斯－马塔赫沼泽灌木林生态保护区（Reserva Ecológica Manglares Cayapas'Mataje） 1968年9月29日建立，位于埃斯梅拉达斯省，拥有荒漠、山麓森林和热带雨林生态系统。海拔为 35 ~ 4939 米。建立这一保护区的目的主要是保护热带雨林、热带干燥丛林和红树林。红树可以生长于盐水中，有利于控制海岸水土流失，另外它们是众多鱼、软体动物和甲壳纲动物的生存依靠。但是 20 世纪 80 年代，因建人工养虾场，很多红树林被破坏，为此，政府在这里设立了保护区。

由于这里是西部山区延伸带，生物多样性程度很高。乔科斯生物保护区位于这里，包括 11 个野生动物保护区。这里是世界上最潮湿的地区之一。

伊利尼萨斯保护区（Reserva Ecológica los Illinizas） 1996 年 12 月 11 日建立，占地 15 万公顷，属荒漠高原生态系统，海拔为 800 ~ 5265 米。位于安第斯山脉西部，拥有克拉松、伊利尼萨斯等山峰，是遮挡来自沿海潮湿气候的屏障，因此这里雨水较多。吉洛托阿湖位于保护区内，具有发展旅游的潜力。在这一地区的纵深地带生活着克丘亚人。

保护区内主要生长云雾森林，即安第斯亚热带潮湿森林和高原荒漠植物。区内拥有三大景观：由火山口形成的基洛托阿湖，湖水清澈，碧波荡漾，位于海拔 3800 米的高地；被白雪覆盖的山峰 - 北伊利尼萨斯山和南伊利尼萨斯山，雄伟壮观；一望无际的云雾森林。游客可经孙巴瓦或丘格奇兰到达基洛托阿湖，在火山口附近游玩或干脆下到湖边，两种选择都颇费体力却能欣赏到美景。

马切 - 钦杜尔保护区（Reserva Ecológica Mache-Chindul） 1996 年 8 月 9 日建立，海拔为 300 ~ 800 米。这里生物多样性程度很高。这里水源充沛的河流为马纳维省提供水源。恰奇人生活在这里。

丘卢特沼泽灌木林生态保护区（Reserva Ecológica Manglares Churute） 1979 年 9 月 26 日建立，位于瓜亚斯省，面积为 49894 公顷，其中包括瓜亚斯河流域的沼泽灌木林地带、热带雨林、湖泊和潮淹区。这里具有很高的生物和生态价值，是很多水生生物的栖息地，生长着 4 种红树，拥有 269 种鸟类，其中有 50 种水鸟。

阿雷尼利亚斯生态保护区（Reserva Ecológica Arenillas） 2002 年 1 月 30 日建立，位于埃尔奥罗省的阿雷尼利亚斯和瓦吉利亚斯区

(Huaquillas)，面积为17082公顷，包括瓦吉利亚斯军事保护区。这里拥有热带干旱森林、热带荆棘森林、十分干旱的热带森林最后残留区和濒危的生态系统。

柯凡贝尔莫赫生态保护区（Reserva Ecológica Cofan Bermejo） 建立于2001年6月7日，位于苏昆比奥斯省西北部的卡斯卡莱斯区(Cascales)，海拔为400～2000米，面积为55451公顷。这一地区是柯凡印第安人世代居住的地区。保护区生物多样性程度较高，植被是黏性土壤雨林，是亚马孙矮林木向安第斯森林过渡的林带。区内生长着2000～3000种植物、42种哺乳动物、12种灵长目动物，另外还有大量的眼镜熊和399种鸟类。

普卢拉瓦植物保护区（Reserva Geobotánica Pulalahua） 1966年1月28日建立，距基多30分钟路程，海拔为1800～3356米，占地3383公顷，由一座死火山及其山麓区组成，是最重要的地质资源蕴藏区之一。植被由矮木丛和灌木林组成，还有一片保存完好的云雾森林。主要的林木为大量的兰科类植物。这里离基多较近，常有游客来这里观光。火山口西边地形开阔，太平洋潮湿的海风可畅通无阻地进入这里。除此之外，冲积积累的沉积物也使火山口土地肥沃，适于耕种。

库亚贝诺动物保护区（Reserva Faunística Cuyabeno） 1979年7月26日建立，位于厄瓜多尔亚马孙地区的纳波省和苏昆比奥斯省，海拔为200～280米。保护区拥有60万公顷热带雨林，北到哥伦比亚境内，东到秘鲁境内。这里是热带雨林生态系统，是7个地质构造为更新世时期的保护区中的一个。这些地区躲过了最后一次冰川运动，产生了新的物种，因此，生物多样性十分突出。这里的14个湖泊组成了水资源丰富的湖泊系统。

钦博拉索动物保护区（Reserva Faunística Chimborazo） 1987年10月26日建立，位于通古拉瓦、玻利瓦尔和钦博拉索三省境内，海拔为3800～6310米，为荒漠生态系统，生长有典型的干旱荒漠植被。

这里拥有十分吸引人的旅游资源。钦博拉索火山和卡利瓦伊拉索火山山峰冰川融化的水形成潺潺溪流，流入山区中部各省和亚马孙地区的河流。

帕索乔阿野生物种保护区（Refugio de Vida Sivestre Pasochoa） 海拔为2950～4199米。1982年成为森林和植被保护区，并于1984年由纳图拉基金会负责管理。1996年12月11日，纳入了野生物种保护区之列，成为国家保护区系统管理局的组成部分，但是仍然由该基金会管理。主要目的是保护山区遗留的原生森林部分。

埃尔波利切国家保护区（Area Nacional de Recreación el Boliche） 1979年7月26日建立，位于皮钦查、科托帕希和纳波三省，海拔为3000～3600米，西北部与科托帕希国家保护区接壤。建立这一保护区的目的是保护这里的荒漠生态系统。保护区一半面积由1928年栽种的松树林覆盖。这里是鸟类和哺乳动物类的栖息所，它们逐步适应了松树林生活条件。

圣克拉拉岛野生物种保护区（Refugio de Vica Silvestre Isla Santa Clara） 1999年6月3日建立，包括圣克拉拉岛及其周边海域。为大陆重要的湿气流带，岛内侧的大陆架是唯一的生物多样性系统，由于瓜亚基尔海湾每年注入大量淡水，这里生物繁殖量很大。

姆伊斯内沼泽灌木林生态系统野生物种保护区（Refugio de Vida Silvestre del Ecosistema de Mangla de Muisne） 建于2002年，位于姆伊斯内河（Muisne）流域尚存的沼泽灌木林区，面积为3173公顷，有丰富的水生物物种，如鱼类、海贝等。另外，还有随舰鸟（fragatas）、白头鸟（pelicanos）、小草鹭（garcillas）、鸬鹚（cormoranes）和其他鸟类，还有各种昆虫和哺乳动物。

拉奇吉塔野生物种保护区（Refugio de Vida Silvestre la Chiquita） 位于埃斯梅拉达斯省的圣洛伦索区，面积为800公顷，是热带雨林带，生长着饱食木（sande）和海红豆（ceibo）等植物，栖息着跳鸟（saltarin）、红头鸟（cabecirrojo）、兰冠跳鸟（saltarin coroniazul）等鸟类。这里也是虎猫、蚁熊（oso hormiguero）的家园。

科塔卡奇－卡亚帕斯保护区（Parque Cotacachi-Cayapas） 面积为20万公顷，从沿海热带雨林到云雾森林，再到高原荒漠，海拔差异极大

(200～4939米)，因此，它包括了几个生态系统。保护区位于因巴布拉省和埃斯梅拉达斯省，有很多条路线可以到达这里。从东部地区可驾车经基多北上奥塔瓦罗，再继续行至科塔卡奇镇。咸水湖坐落在这个小镇以西18公里。游客还可以从圣米格尔入口坐船经低地到保护区。最吸引旅行者的是大大小小的湖泊。保护区是一些珍奇动物的家园，如眼镜熊、食蚁兽、美洲豹、貘、猴子、蝙蝠等。这个地区，生长着至少20000种植物和500种鸟类，是地球上最具生物多样性的地区之一。

塞洛布兰科森林保护区（Parque Cerro Blanco） 位于从瓜亚基尔到沿海的萨利纳斯高速公路旁，距离海岸16.5公里处，由林木保护基金会负责管理，保护着瓜亚基尔附近5000公顷干旱热带丛林，还包括大片草地、森林、连绵起伏的群山和狭窄的深谷。这里生物多样性程度很高，是厄瓜多尔少数几个沿海森林保护区之一。在保护区内可找到大约600种植物和33种哺乳动物，包括猴子、白尾鹿、美洲豹和美洲狮。另外，还有211种鸟类生活在塞洛布兰科的森林中。这里非常适合观赏鸟类。在众多鸟类中有8种全球性濒危鸟类生活在此处，它们是重点保护对象。

第二章

历　史

第一节　古印第安人时期

一　古印第安历史

考古学家和历史学家对厄瓜多尔地区原始居民的来源和厄瓜多尔民族的起源进行了广泛考证。一些考古学家认为，这里的原始居民属于远古的圣湖种族或大洋洲种族，人们称其为普宁种人。因为考古学家们1923年在厄瓜多尔钦博拉索省普宁镇附近的冰河层发现了属于该种族人特点的头盖骨化石。在此之前不久，在埃尔奥罗省胡博内斯河的帕尔塔卡洛也曾发现该人种的头骨化石。也有一些考古学家认为，最早的居民是从亚马孙地区移居来的。此后，在公元前和公元后若干世纪里，又有很多移民群来到这里定居，其中有来自安第列斯群岛和亚马孙河一带的加勒比人和阿拉瓦克人，从哥伦比亚的安第斯山或哥伦比亚海岸的古代居民点分离出来的奇布恰人，有直接从中美洲渡海而来的玛雅人和基切人，还有来自玻利维亚和秘鲁高原的科利亚－阿拉瓦克人和克丘亚人，即印加人。他们组成了厄瓜多尔原住民的主要种族。

加勒比人或他们的支系，如希巴罗人，沿着萨莫拉、圣地亚哥、帕斯塔萨、阿瓜利科和纳波等河流的河谷来到厄瓜多尔东部，并逐渐向西扩张。加勒比人带来了他们的语言，以及文化习俗，如在人死后制成木乃伊，广泛驯养豚鼠等。他们和阿拉瓦克人还带来了冶金术。

来自尼加拉瓜、哥斯达黎加和巴拿马地峡的奇布恰人占据了哥伦比亚沿海和高原地带。之后，他们同经过阿特拉托河、马格达莱纳河和从东部大森林来的加勒比人混血，此后逐步向厄瓜多尔高原和海滨扩张。奇布恰人使用自己的语言，掌握了冶金术和金属加工技能。

玛雅人和基切人陆续从洪都拉斯、危地马拉或墨西哥西岸渡海到达厄瓜多尔和秘鲁等地。他们掌握了制陶、绘画、石刻等技术。此后，在公元2世纪至9世纪，玻利维亚高原的蒂亚瓦纳科帝国向厄瓜多尔扩张，波及阿苏艾、通古拉瓦、钦博拉索等地。后来在印加帝国的统治下，又有大量库斯科人和玻利维亚人迁移到现今的厄瓜多尔地区。

在印加帝国统治厄瓜多尔地区之前，这里的土著人的社会政治组织形式与美洲其他原始部族的形态大致相同，处于氏族、部落或部落联盟阶段。在氏族里，他们靠血缘亲属关系维系社会，或过着游牧生活，四处迁移，或共同占据一片可以耕作的土地，定居下来。他们共有土地，为了保卫氏族的土地或占据更多的土地，经常与其他氏族发生流血冲突或战争。在某些地区，如因巴布拉，开始出现以家庭为单位支配土地的现象。在氏族中，长老或年岁最大的人掌握着权力。氏族或部落一般有自己的守护神或图腾。这些氏族或部落都形成并保存着自己的文化习俗和传统，据此维系内部团结。

最早的社会组织形式是在氏族的基础上建立起来的。后来，随着社会生活的发展，各氏族普遍实行异族通婚制，小伙子和姑娘到结婚年龄时必须到其他氏族寻找配偶，甚至通过战争方式抢掠妇女，给本氏族的小伙子们做妻子。

由于氏族人口的增加和氏族势力的扩大，氏族逐渐分裂，并逐渐形成了部落。有些部落甚至十分庞大，人口十分稠密，形成了民族，如普鲁亚民族等。15世纪，沿海地区比较有名的部落有卡亚帕、科罗拉多、卡拉盖斯、曼塔、乔诺、阿塔卡梅斯、帕萨奥、普纳和通贝斯等。安第斯山脉比较大的部落有帕斯托、卡兰基、卡扬贝、佩鲁乔、基图、普鲁亚、迪基桑比、卡尼亚利、马拉卡托和帕尔塔等。

随着社会的进一步发展，部落之间的联系日益紧密，部落之间的战争更加频繁，一些部落或民族遂组成了联盟。阿索格斯、保特、瓜拉塞奥和勇吉利亚等部落组成了卡尼亚利联盟。奥塔瓦洛、卡扬贝、佩鲁乔、科查斯基、皮曼皮罗等部落组成了卡兰基联盟。另外，一些十分好战的部落组成了具有显著的军事同盟性质的基图－潘特萨莱奥联盟和普鲁亚－迪基桑比联盟。在这些联盟中，各部落成员大多保持了自己的社会、经济和宗教方面的自治权。

土著印第安人从事种植业，主要种植玉米、扁豆、土豆和南瓜等。高原印第安人除从事种植业外，还捕鱼和狩猎，驯养羊驼，酿造玉米酒，织染衣裳和装饰，雕刻和制作陶器，冶炼金属和制作金属首饰及器皿。他们还掌握了其他科学技术，如测出了赤道的位置，计算出春分和秋分日期，发明结绳记事文字和十进位计数法等。马纳维人会用沙和一种性能很强的黏合剂制造用作祭祀的器皿，制造塑像和各种器具。他们制作出来的东西十分坚硬、耐用。因巴布拉人烧制的彩色陶器十分精致、好看。普鲁亚人擅长雕刻独石和塑像。卡尼亚利人的绘画达到很高的艺术水平，他们还能够绘制交通图和省份草图。

高原地区印第安人的食物以素食为主，不习惯吃肉。他们也经常猎取鹿或熊，但主要是为了获取动物的毛皮。他们有时食用豚鼠肉、甲虫和蜗牛等，用辣椒与这些动物的肉烹饪，味道十分鲜美。为此，他们驯养了豚鼠。沿海地区的居民以肉类为主要食物。其中主要是鱼类和容易获取的甲壳类动物。另外，他们还食用水果，如菠萝、木瓜、释迦果、鳄梨和番石榴等。无论是在山区还是在沿海地区，印第安人都会酿造一种叫作“契查”的玉米酒，这种酒直到今天仍深受人们的喜爱。

在印第安社会，随着经济发展，内外商贸关系获得了发展。高原地区居民用鹿皮、织品、金属长矛、金银饰品、古柯叶等同沿海地区的居民交换食盐、棉花、贝壳、铜制的饰品、宝石和各种鱼产品。马纳维和埃斯梅拉达斯的印第安人同秘鲁北部大奇穆的印第安人保持着非常活跃的贸易关系。在交易中，某些部落已经开始使用一些像货币那样代表价值的东西。例如，奇布恰人使用小金片和小银片。卡兰基和基利亚辛加的印第安人使用一种黏土做的小球，这便利了商品贸易。在位于现在的因巴布拉省的皮曼皮罗，发展起了较大规模的集市。

当时印第安人社会处于原始社会后期，土地属公有，没有私有土地。在氏族内发展起了特权阶层，他们有影响，受尊敬，甚至受到公众的崇拜，自然在经济上享有特权，有普通平民为他们提供服务，甚至劳役。族长或酋长们实行一夫多妻制，而普通男人只能娶一个老婆。

在土著印第安人社会内部，妇女的地位比较低，他们负责耕种土地，收割庄稼，从事繁重的劳动。男人当武士，保卫家园，对外征战，在和平时期制造石斧、矛枪等各种武器。

考古学家和历史学家在阐述厄瓜多尔原始居民历史时，一般侧重于考证土著印第安人的不同来源和文化的交融。也不乏历史学家从社会经济发展和演进的角度对当地土著印第安时期的历史沿革进行考察。他们认为，至少在公元前 25000 年，在现今的厄瓜多尔地区就已经存在人类。在安第斯峡谷地区考古学家发现了最早的人类遗迹。在基多附近，伊拉罗地区的埃尔因卡发现了人类使用的很多石器。在乔普斯奇、库比兰和其他一些地区也发现了类似的遗迹。当时的原始居民有自己的社会组织、信仰、风俗礼仪，以及主要基于采集野果和狩猎的生存方式。这种状况一直延续到 16 世纪西班牙征服者的到来。

不少历史学家把西班牙人到来之前的印第安时期分为 4 个历史阶段：古印第安人或陶器前阶段，印第安社会形成阶段，地区发展阶段，部族融合和印加统治阶段。

公元前 10000 ~ 前 3600 年为古印第安人阶段或陶器前阶段。当时的原始居民以狩猎、捕鱼和采集野果为生。社会组织形式为游牧部落。在皮钦查、阿苏艾、洛哈和瓜亚斯等省都发掘出了该时期的遗迹。

公元前 3600 ~ 前 500 年为印第安社会形成阶段。这一阶段又可分为 3 期：社会最初形成期、社会中期形成期和社会后期形成期。公元前 3600 ~ 前 1800 年，为社会最初形成期，人们靠狩猎、捕鱼、采集野果和最初的农作物耕作生活。公元前 1800 ~ 前 1500 年，为社会中期形成期，农业获得较大的发展。公元前 1500 ~ 前 500 年，为社会后期形成期，属于这一段的文化有巴尔迪维阿（Valdivia）文化、纳利欧山（Cerro Narrío）文化、马查理利亚（Machalilla）文化、乔雷拉（Chorrera）文化、科托克拉欧（Cotocollao）文化和洛斯塔约斯（Los Tayos）文化。在这期间，农业已经定型，经济以农业为主，主要种植玉米、土豆、豆类和昆诺阿藜（quinoa）等。居民定居在村庄。

公元前500～公元500年为地区发展阶段。农业进一步得到发展，城市开始形成和扩大。巴伊亚（Bahía）文化、托里塔（Tolita）文化、屯卡乌安（Tuncahuán）文化和纳利欧晚期（Narrío Tardío）文化属于这一阶段。

公元500～1500年为部族融合和印加统治阶段。此时，农业高度发展，商业也发展起来，城市人口增加，社会更加复杂。曼特尼亚（Manteña）文化、卡尼亚利（Kañari）文化和纳波（Napo）文化属于这一阶段。15世纪下半期，在安第斯北部地区，大致为现今的厄瓜多尔地区，一些印第安部落发展壮大起来，逐步建立了部落间比较稳定的联合或联盟，由此，形成了一些地区或跨地区性的、以种族为基础的领地（señoríos étnicos）。与以前小规模的部落相比，这种种族领地无疑有了很大发展，它通常是由几个酋长部落联合起来，成为更大些的政治组织形式。这种大的政治组织形式首先是基于复杂的联姻和血缘关系，出于战争联盟的需要。在种族领地中，采取共同生产形式，并不存在生产资料的私人占有，土地基本上是公有，生产率得到提高，经济、社会和宗教协调程度也大为提高。同时社会差别也开始加大，很多情况下政治权力成为世袭性的。社会开始产生统治阶层，尽管此时还未形成国家组织和镇压机器。组成种族领地的各个酋长的等级、地位也有所不同。一些强大的部落酋长处于强势地位，对其他部落酋长具有更大的权威，特别是在军事权力方面。但是需要强调的是，在这一地区，尚未形成统一的政治和社会组织结构。这种种族领地式的社会、政治和经济组织形式一直延续到印加人入侵之前。

二 印加帝国的统治

大约在12世纪，在现今的秘鲁和玻利维亚地区，一些氏族部落联合起来，形成克丘亚部落联盟，他们以库斯科山谷为中心，向外发展。在公元 12 世纪后的两三百年间，印加帝国逐渐扩张疆界，征服了蒂亚瓦纳科帝国的残存者，迅速壮大，建立了以库斯科为首都的印加帝国，取名为塔瓦廷苏约。到 16 世纪初，帝国征服并统治着从哥伦比亚南部到智利北部 4000 平方公里的疆土。“印加”在土著印第安语中为武士或武士的首领的意思，象征着他们崇尚武力，能征善战。

15 世纪后半叶，印加帝国开始向安第斯北部地区发展，并于 15 世纪 80 年代将现今的厄瓜多尔地区并入帝国的版图。印加帝国在厄瓜多尔的疆域主要限于安第斯山区和沿海部分地区，其影响明显地集中于基多和南部地区，沿海地区较少，主要限于普纳岛，另外影响间接波及现在的马纳维地区。

大致在 1450 年，印加国王图帕克·尤潘吉（Tupac Yupanqui）征服了安第斯地区北部的查恰波亚斯、万卡班巴斯、帕尔塔斯和卡尼亚利等部落。大致在 1461 年，他又向由普鲁亚、基多和卡兰基组成的北安第斯联盟发动战争。一年后，在迪奥卡哈斯战役和提克斯安战役中，击败了艾皮科拉奇马（Epiclachima）和西利·瓦尔科珀·杜奇塞拉（Shyri Hualcopo Duchicela），后者退到莫恰地区，直到去世，并被西利·卡查·杜奇塞拉（Shyri Cacha Duchicela）取代。1485 年，图帕克·尤潘吉去世，库斯科地区的印加军事首脑们推举其儿子瓦伊纳·卡帕克（Huayna Capac）为国王。1487 年，瓦伊纳·卡帕克在亚瓜尔科查湖打败了卡兰基人，西利·卡查·杜奇塞拉死在阿屯塔吉平原。1528 年瓦伊纳·卡帕克去世，塔瓦廷苏约产生分裂，分别由他的两个儿子阿塔瓦尔帕（Atahualpa）和瓦斯卡尔（Huáscar）进行统治。两人曾几次交战，争夺权位。后来阿塔瓦尔帕被推举为塔瓦廷苏约唯一的国王，他抓获了瓦斯卡尔，并将其处死。

印加人的统治持续时间较短，在安第斯南部地区为 80 多年，在北部地区即现今的厄瓜多尔地区仅为 40 多年，之后便被西班牙人的入侵所中断。但是印加帝国的影响却很显著。当地的各个部落保有自己的自给自足生产方式，但必须向印加人缴纳贡赋。印加人在安第斯北部地区建立了几个重要的城镇，其中有印加国王官邸托梅班巴。

印加统治者带来了印加文化，促进了当地社会、经济和文化的发展。例如，在帝国疆土内设立整套正规的、等级分明的社会政治管理制度，建立并实行严格的刑罚制度，建立纪律严明的军队和拥有种种特权的僧侣集团，征用大量劳役，修建庞大的建筑物、军事要塞、雄伟的神庙和帝王宫殿等。他们建造梯田，开凿水渠和道路，对用来耕种和放牧的土地进行测量和分类。在印加帝国统治时期，一些手工业获得较大的发展，冶炼、制陶、编织等行业实行工人技术专业化，使之成为独立于其他行业的生产行业。农业生产也更加丰富，农作物种植更加多样，发展起了羊驼和骆马饲养业。在农田耕作中，发明了一种叫作“查基塔克利亚”类似犁的耕地工具。在科技文化方面，使用以十进制为基础的计数法和统计法。在天文方面，计算出二分点，还创造了一种比较科学的历法。在医学方面，培养出了拥有丰富治疗知识的大夫，外科医生甚至可以进行复杂的脑外科手术。印加人没有像阿兹特克、玛雅人那样优秀的音乐家、诗人或画家，但是却把自己的美术观念应用于制陶和毛棉织品，发展起了水平较高的制陶业和毛棉织品工艺。

第二节 殖民时期

西班牙对现今厄瓜多尔地区的殖民统治持续了近 300 年，大致可以分为 3 个阶段。从 16 世纪初到 16 世纪末为第一阶段，即殖民征服及殖民制度的建立和巩固阶段；16 世纪末至 18 世纪初为第二阶段，即殖民制度的发展阶段；18 世纪末至 19 世纪初为殖民制度陷入危机、进行调整和走向瓦解的阶段。

一 殖民征服及殖民制度的建立和巩固

1492 年 10 月 12 日，哥伦布到达美洲，西班牙开始了对美洲的征服进程。西班牙殖民者在巩固了对巴拿马地峡的统治后，开始向南部大陆扩张。弗朗西斯科·皮萨罗（Francisco Pizarro）领导了对现今秘鲁和厄瓜多尔地区的征服行动。皮萨罗是西班牙埃斯特雷马杜拉地区特鲁西略城人，在青年时期参加了塞维利亚城组织的一次大规模远征，于1506年来到西印度群岛。他先在圣多明各生活了几年，后在巴拿马和中美洲参加过多次艰苦的航行和残酷的征战。他因忠于职守，军功显著而获得提拔。1524年，皮萨罗和迭戈·德阿尔马格罗（Diego de Almagro）组织力量向美洲南部探险。皮萨罗曾于1526年到达现今的厄瓜多尔海岸。1529年，皮萨罗回到西班牙，并于同年7月26日与西班牙国王签订契约，国王委任皮萨罗为包括几乎整个秘鲁和厄瓜多尔在内的地区军政长官，赐予他侯爵称号，并允许他招募人员，进行更大规模的远征。经过一个时期的准备，皮萨罗开始对安第斯地区进行征服行动。1531年，他率兵沿海路到达现今厄瓜多尔地区的通贝斯，登陆后向内地进发。当他们得知瓦斯卡尔和阿塔瓦尔帕间发生内战，阿塔瓦尔帕获得胜利后，便施展骗局，在卡哈马尔卡诱捕了阿塔瓦尔帕，控制了库斯科城。1533年，皮萨罗在征服了秘鲁以后，派兵入侵现今的厄瓜多尔。

1532年，皮萨罗曾委派塞瓦斯蒂安·德贝拉尔·卡萨尔（Sebastián de Veral Casan）筹划征服厄瓜多尔地区的计划。1534年4月，德贝拉尔·卡萨尔开始征服基多，阿尔玛格罗率后续部队做接应。德贝拉尔·卡萨尔的目的是赶在由危地马拉出发的殖民者佩德罗·德阿尔瓦拉多（Pedro de Alvarado）率领的征服军到达之前进入基多。5月德贝拉尔·卡萨尔进入基多，发现有2万名印第安人生活在这里。由于在这里未发现黄金珍宝，他转而向卡扬贝进发，后到达里奥班巴。1534年9月初，德贝拉尔·卡萨尔由希卡尔帕回师向基多进发，并于12月6日宣布在现在的基多建立圣弗朗西斯科德基多，并成立市议会。同年，阿尔玛格罗到达现今的瓜亚基尔和里奥班巴。

1539年，贡萨洛·迪亚斯·德皮内达（Gonzàlo Díaz Pineda）从基多出发，征服了安巴托和巴尼奥斯。1541～1543年，经过艰苦的跋涉和征战，弗朗西斯科·德奥雷利亚纳（Fransisco de Orellana）和贡萨罗·皮萨罗（Gonzalo Pizarro）率兵从基多出发沿科卡河和纳波河，对沿途的城镇进行征服，并深入到亚马孙地区。1548～1557年，埃尔南多·德贝纳文特（Ernando de Benavent）和努涅斯·德波尼亚（Nañez de Bonilla）先后征服了阿苏艾东部、玛卡斯地区和洛哈。1557～1560 年，希尔·拉米雷斯·达瓦洛斯（Gil Ramíneg）从基多出发，征服了巴埃萨、泰纳和阿尔奇多纳。1557～1559 年，胡安·德萨利纳斯·洛约拉（Juan de Salinas Loyola）从洛哈出发，经由圣地亚哥河，征服了曼塞里切，并经由亚马孙河到达乌卡亚里河口。1619～1620 年，一路殖民军从洛哈出发，经由钦奇佩河、亚马孙河到达马伊纳斯地区。印第安人对西班牙殖民者的残暴征服进行了顽强的反抗，他们采取分散的游击战术打击殖民者。莫查的首领索波索班吉、金巴伦波、拉梭拉索和尼纳以及他们的同盟者坚持反对外来入侵，直到被捕并英勇就义。16 世纪末期，西班牙殖民者完成了对厄瓜多尔大部分地区的征服，整个地区被纳入西班牙王室的版图，而殖民者们也攫取了黄金和宝石，分得了大量的印第安人土地。

1563 年 8 月 29 日，在基多市议会的要求下，西班牙国王菲利普二世颁布皇家法令，建立基多皇家检审庭，全称为圣弗朗西斯科基多皇家检审庭和公署（Real Audiencia y Cancillería de San Francisco de Quito）。它统辖的范围南部到秘鲁的皮尤拉，东部到洛斯基赫斯及其他陆续征服的部落，西部到布埃纳文图拉，北部到哥伦比亚的帕斯托、波帕延、卡利和布加等村落。检审庭的首任执行长官是埃尔南多·德桑蒂连（Hernando de Santillan）。基多皇家检审庭隶属于利马皇家检审庭。1569 年，弗朗西斯科·德托莱多（Francisco de Toledo）被任命为秘鲁总督，洛佩斯·迪亚斯·奥斯·德阿曼达里斯（Lopez Diaz Auz de Armendariz）被任命为基多皇家检审庭执行长官。同时，国王菲利普二世建立了西印度裁判所。后来，迭戈·德纳瓦埃斯（Diego de Narvaez）继任基多执行长官。1587 年，曼努埃尔·巴罗斯·德圣米连（Manuel Barros de San Millan）任基多执行长官。皇家检审庭设执行长官 1 人，法官即管刑事的长官 4 人，检察长官 1 人，警察事务长官 1 人以及其他官员。根据西班牙王室的法律，检审庭是一个完整的管理机构，行使政府职能。检审庭的执行长官由西班牙王室任命。王室经常派遣特使，检查执行长官、法官和其他皇家官员的行为，拥有任免、监禁和流放地方官员的权力。1717 年 5 月 27 日，西班牙王室颁布皇家法令，建立新格拉纳达总督区，首府设在圣菲德波哥大，亦称波哥大总督区，同时取消了基多皇家检审庭，将其归属波哥大总督区。后来，又恢复了基多皇家检审庭，将其归属秘鲁总督区。1739 年，一项新的皇家法令恢复了新格拉纳达总督区，并将基多皇家检审庭再次归属其名下。

到 16 世纪末期，基多地区完全处于西班牙的殖民统治之下。西班牙人在殖民征服过程中，陆续建立了不少新的城镇。其中有：基多（1534 年）、波托维耶霍和瓜亚基尔（1535 年）、波帕延和卡利（1536 年）、帕斯托（1539 年）、洛哈（1548 年）、萨卢马萨莫拉（1550 年）、昆卡（1557 年）、巴艾萨（1559 年）、特纳（1560 年）等。

除了上述城镇外，其他一些小村镇也建立起来。很多西班牙人不愿意再去打仗，厌倦了四处寻找黄金的动荡生活，陆续在这些小村镇定居下来，分得了土地和财产，成为大授地主、农牧场主或商人，有的和当地印第安女酋长结了婚。不少西班牙移民从巴拿马、危地马拉和墨西哥移居这里，在矿山和淘金场附近安家落户。与此同时，圣安东尼奥德尔塞罗里科德萨鲁马、瓜拉塞奥等城镇拔地而起。甚至在安第斯山东麓的原始大森林中，随着采金业的兴起，也涌现了一批新的村镇，如瓦利亚多里德、塞韦利亚德尔奥罗、罗格罗尼奥、阿比拉、阿尔奇多纳等。

西班牙王室建立了西印度皇家委员会，专门负责对美洲殖民地进行统治和管理。1524 年，西印度皇家委员会开始独立行使对殖民地的管理权，成为负责殖民地事务的最高权力机关，直接对西班牙王室负责。西班牙王室还建立了专门的贸易管理机构，负责仲裁殖民地的商业和经济金融活动，负责向殖民地运送物资，并运回贵重金属和其他财宝，征收关税，等等。至此，宗主国领导和管理殖民地事务的体制已具雏形。

基多皇家检审庭的建立标志着后来厄瓜多尔国家的领土疆界初步形成，并标志着以基多为中心的政治权力结构的形成。基多皇家检审庭的管辖范围大致包括现今的哥伦比亚南部、秘鲁北部和厄瓜多尔全部地区。在基多皇家检审庭之下，设立了省的建制。在最初的 200 年，基多皇家检审庭的行政区划没有什么大的变化。

殖民当局在市镇中设置了市政组织——市议会，由它负责城市的兴建和管理。市议会是以国王的名义建立起来的，成员由定期选举产生。市议会不仅管辖城镇市区，而且管辖农村的小村镇。它有权征收地方税，如财产税和消费税。市议会的职能还包括管理土地，给最初来到这里的西班牙移民分配建筑房屋和开发用的土地，划定建造教堂和修道院的地点，绘制城市街道草图并为城市生活做出筹划，制定工人劳动和保护条例，组织和供养治安力量，维持公共秩序，规定手工业者和其他劳动者的纳税率和工资，规定商品价格，建立卫生文化机构，制定矿山使用印第安劳动力的规定，包括确定从各个地方抽调印第安劳动力的最大限定人数和劳役时间等。根据明文规定，社会等级低下的人、商人和外国人不能当选市议会成员。市议会经常举行例行会议。在涉及公众重大利益的问题上，则需要召开公开的市议会会议，这种会议除了市议会成员外，市内各区知名人士也有权参加。会议在公共场合召开，就上述重大问题做出决定。基多的圣弗朗西斯科市议会是基多地区建立最早的市议会。如同宗主国的情况一样，虽然法律规定，总督、省长等不能干预市议会的特定权力，市议会拥有一定的自治权，但是这种权力经常受到破坏。由国王任命的总督和省长常常对市政管理横加干涉。

在经济方面，西班牙王室为了协调王室与殖民征服者的利益和关系，建立了“委托监护制”。根据这种制度，西班牙王室将印第安人“委托”或“托付”给殖民者，进行教化，并代为征收贡赋，印第安人则承担殖民者的劳役。

殖民征服者们在劫掠贵重金属时就建立了货币铸造和刻印场。1535年5月，基多建立了皇家铸币局，用本地区矿山和采金场开采的贵金属铸造金银币。1588年，西班牙国王菲利普二世颁布了一系列条令，允许在各总督区铸造货币。

殖民制度的初建过程存在着各种矛盾，其中之一便是王室与殖民者之间的利益冲突。为了加强对大洋彼岸殖民地的控制，王室需要建立一种中央集权的殖民制度，约束殖民者的离心倾向。而殖民者则主张建立一种自治制度，不愿接受王室制定的各种限制措施。为此，王室制定了新法律，集中殖民地的政治和经济权力，还制定了一些保护印第安人的措施，防止殖民者滥用权力滥杀印第安人。1544 年，王室任命布拉斯科·努涅斯（Blasco Núñez）为秘鲁总督，实施新法律。但是以贡萨罗·皮萨罗为首的殖民者拒绝交出已获得的权力，并与新总督发生武装冲突。在基多北部地区附近，双方交战，新总督战败，被皮萨罗处死。王室被迫放弃实施新法律，并向殖民者做出让步。后来，又委派佩德罗·德拉加尔斯加（Pedro de la Garsca）神父解决这场冲突。1548 年初，忠于王室的武装力量与殖民者武装在库斯科附近的哈基哈瓜纳交战，皮萨罗战败并被处死。16 世纪末，基多皇家检审庭执行长官曼努埃尔·巴罗斯（Manuel Barrós）也曾因执行有关维护印第安人权利的规定与当地白人发生冲突。1592～1593 年，发生了贸易税暴动（la Rebelión de las Alcabalas），暴动者反对实施一项影响地方商业利益的税法。王室虽然最后获得了胜利，但是也不得不对地方贵族们做出让步，以保持双方利益的平衡。

二　殖民制度的发展

自 16 世纪末，随着殖民制度的建立和巩固，基多地区进入一个政治保持相对稳定、经济获得较快发展的阶段。

基多地区的经济获得较快发展，成为西属殖民地经济产业链中重要的一环。它主要向其他西属殖民地，特别是从事各种贵重金属矿如金、银开采的矿山地区输送农产品和纺织品等。例如，著名的波托西矿山的食品和日用品很大程度上靠基多地区供应。

随着新的农业耕作方法的引进，铁制农具和牵引牲畜的采用，农业生产率获得显著提高。粮食作物主要是小麦。与此同时，一些经济作物慢慢发展起来。甘蔗产于非洲，由最初来到这里的西班牙殖民者带到中美洲，并很快传到秘鲁沿海地区和厄瓜多尔高原山谷地带。可可、烟草和香蕉等农作物的种植面积也显著扩大。到 17 世纪和 18 世纪，可可、烟草、香蕉等已经成为厄瓜多尔沿海地区十分常见的农作物，在殖民地经济中占有重要地位。

畜牧业也加快发展。在殖民时期以前，印第安人仅饲养羊驼等少量家畜。殖民者从欧洲带来了马、猪、牛和羊，建立了较大规模的牧场，并教授印第安人饲养这些牲畜。畜牧业以养羊为主，羊的数量最多时达到 800 万只左右。16 世纪，普纳印第安人居住的沿海地区成为有名的养猪区。随着畜牧业的兴盛，棉毛纺织业发展起来。棉毛纺织品种类繁多，有呢子、粗绒、麻布和各种棉织品。基多地区的纺织品甚至出口到秘鲁和智利，在智利享有很好的口碑。拉塔昆加和安巴托的印第安酋长甚至开办了羊毛加工厂，很多人发了财，不再穿自己的织布机织出来的土布，而用进口的中国丝绸做华丽的服装，十分奢侈。

当时基多出口的主要产品有毛纺织品、棉织品、皮革、烟草、蔗糖、瓜亚基尔草帽、可可、木材、蜡、龙舌兰、油脂、桂皮、豚鼠、鹿皮，以及雕塑等艺术品。主要进口酒、橄榄油、橄榄、照明用的鲸鱼油、松脂、沥青、西班牙服装、铁器等。宗主国垄断着殖民地贸易，严格限制殖民地间的贸易，每年只允许进行两次。殖民地商人和生产者受到种种盘剥。

商业的繁荣促进了农产品加工业的发展。除了面粉生产和纺织业外，还出现了皮革、皮鞋底、油脂、肉类等生产行业。在沿海和山谷地区出现了制糖作坊，刺激了甘蔗种植业的发展。甚至耶稣会神父也从事利润丰厚的加工业。

1681 年，整个基多地区有 200 多个工场作坊，雇用劳动力近 3 万人。瓜亚基尔的航海运输和造船业得到发展，甚至能够制造高吨位的船只。

随着老一代殖民征服者去世和社会经济发展，原来的“委托监护制”逐步失去作用，“米塔制”作为一种新的印第安人劳役制度发展起来。根据这一制度，印第安人必须向王室提供劳役，从事公共工程建设，同时还向西班牙殖民者提供劳役，在他们的庄园和生产作坊从事强制性劳动。虽然印第安人可以因此领取一定的工资报酬，但是必须将其中的很大一部分作为贡赋缴纳给西班牙王室。从事“米塔”劳役的印第安人主要进行纺织业和农业生产。

教会自始至终都参加了殖民征服活动。教会最初主要传播教义和扶持宗教信仰，但是后来也开始介入政治和教育，甚至从事经济活动。当然这些活动都是在宗主国的管辖下进行的。西班牙王室始终严密监视和控制着教会在殖民地的活动。1767 年，由于耶稣会神父有恃无恐地收敛钱财，并不断扩大影响，威胁到了王室在殖民地的利益和统治，国王卡洛斯三世下令驱逐了耶稣会教士，没收了他们的财产。

为了加强殖民地的政教合一，西班牙王室在殖民地建立了宗教裁判所制度。在 13 世纪的欧洲，宗教裁判所是一种宗教法庭，直接听命于罗马教廷，但是在西班牙殖民地，却受天主教国王的绝对控制，由国王任命宗教裁判所首脑。宗教裁判所根据国王的政治需要解释法规，拥有自己的警察和武装力量，严密监视非天主教势力针对美洲西属殖民地的活动，严禁任何新教徒、犹太教徒、加尔文教徒、路德教徒和其他欧洲异教徒到美洲西班牙领地。严厉惩戒殖民地社会违反天主教教义和教规的行为，严令防止禁书流入。在宗教裁判所盛行时期，居民的生活受到严密监视，经常有人突然闯入居民家寻找人证、物证和可疑踪迹，裁判所经常根据匿名告发信对被告发者实行残酷审讯和拷打，或终身流放，或实施绞刑。宗教裁判所的酷刑不仅让平民百姓恐惧，也令殖民地官僚和有钱有势的人感到害怕。殖民地社会上下对宗教裁判所日益感到憎恶，殖民地政府官员和法官等同宗教裁判所经常发生摩擦和冲突。宗教裁判所逐渐因其残酷行为而变得臭名昭著。最热衷于实行宗教裁判制度的国王菲利普二世去世后，王室颁发了新的条令限制宗教裁判权，禁止宗教裁判所成员拥有授地、做生意和使用奴隶等特权。17 世纪末，宗教裁判所走向衰败。1812 年加的斯议会颁布了西班牙君主立宪法，对居民的很多人身和政治权利给予保障。1813 年 1 月，加的斯法庭宣布“宗教裁判和西班牙君主立宪法是完全不相容的”，就此完全取消了宗教裁判制度。实际上，加的斯法庭的裁决已经失去意义，当时整个西属美洲，包括厄瓜多尔地区已经卷入了独立战争之中。

殖民制度的建立给厄瓜多尔地区的社会结构带来了巨大的变化。“不同的经济地位决定了社会集团分为极不平等的阶级。依不同的出身、肤色和种族，产生了一系列等级。”首先是产生了以殖民者官僚和征服者“有名望和地位的”子孙为主的社会上层。“他们在不同时期从西班牙来到这里，还保持着贵族的气派和彼此间的联系”，不同程度上拥有财产、地位和名望。其次是存在着贫苦平民即社会下层。①

社会上层又分为两个对立的社会集团：半岛人即西班牙人和土生白人。半岛人一般有很高的社会地位，有高贵的出身，握有大量财富，并身居高官。半岛人拥有强烈的优越感和各种特权。土生白人虽然是纯粹的西班牙人的子孙，但是他们在殖民地土生土长，拥有财富，但是却没有政治权力，被排斥在权力阶层之外。土生白人憎恶半岛人，把他们“看成一些官迷和暴发户”。到 18 世纪末期，这两个阶层间的对立情绪激化，左右着殖民地的政治发展。

在平民阶层中也存在社会差距。“贫困的西班牙人是这一类人中的贵族”，他们在经济上败落了，又没有政治权力和社会地位，可还是“竭力显示出不与其他平民阶层为伍的神气”。正因为如此，“他们不屑体力活，认为干体力活有损他们的身份”，他们是“一个寄生的、游手好闲并以此为荣的”阶层。另外一种是混血种人。与贫困的西班牙人相比，他们的社会地位和经济状况要差一些，包括印欧混血种人、混血种人与印第安人的混血种人、印非混血种人以及混血种人通婚而生的各种混血种人。混血种人是城市中手工业劳动者的主体，很多人为画师、雕刻匠、金银匠、锁匠、木匠等。更低等的混血种人则为鞋匠、泥瓦匠、织工、理发师、江湖医生等。他们的社会地位低下，大多生活贫寒。处于平民阶层底层的是印第安人。他们在城市中大多为仆人，在庄园和种植园中为服苦役的苦工，被庄园主当作牲畜对待。

从殖民征服时期开始，印第安人就被当作野蛮、愚昧无知和不开化的人群，是天主教教化的对象。在整个殖民时期，天主教王室先后制定了大量法律和措施，使他们受基督教的感化，“从而拯救他们的灵魂”。大量牧师和神父跟随殖民军队，殖民者每征服一片土地，俘获一批印第安人，都由牧师和神父对其进行教化。

殖民者到来后，印第安人便成为被剥夺的对象，他们失去了祖祖辈辈

① 〔厄〕奥·埃·雷耶斯：《厄瓜多尔简明通史》第一卷下册，钟豫译，商务印书馆，1973，第 261 页。

拥有的土地。殖民当局建立了所谓的保护印第安人的各种制度，如大授地制及其他各种劳役制等。大授地制是一种监护制。根据这种制度，土著印第安人，通常是整个部族被授予一个西班牙人亦即大授地主，由他负责教育印第安人，讲解教义，帮助他们摆脱“野蛮的习气和迷信”，放弃“野蛮的宗教信仰和仪式”等。而大授地中的印第安人有义务每年向大授地主缴纳贡赋，基多印第安人的贡赋通常为每人每年缴纳 3 比索，或相当于 3 比索的实物，如牲畜、棉毛织品等。实际上，在大授地中，贪婪且残酷的大授地主强迫印第安人为他们提供劳动，亦即用强制性劳役来代替实物贡赋。有关法令规定，印第安人为大授地主服役的时间最长为 6 个月，但是实际上，印第安人一旦去服役，就永远也回不来了。他们被迫在大授地中常年服劳役，大多因劳动强度过大、劳役条件恶劣、饮食太差、遭受残酷虐待而死亡。1535 ~ 1592 年，仅在纳比哈山脚的萨莫拉矿区服役的印第安人就有 2 万人。据 1592 年访问过该矿区的人估计，这 2 万人中最后只剩下了不到 500 人。而造成印第安人大量死亡的矿山主却没有受到任何惩罚，反而继续搜罗新的印第安人做苦役。后来，大授地制因声名狼藉于 1724 年被取消了，但是印第安人的状况并没有获得实质性的改善，他们仍然是殖民者残酷剥削和奴役的对象。印第安人由于遭受残酷虐待大批死亡，人数减少，在沿海地区，印第安劳动力缺乏，西班牙人只好从非洲运来奴隶。

西班牙殖民者的残酷统治多次激起印第安人的反抗。1592 ~ 1593 年，他们第一次提出基多脱离西班牙的要求。此后，印第安人多次掀起反抗压迫的斗争，但都被西班牙殖民者镇压下去。1765 年，印第安人和印欧混血种人发动起义，曾一度把西班牙殖民者赶出了基多。

1764 年 3 月 7 日，印第安人在里奥班巴发动起义，拒绝接受将米塔这种强制性劳役制度作为获得部落土地的条件。1766 年萨尔塞多地区的印第安人发动起义，反对缴纳贡赋。1768 年印第安人再次发动起义，反对殖民当局增加劳役的决定。此后印第安人于 1771 年还发动过一次重要起义。

据历史学家亚历杭德罗·德温波尔特统计，到 19 世纪初，在基多皇家检审庭，黑人包括黑白混血种人和印非混血种人有5万多人。他们主要分布在沿海地区的种植园，高原的某些炎热地区，如乔塔、卡塔马约和萨鲁马矿区。

由于黑奴逐渐增多，殖民当局于1518年颁布了关于黑奴的法令。黑奴受到残酷的虐待从1551年1月基多市议会做出的规定就可以看出来。规定指出，假如黑人逃跑8天以上，或胆敢引诱印第安女人，“就要处以宫刑”。在糖厂和种植园，黑人也受到残酷的虐待。凶恶的工头动辄用皮鞭抽打黑奴，强迫他们拼命干活。殖民者对黑人的虐待激起了强烈反抗，但是都被残酷地镇压下去了。1623年，在一艘开往秘鲁的运奴船上爆发了起义。黑人摆脱了奴隶主，在基多地区的埃斯梅拉达斯登陆，他们与当地的印第安人联合起来，占领了很大一片地区，事实上使该地区摆脱了西班牙殖民当局的统治。西班牙当局曾多次企图镇压起义，结果每次都以失败告终。最后西班牙殖民者被迫采取绥靖政策，承认起义的一个领袖，伊列斯卡斯为解放区的管理者。在历史上，埃斯梅拉达斯地区的黑人及其与印第安人的混血种人就具有了顽强的反抗精神。

19世纪初独立战争爆发时，大量黑人加入争取解放的斗争。在独立战争结束后，很多参加战争的黑人获得了自由。1851年7月25日，何塞·玛利亚·乌尔维纳（José María Unlina）颁布一项著名法令，宣布奴隶制“是和共和制度不相容的”，“是对道德和文明的打击”，并宣布废除奴隶制。

在这一阶段，基多地区的文化和教育获得了较大的发展，圣格雷戈里奥大学和圣费尔南多学院就是在这一阶段建立的。圣费尔南多学院还开设了医学课程。耶稣会在亚马孙地区的传教活动十分活跃。文学艺术创作出现高潮，涌现出一批文学艺术作品。长期修建中的教堂和寺院竣工，并开始了一批新的文化和教育建设工程。

三 殖民制度的衰落与危机

自18世纪初，基多地区殖民制度逐步走向衰落并陷入危机。西班牙殖民统治阶级和土生白人对印第安人的奴役、剥削和压迫达到无以复加的程度，印第安人的大片土地被西班牙殖民者和大地产主剥夺。与此同时，土生白人阶层经济实力日渐壮大，但是没有政治权力，被排斥在殖民地管理和决策之外。他们与西班牙殖民统治集团的矛盾日益尖锐。另外，频发的自然灾害，如火山爆发、地震、地陷和疾病传染造成巨大的社会损失，毁坏和淹没了成片的村庄和土地，加剧了经济和政治危机。

随着秘鲁总督区的矿山资源日益枯竭，矿山生产规模显著缩小，基多地区农业和纺织业赖以生存的外部传统市场随之萎缩。另外，欧洲物美价廉的同类产品逐渐进入西班牙美洲市场，对基多产生竞争，使其生产陷入萧条。与此同时，西班牙国内的变化也对基多产生不利影响。在欧洲，西班牙日益落后于英、法等强国，逐步沦为二流国家。新建立的波旁王朝急于改变这种状况，立志实施现代化计划，使西班牙成为工业强国，与英国和法国等抗衡。为此，采取一系列措施保证西班牙的海外市场，不仅加强针对欧洲其他国家产品的进口禁令，甚至限制基多皇家检审庭与其他殖民地之间的纺织品贸易，使陷入萧条之中的基多纺织业雪上加霜。

上述种种因素迫使基多皇家检审庭进行重大而艰难的经济调整，进而使它与西班牙宗主国的关系发生重大变化，加剧了一系列固有的经济和政治矛盾。①

随着纺织业生产日益萎缩，农业的重要性日益突出，大地产制成为经济体系的中心。首先，通过对印第安集体土地的兼并，大地产的规模和数量不断扩大，吸纳了越来越多的劳动者。其次，大庄园制加重了印第安人的人身束缚。为了支付和承担越来越重的贡赋和劳役义务，印第安人被迫超出“米塔制”的规定，增加在大庄园的劳动时间，由此产生了一种新的“土著人契约”（el Concertaje）关系。除了原有的劳役义务以外，印第安人与大庄园主“自愿”签署契约，出卖劳动力，挣取报酬。实际上，各种苛刻要求使印第安人形同卖身。他们由于需要更多的货币用于支付贡赋，不得不向大庄园主预支工资，积欠越来越多的债务，加重了人身依

① Enrique Ayala Mora：*Resumen de historia de Ecuador*，Biblioteca General de Cultura，página 46，Quito，2003.

附，甚至成为失去自由的农奴。另外，加工工场和手工作坊仍然是重要的生产部门，但是发生了重要变化，越来越多地成为大庄园的组成部分，其产品主要面向国内市场，只有少部分出口。

到18世纪中叶，基多皇家检审庭山区的大地产制得到显著巩固，对代表宗主国利益的殖民统治集团与地方产业集团之间的矛盾产生深远影响。国家官僚集团，亦即殖民当局对经济生活的控制、干预和影响力明显削弱。大部分劳动者与大庄园建立越来越紧密的直接依附关系，大庄园主成为决定他们命运的领主，成为事实上的统治者。殖民地政治权力机构日益边缘化。经济实力和政治权力的日益分离成为基多殖民地社会生活中的突出现象。

随着地方经济的发展和政治力量的增强，西班牙王室不断采取措施，加强宗主国对殖民地的控制，遏制地方离心势力，维护王室的利益。1764年建立烧酒专卖垄断制度。与此同时，决定征收海关税。由此，引起地方的强烈不满，1765年基多城市民众发动反对宗主国中央政府的暴力事件，史称“烧酒专卖局暴动”。到18世纪中叶，美洲殖民地的耶稣会势力极度膨胀，聚敛了大量财富，包括各种不动产，其日益增大的经济和政治影响对王室的利益构成很大威胁。1766年西班牙王室决定把耶稣会势力驱逐出美洲殖民地，兼并了其财产，并逐步拍卖给当地的土生白人贵族，进一步巩固了大地产制。在何塞·加西亚·德莱昂·伊皮萨罗（José García de León y Pizarro）任基多皇家检审庭执行长官期间，王室进一步采取措施加强对殖民地的控制，在基多建立监察制度，将权力集中在各级监察长官手中，限制地方和区域自治权力。监察长官直接听命于国王。各种中央集权和改革措施巩固了中央专制制度，增加了税收。但是后来由于地方势力百般阻挠，监察制度逐步丧失意义，最后甚至不了了之。

18世纪末期，在沿海地区，可可生产和出口得到显著发展，改变着地域经济结构和人口结构，沿海地区在整个经济中的重要性日益增强。

进入18世纪下半叶后，以知识分子和文化人为主的要求美洲和基多权利的运动逐步形成和发展，催生了土生白人贵族精英集团寻求自治的意识。耶稣会教士、里奥班巴人胡安·德贝拉斯科（Juan de Velasco，1727～1792年）被驱逐出基多殖民地。他撰写了《基多王国的历史》（*Historia del Reyno de Quito*），该书产生极大影响，成为"基多意识"和"基多认同"的思想基础，同时还为基多史学的创立打下基础。

这时，追求知识和政治觉醒意识的代表人物是欧亨尼奥·埃斯佩霍（Eugenio Espejo，Francisco Javier Eugenio de Santa Cruz y Espejo，1747～1795年）。他坚持要求自由和解放的政治主张，得到基多很多贵族青年的支持。在他们的赞助下，埃斯佩霍积极组织各种活动，传播美洲和基多意识，成为那个时代当地启蒙文化的代表人物。

贝拉斯科和埃斯佩霍代表了当时日益发展的基多意识。基多意识的主要载体是当地的土生白人阶层。他们在基多社会日益占据主导地位，显露出脱离欧洲和印第安人的倾向，寻求自己的文化认同，提出摆脱西班牙半岛人剥削的诉求，并力图巩固对印第安人的剥削者的地位。

18世纪末期，新任检审庭执行长官巴龙·德卡龙德雷特（Baron de Carondelet，1799～1807年在位），采取了亲土生白人的立场，同时极力恢复检审庭业已失去的权威。德卡龙德雷特建议给予基多更多自治权，建立都督府。与此同时，各地的市议会日益成为土生白人表达对宗主国殖民当局不满的场所，在殖民地政治生活中具有越来越重要的作用。19世纪初，走向自治已经是大势所趋，成为后来寻求独立的先声。

基多地区频发的各种自然和社会灾害也成为基多殖民制度走向衰败的重要因素。厄瓜多尔是地震、地陷和火山爆发频繁的地区。屡屡发生的强烈地震、地陷和火山喷发，使很多城市遭到严重破坏，有些城市甚至被强烈地震夷为平地，或被泥石流吞没。整个经济和社会发展及人民生活受到很大影响。

1698年6月20日，卡里乌阿伊拉索发生了大规模地层塌陷，3个繁荣的地区，即现今的克托帕克希、通古拉瓦和钦博拉索都遭到严重破坏，初建的安巴托甚至被泥石流整个吞没，500多名西班牙人和1200多名印第安人死亡。安巴托不得不易地重建。通古拉瓦地区的巴尼奥斯曾经多次被埋葬和毁坏。1740～1773 年，安第斯中部地区多次发生地震。

在殖民时期 300 多年的历史中，瓜亚基尔经常遭到袭击。1587 年，著名海盗托马斯·德卡本迪施率领部下袭击了这个城市。1624 年，荷兰人雅格勃·莱尔米德·科莱尔格多次袭击瓜亚基尔，虽然遇到城市居民的抵抗，但是城市还是几次遭到洗劫，居民被迫逃离城市。另外法国人科瓦涅也曾多次占领瓜亚基尔，劫掠财宝、粮食和妇女，大肆破坏城市，“使瓜亚基尔多次成为废墟，疫病流行，尸体腐烂在街头和海滨，空气令人窒息，城市荒凉、衰败，只有乌鸦和猪狗踏着尸体走来走去……”①

第三节 独立运动时期

一 独立运动的背景

随着基多地区殖民地生活的发展，各种矛盾开始尖锐并激化起来。其中占主导地位的是以土生白人阶层为代表的殖民地利益与殖民地官僚代表的宗主国利益间的矛盾。这种矛盾和冲突其实早就存在，并在历史上曾经导致殖民地多次发生起义运动。这种冲突和矛盾甚至表现在宗教界：土生白人神父和西班牙人神父分成两个对立的阵营，摩擦不断，以至于王室不得不做出规定，省级教会领导职务由土生白人和西班牙人每 3 年轮流担任一次。此外，西班牙王室还采取不少措施缓和土生白人对受排斥和限制状况的不满，给予他们种种头衔和爵位，允许他们在殖民政府中担任次要职务。但是这种有限的改革措施并没有从根本上改变土生白人对殖民地政治生活参与的限制，他们的不满和愤怒日益强烈。曾参加 1809 年起义的土生白人贵族马努埃尔·基罗加（Manuel Gcúnoga）在《基多对秘鲁总督辖

① 〔厄〕奥·埃·雷耶斯：《厄瓜多尔简明通史》第一卷下册，钟豫译，商务印书馆，1973，第 335 页。

区议员何塞·西尔瓦－奥拉特（Jozé Silva-Olate）阁下的要求》一文中表达了这种情绪："在基多，我们被看作是干活的牲口，拉铁链的奴隶。你的功绩，你的优点，你的出身、才能以及任何其他品质，都不能使你得到赞赏和公平的待遇。"

虽然殖民地时期的起义都被武力镇压下去，但是潜在的分离倾向和自治愿望一直存在，并在18世纪末，逐渐转变为追求独立的政治意志。"18世纪末，在基多贵族中很少有人不致力于搞阴谋政变的"。①

18世纪末期发生的几次大规模的民主自治革命对基多地区产生很大的影响。美国革命终结了英国的殖民统治，建立了民主共和政体。法国革命为民主和自由制定了普遍的纲领：人有神圣权利，各国人民和民族有完全自主的神圣权利。席卷欧洲大陆的法国革命和欧洲战争为西班牙国内形势造成巨大影响，为美洲西属殖民地追求独立和自身解放的斗争创造了有利的国际环境。

二　独立运动的胜利

1808年西班牙国王卡洛斯四世退位，费尔南多七世继承王位，但遭法国军队囚禁，拿破仑·波拿巴控制了西班牙。拿破仑攫取西班牙的统治权对基多地区产生很大影响，基多地方力量迎来了反对殖民当局的时机。他们认为隶属宗主国的总督和检审庭已成为篡权者的代表，应该由土生白人组成的机构取而代之，以"合法君主"代表的名义进行管理。他们主张像西班牙那样建立一个政府委员会来执掌政权，由本地人担任各种官职。1808年12月，革命者成立了政府委员会，准备起事。但是由于走漏消息，委员会成员们遭到逮捕，后因证据不足被无罪释放。起义者们并未因此气馁，他们于1809年8月10日通过起义夺取了政权，建立了政府主权委员会。这次起义史称1809年基多革命。政府主权委员会宣布罢免基多皇家检审庭执行长官马努埃尔·乌列斯（Manteel Ulles）的职务。首都

① 〔厄〕奥·埃·雷耶斯：《厄瓜多尔简明通史》第一卷下册，钟豫译，商务印书馆，1973，第415页。

警备部队站在起义一边，宣布拥护起义，并于当天逮捕了一些反对起义的殖民政府要员。

1809 年 8 月 16 日，政府主权委员会召集了公开的市议会，要求恢复费尔南多七世国王的权力，同时宣布，彻底改组政府机构，由土生白人组成的委员会掌握政府权力。市议会肯定了政府主权委员会所采取的革命行动。

但是政府主权委员会存在的时间十分短暂。它本指望获得昆卡、瓜亚基尔和帕斯托等地的支持但是未能如愿以偿。大多省份拒绝支持政府主权委员会。秘鲁总督派兵包围了基多城，新格拉纳达总督区也准备派军队由北方进逼基多。另外，这场革命运动的主力是贵族，他们没能广泛发动群众，争取人民的支持，因而在政治上陷于孤立，在军事上势单力薄。虽然政府主权委员会组织了一支武装力量开往北方，同新格拉纳达来的镇压军队作战，但是由于力量薄弱，最后失败了。另外，这场革命运动缺乏一个有力的领导核心。在政府主权委员会内部，政治主张也不统一，虽然一致主张脱离西班牙，实行政治自主，但是在建立什么样的政体上，存在很大分歧。少数人主张建立共和制，但是大部分人只主张美洲自治，要求建立一个费尔南多七世领导下的君主立宪制度。上述因素导致 1809 年的基多革命在亲西班牙势力的围剿下失败了。1809 年 10 月 28 日，政府主权委员会宣布解散，向塞尔瓦·弗洛里达（Selva Floūda）伯爵投降。几天后，他把政权移交给了检审庭执行长官鲁伊斯·德卡斯蒂利亚（Castilla）。

基多殖民当局对革命者的残酷镇压和报复行动激怒了广大民众。1810 年 8 月 2 日，基多民众再次发动起义，打开监狱，释放了被囚禁的普通老百姓。接着又袭击了关押 8 月 10 日起义的主要爱国者的监狱，释放了这些革命者。起义群众手拿棍棒和砍刀与前来镇压的军队展开血战。装备精良的军队残杀起义群众，并趁机杀害大批曾经参加过 8 月 10 日起义的革命者。经过激烈战斗，群众起义被镇压下去了。1812 年，他们再次发动起义，但也遭受同样的命运。

1812 年底，亲西班牙王室的力量重新控制了基多的局势。基多的革命者后来又发动了数次起义，但均告失败。此后，瓜亚基尔和其他一些地区的革命运动开始高涨。1820 年 10 月 9 日，何塞·华金·德奥尔梅多(José Joaquín de Olmedo) 等革命者在瓜亚基尔举行起义，组成领导委员会，宣布独立。1820 年 11 月 3 日，昆卡的革命者发动起义，宣布独立。与此同时，安巴托等地的民众也举行武装起义。1821 年，南美解放者玻利瓦尔派苏克雷将军率领哥伦比亚和委内瑞拉军队支援基多革命者的独立斗争。1822 年 5 月，苏克雷的军队在基多起义军的配合下，发动皮钦查战役，彻底打败了西班牙殖民军。两天以后，西班牙在基多的统治者阿伊梅里科宣布投降，厄瓜多尔获得独立，并于同年加入由玻利瓦尔建立的大哥伦比亚共和国。共和国由原新格拉纳达总督区的领地组成，包括三大行政区，即委内瑞拉、昆迪纳马卡（新格拉纳达）和基多（厄瓜多尔）。

三　大哥伦比亚共和国

昆卡省最早宣布加入大哥伦比亚共和国。在皮钦查战役胜利后，基多贵族们也做出了同样的决定。瓜亚基尔起义者却采取了反对立场。领导 1820 年 10 月 9 日瓜亚基尔独立运动的主要是与对外贸易密切相关的农业生产集团。在殖民制度末期，瓜亚基尔地区的可可生产获得很大发展，其产品主要面向国外市场，包括欧洲国家，还有秘鲁。瓜亚基尔统治集团不愿加入大哥伦比亚共和国，怕影响自己的对外经济利益。其实，早在 1821 年苏克雷援军到来时，瓜亚基尔就曾拒绝苏克雷将军提出的加入大哥伦比亚共和国的邀请，并因此拒绝了他的军事援助行动。最后，玻利瓦尔不得不采取强制手段，把瓜亚基尔并入大哥伦比亚共和国版图。厄瓜多尔成为大哥伦比亚共和国的南方区，区下设 3 个省，省府分别设在基多、瓜亚基尔和昆卡市。

在大哥伦比亚共和国建立之初，玻利瓦尔不在国内，由桑坦德副总统主持政府事务。桑坦德表现出自由派色彩，组织了保护农业和贸易发展委员会，采取自由贸易措施，宣布印第安人的义务劳役为非法，废除印第安人的贡赋，建立最低工资制度，实行直接税制等。这些措施与大庄园主的利益发生冲突，双方的关系陷入紧张状态。1826 年玻利瓦尔亲自领导共和国政府。他在政策上更加保守一些，对民众动员和联邦制有顾虑，主张实行中央集权，而不是参与制。在玻利维亚宪法建议中，他甚至提出实行总统终身制、建立承袭制议会以及其他一些类似君主制的政治主张。在大哥伦比亚共和国时期，南方区即厄瓜多尔的形势动荡不安，它背负着解放秘鲁战争造成的沉重的财政负担，为秘鲁解放战争付出的财力物力是其他地区的 3 倍以上。1829 年 2 月 27 日，在大哥伦比亚共和国和秘鲁因领土争端而爆发的武装冲突中，苏克雷将军发动塔尔基战役，打败秘鲁军队。南方区为军事行动付出了沉重的代价。

基多的大地产主阶层反对桑坦德实行的影响纺织业发展的自由贸易政策，以及改变根深蒂固的社会等级结构的平等改革政策，甚至反对哥伦比亚中央政府。不过基多贵族阶层却支持玻利瓦尔的独裁思想。瓜亚基尔的地主和商贡们虽然在原则上抵触加入大哥伦比亚共和国，但是却拥护符合自己利益的自由贸易政策。因此，基多与哥伦比亚中央政府的关系处于紧张状态，而瓜亚基尔却采取了亲哥伦比亚中央政府的态度。但是当 19 世纪 20 年代下半期出口下降，与秘鲁的贸易关系日渐活跃时，瓜亚基尔的自治要求便与日俱增。与秘鲁保持着贸易往来的昆卡也采取了要求自治的立场。各种原因导致南方区各省与哥伦比亚中央政府间存在矛盾，关系几近破裂。在当时的大哥伦比亚共和国，并不存在一个能够超越各地方利益和缓解压力、实施全国发展计划的强有力的社会阶层和领导集团，来协调各地方统治阶层的利益分歧。

第四节 共和国早期

一 共和国的建立

1830 年 5 月 12 日，胡安·何塞·弗洛雷斯（Juan Joié Floren）将军领导的南方区决定脱离大哥伦比亚共和国，宣布成立一个“自由和主权”的国家。几个星期后，第一届立宪大会在里奥班巴召开，议题包括为新独立的国家命名。基多这一传统名称来源于印第安人时期，检审庭时期保留下来，代表着历史传统，但是遭到瓜亚基尔和昆卡代表的反对，认为这一名称太“地区主义”了。为了“维护国家团结”，大会最终决定新的国家取名为厄瓜多尔。厄瓜多尔为“赤道”的意思。以前，法国著名地理学家小组来基多地区勘测赤道线时曾使用过这一名称。1830 年 8 月 14 日，厄瓜多尔颁布了第一部宪法。弗洛雷斯当选共和国总统（1830～1834 年、1839～1843 年、1843～1845 年）。西班牙于 1840 年承认厄瓜多尔为独立国家。

新生的共和国所面临的一个重要问题是地区主义离心倾向。在殖民末期，逐步形成了 3 个特点分明的地区：以基多为中心的中北部山脉地区，这里集中了全国大部分人口，盛行大庄园制；以昆卡为中心的南部山脉地区，这里特点比较多样，小农业和手工业比较发达；以瓜亚基尔为中心的瓜亚斯盆地地区，这里小农业逐步衰落，与出口经济相连的大地产制得到显著发展。这 3 个主要地区的经济联系十分松散，并没有形成一个相互依赖的内部市场，却分别与哥伦比亚南部、秘鲁北部和太平洋沿岸保持贸易往来。独立战争则进一步削弱了国内各地区间的经济和社会联系。因此，缺乏一个能够实现社会和政治稳定的强有力的社会统治阶级和政治集团。各地区特殊利益集团反对建立一个统一、集权的中央政府。各地主势力集团力图维护地方政权，保留经济和政治封建制度，而沿海地区新生的商业资产阶级集团主张采取措施，建立一个统一的共和国。这导致争夺权力的斗争连续不断，影响着厄瓜多尔共和国政治历史进程的走向。

大地产主控制着各个地区的政治和经济生活。当时，厄瓜多尔大多数人口为印第安农民，通过“土著人契约”在大庄园中出卖劳动力。在山区一些地方和瓜亚基尔，仍然实行黑人奴隶制。还有一些地区实行佃户制，另存在大量小农。在一些地区，特别是山区，产生了不少手工艺作坊和小商铺。

独立战争同时也影响了厄瓜多尔的对外贸易。厄瓜多尔与原西班牙宗主国的贸易关系发生断裂，开始转向其他资本主义强国，特别是英国。自 19 世纪 20 年代起，英国成为厄瓜多尔主要可可出口市场和商品进口市场。对外贸易促进了沿海地区的经济发展和人口增长，但是在 19 世纪末期之前，并没有带动整个国家的经济发展。

厄瓜多尔独立后的30多年间，以基多为中心代表大地主寡头和教会利益的保守派和以瓜亚基尔为中心代表商业资产阶级利益的自由派之间争夺统治权的斗争异常尖锐，宗教纷争不断，军队不断发动叛乱，政局动荡不定。

弗洛雷斯将军被里奥班巴立宪大会选举为首任总统后，力图巩固代表地主利益的集团与军队上层集团的联盟。军队上层集团成员大多数为参加过独立战争的外国人。弗洛雷斯总统属于保守派，维护大地主和天主教会利益。在这一时期，公共财政混乱不堪，军队和参与独立战争的士兵们发动一系列具有民众色彩的起义，如奇瓜瓜革命。

在弗洛雷斯总统任期内，厄瓜多尔颁布新宪法，规定建立一院制的中央集权的共和国，并对投票权和担任公职制定了种种资格限制，只有少数富人才能满足标准。该部宪法规定天主教为国家唯一合法的宗教，专门制定了特别条款保护天主教。

1835年6月，代表商业资产阶级利益的自由派领导人比森特·罗加富埃尔特（Vicente Rocafuerte）取代弗洛雷斯任总统。罗加富埃尔特早年留学欧洲，结识米兰达，形成自由派信仰。他上台执政后，进行了自由派改革，修改宪法，实行两院议会制，清除政府中的腐败官员，采取措施发展民主制度，大力发展教育事业，建立80多个公立学校，降低选举投票资格的标准，扩大选举权，等等。

1839年，弗洛雷斯再次上台执政，颁布了一部新宪法，将总统任期延长至8年，并规定可以连选连任，为自己长期实行独裁统治铺平道路。他对印第安人和社会下层强征苛捐杂税，同时支持新格拉纳达教权派的政变。1845年3月6日，罗加富埃尔特与安东尼奥·埃里萨尔德（Antonio Eligalde）将军发动政变，推翻了弗洛雷斯政府。1845年维森特·拉蒙·罗加（Vicente Ramón Roca）上台执政。

19世纪40年代末，两极政治格局更加明显，在此基础上形成了两个政党。商人和知识分子阶层组织了自由党或称民主党，其势力主要集中在瓜亚基尔。土生白人地主和教会势力成立了保守党，其势力主要在基多。1849年自由党推举埃里萨尔德将军参加大选。保守党则推出选戈·诺沃亚（Diego NoBoa）与之对抗。双方对大选结果产生分歧，决定召开国民大会进行裁决。国民大会推举诺沃亚为总统。诺沃亚上台制定了新宪法，再度恢复议会一院制，并制定选举资格高额财产限制，并恢复了教会被剥夺的很多特权，如教会拥有独立的教会法庭系统，并有权强制征收什一税。诺沃亚上台后，向被新格拉纳达驱逐出国的耶稣会徒提供援助，支持他们反对新格拉纳达的洛佩斯政府。在两国关系十分紧张、战争一触即发时刻，瓜亚基尔的何塞·玛丽亚·乌尔维纳（José María Urbina）将军在自由派军官们的支持下发动政变，推翻了诺沃亚总统。1852 年，乌尔维纳任总统后，努力巩固沿海地区商业资产阶级与军队的联盟，进行一系列改革，实行具有自由主义和民主色彩的规划，扶持本国工业和手工业的发展，促进对外贸易，改善税收，取消了政治犯死刑，驱逐耶稣会教士出国，实行小学免费教育，废除奴隶制，取消印第安人贡赋。另外，在军队中进行扫盲运动。这些进步措施获得了广大民众的支持。1856 年，自由党总统候选人弗朗西斯科·罗夫莱斯将军赢得总统大选。

19 世纪 50 年代末期，厄瓜多尔与秘鲁发生边界冲突。秘鲁向厄瓜多尔宣战，封锁了瓜亚基尔港口，占领了厄瓜多尔的领土。

自由派政府的改革措施激化了各地区间的矛盾。1859 年各地建立了自治政府。在基多产生了由加夫列尔·加西亚·莫雷诺（Gabriel García Moreno）领导的三人执政府，在瓜亚基尔产生了吉列尔默将军领导的政府，在昆卡有赫罗尼莫·卡里翁（Jerónimo Carrión）政府。

1861 年，保守党人莫雷诺出任总统，实行长达 15 年之久的独裁统治。他规定只准信奉天主教，取缔其他教派。1862 年，他与罗马教廷签订条约，把国家的教育权划归教会，教会取得了一切与宗教有关事务的审判权，包括遗嘱、婚姻、财产继承、离婚和犯罪等。莫雷诺政府对反对独裁统治者进行最残酷镇压，或处以死刑，或被拘禁。

莫雷诺总统通过铁血政策和独裁统治，启动了国家政治体制化进程。公共管理得到改善，国家事务开始有秩序，通过对货币发行的控制也建立了公共财政秩序，建设了一些较大规模的公共工程，教育得到较大发展，军队实行了现代化，建立了集权化国家政权。在莫雷诺政府的专制统治下，统治阶级的两个派别达成协议，结束了政治派别争斗的混乱时期。国家权力的加强和政治上的稳定为经济发展提供了有利条件。厄瓜多尔通过增加可可出口，开始加入世界市场。

莫雷诺政府的各项规划的实施是建立在对民众实行镇压和剥削的基础之上的，通过天主教会和宗教团体在国家生活中的绝对优势来实行严格的意识形态控制。枪决、流放、关押入狱、迫害是实行镇压和奴役经常使用的手段。印第安人发动了一系列起义，反对莫雷诺政府的专制统治，反对当时实行的法律，如“地产合并法”，即“保护地成交法”，该法律严重削弱了农民社团势力，遭到它们的反抗。1871 年费尔南多·达基雷马（Fernando Daquilema）在钦博拉索省发动起义，号召民众进行反抗莫雷诺专制统治的斗争。1875 年 8 月 6 日，莫雷诺被人暗杀。在此后的 20 多年间，厄瓜多尔政局仍然一直动荡不安，军人控制着国家政治生活。政府更迭频繁，而且几乎都是被暴动和政变所推翻。

二 自由派改革

19 世纪下半期，厄瓜多尔的经济发生较大变化。自 19 世纪 70 年代起，可可生产发展起来，成为厄瓜多尔经济的重要支柱。可可占总出口的 75% 左右。人们把这一时期称为“可可时代”。可可主要产区分布在沿海一带。大种植园主和可可生产者发展起了商业和银行业，资本日益积累。19 世纪 90 年代，外国资本开始进入厄瓜多尔，石油业开始发展起来，投资主要来自英国资本。美国资本大多投入种植业。随着厄瓜多尔与世界经济联系的加强，本国经济的发展在很大程度上依赖和满足国外市场的需要。农产品和工业品的生产都是为了出口。交通运输的发展也是为了满足出口经济的需要。厄瓜多尔向外出口可可和石油，从国外特别是美国进口轻工业产品。

厄瓜多尔最有活力的自由派集团，即沿海地区的商业主和银行家集团开始发展壮大。随着经济实力的壮大，并逐渐在政治上崛起，他们主张实行自由派改革。广大的社会下层，如农民、手工业者和小产业主也加入了拥护改革的行列。改革主张得到了中产阶级知识分子的支持，其中包括激进自由派领导人、自由派纲领的设计者埃洛伊·阿尔法罗·德尔加多（Eloy Alfaro Delgado），还有胡安·蒙塔尔沃（Juan Montalvo）和何塞·佩拉尔塔（José Peralta）。

1895年6月5日，瓜亚基尔自由派民众发动起义，推翻了鲁伊斯·科尔德罗的独裁统治，推举阿尔法罗将军为总统。这场起义史称阿尔法罗革命。阿尔法罗于1842年出生于一个中产阶级家庭，早年参加反对莫雷诺独裁统治的斗争，后被迫流亡巴拿马，经商并参加反对历届独裁政府的斗争。阿尔法罗在1895～1901年和1906～1911年先后两次任总统。他在第一任执政期间，采取温和的改革措施，逐步削弱实力强大的教会。1897年他主持制定的新宪法规定实行民主政体，恢复国家对神职人员的任命权，规定信教自由。1901年莱昂尼达斯·普拉萨·古铁雷斯上台执政，他基本上继承了阿尔法罗政府的宗教改革政策，于1902年颁布婚姻民政登记法。1906年阿尔法罗再次当选总统后，采取比较彻底的自由主义改革措施，政绩颇丰。改革的目标是把厄瓜多尔与国际经济结合起来，努力加快本国经济的发展。在他任期内，厄瓜多尔使用美国资本修建了由基多至瓜亚基尔的铁路。这条铁路穿越国家主要的经济区，并把沿海地区与内地连接起来，大大促进了经济和对外贸易的发展。阿尔法罗政府实现了政教分离，消除了教会干预政治现象，剥夺了教士们的种种特权，大力保障信仰自由。通过实施永远管业法，没收了教会的财产和土地。推进教育改革，创立了师范学校、军事学校和高等学院。鼓励妇女参加公众生活，促进妇女解放和自由。开办了精神病院和医院。在基多和瓜亚基尔大力发展公共卫生事业，修建下水道系统。努力改善印第安人的生活状况，取消了长期向他们征收的赋税。另外，改进法院的刑事诉讼程序，制定公正的刑法、商法和银行法。阿尔法罗政府加快了国家对外经济的发展，促进了金融和商业资本的形成和发展。在自由派改革时期，民族国家得到巩固，由此，导致社会各个领域发生了一系列变革。在经济方面，受可可“繁荣”的推动，加大了对世界市场的参与力度；连接基多与厄瓜多尔的南方铁路的修建促进了沿海和山区的一体化。在政治和意识形态方面，自由派改革也大有进展。通过实行一系列措施，如言论自由、信仰自由、教育自由和政教分离，削弱了宗教集团对政权的控制。

这些改革措施受到教会和保守集团的反对。另外在自由派内部由阿尔法罗领导并得到民众支持的左派和由普拉萨领导的代表沿海商业资产阶级的右派这两个集团间也发生了冲突，导致了阿尔法罗政府的倒台。1912年1月阿尔法罗将军遇害身亡，代表大庄园主和地主及教会势力的寡头政治有所恢复。莱昂尼达斯·普拉萨·古铁雷斯（Leónidas Plaza Cutiérrez）第二届政府（1912～1916年）迫于政治压力，实行与教会和大地主和解的政策，放缓了反教权的改革，并与山区大庄园主实行妥协。

20世纪初，国家政局趋于稳定，经济加快发展步伐。可可生产和出口获得快速发展。香蕉、蔗糖和棉花生产也显著扩大。沿着西部海岸涌现了很多香蕉、蔗糖和棉花种植园。在20世纪头20年，厄瓜多尔的出口获得很大发展，年出口值由900万美元增加到2200万美元。石油开采业的外国投资显著扩大。在1914年以前，美国投资约为1000万美元，到1920年增加了1倍。美国资本除了大量投入可可种植业外，还扩大到金矿和石油开采业以及公共服务业。英国人在石油业的投资也迅速增加。在19世纪20年代，产油油井达到400多口。此时，本国人投资兴建了一些纺织、皮革、纽扣、肥皂、制药、粮食加工、乳品加工、造酒等企业。经济的加速发展带来厄瓜多尔金融资本的壮大和对国家经济和政治生活的控制和垄断，产生了厄瓜多尔历史上的“农业和商业银行统治时期”（1916～1925年）。1894年成立的农业和商业银行不仅迅速掌握了国家的经济大权，而且操纵着国家的政治生活，政府要员甚至总统候选人的提名都要经它首肯。随着经济的发展，人口开始加快增长，1920年全国人口达200万。城市人口有较大的增长，1926年基多人口达到8万多人。

经济发展带来社会结构和政治方面的变化。由于政府机构和小商业的增长，中间阶层显著扩大。手工业者和工人组织在20世纪初建立起来，它们积极要求政治权利，掀起争取政治权利的运动。当时正值俄国革命取得胜利，国际工人运动蓬勃发展，第一次世界大战创造了有利的国际政治环境，厄瓜多尔民主运动出现高潮。在19世纪政治斗争主要表现为保守党与自由党之间的角逐。随着工人阶级、中产阶级和各种社会组织等新兴政治力量的产生和壮大，政治斗争更加复杂，新的政党开始涌现。

三 财阀统治和民主运动

阿尔法罗将军去世后的几届政府被称为“财阀政府”，即由银行和农业出口寡头直接操纵的政府。这一时期，商业和农业银行成为国家政治的仲裁者。此时，大量的外国投资公司，特别是美国和英国公司开始进入厄瓜多尔。美国资本成立了“瓜亚基尔和基多铁路公司”。1925 年美国的埃梅莱科公司控制了瓜亚基尔市的电力生产和配电系统。南美洲发展公司在埃尔奥罗省和波托维耶霍地区投资开发金矿。在石油生产方面，盎格鲁－厄瓜多尔石油公司和卡罗利纳石油公司在圣埃莱纳半岛进行了投资，盎格鲁－撒克逊石油公司在亚马孙地区进行了投资。

第一次世界大战使可可价格持续下跌，厄瓜多尔的可可经济走向衰落。1920 年，100 斤可可的价格由 26.6 美元下跌到 12 美元，1921 年下跌到 5.7 美元。另外，可可生产还受到多种病虫害的影响。迅速蔓延的病虫害摧毁了大量的可可种植园，极大地影响了厄瓜多尔的可可出口经济，造成整个国民经济的严重衰退。1920～1923 年，可可出口收入从每年 2000 万美元下降到不足 1000 万美元。

1929 年的世界性经济危机使厄瓜多尔经济雪上加霜。出口商品的价格陡降至 1900 年以来的最低点。特别是可可、咖啡和稻米的价格暴跌。商业机构陷于瘫痪，企业破产，银行倒闭。这不仅是由于可可生产和出口经济的短暂衰退，从更深层次讲，是由于这种可可经济模式的衰败。各届政府努力采取谨慎的货币政策应对危机，采取金本位制。为了支持金本位的币值稳定，厄瓜多尔损失了储备金 200 多万苏克雷。

20 世纪 40 年代，当拉美其他国家面向国内市场的工业企业在进口替代工业化过程中获得了明显的发展时，厄瓜多尔的工业生产却出现剧烈下降。这主要是由于 20 世纪 30 年代的经济衰退和第二次世界大战对初级产品出口贸易的影响所致。国内市场规模有限，收入分配高度集中，广大居民消费能力不足，这些都影响了面向国内市场的工业企业的发展。另外，地主、商业集团、金融和银行集团统治着国家经济。工业资本没有能力开创一种自主发展的进程或与城市群众和中产阶级结成政治联盟，通过国家干预手段来促进工业化。另外当20世纪20年代厄瓜多尔工业生产企业大批兴起时，可可经济的高峰期已经衰退下去，资本积累的高峰期也已经过去。20世纪20年代和30年代长期的经济衰退决定了这些工业企业自产生之日起，就一直处于发展资金匮乏、发展活力不足的状态。在这一时期，对公共收入实行了集中化使用，为此建立了中央银行和银行监察总署、国家监察总署、养老金协会、海关总署等。

在这种形势下，统治集团内部的矛盾以及人民与统治集团之间的矛盾日益激化，国内政局动荡不定。自1912年发行的纸币不断增加，物价飞涨，通货膨胀加剧，失业人数增加，劳动者怨声载道。农民运动和工人运动高涨，工会纷纷建立。1922年工人联合会诞生。大多数工会具有社会主义色彩。工会组织了一系列罢工和游行示威活动，要求改善劳工阶层的生活状况。1922年11月15日爆发了瓜亚基尔和基多铁路公司工人大罢工，罢工运动很快扩展到其他民众阶层，特别是在瓜亚基尔。在一次民众游行示威中，军队进行了干预，向民众开枪，导致几百人死亡。此外，受到经济危机严重影响的中产阶级也提出改善经济待遇的要求。山区大地主和大庄园主则趁机要求恢复以往的政治权力。

经济危机和政治民主运动的兴起导致政治力量重新组合，现代政党相继成立。1923年自由党进行了重建，重新制定了党的纲领，提出了新的改革主张和措施。1925年，代表山区大地主和庄园主利益的保守党也进行了重组，在其政策主张中，也加入了关注有关“社会问题”的思想。1926年厄瓜多尔社会党成立，但很快因内部矛盾陷入分裂，其中的一个派别从中分裂出来，于1931年创建了厄瓜多尔共产党，并加入第三国际。

1924年贡萨洛·科尔多瓦当选总统，引起自由党的左翼、工人和因通货膨胀加剧而工资受到影响的青年军官的强烈不满。他们联合在一起，于1925年7月9日发动政变，组成军政府。军政府加强了对金融体制的控制，实行有利于中产阶级的社会改革措施。后来军政府将权力移交给伊西德罗·阿约拉。在美国专家的协助下，阿约拉政府继续实行改革，建立了中央银行，由中央银行负责发行纸币。制定新货币法，为苏克雷重新定价，整顿汇率制度，调整农村税收，制定所得税法。采取促进工业发展的措施。在其政府任期内，产生了1929年宪法和第一个劳工法典。该宪法宣布产权具有社会功能，少数民族具有公共代表权，妇女具有参选权和人身保护权。十分重要的是进行了劳工立法，规定了最高工作时限，还对妇女和年少者的劳动保护做出规定。

20世纪30年代，工会运动和其他民众运动仍然持续不断。1933年，"国际工厂"的工人组织了工会，第二年进行了首次罢工。1935年，在钦博拉索省的利科托庄园，工人们宣布罢工，要求增加工资和改善工作条件，并与军队发生了激烈冲突。1938年，62个工人组织联合组成了厄瓜多尔工人联合会（Confederación Obrera del Ecuador），该联合会为制定劳工法进行了斗争。在保守党的影响下，还成立了厄瓜多尔天主教工人联合会（Confederación Ecuatoriana de Obreros Católicos）。1930～1940年，因政局动荡不稳，政府频繁更迭，仅总统就更换了十几位。

1940年卡洛斯·阿罗约·德尔里奥（Carlos Arroyo del Rio）就任总统，对外实行亲美政策，允许美国在科隆群岛建立空军基地，在萨利纳斯建立海军基地，向美国提供可用于飞机制造的贵重木材软木，同时，积极吸引美国投资，扩大可可、香蕉和咖啡的生产。他获得了美国的支持，将美国提供的各种资金援助用于解决国内遇到的种种紧迫问题和经济发展。1941年阿罗约政府从进出口银行获得贷款，修建从里奥班巴、昆卡与洛哈等地到曼塔以南沿海地区的公路。此后又修建了从埃尔奥罗到洛哈的公路。1943年为了促进经济发展，成立了国家开发银行和各省开发银行，支持农牧业生产，开垦荒地，扩大生产疆界，修建水利灌溉系统等。但是阿罗约政府忽视了收入分配不公和解决社会问题，导致社会矛盾日益尖锐。

1941年7月，厄瓜多尔和秘鲁间爆发了武装冲突，厄瓜多尔战败，损失大片领土。战争状态持续了几个月。当时，第二次世界大战局势发生突变，日本偷袭珍珠港，美军遭到重创。美国政府急忙召开里约会议，商讨建立美洲大陆安全联盟事宜。整个美洲做出了"团结一致"的反应。

在里约会议上，厄瓜多尔和秘鲁的冲突显得无足轻重，甚至面临尽快加以“解决”的压力，以便处理美国受到日本进攻这一“实际重要”的问题。在没有什么异议的情况下，厄瓜多尔和秘鲁于 1942 年 1 月 29 日签署了《和平、友好和边界议定书》，厄瓜多尔被迫割让了东部地区一半的领土，失去了直接使用亚马孙河的权利。

边境冲突失败引起国内各阶层的极大愤怒，同时，阿罗约政府对内镇压。1944 年 5 月军队发动政变，推翻阿罗约政府，推举何塞·玛丽亚·贝拉斯科·伊瓦拉（José María Velasco Ibarra）上台执政。这一运动发动了各个社会阶层，包括社会主义者、共产主义者和保守派人士，形成了一个厄瓜多尔民主联盟（Alianza Democrática Ecuatoriana）。1944 年 5 月的这场革命促进了民主运动的发展，形成了新的组织，如 1944 年，在社会主义党和共产党的影响下，诞生了厄瓜多尔劳动者中央工会（Central de Trabajadores del Ecuador，CTE）。当年，也诞生了厄瓜多尔大学生联合会（Federación de Estudiantes Universitarios del Ecuador，FEUE）和厄瓜多尔印第安人联合会（Federación Ecuatoriana de Indios，FEI）。左派、社会主义者和共产党人参与了 1945 年新宪法的制定，一些民主改革措施被纳入其中。这部宪法具有自由主义色彩，承认人民主权，废除死刑，承认私生子受教育和继承财产的权利。规定总统任期 4 年，由直接选举产生，不得连选连任。另外，宪法中还纳入了有关最低工资、罢工权利、保护女工等有关规定。给予妇女选举权。但是伊瓦拉不满新宪法限制了总统的权力，借口这一宪法是一种“社会学意义上的契约”，不适用于治理国家，宣布予以废除，制定了 1946 年宪法，显著扩大了总统的权力。

第五节 二战以后时期

第二次世界大战后，美国资本依靠其雄厚的实力，加快了在厄瓜多尔的扩张。伊瓦拉政府（1944 ~ 1947 年）和加洛·普拉索·拉索政府（1948 ~ 1952 年）积极实行吸引外国资本的政策，美国联合果品公司在厄瓜多尔沿海地区投入大量资本，发展水果种植业。另外，大量外资进入石油勘探业。20 世纪 40 年代末和 50 年代，加洛·普拉萨·拉索政府（1948～1952 年）、何塞·玛丽亚·贝拉斯科·伊瓦拉政府（1952～1956 年）和卡米洛·庞塞·恩里克斯政府（1956～1960 年）利用本国有利的自然条件，大力发展香蕉生产。1953 年，厄瓜多尔一跃成为世界最大的香蕉生产国和出口国，进入了“香蕉繁荣”时期。

一 “香蕉繁荣”与“石油繁荣”时期

1942～1944 年，香蕉出口量达 1.5 万吨，年均价值 200 万苏克雷。在 20 世纪 50 年代末出口量达到 85 万吨，价值超过 6 亿苏克雷。咖啡、可可豆在 20 世纪 40 年代后期到 50 年代后期不到 10 年间也有大幅度上涨，但香蕉占厄瓜多尔出口总值的比重达到一半以上。当时的国际经济因素促成了厄瓜多尔香蕉生产的繁荣。中美洲地区香蕉生产受到病虫害的影响，而厄瓜多尔十分适于种植香蕉的地区，特别是沿海地区受到从事香蕉生产的跨国公司的青睐。美国联合果品公司将投资重点转向厄瓜多尔。香蕉一般由中小农场主种植。本国地主和外国大种植园主生产的香蕉仅占总产量的 20%。也就是说，香蕉生产很大程度上集中在中小农场主的手中，但是香蕉销售网络却控制在外国大销售公司那里。5 家外国公司占据香蕉出口的 80%。从事国际销售的外国公司获得香蕉出口收益的 55%，本国出口公司获得 15%，香蕉生产者仅获得 30%。香蕉生产和出口加速了厄瓜多尔的经济发展，并带来 1948～1960 年的政治稳定。普拉萨、贝拉斯科和庞塞 3 届政府结束任期，文人连续执政长达 12 年之久。

香蕉生产的高潮带动了出口贸易，促进了中产阶级的发展。公共服务部门和贸易部门得到扩大，铁路运输得到发展，这使得大量人口由山区向沿海地区迁移，加快了城市化进程。垦殖农产权占优势地位。1964 年香蕉生产企业达 3000 多家。联合果品公司、标准果品公司和诺沃亚香蕉出口公司控制了当年 50% 的香蕉出口。

1948 年 6 月举行总统大选。自由党候选人阿尔贝托·恩里科斯（Alberto Enríqueg）将军和由劳工阶层知识分子和自由派工商业者联合组成的“全国公民民主运动”推举的候选人普拉萨参加大选并当选总统。普拉萨是一个带有现代化倾向的山区地主，与美国有良好的关系，并有指导国家经济现代化的长远战略规划。他努力通过利用外国支持，发展和应用科学技术来促进本国经济的发展。政府利用国内外资金和贷款，实施了多项经济发展计划，特别是香蕉生产计划，实行大力开发新的垦殖区的政策。当时厄瓜多尔只有15%的土地投入使用，40%以上可利用的土地处于闲置状态。普拉萨总统大力修建公路，以便利闲置土地的开垦。在他任职期间，修建了从基多向东北通到埃斯梅拉达斯港口的公路，从而使几百万平方米的土地获得开垦。另外还修建了延伸到皮钦查省的农业区和基多附近的硫黄开采区的公路。同时，实行土地改革，将很多闲置私人土地分配给需要土地的小农庄主。为了提高农业生产率，加强农业科技研究，成立了咖啡研究所、全国发展生产研究所等。

在山区，自1700年以来盛行的庄园制度发生了危机。几届政府采取政策，为农业生产提供技术援助、信贷支持，实施灌溉计划，开启了农牧业生产的现代化进程。

1952年6月，普拉萨卸任，成为30多年来第一位成功结束任期的总统，贝拉斯科当选总统。1956年，庞塞在贝拉斯科的支持下，战胜全国民主阵线的候选人劳尔·克莱门特·韦尔塔（Raúl Clemente Hueita），当选总统。

20世纪60年代，古巴革命对厄瓜多尔产生很大影响。农民争取土地的斗争显著加强。劳工运动兴起。学生运动空前活跃，并呈现出日益强烈的左翼激进化倾向。与此同时，天主教和右翼政治势力采取了针锋相对的态度，表现出强硬的反共意识形态色彩和政治立场。另外，受民主激进思潮影响，持进步立场的宗教团体和人士由于梵蒂冈公会议和拉丁美洲主教会议在教会中的出现而发挥了影响。天主教和右翼保守势力对左翼势力的迫害和白色恐怖达到骇人听闻的程度。右翼势力接受了美国中央情报局的建议和资助，掀起要求与古巴断绝外交关系的运动，与天主教教权集团相勾结的右翼势力带头搞恐怖主义，袭击宗教领袖，然后把事件嫁祸于左派。

20世纪60年代初，农产品出口模式的发展活力得到恢复。“香蕉繁荣”和由此而来的经济增长为工业发展提供了条件。由此开始了进口替代工业的发展。农产品生产和出口扩大了资金积累和外汇来源，大量资本转向了制造业，技术比较先进的工业开始兴起。1962～1969年，工业投资增长了3倍。随着制造业的发展，金融信贷业也获得了发展。基多和瓜亚基尔成立了证券交易所。金融公司、银行和其他信贷机构的数目显著增加。与此同时，外国资本大规模流入，收购或兼并本国工业企业。

1960年，贝拉斯科再次当选总统。1961年，军人发动政变，推翻了贝拉斯科总统，由其副手执政。此后不久，1963年7月，武装部队再次夺取政权，组成了以拉蒙·卡斯特罗·希洪将军为首的4人军人执政委员会。该委员会宣布废除一切宪法保障，解散议会，取缔共产党和其他左派进步组织。另外，组织技术官僚集团，制定和实施国家经济发展计划。经济计划的主要内容是扩大国内市场和发展进口替代工业。军政府在执政期间，响应美国的“争取进步联盟”计划，采取了一些经济改革措施，如进行税收改革，取消对小商人和小种植园主的很多间接税收等。1964年7月11日，军政府颁布了厄瓜多尔历史上第一部土改法，进行土地改革，废除瓦西朋戈制，消灭传统的大庄园，大量农民获得了土地。颁布了工业促进法及手工业和小工业促进法，通过限制进口和鼓励出口等措施促进进口替代工业化。给予外国资本特许权勘探和开采石油。1966年3月，爆发反对军政府的学生运动，军政府派兵占领中央大学，镇压学潮，但是反对派和学生们并没有屈服，罢课使全国陷于瘫痪。军政府失去对局势的控制，不得不将权力移交给克莱门特·耶罗维文人政府。厄瓜多尔再次进入文人执政时期。

耶罗维上台后着手组织全国制宪会议和选举工作。1966年制宪会议召开。奥托·阿罗塞梅纳·戈麦斯当选总统。制宪会议制定了厄瓜多尔历史上的第16部宪法。该宪法于1967年生效。1968年贝拉斯科参加总统大选，并以微弱多数胜出。面对日益高涨的民众示威运动，贝拉斯科在武装部队支持下发动政变，宣布中止宪法，并允诺于1972年举行大选。1972年在大选临近时，武装部队发动政变，推翻了贝拉斯科，并将政权交给陆军司令吉列尔莫·罗德里格斯·拉腊。

20世纪70年代，是历史上有名的“石油繁荣”时期。由于厄瓜多尔亚马孙东部油田开采的扩大，石油出口迅速增加。这时恰逢国际石油价格迅速上涨，由1972年每桶3美元上涨到1977年的每桶30美元，政府获得了大量的出口收入，经济发展获得了充足的资金。

在“石油繁荣”和经济普遍发展的条件下，军政府实行了一系列民族主义改革措施。首先，国家控制石油业。1972 年 6 月政府颁布石油法，从外国公司手中收回石油租让地，收购外国石油公司的股份，同时成立厄瓜多尔国家石油公司，负责石油的开采和销售，建立国营石油船队，使石油从开采、加工到销售基本上都控制在国家手中。1973 年 11 月 19 日，厄瓜多尔加入石油输出国组织。其次，实行土地改革。1973 年 10 月颁布的新土改法规定，“通过有计划地征用土地并实行再分配，通过提供信贷、教育和技术援助等，逐步和有序地改变农村结构”。最后，坚决捍卫 200 海里海洋权，对非法入侵的外国渔船处以罚款。

土地改革改变了农村土地所有状况，大量贫困农民获得了小块土地。但是由于他们没有贷款和技术援助，无法正常从事农业生产。很多农民不得不放弃土地，到城市里谋生。与此同时，工业获得显著发展。政府实行优先重视工业发展的政策，将石油出口的大量资金投到工业部门，使进口替代工业化达到高潮。与此同时，外国资本也大量涌入工业部门。1976 年，在 30 家最大的公司中，跨国公司企业占 14 家。20 世纪 70 年代后期，金融机构迅速扩大，资本集中加剧，私人银行的资本几乎有 50% 掌握在 32 家手里。经济的迅速增长改变了对外贸易结构。20 世纪 70 年代初，以香蕉、咖啡和可可为主的热带果品占出口总值的 80%，而 20 世纪 80 年代初，其比重下降到 14%，石油所占比重高达 60%，而工业产品，包括可可加工产品占 21%。经济迅速发展加快了城市化进程。城市人口占总人口的比重由 1950 年的 28.5% 提高到 1974 年的 42%。

军政府执政初期，由于石油业的繁荣，经济形势良好，政局比较稳定。但是 20 世纪 70 年代下半期，由于国际石油市场供大于求，厄瓜多尔石油生产和出口收入减少，经济发展受到影响，政局发生动荡，加之军队高层发生内讧，拉腊政府被迫于 1976 年 1 月辞职，由海军司令阿尔弗雷多·波韦达·布尔瓦诺少将为首的 3 人最高执政委员会接管政权。最高执政委员会采取限制民主权利的措施，导致工会运动高涨。几个主要工会组织实行联合，建立了劳动者统一阵线（Frente Unitario de Trabajadores, FUT），并开展全国性的罢工运动。

二 政治民主化与经济改革时期

1978 年，波韦达军政府为了缓和国内的尖锐矛盾，稳定政局，允诺“还政于民”，提出恢复宪制计划，举行公民投票，通过新宪法并组织总统大选。1979 年 4 月，人民力量集中党候选人海梅·罗尔多斯·阿吉莱拉（Jaime Roldos Aguilera）当选为总统，从而结束了长达 7 年的军人统治，开始了民主化进程。

罗尔多斯政府 罗尔多斯政府提出把厄瓜多尔变成一个具有现代化经济、普遍享有民主、正义和富有团结精神的国家。为此，采取了一些改革措施，对内发展民族经济，制定了 1980～1984 年发展计划；对外维护独立和主权，奉行民族主义政策，在改善厄、美关系的同时，同古巴恢复了外交关系。罗尔多斯总统坚持进步的国际政策，于 1980 年 9 月在里奥班巴市签署了“品行宪章”（Carta de Conducta），几位政府首脑承诺为在拉美实行民主和尊重人权而斗争。

1981 年 1 月底，在孔多尔山脉与秘鲁发生边界冲突，所有的社会阶层都表示了支持，最后冲突在美洲国家组织的调停下得到解决。

罗尔多斯总统于 1981 年 5 月 24 日因飞机失事遇难。基督教民主党人奥斯瓦尔多·乌尔塔多·拉雷亚（Osvaldo Hurtado Larrea）继任总统。当时经济危机恶化，因为“石油繁荣”时期结束了。这场危机开始于 1982 年，当时国际市场石油价格下跌，从 1980 年的每桶 35.2 美元下跌到 1995 年的每桶 14 美元。在其当政时期，债务危机爆发，它采取了一系列措施满足经济强力集团的利益，损害了民众阶层的利益，如“苏克雷化”政策，新自由主义政策。

费夫雷斯政府 在国家复兴阵线（Frente de Reconstrucción Nacional）的支持下，莱昂·费夫雷斯·科尔德罗（León Febres Cordero）工程师赢得大选，上台执政（1984～1988 年）。费夫雷斯总统上台后，采取了一些温和的政治改革措施，巩固民主化进程，如扩大政党和工会组织的权利、加强政府对军队的控制等。政党开始活跃起来，工会组织建设得到加强。但是军政府时期遗留下来的一些问题并没有完全解决，军人与文人政府的关系比较紧张。1986 年，国内发生军事叛乱。1987 年 1 月，费夫雷斯和国防部长等人被扣押在瓜亚基尔市郊的空军基地。最后，事件得到和平解决。在经济方面，费夫雷斯采取了一系列应急性调整措施和经济改革政策：续借国外贷款，减轻外债压力；扩大进出口贸易；提供优惠条件，吸引外资；控制货币发行量，抑制通货膨胀；重视农业生产，发展多种经营；减少对石油的过分依赖等。

博尔哈政府 1988 年罗德里戈·博尔哈·塞瓦略斯（Rodrigo Borja Cevallos）博士上台执政，他是民主左派党（Izquierda Democrática）的候选人。

博尔哈总统在政治方面采取和解政策，主动与工会和学生组织进行政治对话，释放 1987 年参加叛乱的军官；同阿尔法罗永存（Alfaro Vive）游击队组织达成协议，使他们"正式"放下武器，获得合法地位。在经济方面延续了前任政府的经济政策，采取调整和改革措施，降低关税，紧缩开支，减少公共部门赤字，改革金融体制，谈判续借外债。博尔哈政府还发展教育，开展全国性的扫盲运动，获得一定成效。在这届政府时期，经过 1990 年 5 月的起义，印第安人运动得到加强，在这次运动中，不仅提出了一些具体的要求，而且提出了政治自决要求和寻求建立多民族国家的诉求。

杜兰·巴连政府 1992 年，西斯托·杜兰·巴连·科多韦斯（Sixto Durán Ballén Cordovez）工程师上台执政。巴连政府实行新自由主义的经济改革，稳定汇率，紧缩财政，抑制通货膨胀，实行对外全面开放和自由贸易，恢复同债权国的正常关系，重新谈判债务。厄瓜多尔经济实现持续增长，1992～1996 年，国内生产总值增长率分别为 3.6%、2%、4.3%、2.3% 和 2%。通货膨胀率由 1992 年的 60.2% 下降到 1995 年的 22.8%，1996 年为 25.6%。但是经济中存在的一些问题日益突出，如利率持高，实际汇率不断上升，经常项目赤字有增无减。1995 年经常项目赤字占国内生产总值的比重上升到 4.6%。新自由主义的经济政策使财富集中加剧，工人实际工资下降，贫富差别扩大，社会问题加重。

1994年6月，国会通过了政府提交的《农业部门整顿法》得到了农业商会的支持。该法力图将农业问题限定为土地买卖的商业问题，认为解决问题的唯一方式是取消土地改革，允许土地的垄断性集中。地主们要求巩固大土地所有制，大土地所有制与地方和跨国金融资本相结合，把出口作为农业发展的轴心。这种导向因水源私有化而得到加强。这意味着最好土地的控制权趋于转向私人大地产主手中。借助这种政策地主们也力图通过解散印第安社团，解决“印第安人危险”。

另外，政府还推动相关的司法改革，为此，力图修改国家宪法：主张消除妨碍私有化的规定，修改宪法第46条，取消或压缩处于国家专属控制的经济战略领域，使国家调节经济的能力最小化；建立加强总统制、执法权的国家结构，特别是在经济管理方面，尽量缩小议会的控制权；缩小民主权利，取消公共部门的工会化，社会保障、教育和卫生实行私有化和商业化。

印第安人运动主张实行农业一体化发展规划，把经济改革与政治改革结合起来。农民和印第安人主张推行中小地产制，中小地产制与社团文化（Cultura comunitaria）相结合，将其作为农业发展的轴心。因此，首先把食品安全保障作为农业生产的导向，其次才是出口导向。

为此，印第安人运动，特别是厄瓜多尔印第安民族联合会（confederación de Nacionalidades Indigenas Ecuador，CONAIE）举行了全国性的游行示威，迫使政府进行谈判，修改了农业部门整顿法，承认土改的有效性和土地的社会功能，保障社团土地，维护水源公共产权。

1995年1月，厄瓜多尔与秘鲁再次爆发军事冲突，双方军队在孔多尔山脉的塞内帕河一带发生武装冲突。两国间这种没有宣战的战争一直持续到3月初。在厄瓜多尔的一些军事基地也发生了军事冲突和对抗，如塔约斯洞穴区、提温萨、科阿戈斯、孔多尔、米拉多尔、奥尔蒂斯中尉等地带。秘鲁拒不接受美洲国家组织的调停，斡旋仅局限于里约议定书的保障国智利、阿根廷、巴西和美国。冲突暴露出议定书的局限性和缺陷。厄瓜多尔政府建议接受议定书的有效性，但是就边境未划定归属的地区的划境点做出最终裁定。

1995 年 11 月 26 日，政府就国企私有化和公共服务问题举行全民公决，除了瓜亚斯省，其他各省均拒绝政府和企业界的计划。在 1996 年 5 月的总统大选中，允许独立人士参加，这使很多社会组织特别是社会运动协调组织（Coordinadora de Movimientos Sociales）得以参加选举。

布卡拉姆政府 1996 年 8 月，阿夫达拉·布卡拉姆·奥尔蒂斯（Abdalá Búcaram Ortiz）总统上台执政。由于布卡拉姆政府的经济政策不当和其他政治问题，国内各种矛盾激化，政治风波迭起。1997 年 2 月 5 日，各社会运动发起总罢工，经济、社会和政治界的不同阶层参与其中。罢工得到民众的广泛支持，参加人数达到 200 多万人。议会以“不能胜任总统”为由罢免了布卡拉姆总统的职务，任命议长法维安·阿拉尔孔·里韦拉（Fabián Alarcón Rivera）为临时总统。对议会的决定，布卡拉姆表示拒绝，而副总统罗萨莉娅·阿特亚加·塞拉诺（Rosalía Arteaga Serrano）女士则宣布由她出任临时总统，3 位总统共存，各行其道。2 月 11 日，议会再次推选阿拉尔孔为临时总统，任期到 1998 年 8 月举行全国大选为止。在此之前，阿特亚加女士辞去临时总统职务，恢复原职。原总统布卡拉姆离开厄瓜多尔，飞往巴拿马定居。厄瓜多尔政局渐趋平稳。阿拉尔孔政府，组织了全国立宪大会，制定新宪法。1998 年 8 月 10 日，新宪法生效。

马瓦德政府 1998 年 7 月，人民民主党候选人哈米尔·马瓦德·维特（Jamil Mahuad Witt）在第二轮总统选举中获胜，并于 8 月 10 日就职。马瓦德为人民民主党人，1949 年 7 月 29 日生于厄瓜多尔南部的洛哈省。20 世纪 70 年代就读于基多天主教大学法律系，先后获得政治社会学硕士、法律博士学位和律师资格。1981 年加入人民民主党。1983 年任乌尔塔多总统内阁的劳动人事部长。1986 年当选为议员，并担任议会检察和政治监督委员会主席。1987 年出任人民民主党主席。1988 年作为人民民主党总统候选人参加大选，未获成功。此后，赴美国哈佛大学留学，获公共管理学硕士学位。1990 年，再次当选为议员。1992 年竞选基多市长并获胜。1996 年连任基多市长。

1998 年 9 月 14 日，马瓦德总统公布了首批措施：目标是控制财政赤字。政府决定取消天然气、柴油和电力补贴，实际上意味着提高了价格。金融危机、厄尔尼诺现象和石油国际价格的下跌在 1998 年底造成 8 亿美元的贸易赤字，国际收支赤字达 20 亿美元。社会不满日益增长，1998 年 10 月 4 日爆发全国大罢工。经过多年的冲突，厄瓜多尔与秘鲁迫于保障国的压力，终于签署协定。除了上述问题外，爆发了财政危机和金融系统危机，很多银行破产，国家经济形势恶化。为了拯救破产银行，建立了储蓄保障局（Agencia de Garantía de Depósitos，AGD），银行获得了国家做最终担保人的支持。但是这并没有解决银行破产问题，大量国内储蓄流失国外，资本抽逃。政府最初力图通过控制流通货币遏制美元投机，为此，提高利率，由 1998 年初的 50% 提高到 1999 年 1 月中旬的 172%。但是外部压力（巴西雷亚尔的贬值），特别是国内压力如本币浮动汇率的投机预期和预算规则的不明朗等引爆了剧烈的货币贬值，外汇 22 次超过了银行汇率浮动带。最后，2 月 12 日，货币当局决定美元实行自由浮动汇率，银行间拆借利率由 2 月 12 日的 128% 很快下跌到 65%。

政府力图通过举借外债来填补财政赤字。1999 年 1 月 4 日，财政部长宣布举借 15.54 亿美元的新贷款，其中 41% 用来偿还内债，即用来拯救银行的那笔债务。

财富分配严重不均，贫困恶化，影响到 73% 的人口，而最富有的 5% 的人口的收入比最贫穷的 5% 的人口的收入高出 200 倍。在 1999 年 2 月至 4 月间，公私部门新增失业 40 万人。在 200 个最大的企业中，86% 的企业裁减了雇员。1999 年 4 月失业率高达 20%。预算的 44% 用于偿债。1999 年经济负增长 0.7%。银行危机演变成为政治问题，当时，基督教社会党（Partido Sacial Cristiano）向政府施加压力，要求拯救处于危机中的进步银行，该银行为阿斯皮亚苏家族的财产。由此，发生地区之间的矛盾，矛头针对中央银行当局。中央银行拒绝提供资金。政府命令延长银行的停业期，后来命令冻结储户的苏克雷和美元存款，减轻外汇投机压力。冻结资金总额达 30 亿美元。

1999 年，随着经济形势恶化，反政府游行和示威活动增多，政府内阁变动频繁。同年 3 月和 7 月，厄先后爆发两次全国性大罢工，政局出现动荡。为缓解经济困难，马瓦德政府采取一系列严厉的经济措施，但遭到基社党反对，致使两党联盟关系破裂，政府执政地位受到严重削弱。

2000 年 1 月，经济和政治危机不断加深，马瓦德总统的民众支持率大幅下跌。各社会运动和商会开始要求马瓦德政府辞职。2000 年 1 月 9 日，作为一种政治解救措施，总统计划实行经济美元化。为了拯救银行所采取的各种措施使中央银行被迫发行没有支持的货币，对美元汇率产生压力，美元与苏克雷的汇率达到 1∶2000。政府决定，以控制失缰野马式的美元价格攀升和通货膨胀为理由，实行经济美元化政策。通过这种措施，政府得以中和一些企业部门的压力，特别是沿海地区企业界的压力，但是却无法平息社会运动，它们的主张日益激进化。2000 年 1 月 10 日和 11 日，在各个省产生了人民议会（Parlamentos Populares），在基多产生了全国议会（Parlamento Nacional）。2000 年 1 月 15 日，印第安人运动、军队的军官及其他社会运动发起全国性游行示威，要求废除和罢免国家的执法、立法和司法机构。2000 年 1 月 21 日，印第安民族联合会举行大规模反政府示威活动，并在部分军人支持下占领议会大厦和最高法院，宣布罢免马瓦德总统。马瓦德总统被迫宣布辞职，最后，由副总统古斯塔沃·诺沃亚·贝哈拉诺（Gustavo Noboa Bejarano）出任厄瓜多尔新总统。

诺沃亚政府 古斯塔沃·诺沃亚总统继续了前任的经济政策，继续推进美元化进程，坚持私有化政策，同时，维持曼塔军事基地租让协定。另外，颁布法律，对国有资产实行私有化并实行劳工政策灵活化。2001 年再次爆发大规模的印第安人运动。为稳定政局，诺沃亚政府采取一系列稳定措施，先后解冻银行储户存款，惩治腐败银行家，与印第安人联合会等组织对话，推动议会赦免政变军人。

古铁雷斯政府 2002 年，“1·21 爱国社团”党领导人卢西奥·埃德温·古铁雷斯·布尔布阿（Lucio Edwin Gutiérrez Burbua）与帕恰库蒂克多民族团结运动结成竞选联盟，并得到了人民民主运动（Movimiento Popular Democratico）的支持，在 2002 年 11 月举行的第二轮总统选举中获胜当选，并于 2003 年 1 月 15 日正式就职。作为竞选联盟和共同执政的产物，帕恰库蒂克多民族团结运动获得了政府内阁的一些职务。但是半年后，帕恰库蒂克多民族团结运动因政见分歧被迫宣布退出政府。古铁雷斯总统明确做出实行新自由主义政策，维持美元化，参与美洲自由贸易区进程和自由贸易协定的谈判，任命了由国际货币基金组织的技术官僚和银行家们组成的经济班子。

古铁雷斯总统上台后未能兑现竞选时的诺言，不仅在反腐问题上毫无作为，而且政府还不断曝出腐败丑闻，大大削弱了民众对政府的支持率。2004 年 12 月 8 日，为了控制政局，摆脱危机，在政府授意和执政党"1·21"爱国社团党的策划下，议会以多数票解散了当时试图弹劾总统的最高法院，罢免了全部的 31 名法官。同时选举以罗尔多斯党成员卡斯特罗为院长的新的最高法院及其组成人员，并以亲政府人士取代了宪法法院（Corte Constctucional）和选举法院的法官。罢免法官的行动引起反对派的强烈不满。2005 年 2 月，改组后的最高法院决定，取消对前总统布卡拉姆和诺沃亚以及一名前副总统"盗用公款"的刑事指控，使他们结束流亡生涯回国。此举更引发了反对派和民众的强烈不满，他们于 2005 年 4 月初开始举行大规模的示威游行，发动"褴褛者"运动，抗议古铁雷斯干预司法和腐败的运动。古铁雷斯政府进入紧急状态，矛盾激化，抗议人群与警察发生了冲突，造成多人死亡。2005 年 4 月 20 日，面对严重局势，国民警察司令决定辞职，不久军队也宣布收回此前给予古铁雷斯的支持。古铁雷斯总统被迫离开总统府，进入巴西驻厄瓜多尔大使馆，寻求避难。副总统阿尔弗雷多·帕拉希奥（Alfredo Palacio）接任总统职务。

20 世纪 90 年代末，新自由主义改革进一步深化，大大降低关税，促进劳工法规的灵活化，实行完全的金融非调控化，取消国家干预，实行完全的市场自由化。出口和金融投机部门大为受益，面向国内市场的生产活动，特别是中小生产企业状况恶化，生产能力受到削弱。1999 年，国家再次采取行动拯救私人银行，损害了广大居民的利益，加剧了政治和社会冲突。国家陷入周期性的政治动荡之中。总统更迭成家常便饭，先后有 7 位总统无法完成任期，导致体制和政策变幻无常，政治规则和程序多变，政治秩序混乱不堪。

科雷亚政府 在经济混乱和政治动荡形势下，厄瓜多尔迎来 2006 年总统竞选。拉斐尔·科雷亚·德尔加多（Rafael Correa Delgado）组建“主权祖国联盟运动”（Movimiento Alianza PAIS），制定公民革命纲领，提出进行政治、经济和社会变革的口号，参加大选，并在同年11月第二轮总统选举中，击败“制度革新党”候选人阿尔瓦罗·诺沃亚（Alvaro Noboa），当选总统。在总统就职仪式上，科雷亚宣布厄瓜多尔将实行21世纪社会主义，进行公民革命。执政伊始，决定召集全国立宪大会、制定新宪法，举行全民公决。动用全民公决机制，成立全国立宪大会，事实上废除现存国会，主权祖国联盟运动掌握了立法权力。2008年7月颁布新宪法，宣布建立由五权组成的新的国家政体：立法权、执法权、司法权、选举权以及公民参与社会管理权。[①] 科雷亚政府提出一系列政策主张。在政治方面，主张实行真正和参与民主，对政治体制进行改革，根除腐败。在经济和社会方面，加强国家对经济的干预。实行向广大劳动者和社会下层倾斜的社会政策。解决农村贫困问题，促进农业生产率的提高和可持续发展以及加强土著人地区的生产能力，根本改革金融体制，使信贷过程民主化、银行现代化，促进基础设施建设和公共服务方面的投资。在对外政策方面，主张加强拉美一体化，反对与美国签署自由贸易协定，重返石油输出国组织。2009年6月加入玻利瓦尔美洲国家联盟。同时疏远美国，抨击美国的霸权主义，拒绝延长曼塔军事基地的协定。2009年和2013年两次连选连任总统。

莫雷诺政府 2017年4月，执政党主权祖国联盟运动候选人莱宁·莫雷诺·加尔塞斯（Lenín Moreno Garcés）在大选第二轮投票中以51.16%的得票率当选，并于5月就职。莫雷诺总统执政后，推出“2017~2021年国家发展计划”，强调减少国家对经济的干预，鼓励私人部门和外国投资，严格控制财政开支。将反腐败、同反对派及各行业组织对话作为施政重点，增加民生投入，推出“陪伴一生”等社会计划。因政见分歧，与前总统科雷亚矛盾激化，执政党分裂。2015年科雷亚在任期间，国民代表大会曾通过修宪案，允许总统无限期连任，但法案在2021年才会生效。就此，

---

① 中华人民共和国外交部网站，https://www.fmprc.gov.cn/web/gjhdq_676201/gj_676203/nmz_680924/1206_681096/1206x0_681098/。

莫雷诺政府于 2018 年 2 月 4 日推动修宪公投，获得高票通过。根据修宪公投，总统不得无限期连任，制止了科雷亚东山再起。但也加深和激化了主权祖国联盟运动内部矛盾。在国民代表大会中，执政党原有 73 个席位，现分裂为两派，科雷亚派占有 29 席。科雷亚派代表大多是科雷亚执政 10 年期间政府的重要官员。

第三章

政　　治

第一节　政治概况

一　21 世纪初的政治状况

1979 年厄瓜多尔民主制度恢复，结束了军事政权更迭及军人、文人政府交替的局面，但是混乱的政治形势使大多民选政府无法完成任期。政治混乱局面与政党体制危机密不可分。政党体制处于脆弱和不稳定状态，呈现 3 个重要特征：碎片化，代表性不足和庇护操作。

国家政党体制结构受困于碎片化，呈地区割裂局面，甚至地区内部也处于分裂状态。由于地区利益、意识形态主张和种族诉求的多样化，政治整合难以实现，有代表性的大的政党和运动难以形成。2006 年，厄瓜多尔属于政治割裂状态最甚的拉美国家。这妨碍着执政党在议会中获得稳定的多数支持。政党体制的高度碎片化伴随着高度的极化，使得政治体制缺乏可治理性。执法机构和立法机构间、各政党组织间常常相互封锁，难以形成执政联盟，极易产生民主破裂或体制危机。由此，国家政党体制形成了“极化的多元化”（pluralismo polarizado）结构：在如何理解和操作政治方面，4 ~6 个有能力参与竞选的政党之间的意识形态、道德和个人分歧难以弥合。

政党代表性不足指的是政党在政治活力与社会活力衔接方面能力不足，在社会利益诉求反映到政治机构方面缺乏效率。尽管政党拥有赢得选举的战略资源，但是在全国水平上缺乏整合利益诉求的能力。政党的代表性仅限于某些特定地区、社会阶层甚至是经济权力集团的利益，无法转变为整个国家的代表性。

几个主要的传统政党陷入衰落。这在立法选举中十分明显。基督教社会党在全国和地方水平上都在萎缩，2006 年仅获得 13 个众议院席位。第二大政党民主左派党，1979 年有 15 个众议院席位，1988 年达到 30 个，1994 年为 24 个，1998 年为 17 个，而 2006 年仅为 7 个。厄瓜多尔罗尔多斯党（Partido Roldosista Ecuatoriano）在大选中获得的选票由 1996 年的 25% 下降到 2006 年的 2. 8% 。

政党由于缺少民众基础，在实际操作中，严重依赖个人魅力或庇护主义。围绕政权和领袖汇聚了拥有自己利益的政治精英。他们缺乏与社会进行结合、联系和对话，被称为“政党寡头”，以雇佣主义和腐败著称。社会对此厌烦至极，对代议制民主的支持严重流失。

政党体制受困于碎片化、民众基础不足和暗箱操作，政治腐败猖獗，政党走向衰落。政治活动者信誉扫地，合法性流失，政治制度面临解体危机。由于整个社会－政治传导机制出现梗阻，政治运作日益脱离社会，社会活动者脱离政治体制轨道。社会运动和公民抗议活动频繁爆发，推翻了几任民选总统。印第安人运动也参与其中，提出种族和土地要求。1995 年，印第安人运动与左翼力量结盟，建立帕恰库蒂克多民族团结运动，提出“结束 500 年的统治和非正义”的斗争口号。

政治动荡和合法性危机成为国家政治的基本特征。总统频繁更迭导致体制和政策变化不定，政治规则和程序混乱，甚至宪法也成了各种政治势力进行讨价还价、任意加以解释的谈判筹码。博弈规则和价值基础缺失造成“活动者的规则与行为的断裂”，阻碍了政治体制的运转，摧毁了社会各种选举和辩论付诸实施的合法路径，国家不再是代表社会和地区多样性的政治结构，无法为社会多样性诉求提供聆听渠道。

1997～1998 年厄尔尼诺现象造成灾难性的后果，国际市场石油价格下跌，通货膨胀急剧上升，国家经济濒临破产。政治形势不断恶化，民众抗议活动和罢工运动此起彼伏，先后造成1997年的布卡拉姆、2000年的马瓦德和2005年的古铁雷斯总统下台。1999年，银行系统瘫痪激发大规模民众抗议活动。2000年马瓦德总统实行美元化政策，他的后任诺沃亚政府继续实行这一政策，执行国际货币基金组织要求的紧缩计划。大批民众走上街头，掀起抗议活动，反对私有化、非调控化、汇兑政策，抗议银行危机和通货膨胀对居民生活的冲击。2005年4月，以基多城市中等阶层为主体的"褴褛者"运动爆发，推翻了古铁雷斯总统。

科雷亚创建主权祖国联盟运动，宣布参加2006年总统大选，制定公民革命纲领，主张进行政治、经济和社会变革。在2006年的总统大选中，科雷亚自称"人道主义者、基督徒和左派"。他说："是人道主义者，因为我认为政治和经济是为人服务的；是基督徒，因为我是由教会社会学说滋养的；是左派，因为我主张公正、正义和劳动高于资本。"① 在2006年10月15日的大选中，科雷亚获得第二名。在2006年11月26日的第二轮选举中，他以56.67%的选票胜出，当选总统。2007年1月15日，宣誓正式就职。

科雷亚总统上台后宣布厄瓜多尔实行21世纪社会主义，进行公民革命。为此，举行全民公决，召集全国立宪大会。在2007年9月30日举行的立宪大会选举中，主权祖国联盟运动赢得了22个省中的21个省的支持，获得全国70%的选票。在立宪大会130个席位中，主权祖国联盟运动获得了80个席位。立宪大会的绝对优势地位保障了宪法的起草、国家构架的重建。2007年11月29日，立宪大会利用8个月时间起草宪法草案。同时决定赋予总统全权，宣布国会无限期休会，实际上是寿终正寝。

2008年7月25日，立宪大会通过了新宪法。参加立宪大会成员126人，94人投了赞成票。同年9月28日，在全民公决中，新宪法以

① http://www.cidob.org/documentacion/biografias_lideres_politicos/america_del_sur/ecuador/rafael_correa_delgado.

63.9%的赞成票、28.1%的反对票获得通过。新宪法是社会共处的新契约，是政治、经济、社会变革的根本法律依据。它包括前言部分，9章，444个条款，30个过渡条款及1条最终决定。新宪法宣布厄瓜多尔为多民族国家，承认印第安村落的权力，国家对战略部门，如能源、水源、生物多样性、矿山、通信等具有专属控制权力。建设“公民权力”，作为新的国家权力。公民权力“通过直接和社群式代议制民主机制”加以实施。国民代表大会为国家最高立法机构。新宪法显著地加强了执法机构职能，给予总统颁布经济紧急法令的权力，有条件地解散立法机构的权力，制定货币、信贷、汇率和金融政策的专属权力。另外，总统可以连选连任4年。

根据新宪法的规定，2009年4月举行总统大选。在第一轮大选中，科雷亚就以52%的选票胜出。科雷亚拥有了宪法所赋予的广泛权力，进行了再体制化进程，实施经济管理，把自由主义的管理技术与国家设施的大量公共投资结合起来。进行民众阶层福利建设，如增薪、增建医疗卫生中心、扩大初等教育投资。科雷亚对现行的美元化政策采取了务实态度，由最初抨击转为接受，因为这项政策有利于抑制财政赤字和通货膨胀，加强了与委内瑞拉、玻利维亚和阿根廷的联系。

科雷亚2009~2010年任南美洲国家联盟的轮值主席。2013年2月，科雷亚再次赢得总统大选，获得的选票高达58.8%，甚至高于第一次总统选举。在国民代表大会的选举中，主权祖国联盟运动获得了93个席位。反对派收效甚微：创造机会运动（Movimiento Creo, Creando Oportunidades）获得12个席位；基督教社会党7个席位，帕恰库蒂克人民民主运动（Movimiento Popular Democrático y Pachakutik）6个席位，爱国社会党（Partido Sociedad Patriótica）6个席位，在国外的厄瓜多尔人代表6个席位，前进运动4个席位。

科雷亚总统认为，随着时代的变迁，国际社会主义运动发生了重大变化。在拉丁美洲产生了21世纪社会主义的理论和实践。厄瓜多尔正在践行21世纪社会主义。科雷亚的21世纪社会主义包含的内容有：以人为中心的价值观和原则、劳动高于资本的原则、社会公正和平等的原则、参与制和代议制民主原则、建立社会互助经济的原则、社会控制市场的原则、恢复国家主导作用的原则、美好生活发展观、主权祖国与拉美一体化原则等。

科雷亚提出公民革命的5个轴心。（1）宪法革命。重组国会和其他国家机构，建立全权的立宪大会，制定新宪法。（2）道德革命。开展反腐败斗争。（3）经济革命。打碎新自由主义的框架，实行经济机构变革。（4）教育和卫生革命。建立和发展全国免费卫生和教育系统。对教育进行全面的改革。（5）拯救尊严、主权，寻求拉美一体化。反对外国在厄建立军事基地，不再延长美国在厄的曼塔海军基地的期限，加入玻利瓦尔美洲国家联盟。2010年11月15日主权祖国联盟运动召开了为期两个月的第一次全国会议，除公民革命的5个轴心外，又增添了2个：生态革命和司法制度革命。2013年主权祖国联盟运动制定了2013～2017年政府计划。该计划包括了5项新的革命轴心。其中有：知识和科技革命，重视科技创造财富的巨大潜力，采取进取性的政策，促进人才发展，科技创新；城市革命，加强城市发展规划，改善市民公共服务，整顿城市秩序，与城市中的无政府状态进行斗争，打击抢劫、贩卖土地等犯罪行为；文化革命，传播革命的价值观；环境革命。

主权祖国联盟运动在国家政治生活中稳居主导地位。2006～2013年，曾连续10次赢得重大选举。

二 国家权力结构的重大变革

科雷亚总统对国家权力结构进行了重大改革。除了立法权、行政权、司法权以外，新增了选举权、公民参与社会管理权。上述变化体现了公民革命在政治和国家权力结构改造方面的重点，即充分保障公民的选举和政治民主参与权利，加强社会对国家主要权力部门的控制。这种权力结构被新宪法赋予宪制效力。立法权由国民代表大会和地方各级立法机构行使。执法权由共和国总统府、全国平等委员会（Consejo Nacional por Igualidad）等行使。司法权由司法委员会（Consejo de la Judicatura）、国家司法法院（Corte Nacional de Justicra）、省司法法院等行使。选举权由全国选举委员会（Consejo Nacional Electoral）、选举仲裁法庭（Tribunal Contencioso Electoral）行使。公民参与社会管理权由公民参与社会管理委员会（Consejo de Participactón Ciudadana y Control Social）行使。另有护民系统，由总监察署和总检察署构成。①

全国平等委员会的职能是保证宪法和国际法中规定的人权的实施；就有关公共政策的制定和实施，行使监察、跟踪和评估职能；就有关的权利保护，与有关的专门机构进行协调。全国平等委员会由世俗社会与国家选派同等数量的代表组成，由执法机构的代表主持。

全国选举委员会负责以透明方式组织、领导和保障选举进程；召集选举，进行计票及其他选举事务，宣布选举结果。

选举仲裁法庭负责了解和处理针对全国选举委员会、地方机构和政治组织的选举申诉，制裁违反选举筹资、竞选和选举开支及选举规则的行为。②

全国选举委员会和选举仲裁法庭具有全国管辖权，具有管理、财务和组织自治权，拥有法人身份。根据自治、独立、公开、透明、平等等原则运转。

公民参与社会管理委员会的职能是促进公民参与，鼓励公众商讨进程，促进培育公民的价值、透明度和反腐败斗争；建立公共部门机构呈交报告的机制，推进公民巡视和社会控制进程；要求公民参与社会管理委员会的其他机构有义务根据委员会的要求就需要进行干预的事务采取行动，就揭发出来的影响公民参与或腐败的行为进行调查；要求国家的任何机构或官员提供对其调查或履行程序必需的情报和信息；有关人员和机构将与委员会进行合作，凡拒绝提供合作的人，将根据法律受到制裁；监督国家机构公民提名委员会（comisiones ciudadanas de seleccíon）操作过程中的透明度。

---

① http：//www. movimientoalianzapais. com. ec/index. php? option = com _ content&view = article&id = 819&Itemid = 184.

② http：//www. movimientoalianzapais. com. ec/index. php? option = com _ content&view = article&id = 819&Itemid = 184.

公民参与社会管理委员会由7个正式成员和7个候补成员组成。正式成员在他们之中选举主席。主席是委员会的合法代表。委员在社会组织和公民提名的申请人中选举产生。选举由全国选举委员会组织进行。在共和国总统提出的3个候选人后，经过相关的公民听证和审查程序后，在3个候选人中任命国家总检察院最高领导和监察总署最高领导。在履行了相关的提名程序后，任命公民保护处、公共保护处、国家检察院、国家审计总署的最高领导。在履行了相关的提名程序后，任命全国选举委员会、选举仲裁法院和法官委员会的成员。

为了履行其任命职权，公民参与社会管理委员会负责组织公民提名委员会。根据需要，由这些委员会进行公民听证和审查程序。公民提名委员会由各个国家权力部门推举的各部门代表，以及社会组织和公民推举的同样数量的代表组成。社会组织和公民的代表从提出相关申请的候选人中挑选产生。这些申请人必须符合委员会和法律规定的条件。候选人需经过公共审查和公民听证会程序。公民提名委员会将由公民代表中的一位成员实施领导，他拥有否决票，委员会会议采取开放形式。在竞聘答辩程序中，公民参与社会管理委员会将挑选获得最高分的候选人，并向国民代表大会提交提名报告，进行审议。①

第二节 宪法与选举制度

厄瓜多尔采用共和政体，总统制。设立法机构、执法机构和司法机构。总统行使国家行政权力，国民代表大会行使立法权力，国家司法法院和法庭等行使司法权力。除了加强行政权、改革立法权和司法权外，宪法新增设选举权、公民参与社会管理权，形成五权分立的政治体制。

① http://www.movimientoalianzapais.com.ec/index.php?option=com_content&view=article&id=819&Itemid=184.

一 宪法

历史上的宪法 自1830年独立以来，厄瓜多尔已颁布10多部宪法。第一部宪法产生于独立运动刚刚结束之后。1830年5月，厄瓜多尔脱离了大哥伦比亚共和国，成立厄瓜多尔共和国。同年8月14日颁布第一部宪法，被称作《弗洛雷斯宪法》。宪法对国家政体、三权结构和职能等做出规定。宪法宣布，厄瓜多尔为联邦制共和国，总统、副总统由议会选举产生，议会实行一院制，天主教为国教。最高法院大法官由总统任命。

此后，由于共和国初建，政权更迭频繁，政局动荡不定，在国家独立后的70多年间，出现了10多部宪法。宪法内容的变化主要集中在三权的结构和相互关系、总统权力等方面。但是随着时代的变化和政治发展，宪法的内容日益丰富，公民的权利也日益得到保障。1835年的宪法将议会由原来的一院制改为两院制。最高法院法官由议会任命。此后，保守党人弗洛雷斯总统为了实现长期把握政权的目的，迫使议会制定了《1843年宪法》，把总统任期延长至8年，并规定总统可以连选连任。1845年弗洛雷斯总统的独裁政权被推翻，当年通过的宪法废除了总统连任的条款，恢复了总统的4年任期。同时，该宪法还纳入具有历史意义的内容，即在厄瓜多尔共和国内，任何人都不会生下来就当奴隶，以后也不会成为奴隶；国家主权属于人民。1851年的宪法将议会改为一院制，规定公民有思想自由，但须尊重国教天主教，禁止军队和政权集于一人之手，取消政治犯的死刑。1852年的宪法又对立法机构的设置进行了修改，恢复两院制，同时首次对总统选举方式进行重大调整，规定总统由国民代表大会选举产生，而不是由议会选出。议会代表由各省推选，称选举人。1861年的宪法修改了总统和议会的选举方式，首次规定总统、副总统、两院议员皆由直接普选产生。省长也由普选产生，各省享有自治权。宪法取消了议员资格的财产限制。

随着国家政治的发展，公民的各项基本权利逐步得到加强。1878年的宪法取消了关于只有信奉天主教者才能成为公民的条款。1883年的宪法取消了对担任国家公职者的财产和收入方面的限制。1897 年的宪法规定公民享有宗教信仰自由，不再要求只信奉天主教；把选举年龄降低为 18 岁。此外，1878 年的宪法宣布废除奴隶制，规定实行免费义务初等教育，职业教育费用由国家负担。1897 年的宪法规定实行教育自由。

进入 20 世纪后，随着政治民主运动的发展，宪法对公民权利的保障进一步加强。1906 年，宪法提出保护公民政治权利，保护证人；提出政教分离。1929 年，宪法规定，议会中增加社会各界代表。参议院每省 1 名代表，另有 15 名代表出自教育界、新闻界、学术界、军界、产业界、工人和农民阶层，另设 1 名印第安人代表。各界推选的参议员不受年龄限制。公民享有人身保护权，工人、农民等劳动者以及妇女、儿童应受到保护。矿山归国家所有，本国和外国企业对租让地的开发均受法律限制。1945 年，宪法规定，按各省人口比例分配国会议席，人口稀少的省份至少可得 2 席，25 名议员从社会各界选出。设立法委员会，由 10 人组成，其中 1 人为工会代表，设立最高选举法院，允许政治团体合法存在，承认大学有自治权。这部宪法被有些人称为“第一部资产阶级民主宪法”。1967 年，宪法规定，女性公民同男性公民一样享有选举权。

1998 年，以 1979 年宪法为基础，参照此后的几次修改法案产生了 1998 年宪法。这部宪法对发展经济、保护劳工利益、维护印第安农民利益、土地改革等，做出一些新的规定。国家尊重和鼓励厄瓜多尔各种语言的发展。西班牙语是官方语言。克丘亚语、舒阿尔语和其他印第安人语言是印第安人官方使用的语言。宪法提出保障印第安人、黑人等社会群体的集体权利。

现行宪法 现行宪法于 2008 年 7 月经立宪大会通过，9 月经全民公决通过。宪法由前言和 9 章构成，共计 444 个条款。宪法由两大部分组成。第一大部分阐明了国家的性质，公民的定义、权利和权利保障。第二大部分阐述了国家的权力、运转方式、国家机构组成及其职能。

在国家政体方面，新宪法规定，厄瓜多尔采取共和制，实行执法、立法和司法权分立结构。但是对国家权力的划分与以往历部宪法有很大不同。除了传统的立法、执法和司法权力外，同时增加了选举权、公民参与社会管理权。执法权由共和国总统、副总统、部长和其他政府机构行使。立法权由国民代表大会行使。司法权由国家各级法院行使。司法管理权由司法委员会行使。司法委员会由5名成员组成，司法委员会主席从这5名成员中选举产生。司法委员会的职能是管理和维持其他司法职能部门和机构的运转，对法官及其他司法执行者和司法公共官员进行评估，管理和监督评估事务及新的法官选拔答辩事务，并有权对司法人员的违法和渎职行为进行惩罚和制裁。作为司法机构组成部分，另有独立机构国家各级检察院和护民机构（Defensoría delpueblo）。全国选举委员会和选举仲裁法庭行使选举权。公民参与社会管理委员会及其他具有控制职能的公共机构行使公民参与社会管理权。除上述权力机构外，还设有宪法法院，作为涉宪司法事务的唯一独立权力机构。

宪法对权利包括公民的权利进行了广泛的阐述，同时阐明了实现这些权利的保障手段。宪法对权利的解释十分广泛，如申明大自然也是“权利的拥有者”。宪法第71条规定，生命赖以生存和孕育的大自然或大地母亲（Pacha Mama）享有完全受尊重、维护和周期性生命再生的权利。宪法还规定了印第安人文化的发展观“幸福生活权利”等。宪法第14条规定，承认居民在健康和生态平衡的环境中生活的权利，保障可持续和幸福的生活。宣布公众利益，要求保护环境，维护生态系统、生态多样性和国家遗传财富的完整性，预防对环境的破坏，拯救受到损害的自然环境。宪法强调厄瓜多尔民族和民族文化的多样性，特别是关于印第安人民族文化的认同。宪法第21条规定，人们有权建设和维持自己的文化认同，有权决定对某个或诸个文化群体的归属，拥有自己的文化财富，传播自己的文化。宪法还规定了印第安民族的权利。宪法第57条规定，根据宪法和相关协议，以及国际人权规定，承认和保障公社、部落、印第安民族的各种权利，并从19个方面做出详尽规定，保护其权利和利益。

对经济权利的解释也十分广泛，包括了食品主权（soberanía alimentaria）、经济主权等。宪法第13条规定，个人和集体有权根据他们的身份和文化传统，以稳定和持久的方式获得健康、足够和有营养的食品。厄瓜多尔国家坚持食品主权。这些概念成为科雷亚政府新经济模式的核心概念，是替代市场体制的“社会互助”制度的基础理论依据。宪法中还包括了很多反对和禁止新自由主义的论述和具体措施。

宪法对教育的属性和受教育的权利做出规定。宪法第 28 条强调，教育遵从于公共利益的属性，而非服务于个人或团体的利益。保障以普遍、持久、毫无歧视的方式获得教育机会。宪法高度重视保障劳动权利。宪法第 33 条规定，劳动是一种社会权利和义务，是一种经济权利，是实现自己和获得经济基础的源泉。国家保障劳动者享有充分的尊严，体面的生活，公正的收入分配，自由选择和从事健康的工作。

宪法自 2008 年颁布实施以来，先后于 2011 年、2014 年和 2018 年进行了 3 次修改。主要涉及权力机构连选连任、司法管理、刑罚期限等事务。

二 选举制度

2008 年宪法把选举提升到国家五大基本职能高度。寻求通过组织选举和加强民主，支持政治和社会组织，保障公民政治权利，平等、公正、民主参与选举，保证选举和被选举权。2008 年宪法取消了原来的最高选举法庭，改为两个相互独立的机构——全国选举委员会和选举仲裁法庭，以保障选举的公平、公正和透明度。

全国选举委员会 全国选举委员会的主要职责是组织、领导、监督和保障选举进程，审查政党、政治运动和组织及候选人关于竞选的资金数量、来源和用途的账目，提交关于选举权职责范围内的立法提案，考虑选举仲裁法庭提出的建议；制定关于其职权范围内的事务的法律规定；具有行政和财政自主权。选举委员会由 5 名法官组成，任期 6 年。通过竞选和竞职陈述选举产生。竞选和竞职陈述由公民参与社会管理委员会组织进行。正式成员分别有其候补成员。选举委员会主席从选举委员会成员中投票选举产生，任期 3 年。全国选举委员会在 24 个省分别设立省代表处，负责该省的全国选举事务。

选举仲裁法庭 选举仲裁法庭的主要职能是，解决针对全国选举委员会和其他政治机构提出的选举诉讼。惩罚违反竞选经费开支法和其他选举法律的行为。选举仲裁法庭具有独立的预算和组织权。法庭是选举司法最终裁决机构，做出的裁决必须立即付诸执行。

选举仲裁法庭由5名法官组成，任期6年。每两年改选两个成员。仲裁法庭庭长和副庭长每3年进行改选。另设5名候补成员，任期也为6年。仲裁法庭法官必须是厄瓜多尔人，拥有本国承认的三级法律证书，必须从事律师职业10年以上。

第三节 行政机构

一 总统

总统是国家元首和政府首脑，负责履行行政权力，任期4年。当选总统于5月24日皮钦查战役纪念日正式履职。总统人选必须是厄瓜多尔国籍且本国生人。注册参选时年满30岁，充分享有宪法规定的政治权利。总统以普选、直接和秘密选举以及简单多数票方式选举产生。由选民以绝对多数票选举产生。若第一轮选举中领先两位候选人均未获得绝对多数有效票，将在45天内在二人间进行第二轮选举。若第一轮居首位的候选人获得40%以上的有效选票，且超过居第二位的候选人10个以上百分点，则成功当选，无须进行第二轮选举。总统任期为4年。允许连选连任一届。总统因故缺位，由副总统接替总统职务，并完成剩余任期。在总统和副总统均因故缺位的情况下，国民代表大会主席临时接替总统职务，并由全国选举委员会在48小时内举行总统选举，由当选总统完成剩余任期。在总统任期仅剩或不足1年时，国民代表大会主席接任总统职务，完成剩余任期。

总统有责任和义务履行宪法、法律、国际协议和其他职责范围内的其他法律规定。明确和实施政府的公共政策；在履职之时向国民代表大会报告政府的基本政策方针；向国家计划委员会提交国家发展规划，以获得批准。总统有权设立、调整和取消部委机构设置；每年向国民代表大会做国家发展规划实施和下一年度发展目标的报告；向国民代表大会提交国家总预算，以获得批准；确定外交政策，签订和批准国际协议；行使武装力量和国家警察力量最高指挥权，任命军队和警察高级指挥官。总统有权向国家各地方派驻代表，负责控制政府政策的执行。

在国民代表大会违宪滥用权力、无理由反复阻碍实施国家发展计划或造成政治危机和国内形势动荡时，总统在预先获得宪法法院的同意下，有权解散国民代表大会。在颁布解散国民代表大会法令 7 天内，由全国选举委员会同时召集立法和总统选举，完成各自剩余的任期。这一权力在总统任期前 3 年内只能使用一次。

总统有权宣布国家紧急状态。在外部入侵迫在眉睫、国际战争爆发、国内发生严重动乱和严重自然灾害时，总统有权在全国或部分地区实行紧急状态法。紧急状态最长有效期限为 60 天，可以延长 30 天。

二　政府内阁

内阁成员包括部长、秘书、协调部长和国务秘书。由公民参与社会管理委员会任命的控制机构官员也为国家内阁成员。部长由总统任免，代表总统处理由其主管的国家事务。部长须为厄瓜多尔国籍，享有政治权利。部长数额的设置、名称及其职能由共和国总统确定。内阁部长负责本部政治事务，与总统一道签署与本部有关的法令，向国民代表大会做年度报告，颁布与其职责有关的规章、协议和决定。参加与其职能有关的国民代表大会会议和辩论，有发言权，但无投票权。政府下设经济和财政部、公共卫生部、城市发展和住宅部、电讯和社会信息部、环境部、内政部、国防部、外交和人员流动部、农牧业部、劳动部、运输和公共工程部、旅游部、生产对外贸易投资和渔业部、文化和遗产部、教育部、经济和社会包容部、能源和可再生资源部。另设全国计划和发展秘书处、全国政治事务秘书处、体育秘书处、人权秘书处、高教科技和创新秘书处、水资源秘书处、总统府总务秘书处、总统府司法事务秘书处、总统府特别事务秘书处、总统府通讯总秘书处。

三 地方管理制度

厄瓜多尔行政区划为省（provincias）、市（cantones）和区（parroquias）。

省 宪法第252条规定，省政府为省委员会，为省最高行政权力机构，负责本省的行政事务。省长和副省长由辖区各市和区代表投票选举产生。省长因故缺位，由副省长接替省长职务。

市 宪法第253条规定，设立市行政建制。市政府委员会为市最高行政权力机构，由民众选举产生。市长和副市长从政府委员会委员中选举产生。委员名额分配按市人口比例确定。

区 宪法第255条规定，设立农村区建制。各区设立区委员会。区委员会为区政府，委员会委员由民众选举产生，票数最高候选人当选委员会主席。

宪法第251条规定，国家行政管理体制设行政管理区建制。每个行政管理区由若干省组成。每个行政管理区通过选举产生地区委员会和委员会主席。委员会委员根据城市和农村人口比例进行选举，任期4年。委员会副主席从委员会委员中选举产生。设立行政管理区的目的是加强公共服务部门的战略协调，协调国家和各地的发展规划和发展政策，强化公共部门在国家发展中的地位和作用。但是这一建制到目前为止并未落实。

第四节 立法机构

一 国民代表大会

根据厄瓜多尔2008年宪法规定，国民代表大会行使最高立法权力，实行一院制。宪法赋予国民代表大会以下职能：修改、解释、通过或废除法律；批准或否决政府签订的国际条约；向当选的共和国总统和副总统授予权力；接受总统和副总统的辞呈；对总统的谴责和罢免需经国民代表大会 2/3 以上票数同意才能获批准；监督执法机构的行为，对政府官员提起政治诉讼；经代表大会 2/3 票数同意，批准有关司法机构以充足理由对总统和副总统提起的刑事诉讼。国民代表大会全会每年召开日常会议，每年休会两次，每次为期 15 天。

国民代表大会还有权听取总统的年度报告，批准和监督政府总预算执行；任命国家总检察长、宪法法院法官、最高选举法庭法官、中央银行董事会成员；根据法律确定公共债务限度；对政治犯和普通刑事犯实行大赦；确定国民代表大会常设专项事务委员会，负责制定法律草案，整理、汇编、公布法律。

国民代表大会根据宪法、立法职能机构法、国民代表大会内部规章和道德法履行职责。

国民代表大会主席和副主席由全体代表选举产生，任期 2 年，可以连任。负责领导国民代表大会全会和立法管理委员会（Consejo de Administración Legislativa）。根据既定日程主持国民代表大会全会会议。安排国民代表大会代表发言和投票表决。在总统和副总统因故缺位时履行共和国总统职务。当国民代表大会主席因故缺位时，依次由第一副主席或第二副主席履行国民代表大会主席职务。

国民代表大会代表名额共计 137 名，构成如下：全国代表 15 名，各省、地区和首都区 116 名，海外移民 6 名。本届国民代表大会于 2017 年 5 月 14 日正式成立。

国民代表大会设有立法管理委员会，负责国民代表大会的管理工作。立法管理委员会由主席、2 位副主席和 4 位委员组成。委员会成员从代表大会代表中选举产生，任期 2 年。

2017 年 2 月立法机构选举产生的国民代表大会党派席位构成情况：主权祖国联盟运动 74 个席位、创造机会运动和社会团结与行动运动（Sociedad Más Acción，Movimiento SUMA）联盟 34 个席位、基督教社会党 15 个席位、帕恰库蒂克多民族团结运动（Movimiento de Unidad Plurinacional Pachakutik，MUPP）4 个席位、民主左派党 4 个席位、“1·21”爱国社团党（Partido Sociedad Patriótica 21 de Enero，PSP）2 个席位、“EC 力量党”（Partido Fuerza EC，FE）1 个席位、其他一些地方运动组织占有 3 个席位。

二　国民代表大会代表

国民代表大会代表必须是厄瓜多尔人，年满 18 周岁，享有政治权利，任期 4 年。国民代表大会代表在行使代表权利时享有国家司法法院的保护权，发表意见、做出决策或采取行动时，免予民事和刑事责任。对国民代表大会代表履职时启动刑事诉讼，必须事先获得国民代表大会的批准。

在国民代表大会拥有 10% 以上代表席位的政党可以组成立法议员团，不足该比重的政党可与其他政党联合组成议员团。国民代表大会的代表在任职期间，不得担任其他任何公职和私职；不得从事其他任何与代表职责相冲突的职业活动，但可从事大学教育活动。在履行代表职责时，不得因投票表决或发表意见而被追究民事或刑事责任；未经代表大会的批准，不得被追究刑事责任和剥夺自由，但因现行刑事罪被缉捕情况除外。

三　法律产生程序

宪法规定，法律分机构法和普通法。机构法包括关于国家和政党等的组织和活动、政治权利、选举制度和基本权利的保障的法律。其他法律为普通法。机构法由国民代表大会以简单多数票通过。议员团或 5 名以上代表可联名提出法律草案，总统、国家司法法院、立法和法律汇编委员会也可提交法律草案。宪法法院、最高选举法庭等也可在其管辖领域内提交法律草案。只有总统有权提交征税、废除税种、修改税率、增加公共开支和修改行政区划分的法律草案。国民代表大会以绝对多数票通过、修改、废除或解释法律。

法律草案审议有以下几个程序。法律草案须向国民代表大会主席提交，进行两次审议。国民代表大会主席在规定期限内向国民代表大会代表分发并向专项委员会提交法律草案文本，供分别进行审议。国民代表大会有关委员会提交关于法律草案的初步报告，供国民代表大会进行审议；此后，该委员会提交修改报告，由国民代表大会进行第二次审议，修改或以参会代表简单多数票通过。总统须在 30 天内批准或否决国民代表大会通过的法律。法律批准后在官方公报上公布。审议通过的法律在总统完全否决一年后，国民代表大会可再次启动该项法律的审议程序，经参会代表 2/3 多数票通过后便可予以颁布。若总统对法律的部分条款提出异议，需同时提出替换方案，国民代表大会可以简单多数票批准对法律草案进行的修正，或以 2/3 票数批准原法律草案，在这两种情况下，国民代表大会均可直接颁布该法。

总统有权向国民代表大会提交经济紧急状态法草案，国民代表大会须在 30 天内予以批准、修改或否决。如国民代表大会在此期限内不能加以受理，总统可以法令形式予以颁布。

第五节 司法机构

司法机构主要有司法委员会、国家司法法院、国家检察总署（Fiscalía General nacional）、护民机构、宪法法院等。

司法委员会 由 5 名成员及其各自的候补成员组成。由国家司法法院院长、总检察长、护民官、执法机构和国民代表大会提名，国家司法法院院长委派的代表主持选举会议选举产生。

国家司法法院 是厄瓜多尔最高普通司法机构，享有最高司法执法权力。在全国范围内行使权力。国家司法法院根据 2008 年宪法建立，取代了原来的最高法院的功能和职能。国家司法法院由 25 名国家法官组成，任期 9 年。国家司法法院院长从国家法官中选举产生，任期 3 年。国家法官参加由司法委员会组织的竞选和竞选陈述，由司法委员会任命。国家法官必须是厄瓜多尔人，享有政治权利，具有国内承认的律师资格。有 10 年以上从事律师、司法或大学法学从教经历。国家司法法院由 7 个专业法庭组成，每个法庭由 3 个国家法官组成。国家司法法院院长参加其中的某个法庭。专业法庭包括民事法庭、刑事法庭、劳动法庭、管理仲裁法庭、税务法庭、家庭事务法庭等。各法庭庭长在该庭法官中选举产生，任期

1 年。

各省设立省级法院，省级法院法官也需参加由司法委员会组织的竞选和竞选陈述，根据个人业绩和陈述情况由司法委员会任命。省级法院法官人数由司法委员会根据需要设定。省级法官需具有律师证书，有 7 年以上从事律师、司法或大学法学从教经历。

宪法法院 2008 年宪法规定设立宪法法院，取代原来的宪法法庭（Tribunal Constitucional）。宪法法院是控制、解释和管理宪法司法事务的最高机构。对其他政治权利机构具有自治和独立权。宪法第 429 条至第 440 条及司法保障和宪法控制机构法（Ley Orgánica de Garantías Jurisdiccionales y Control Constitucional）对宪法法院做出规定。宪法法院具有管理和财政自治权。宪法法院法官具有政治诉讼豁免权，不能由任命他的人免职。但是宪法法院法官在履职时必须遵从受制于其他公共机构的规定。宪法法院法官可以 2/3 的票数投票罢免宪法法院法官职务。法院由 9 名法官组成。宪法法院法官任期 9 年，不得连选连任，每 3 年改选 3 人。

宪法规定了司法的统一性，但是同时承认和平法官、仲裁法官和调解法官，承认印第安部落当局的司法权力。只要印第安部落当局的习惯法不与宪法和法律相冲突，它们可以行使司法权力。

第六节 政党与重要社团组织

一 政党

主要的政党有 6 个。

主权祖国联盟运动 为执政党。由前总统科雷亚创建。主张实行公民革命，奉行玻利瓦尔主义和 21 世纪社会主义。但是自莫雷诺 2017 年上台执政并任党的主席以后，与科雷亚完全决裂。

科雷亚为参加 2006 年总统大选，与 30 多个政治和社会组织组成左派联盟，创建主权祖国联盟运动。2017 年 1 月科雷亚总统上台执政后成为执政党。2009 年国民代表大会选举中，主权祖国联盟运动获得 137 个席位中的 59 个。2013 年国民代表大会选举中获得 100 个席位，获得立法机构 2/3 以上多数票。在 2014 年厄瓜多尔地方选举中，主权祖国联盟运动赢得 69 个市政府选举，10 个省政府选举。2017 年该党在议会中拥有 437 个议席。

2017 年主权祖国联盟运动推举莫雷诺做总统候选人，并赢得大选。莫雷诺上台后与科雷亚产生严重政见分歧。科雷亚派谴责莫雷诺背叛公民革命原则。主权祖国联盟运动内部分裂迅速恶化，科雷亚派加入全国联盟运动（Movimiento Alianza Nacional）。2018 年 8 月 4 日，主权祖国联盟召开第七次国民代表大会，任莫雷诺为主权祖国联盟主席，改变了原来的 21 世纪社会主义和玻利瓦尔主义意识形态，遵循莫雷诺政府的政治路线，采取以对话、包容和“现代进步主义”为基础的政治方针。主权祖国联盟运动采取务实的中左立场，鼓励私人投资，疏远玻利瓦尔主义和 21 世纪社会主义模式，坚持与社会各阶层进行对话的立场，促进经济恢复。

基督教社会党 是厄瓜多尔主要的政党之一。1945 年成立时称基督教民主党，1951 年 11 月改现名。创始人是庞塞。1956 年，在保守党的支持下，该党候选人庞塞当选总统，1956～1960 年首次执政。1984 年，同保守党、激进自由党、民族主义革命党组成民族复兴阵线参加总统竞选，该党候选人费夫雷斯获胜，于 1984～1988 年执政。此后因内部分裂该党力量受到削弱。杜兰·巴连脱离该党组成共和国团结党（Partido Unidad Republicana）参加 1992 年的大选并获胜。

该党在政治上持中右立场，自认为是保守派，主张以基督教民主为宗旨，变革现行的经济和社会结构，减少国家对经济的干预，实行自由经济政策，对外开放，致力于恢复民族经济，实现人权和社会正义。基督教社会党代表企业家利益，主张“基督教民主”，对外主张和平与合作。该党在沿海地区，特别是瓜亚基尔的力量较大。在科雷亚总统执政时期，基督教社会党因持反对派立场，在立法机构和地方选举中，政治力量和影响受到削弱。基督教社会党 2009 年国民代表大会选举中，为立法机构第三大党团；2014 年地方选举中，在一个省和 11 个市获胜；在 2017～2021 届立法机构中占有 16 个席位。

创造机会运动 为最大的反对派政党，成立于2012年1月20日，组成“团结厄瓜多尔”竞选联盟，参加2013年大选，候选人吉列尔莫·拉索（Guillermo Lasso）获得第二多数票。在当年国民代表大会选举中，该党获得11个席位，成为国家第二大政治力量，在阿索克斯、里奥班巴、特纳等22个市选举和洛哈省选举中获胜。2014年创造机会运动针对科雷亚政府的修宪政策，联合其他政治和社团组织，组成“厄瓜多尔承诺”联盟，2016年加入作为民主党国际地区分支的拉美政党联合会（Unión de Partidos Latinoamericanos），2017年组成“变革团结”联盟，支持拉索参加总统大选。拉索进入大选第二轮，但败给莫雷诺。该联盟在2017年立法机构选举中获得31个席位。意识形态为保守派自由主义和基督教民主。党的现任主席为塞萨尔·蒙赫。

社会团结与行动党 成立于2012年。创始人为马乌里西奥·罗达斯和吉列尔莫·瑟利。为自由主义和中右政治倾向。参加2013年大选，得票数位于第四。2014年，赢得2个省和15个市政府选举。其中马乌里西奥·罗达斯赢得基多市长选举。为参加2017年总统大选，于2015年参加“团结”联盟，后于2016年10月退出，转而与创造机会运动结盟，支持拉索参加总统大选。在2013～2017届和2017～2021届立法机构中分别占有1个和9个席位。

帕恰库蒂克多民族团结运动 创建于1995年6月，为印第安人政治组织，左翼进步政治倾向，主张文化多样性和建立多民族国家，认为传统政党代表其他社会集团的利益，追求成为独立的政治运动。主要成员来自印第安人组织，政治目标是反对新自由主义，建立一个尊重跨文化的多民族国家。信奉印第安人世界观。反对任何形式的剥削、压迫和社会不公正，主张各民族的自决权。

在1996年的立法机构选举中，该运动获得了8个席位，成为国会中最大的左翼力量，国会中第四大政党。科雷亚政府上台后，帕恰库蒂克多民族团结运动加入政府联盟，为批准2008年厄瓜多尔宪法起了关键作用。在2009年大选中，支持科雷亚连选连任。在科雷亚第二任期，反对政府的新的水资源法和建立新的印第安人机构，帕恰库蒂克多民族团结运动与政府决裂。自 2009 年，加入科雷亚政府反对派；2017 年莫雷诺上台执政后，参与了政府的全国对话进程；在 2017 ~ 2021 届立法机构中，占有 5 个席位。在 2014 年地方政府选举中，在 3 个省和 23 个市获胜。

民主左派党 1977 年 11 月正式成立，是左派民主运动组织，创始人是博尔哈。1978 年博尔哈参加大选，在第一轮投票中获得 10.86% 的选票。1984 年博尔哈再次参加竞选，在第一轮选举中获胜，但在第二轮选举中败北。1988 年博尔哈又一次参加竞选并获成功，于 1988 ~ 1992 年执政。博尔哈主张社会正义和民主自由，对内主张实行民主社会主义，制定合理的工业化政策，实行私有化，发展民族经济，优先发展小工业，防止财富集中在少数人手中，取消庄园制，改革税收制度；对外主张民族独立和主权，反对新老殖民主义。该党在 2017 ~ 2021 届立法机构中占有 4 个席位。

二 重要工会组织

厄瓜多尔工会运动在反对独裁政权、争取劳工民主权利的斗争中起了重要作用。各工会组织积极参加了 1982 年 9 月至 1983 年 3 月的全国性罢工运动，将工会运动推向高潮。自 20 世纪 90 年代以来，经济改革，特别是面向劳工立法灵活化的劳工改革大大削弱了各个工会组织，工会运动进入低潮。全国共有 3000 多个工会组织。

重要的工会联合会组织有 6 个。

厄瓜多尔劳动者联合会（Confederación de Trabajadores del Ecuador, CTE） 1944 年 7 月成立。第一任主席为厄瓜多尔共产党总书记萨德。在厄瓜多尔共产党和厄瓜多尔社会主义党的支持下，于 1945 年 3 月获得合法地位。是国内最大的工会组织，联合了大多数省工会联合会以及印第安人联合会和沿海地区农业工人联合会。在 20 世纪 50 年代掌握着全国最重要的工会组织。后因全国汽车司机联合会分裂出去，厄瓜多尔自由工会组织中央工会成立，厄瓜多尔劳动者联合会受到削弱。为世界工会联合会（Confederación Sindical Mundial，FSM）的成员，拥有 707 个合法组织。

厄瓜多尔阶级组织中央工会（Central Ecuatoriana de Organizaciones Clasistas，CEDOC） 成立于 1938 年。最初，得到天主教会和保守党的

支持，反对马克思主义在劳工界日益增加的影响。工会最初名称为厄瓜多尔天主教工人联合会。20世纪60年代该工会组织的领导权由基民党力量把握。1965年改名为厄瓜多尔基督教工会组织联合会（Confederación Ecuatoriana de Organizaciones Sindicales Cristianas）。1974年改为现名。参加世界劳工中央工会（Central Mundial de Trabajadores，CMT）和拉丁美洲劳动者中央工会（Central Latinoamericana de Trabajadores，CLAT），下属834个合法工会组织。

厄瓜多尔自由工会组织中央工会（Central Ecuatoriana de Organizaciones Sindicales Libres，CEOSL） 成立于1962年。最初受美国工会运动的影响较大。曾受到争取进步联盟的支持，抵制厄瓜多尔劳动者联合会对工会运动的影响。自20世纪80年代，逐步疏远与美国工会运动的关系。拥有18个省联合会和13个产业联合会。现有984个合法组织。成员主要来自工业和农工业部门。参加国际自由工会组织中央工会（Central Internacional de Organizaciones Sindicales Libres，CIOSL）和美洲劳动者组织（Organización Interamericana de Trabajadores，OIT），为劳动者统一阵线成员。

厄瓜多尔劳动者团结阶级组织联合会（Confederación Ecuatoriana de Organizaciones Clasistas Unitarias de Trabajadores，CEDOCUT） 成立于1976年。从厄瓜多尔基督教工会组织联合会独立而来。最初取名厄瓜多尔社会主义阶级组织中央工会（CEDOC SOCIALISTA），具有马克思主义左翼政治倾向。1988年获得合法地位，并改为现名，成员主要是中小企业主、农民和街区组织，拥有90多个合法工会组织。

厄瓜多尔劳动者总工会（Unión General de Trabajadores del Ecuador，UGTE） 于1982年11月20日成立。创始人为帕特里希奥·阿尔达斯。1994年9月在政府劳工组织注册机构注册，获得合法地位。主张实现工会民主，劳动者实现联合，工人阶级掌握政权，建设社会主义。与人民民主运动关系较密，为人民阵线成员，拥有70多个合法工会组织。

劳动者统一阵线（Frente Unitario de Trabajadores） 由厄瓜多尔劳动者联合会、厄瓜多尔自由工会组织中央工会和厄瓜多尔劳动者团结阶级组织联合会联合成立于 1974 年，是厄瓜多尔最大的工会联合组织。

三 印第安人组织

印第安人运动在国家的发展中起着日益重要的作用。他们要求权利的斗争首先集中于争取土地、土地改革、灌溉、价格、公民权利和贡赋方面。他们要求在自己区域内的社会生活和发展方面拥有决策权。有权组织自己的政府，实行种族自治，确定自己内部的税收限额。承认其地域疆界、立法、民族象征和文化。印第安人运动要求承认厄瓜多尔社会和国家的民族多元性，承认印第安人语言，印第安民族在国家各级机构中的代表性，除了官方的立法权外，承认印第安人的立法权等。

现行宪法承认印第安人和黑人的集体权利，印第安人和黑人是国家的一部分，承认其地域管理的特殊体制。

印第安人运动拥有 3 个主要基础：其一，通过印第安人农民社团（comunidades）以及印第安人以集体身份参政的机构，形成一个准国家结构，拥有对村镇和城市进行管理的能力；其二，逐步形成安第斯和亚马孙的印第安人政治纲领；其三，构成一个选择性的历史集团，并拥有隶属于它的其他社会和政治阶层参与。

印第安人运动在其政治纲领中提出建立多元民族国家的诉求，要求把安第斯和亚马孙地区事务纳入国家和社会改革之中。在建立多元民族国家的主张中，包含了在安第斯山区争取土地和尊严的要求，以及在亚马孙地区争取地域和地域权的斗争。

印第安运动经历了一个逐步发展和深化的过程，其政治意识也在不断加强和提高，从一种民族种族（visión étnico-nacional）意识发展成为一种政治－民族观念（visión político-nacional），在国家发展进程中成为一种举足轻重的政治力量。

主要的印第安人组织如下。

厄瓜多尔印第安民族联合会 持左翼政治倾向，成立于 1986 年，是厄瓜多尔最大的全国性印第安人组织，代表70%的有组织的印第安人运动。其政党组织是1995年建立的具有社会主义倾向的帕恰库蒂克多民族团结运动。

其政治日程包括5个基本支柱：加强印第安人身份认同，收复土地权利，维护生态环境，反对新自由主义，反对美国在南美洲的军事扩张。在厄瓜多尔印第安民族联合会内部，存在不同的政治派别和主张。一种是印第安主义观点，主张同政府妥协。另一种是坚持发展成为替代选择的力量，主张在印第安人与民众团结的基础上，提出自己的政治纲领，替代当前的政策。

厄瓜多尔印第安民族联合会和帕恰库蒂克多民族团结运动在推翻马瓦德政府中起到重要作用。后助力古铁雷斯当选总统，但6个月后与古铁雷斯政府决裂，加入反对派阵营。2003年创建厄瓜多尔多民族通讯社（Agencia de Noticias Plurinacional del Ecuador）。自2005年以来，厄瓜多尔印第安民族联合会更多关注制定政策，力图通过更多参与，在环保、多民族事务、印第安权益和多元文化方面，培养力量、传播思想和扩大影响。2009年宣布采取拦路行动，抗议政府的水资源法和环保政策。自科雷亚政府执政以来，积极反对大石油公司、矿业公司和水电公司在印第安人聚居区的开采活动。

厄瓜多尔印第安民族联合会由3个地区组织组成。首先是厄瓜多尔克丘亚民族联合会（Confederación de Pueblos de la Nacionalidad Kichwa del Ecuador，Ecuador Runakunapak Rikcharimuy，ECUARUNARI）。成立于1972年。代表山区印第安人。是讲克丘亚语的印第安人的主要组织。占厄瓜多尔印第安民族联合会代表人数的45%。与帕恰库蒂克多民族团结运动保持着联系。是安第斯印第安人组织协调会（Coordinadora Andina de Organizaciones Indígenas）的成员。现任主席是亚库·佩雷斯·瓜尔塔贝尔（Yaku Pérez Guartambel）。

另外两个地区组织是厄瓜多尔亚马孙地区印第安民族联合会和厄瓜多尔沿海地区印第安人和黑人组织协调委员会。前者位于厄瓜多尔亚马孙地区，占厄瓜多尔印第安民族联合会代表人数的30%。后者代表厄瓜多尔沿海地区，占厄瓜多尔印第安民族联合会代表人数的25%。

农民、印第安人和黑人全国联合会 20世纪70年代，农民、印第安人和黑人全国联合会在农民斗争中起了重要作用。目前处于革新过程之中。它主张把沿海地区的佃农组织与山区印第安人团体组织结合起来。

厄瓜多尔印第安人联合会 在20世纪50年代和60年代，厄瓜多尔印第安人联合会在山区农民斗争中起了至关重要的作用。它坚持一种唯一的阶级观点，不考虑种族、人民权利和民族问题。目前，其力量受到削弱，活动限于卡扬贝和钦博拉索地区。

四　其他社会运动组织

厄瓜多尔大学生联合会是主要的大学生组织，1944年成立。其政治主张是反对帝国主义、国内寡头集团和大地主。经常组织学生参加示威游行。

厄瓜多尔还有许多其他社会运动组织。作为新的社会力量，他们努力寻求一种新的替代方案。例如，生态运动组织，主张在发展与资源之间保持平衡；保护人权组织、保护环境组织和互助组织，主张为一个不同的世界而斗争。社区运动大多处于分散状态，受到选举运动、国家救济机构和非政府组织的控制。

第四章

经　　济

第一节　经济概况

厄瓜多尔在拉丁美洲属中下等经济发展水平的国家。按现行价格计算，2016 年国内生产总值为 854 亿美元，人均国内生产总值为 5210 美元，在拉美国家中排第 22 位，当年拉美和加勒比整个地区的平均水平为 8872 美元。2018 年，厄瓜多尔经济增长 1.4%，国内生产总值达 1083.98 亿美元，人均国内生产总值为 6368 美元，外汇储备 22.09 亿美元，外债余额 356.96 亿美元，外国直接投资 14.01 亿美元，通货膨胀率为 0.27%，失业率为 3.7%。[①]

一　20 世纪 80 年代以前的经济状况

印加帝国统治时期之前的厄瓜多尔土著人以农业和畜牧业为生，主要种植玉蜀黍、扁豆、南瓜和驯养骆马。随着印加人的征服，厄瓜多尔的手工业逐渐发展起来，并开始铺设道路、修筑灌溉系统、兴建城堡和庙宇。在殖民时期，纺织业获得显著发展，长期为西属殖民地矿山供应各种日用纺织品。另外，可可生产也有一定的发展。

1830 年厄瓜多尔宣布独立后，由于政治形势混乱，国家陷入内战状态，经济发展受到很大影响。在政治形势逐步稳定后，经济发展开始步入

① 《厄瓜多尔国家概况》，中华人民共和国外交部，https://www.fmprc.gov.cn/web/gjhdq.676201/gj_676203/nmz_680924/1206_681096/12060_681098/。

正轨。在历史上，厄瓜多尔经济先后经历了三个发展时期，即“可可经济繁荣时期”、“香蕉经济繁荣时期”和“石油经济繁荣时期”。

可可经济繁荣时期 厄瓜多尔沿海平原土壤肥沃，气候炎热，适宜可可的生长。可可需求的不断增长使可可种植迅速扩大，1889 年，可可种植面积达到 2.8 万公顷，种植可可树 200 多万株。被称为“金黄色的谷粒”的可可成为厄瓜多尔主要的出口产品，为国家赚取了巨额外汇。19 世纪末 20 年代初，厄瓜多尔形成了以可可生产和出口为基础的经济发展模式，成为世界领先的可可生产国。

1894 ~ 1924 年，世界市场对可可的需求迅速增长，可可的消费量增长了 7 倍。1894 年，厄瓜多尔生产了世界可可总产量的 28%，高于英国的 24%。[①] 1904 年，厄瓜多尔可可出口 28216 吨，相当于当时世界可可总生产量的 1/3 ~ 1/2。1914 年，可可的出口高达 47210 吨。1885 ~ 1922 年，可可出口占厄瓜多尔全部出口的 65% ~ 70%。到 20 世纪初，厄瓜多尔可可产量占世界的 20% 左右。在这一时期，厄瓜多尔还出口咖啡、象牙椰子、“巴拿马草帽”、橡胶和黄金等，但这些产品的出口都不超过总出口额的 15%。

可可种植园通常规模较大。种植园主与农民签订合同，农民负责可可种植，他们的家庭成员还可以在种植园充当雇工。沿海地区可可种植园农民的工资大大高于山区农民的工资，通常超出 1 倍以上，促使大量劳动力从山区流向沿海地区。1889 ~ 1926 年，沿海地区占总人口的比重从 19% 提高到 38%。

但是在第一次世界大战至 20 世纪 20 年代末的世界经济大萧条期间，由于巴西和英属非洲殖民地的竞争，世界性生产过剩，外部市场萎缩，国际市场上的可可价格下降。1920 年，纽约市场的可可价格为 50 美分，一年之后下降到 19 美分。在这一时期，几乎所有的可可树均因病虫害遭到毁坏，厄瓜多尔的可可生产和出口经济受到严重打击，经济

① 〔英〕莱斯利·贝瑟尔，《剑桥拉丁美洲史》第五卷，胡毓鼎译，社会科学文献出版社，1992，第 681 页。

发展受到严重影响，可可出口急剧下降。1914 年，可可出口赚汇占国家出口总值的 77%，到 1931 年，跌到 22%。20 世纪 30 年代末，厄瓜多尔的可可生产占世界总产量的比重不足 2%。厄瓜多尔的可可繁荣时期就此结束。

可可经济促进了国家的经济发展。甘蔗种植园和糖厂发展起来，制帽业、小型石油加工业开始兴起，城市建设以及公路、桥梁、铁路建设也有明显的发展。国家总收入增加，沿海可可经济的发展带动了国内的工业发展，一些基本的消费品开始在当地生产。但是，可可生产部门和其他经济部门之间的联系很弱。很多可可种植园主携家眷移居国外，特别是巴黎，把可可生产带来的大量财富用于海外奢侈消费，而非用于国内投资，发展工业。国内大多数居民的购买力较低，社会上层人士热衷于消费进口产品，本国工业产品的市场十分有限。沿海地区基本食品需求的扩大刺激了山区的农业生产，但是并不足以促使山区的农业生产向商品农业转变，沿海地区的食品在很大程度上依赖进口。食品进口在进口总额中居第二位。

香蕉经济繁荣时期 1934 年以前，无论在香蕉生产还是在出口方面，厄瓜多尔占世界总量的比重都很小。1910～1933 年，香蕉占本国出口总额的比重也未超过 1%，主要销往智利和秘鲁。1933 年，美国联合果品公司收购了被废弃的最大可可种植园滕克尔庄园，开始种植香蕉。

二战后至 1955 年，中美洲和加勒比地区屡遭自然灾害和虫害袭击，香蕉产量急剧下降，而国际市场对香蕉的需求大幅度增加，特别是欧洲的需求量猛增 195%，这种形势为厄瓜多尔扩大香蕉生产带来了机遇。政府利用本国地处赤道、具有种植热带作物得天独厚的地理和气候条件，制订全国香蕉种植计划，大力发展香蕉生产。许多原来种植可可的中小庄园都转而生产香蕉。政府实施移民计划，资助移民在沿海地区开发新的香蕉种植园。另外，政府还大力发展公路、铁路等基础设施。到 20 世纪 50 年代中期，厄瓜多尔一跃成为世界最大的香蕉生产和出口国。香蕉出口从 1947 年的 6.8 万吨增加到 1955 年的 60.3 万吨。1960 年，厄瓜多尔香蕉占世界香蕉出口的比重跃升至30%，香蕉在国民经济中的地位超过可可，香蕉出口占国家出口总收入的60%。厄瓜多尔成为世界闻名的“香蕉之国”。香蕉生产和出口带动了整个经济的发展，1947～1957年，国内生产总值年均增长率达到5.3%，财政收入增加了50%。

香蕉种植以中小种植园为主，不像可可的种植主要集中在大的种植园。据1965年统计，88%的香蕉种植园占地面积不到100公顷，这些中、小种植园占全国香蕉种植面积的50%。美国联合果品公司在滕克尔的香蕉种植园只占厄瓜多尔香蕉种植面积的2.5%。占地500公顷以上的大种植园占种植园总数的1%，占香蕉生产的15%。但是这些大种植园控制着国家出口的20%。[①] 政府通过开发银行向香蕉生产者发放贷款以扩大香蕉生产。1948～1951年，在圣多明各和埃斯梅拉达斯地区约有1000人获得贷款，开辟了10000公顷新的香蕉种植园。

香蕉生产同可可相比，需要更多的基础设施特别是公路、铁路、港口等运输设施。政府向美国和世界银行借贷用于修建基础设施。1944～1967年，厄瓜多尔共修建了3500公里公路。

香蕉生产和出口带动了整个经济的发展。而且香蕉经济对国家经济和社会所产生的影响比前一时期的可可经济要大。不仅沿海地区的庄园主，而且更多的小种植者也增加了收入。中产阶级消费需求的增长刺激了国内的农业生产，特别是山区的农业生产。1950～1952年，农产品的国内消费增加了25%。1960～1970年，国内生产总值年均增长率达到5.3%。

香蕉经济繁荣使山区人口大量流向沿海地区，农村人口大量流入城市。1942～1962年，全国人口增长了45%，而沿海地区人口却增长了1倍。瓜亚基尔及其所在的瓜亚斯省人口均急剧上升。1930～1962年，瓜亚基尔人口从11.6万增至50.7万，增长了340%，1942～1961年，瓜亚斯省人口增长了135%。

20世纪50年代中期，厄瓜多尔的香蕉生产遇到病虫害和中美洲新的竞争的双重冲击，香蕉经济开始走下坡路。1952年埃斯梅拉达斯地区的

① 李春辉、苏振兴、徐世澄：《拉丁美洲史稿》第三卷，商务印书馆，1993，第453页。

病虫害和巴拿马的病虫害向国家南部蔓延，香蕉树受到极大威胁。20 世纪 50 年代下半期，国际市场的香蕉需求萎缩导致国际市场上香蕉的价格下跌，国家的出口收入下降。香蕉出口增长率从 1950～1955 年的 25% 下降到 1955～1960 年的 12%。

石油经济繁荣时期　20 世纪 70 年代，石油开采业兴起，厄瓜多尔进入了“石油繁荣”时期，石油成为国家的主要出口产品。在石油生产和出口的带动下，国家经济发展速度进一步加快。20 世纪 70 年代，国内生产总值年均增长率为 8.6%。

20 世纪 20 年代，厄瓜多尔在瓜亚基尔西南部圣埃莱娜半岛发现油田，开始开采石油。但由于油气储量有限，整个石油业的规模还比较小。1929 年日产原油 3700 桶，不到当年南美国家石油产量总额的 1%。1967 年，东北部的森林地区发现了大片油田。1970 年，在瓜亚基尔海湾发现有巨大的天然气储量。厄瓜多尔开始大规模开采石油，成为一个石油输出国。1973 年 11 月 19 日，厄瓜多尔被接纳为石油输出国组织成员国。1970 年，石油年产量还只有 152 万桶，1975 年已上升至 5875 万桶。石油开采原来主要由英国资本所控制。1972 年，军政府开始实行石油国有化政策，修改了同所有外国公司签订的协定，颁布了石油法，逐步从外国公司手中收回 85% 的石油租让地。1972 年 6 月，政府成立了厄瓜多尔国家石油公司，从事石油开采和销售，国家石油公司先后两次购买了德士古—海湾石油公司 62.5% 的股份。此外，还建立了一家国营炼油公司。1972 年，修建了从东部到埃斯梅拉达斯输油管道，总长 503 公里。同时在埃斯梅拉达斯南部修建了一座炼油厂。

“石油繁荣”加速了国家经济和社会的发展。国内生产总值年均增长率从 1960～1970 年的 5.9% 增长到 1970～1977 年的 9%，人均国民收入从 267 美元增加到 1030 美元。石油收入大部分流入国营部门，国家的财政收入显著增加。石油出口为厄瓜多尔带来的外汇收入从 1971 年的 4300 万美元增加到 1974 年的 3.5 亿美元。石油生产的迅速扩大带动了原来比较落后的制造业的发展。制造业在国内生产总值中的比重从 1970 年的

16.8%增至1980年的18%。国家修建的公路、机场、铁路等基础设施促进了内地经济的发展。然而，经济增长带来了一些负面影响，如进口迅速增加，以及由此引起的通货膨胀。1974～1979年，国家的外债从3.24亿美元增加到45亿美元。①

二 20世纪80年代以来的经济状况

20世纪80年代，石油生产进入了一个稳定增长的时期。虽然1987年石油产量因地震出现大幅度滑坡，但很快得以恢复，整个80年代石油产量的年平均增长率达到了3.3%。这个时期厄瓜多尔的石油业面临的主要问题是：由于该产业基本上还是由国有的厄瓜多尔国家石油公司一家经营，没有较大的私人资本的参与，资金不够充裕，技术也不够先进。

在石油业的繁荣加速了经济发展的同时，经济结构方面的问题日益突出。石油业和制造业增长迅速，农业增长缓慢，粮食进口不断增加；经济的对外依赖性加重，经济增长在很大程度上取决于石油生产和出口。另外，政府在经济决策方面也产生严重失误，对国际市场油价估计过分乐观，对石油出口期望过大，在此基础上制定的经济发展计划大大超过国力所能承受的限度。为了解决经济和社会方面存在的各种问题，政府不断扩大财政开支，甚至通过大量举借外债来弥补财政赤字。这些问题制约了80年代厄瓜多尔经济的发展。

80年代，经济形势恶化，通货膨胀率较高，外债负担过重，公共投资锐减，生产萎缩，人均收入出现负增长。1981年国内生产总值增长率下降到3.8%。1982年由于受世界经济衰退的影响，国内生产总值只增长1.2%，通货膨胀率达24.4%。石油在外贸出口中所占份额下降，香蕉等传统出口产品滞销，外债从1980年的40亿美元增加到1982年的62.99亿美元。面对经济困难，政府被迫实施一系列紧缩措施，包括控制公共部门进口各种小轿车和其他消费品；对国家预算部门的开支情况进行审查，

① 李春辉、苏振兴、徐世澄：《拉丁美洲史稿》第三卷，商务印书馆，1993，第463页。

控制非必要支出；加速执行公职人员的退休制度；包括部长在内的所有乘坐公车的官员必须自负超过耗油标准的汽油费以及限制政府人员出国等。1981～1990年，经济年均增长率降到1.7%。

自20世纪80年代下半期以来，历届政府在不同程度上采取措施，促进农业的发展，发展非石油出口创汇部门，同时采取其他各种结构改革措施，取得了一定的成效。但是很多问题，如农业发展缓慢、经济对石油的过分依赖等并没有从根本上得到解决。

进入20世纪90年代后，政府开始对石油业进行调整，并对有关法律进行了修改，允许私人资本和外国资本以提供服务、技术支持和承租石油区块的方式进入石油产业，使石油生产在90年代初曾一度出现了较快的增长。但随着1995年厄秘边境冲突的爆发和随后几年国内政经局势的持续不稳定，石油产业的发展又再度陷入半停滞状态。尤其是国家石油公司的生产，在1995～1999年连续5年下滑，直至2000年才有所恢复。经济增长不平衡，主要出口产品石油和香蕉的国际市场价格出现了波动，政府采取抑制通货膨胀政策，实施一系列面向经济自由化的经济改革措施，其中包括提高国内燃料和水电价格、取消多数的政府补贴、平衡政府预算，从而促使通货膨胀率从1992年的55%下降到了1995年的25%。政府采取鼓励外国投资的政策。除了加入世界贸易组织之外，厄瓜多尔还实施了与玻利维亚、智利、哥伦比亚、秘鲁和委内瑞拉签署的自由贸易或互补贸易协议。

1998年，由于石油价格暴跌、厄尔尼诺现象和东南亚金融危机等不利因素影响，经济形势严峻。当年经济增长率降至0.8%。政府实施以货币贬值和取消部分补贴为主的经济政策。1999年1月，政府被迫颁布“整顿税收和金融改革法”，对金融交易征收1%的资金流动税，导致苏克雷大幅贬值。为稳定汇率，中央银行被迫动用大量外汇储备并大幅提高银行间拆借利率和储备金率。1999年2月12日，央行宣布苏克雷兑美元汇率自由浮动。1999年3月，银行业因“关系贷款”爆发全行业危机，引发金融危机。金融形势急剧动荡，西部银行、进步银行、农业和外贸银行等10余家银行相继倒闭，被政府接收，进行清理重组。1999年4月起，政府被迫冻结银行账户，并对金融业实行整顿。1999 年 11 月宣布将推迟偿还内外债务。经济陷入混乱状态。

2000 年 1 月，马瓦德总统宣布实行经济美元化政策。诺沃亚继任总统后，正式实施经济美元化政策，推动经济的结构性调整和改革，并争取到国际金融机构提供的贷款，金融形势有所改善。2001 年，完成了经济美元化进程，美元正式取代苏克雷，进入流通领域，经济状况得到明显改善。经济运行平稳，财政状况得到改善；通货膨胀率保持低水平，外贸形势呈良好势头，外国投资大幅增加，外汇储备扩大，公共外债呈下降趋势，国家风险指数明显降低。但美元化同时也造成竞争力下降，企业出口压力增大。

科雷亚政府于 2007 年上台后开始大规模实行经济结构性变革：放弃新自由主义经济模式，采取一系列重要措施，加强国家在经济领域中的作用和经济计划指导，发展民族经济。工业、商业，特别是服务业活力增强，加之石油出口收入大增，经济发展保持良好势头。2007～2013 年，经济年均增长率为 4.3%。[①] 由于债务重新谈判和重新安排石油合同，以及税务收入提高了 3 倍，公共投资大幅增加，占国内生产总值的比重由科雷亚政府执政之前的 3% 提高到 2013 年的 15%。公共债务/国内生产总值系数保持在 24% 的水平。公共投资大幅增长，主要用于经济基础设施建设和社会服务。道路、港口、机场、交通通信、电力生产设施显著发展。用于社会服务的资金占国内生产总值的比重由 2006 年的 4.8% 提升到 2013 年的 11.4%。厄瓜多尔的国际竞争力明显提高。2012～2013 年，厄瓜多尔经济国际竞争力排名提高了 15 位。[②]

国际金融危机和石油价格下跌对厄瓜多尔经济产生巨大冲击。2016 年初，厄瓜多尔原油出口价格一度跌至不足 20 美元/桶。2015

---

① 2014 年 5 月 14 日，科雷亚总统在智利圣地亚哥拉美经委会的演讲，http://www.presidencia.gob.ec/discursos/。

② 2014 年 5 月 8 日，科雷亚总统在哥斯达黎加大学的演讲，http://www.presidencia.gob.ec/discursos/。

年，厄瓜多尔经济大幅滑坡，国内生产总值增长率仅为0.1%，2016年甚至出现-1.6%的增长率（见表4-1）随着石油产品价格的缓慢回升，2017年经济走出连续两年的衰退阶段，获得3%的增长率。2018年经济增长率为1.4%。经济形势呈现四个特点。

第一，经济缓慢恢复活力。由于能够从国际债券市场借贷，尽管比较昂贵，经济恢复获得助力，流动性得到维持。由于信贷特别是消费信贷扩张，刺激消费特别是家庭消费显著增长，2017年家庭消费实际增长4.9%，成为拉动国内生产总值增长的主要引擎。另外，政府最终消费扩大。政府最终消费增长了3.8%。2017年为-0.5%，对国内生产总值的贡献率为-0.13%。

第二，固定资本投资持续呈疲软状态，但萎缩幅度缩小。缓和了2016年的下降幅度，2017年下降幅度为0.5%，这主要是建筑业萎缩。

第三，通货膨胀长期保持低水平（见表4-2）。尽管国内开支增长，通货膨胀仍然保持了最近几年的低水平。

通胀率长期处于很低水平的主要原因是政府一直实行美元化政策，阻塞了通胀渠道。美元化政策控制了通货膨胀，稳定了经济和货币及金融，但是也带来竞争力下降、出口乏力、货币紧缩抑制经济活力等弊端。

表4-1 2009~2017年国内生产总值增长率、人均国内生产总值增长率

单位：%

类别	2009年	2010年	2011年	2012年	2013年	2014年	2015年	2016年	2017年
国内生产总值增长率	0.6	3.5	7.9	5.6	4.9	3.8	0.1	-1.6	3.0
人均国内生产总值增长率	-1.1	1.8	6.2	4.0	3.3	2.2	-1.4	-3.0	1.5

注："表4"等系列表格为官方权威组织拉美经委会出版的地区年鉴中的统计表格，且因统计技术原因，数字会存在某些出入，不宜变动。其他表格同此。

资料来源：*Anuario Estadístico de América Latina 2018*，la Cepal。

表 4－2　2016 年至 2018 年前两季度厄瓜多尔通货膨胀情况

单位：%

2016 年				2017 年				2018 年	
季度 1	季度 2	季度 3	季度 4	季度 1	季度 2	季度 3	季度 4	季度 1	季度 2
2.3	1.6	1.3	1.1	1.0	0.2	0.0	-0.2	-0.2	-0.7

资料来源：*Anuario Estadístico de América Latina 2018*，la Cepal。

第四，公共债务状况引发担忧。2017 年由于税收增加和石油价格提高，非金融公共部门的总赤字由 2016 年的 7.4% 下降到 2017 年的 5.4%。2018 年为 5.6%。但是政府连年扩大公共开支的做法仍引起国内外金融界的广泛关注。公共债务在 2016 年已突破 GDP 的 40%，超过了法律规定的上限。2018 年 4 月，国际货币基金组织对厄瓜多尔公共债务水平超过法定 40% 上限 2.8 个百分点表示担忧。[①] 根据法律规定，如政府进行新的借款，须经议会批准，并需提交一份财政可持续发展计划，计划中应包括减少赤字的财政预算政策。但由于政府尚未提交上述计划，难以平息国际市场的担忧。为了加强公共财政，政府在 4 月宣布 2018～2021 年计划，努力削减赤字，计划 2021 年压缩到 2.5%。[②]

2018 年 11 月 21 日，莫雷诺总统在 2019 年财政预算电视讲话中指出，仅依靠公共投资拉动经济增长是不负责任、不可持续的。国家经济发展已不再完全依靠公共投资，而是依靠所有人的努力和投资。私营企业的参与对拉动经济增长具有重要作用。

此前，一直到 2008 年，私人投资超过吸收投资总额的 68%，但随后该比重有所下降，2013～2014 年仅占 42%，之后比重又逐渐回升。2017 年，厄瓜多尔吸收私人投资 154 亿美元，占吸收投资总额的 55%。

三　经济结构

厄瓜多尔经济以农牧业为主，工业基础薄弱。历史上一直以生产

① http：//ec. mofcom. gov. cn/article/jmxw/201804/20180402735890. shtml.

② http：//ec. mofcom. gov. cn/article/jmxw/201804/20180402735890. shtml.

和出口可可、香蕉、石油为主，单一的经济结构限制了经济发展。在独立后的很长一段时间内，厄瓜多尔的经济几乎全部依赖可可生产。20 世纪 50 年代初至 60 年代，香蕉生产取代了可可，成为世界闻名的“香蕉之国”，其出口量占世界第一位。进入 70 年代以后，石油生产和出口成为厄瓜多尔的主要经济命脉，1984 年石油出口占国家总出口额的 70%。

在石油业的繁荣加速经济发展的同时，经济结构方面的问题日益突出。石油和采矿业占国内生产总值的比重从 1950 年的 1% 迅速增长到 1985 年的 17%。农业生产占国内生产总值的比重从 1950 年的 31.1% 下降到 1985 年的 13.6%。对外依赖性加重，经济增长在很大程度上取决于石油出口。另外，工业发展过于集中在瓜亚基尔和基多两大城市，其工业产值占全国工业产值的 81%。沿海地区的出口农业发展较快，而山区粮食生产发展很慢。

扩大非传统工农业产品生产，创造新的经济增长点，改变经济结构成为历届政府的经济政策。政府经过多年努力，取得一定成效。这比较突出地表现在农业领域，如鲜花、淡水养虾等产业发展显著，在经济中的分量逐年增加。

2007 年、2010 ~ 2017 年国内生产总值部门构成见表 4 - 3。2017 年各部门占国内生产总值的比重如下：农牧渔林业占 9.40%，采矿业占 9.40%，制造业占 12.40%，水电供应业占 3.03%，建筑业占 8.57%，商业餐饮业占 11.91%，交通运输业占 10.60%，金融保险业占 9.78%，社会和个人服务业占 22.14%，其他部分占 2.77%。

表 4 - 3 2007 年、2010 ~ 2017 年国内生产总值部门构成*

单位：美元

类别	2007 年	2010 年	2011 年	2012 年	2013 年
国内生产总值	51007777000	56481055000	60925064000	6436233000	67546128000
农牧渔林业	4772112000	4971366000	5366155000	5407764000	5769740000
采矿业	5970124000	5957565000	6125351000	6283237000	6463206000
制造业	7003937000	7765521000	8261467000	8599236000	8784903000

续表

类别	2007 年	2010 年	2011 年	2012 年	2013 年
水电供应业	585603000	921881000	1171586000	1381805000	1541299000
建筑业	4016663000	4649097000	5465092000	6132321000	6586767000
商业餐饮业	6221017000	6927365000	7331117000	7665978000	8163775000
交通运输业	4472624000	5539109000	5965570000	6384800000	6954586000
金融保险业	7600170000	5731345000	6104216000	6410706000	6514398000
社会和个人服务业	7868653000	11807445000	12642534000	13478683000	14143417000
其他	2496874000	2210361000	2491976000	2617903000	2624037000

类别	2014 年	2015 年	2016 年	2017 年
国内生产总值	70105362000	70174677000	69068458000	71139236000
农牧渔林业	6207151000	6387720000	6430833000	6686985000
采矿业	6889067000	6746922000	6877803000	6689089000
制造业	8803002000	8731878000	8644676000	8822140000
水电供应业	1642026000	1790625000	1907836000	2154303000
建筑业	6893456000	6838747000	6483336000	6098220000
商业餐饮业	8434256000	8338681000	8030090000	8472452000
交通运输业	7197990000	7386956000	7169656000	7537524000
金融保险业	6846154000	6878425000	6638733000	6958666000
社会和个人服务业	14726146000	15088772000	15080004000	15752681000
其他	2466114000	1985951000	1805491000	1967176000

注：* 以 2007 年价格计算。

资料来源：*Anuario Estadístico de América Latina 2018*，la Cepal。

部门就业结构略有变化。2007 年 12 月，私人部门就业占比为 92.4%，公共部门就业占比为 7.6%；2017 年 12 月，私人部门就业占比为 90.7%，公共部门就业占比为 9.3%。公共部门就业占比略有上升与最近 10 多年来政府加强公共部门的作用和国家的经济干预有关。

四　经济体制

厄瓜多尔奉行自由市场经济体制。20 世纪 80 年代至 2006 年，在新自由主义经济改革中，自由市场经济体制得到巩固和加强。2007 年科雷亚政府上台后，放弃新自由主义政策，实行结构性变革，经济体制发生重要变化。在自由市场经济体制基础上，国家的作用和经济计划机制得到显著加强，在以私有企业为经济基础的同时，鼓励建立互助合作经济。

第一，加强国家的干预作用。根据宪法关于“在某些特殊案例下生产资料的国家所有制”的原则，国家收复了石油、能源和水源等战略部门，掌控了国家经济命脉。国家在经济中的干预作用明显加强。2011 年 9 月 29 日，颁布了市场权力调节和控制法（Ley de Regulación y Control del Poder de Mercado），加强了国家发展计划的主导权和筹划权。

第二，建立国家分散化参与计划制度。国家分散化参与计划制度追求建立一套有组织、可持续和有活力的发展计划体制，规划国家发展，实施发展目标。发展体制所追求的目标是，在宪法规定的原则和权利下，改善生活质量和预期，增强居民们的能力和潜力，建立一种公正、民主、生产性、互助、可持续的经济制度。通过宪法第 279 条关于建立发展的参与计划制度的规定，参与计划制度负责组织发展计划。该制度由全国发展理事会组成，理事会下分各级政府水平上的机构，有公民参与，设立协调机构技术秘书处。这一理事会的目标是制定指导参与计划制度的方针和政策，批准国家发展计划。理事会由共和国总统主持。各个分散化自治政府的计划理事会（Consejos de Planificación）由其最高代表主持，根据法律组成。公民理事会（Consejos Ciudadanos）是讨论和制订引导国家发展的长期战略方针和共识的机构。宪法第 335 条规定国家有权在必要情况下，调节、控制和干预经济往来和交易，制裁剥削、暴利、产品和服务囤积、投机性中介行为，以及一切形式的损害经济权利和公共及集体产品的行为。

第三，根据国家发展的需要，重建国家总预算制。这套制度包括了省、市及区政府的预算计划，执法机构每年制定年度预算草案和 4 年预算规划，提交国民代表大会审议。国民代表大会负责根据宪法、法律和国家发展计划，审批和控制各级政府的年度预算和 4 年预算规划。

第四，建立人民互助经济。2011 年 5 月 10 日，根据新宪法的规定，颁布了《人民互助经济法》。人民互助经济是一种互助合作经济组织形式。根据该法，人民互助经济与私人经济和国有经济一道形成新的所有制经济体制。2011 年 3 月 17 日，科雷亚总统在《人民互助经济法》实施大会上讲道，人民互助经济部门贡献 30% 的国内生产总值和 50% 的就业岗位。[①] 过去，储蓄和信贷合作社由银行总署进行调节，另一部分由经济与社会包容部调节。根据《人民互助经济法》，创建了人民互助经济总署，对这一专业性的部门进行协调。

五 经济政策

随着经济的结构性变革，经济政策也经历了较大幅度的变化。石油部门是国家所拥有的战略部门，科雷亚政府采取重大行动，与跨国公司重新谈判了石油合同，改变了合同模式，由参股合同改成提供服务合同。石油和能源跨国公司被迫接受提供服务的合同。这些合同做出规定，非再生性资源的产权归由国家代表的厄瓜多尔人民。根据这些合同，厄瓜多尔获得了利润收入的 80%，也就是说，以前每生产 100 桶石油跨国公司获得 80 桶，而现在翻转过来了。厄瓜多尔获得了更多的外汇收入。新石油合同涉及的私人资本为 30 亿美元。开始了国家历史上最重要的投资项目，即太平洋炼油厂项目。这一项目使国家每年节省 30 亿美元成品油进口。另外，政府对其他开采业也进行了重大调整。在矿山开采中，把利润分红提高到 52%。[②]

科雷亚政府上台后开始调整外债战略，解决债务问题。在政府上台执政之初，便采取了巧妙的、富有进取性的技术操作，以市场价格，即名义价格的 1/3 重新购买了大部分公共债务。这也是厄瓜多尔在国际资

① http：//www. presidencia. gob. ec/discursos/ .

② http：//www. mineriaaldia. com/correa – defiende – explotacion – minera – y – de – petroleo – para – enfrentar – pobreza/.

本市场偿还外债的一种独特方式：债务国通常在危机时重新谈判债务，但是厄瓜多尔在经济十分繁荣、拥有大量支付手段时重新谈判了债务。外债占国家预算的比率由2006年的24%下降到2013年的5.3%。由于税收效率提高和逃税率降低，以及反腐败见效，税收占国内生产总值的比重由2006年的15.5%提高到2013年的20.8%，达到了拉美国家的平均水平。

公民革命在经济发展方面的战略目标是实现主体生产的变革。恢复工业政策和科技政策，是国家新的发展战略的组成部分。推动国家迈向知识社会，大力培养高素质的人才队伍。2008年4月11日，科雷亚在墨西哥首都联邦区发表演讲时提出，国家所面临的挑战是创建一个“后石油经济”，努力改变以初级产品经济和有限资源为基础的经济，根除“顺从地履行国际劳动分工角色的经济”。“后石油经济”的设想是基于非开采行业、无污染和劳动力集约而并非仅资本集约的经济。

在经济和生产结构变革方面，提出进行生产改造，改变依赖初级产品生产和出口的结构，用高附加值产品替代初级产品特别是采掘部门产品出口，实行有选择的进口替代，生产本地可以制造、现在却需要进口的产品和服务，为“后石油经济”的创建奠定基础。科技投资应该促进国家工业生产的革新。

2017年莫雷诺总统执政后，对经济政策进行了较大幅度的调整。针对国际金融危机和石油价格波动的影响，提出经济振兴计划，刺激私人投资与就业。计划包含4大内容，14项具体措施。4大内容如下。一是削减财政赤字，到2021年，赤字水平将从2018年的5.64%降至2.47%，减少借贷及公共支出，为融资寻找更好条件；二是实行机构优化重组与调整，这将为政府节省10亿美元；三是吸引外资、逐步实现国际收支平衡，促进美元化可持续发展；四是鼓励生产性投资，扶持私人企业。经济振兴政策14项具体举措包括以下方面：对大、中、小微型企业，于2018年、2019年分别减免16亿美元、13亿美元的税收；自2019年起取消预缴收入税；增加出口退税，刺激产品出口并签署旅游、农业、渔业相关合同，优化石油预售合同；简化办事流程、平衡公私企业发展；等等。①

第二节　农业

一　概况

农业在经济中占有重要地位，是最大的就业部门。农业部门劳动力占比2009年为28.5%，2017年为26.1%，略有下降。全国农业用地为807万公顷。2017年，农牧业占国内生产总值的9.0%。2018年，农产品进口值分别为26.7亿美元和64.9亿美元。②

表4-4　2007年、2010~2017年农牧渔林业生产产值*

单位：美元

类别	2007年	2010年	2011年	2012年	2013年
国内生产总值	5100777000	5648106000	6092506000	643624000	6754613000
农牧渔林业	4772112000	4971366000	5366155000	5407764000	5769740000

类别	2014年	2015年	2016年	2017年
国内生产总值	7010536000	7017468000	6906846000	7113924000
农牧渔林业	6207151000	6387720000	6430833000	6636985000

说明：* 2017年价格。

资料来源：*Anuario Estadístico de América Latina 2018*，La Cepal。

根据国家统计和普查协会统计，2018年全国土地使用分布情况如下：山地和森林5740641公顷，牧场和草场2379042公顷，常年耕地1385805公顷，临时耕地和休闲地799494公顷，天然牧地715273公顷，荒原地252612公顷，休耕地68446公顷，其他用途土地796518公顷。③

① http：//ec. mofcom. gov. cn/article/jmxw/201804/20180402728655. shtml.

② http：//sipa. agricultura. gob. ec/index. php/sipa – estadisticas/estadisticas – economicas.

③ http：//sipa. agricultura. gob. ec/index. php/cifras – agroproductivas.

农业大致可分为两种不同类型的农业区：山地农业区，分布于海拔2500～4000米的安第斯山的山间河谷和盆地地带，主要种植粮食作物、蔬菜和水果，以及饲养牲畜，主要粮食作物为玉米、大麦、小麦、马铃薯和豆类等，产品主要供应国内市场；沿海农业区，位于西部沿海和各河谷地区，主要种植供出口的香蕉、可可、咖啡等，此外还种植稻谷、棉花和烟草。

农业发展简史 远古时代，厄瓜多尔土著人主要种植三种作物，玉米、扁豆和南瓜。印加时期的农业生产有了很大发展，种植作物有马铃薯、玉米、块茎作物、豆类和瓜类。16世纪，西班牙殖民统治时期，殖民当局实行大授地土地所有制，以国王的名义把土地分给征服者，少量土地投入使用，大面积土地闲置。从这时起，小麦和大麦成为重要的农作物。小麦的种植推广到了高山的斜坡和山谷，产量非常高。大麦也大面积种植了，大麦面成为印第安人的主要粮食之一。畜牧业方面主要是饲养羊、猪和马。17世纪以后，随着土地的集中，出现了大庄园土地所有形式。17～18世纪，在广大沿海地区已经广为种植可可、烟草和香蕉，这些作物成为殖民地经济的主要来源。1830年独立后，农作物生产没有发生大的变化。19世纪后半叶，可可生产增长了3倍，出口增长了10倍，成为国家经济的主要部门和赚取外汇的主要来源。其他农产品，如可可、蔗糖、稻谷和渔产品也是农业部门的重要组成部分。20世纪50年代初，香蕉取代可可成为国家主要农作物之一。

土地改革和农业政策 厄瓜多尔土地高度集中，大量农民无地可种。在最大的农户中，大地主和庄园主只能有效使用其农业用地的10%～15%。由于耕地较少，农业生产技术和基础设施落后，机械化程度较低，农业发展一度受到限制。1964年7月11日，厄瓜多尔颁布了独立以来第一部土改法，废除了半封建剥削制度，使农村中的中、小土地所有者增加。1973年10月，在1964年土改法的基础上又通过了新的土改法。新土改法规定，将“通过有计划地征用土地并再分配之，通过提供信贷、教育和技术援助，逐步地、有序地改变农村结构”[①]。新土改法没有限制

① 李春辉、苏振兴、徐世澄：《拉丁美洲史稿》第三卷，商务印书馆，1993，第460页。

土地占有的数量，其目标主要是提高农业生产效率。1964～1978年，政府给8.4万农户分配了180万公顷土地。

2016年颁布《农村土地和继承土地法》（简称“土地法”），促进粮食生产，维护国家粮食安全。该法规定，属下列情形的农业土地将被国家征收：连续两年以上未进行耕作的土地；未满足环保法律法规要求的土地；农业用地紧张情况下存在的私人大农场；劳动力明显不足的土地。但是具有科学研究价值的土地、土著社区居民土地、自然保护区土地、一定面积以下（亚马孙雨林100公顷、安第斯山区25公顷、沿海地区75公顷、加拉帕戈斯群岛100公顷）的农民家族土地除外。上述土地被政府征用后，将被移交至国家土地基金组织，该组织负责依据有关规定将土地重新分配给有意耕种的农民，从而实现土地的优化配置，提高农田的耕种效率，保证粮食安全。

20世纪80年代以后，农业发展的重点逐步由大规模土地改革转移到加大农业投资，改善农业基础设施、提高农业生产技术水平上来。1996年7月，有29项投资1.72亿美元的工程在建。1992～1996年，全国开发银行向中小农业生产者提供了1万多亿苏克雷的贷款用于发展生产。与此同时，政府还通过了一项法律，准许中小农业企业债务者延期偿还欠政府的债务。科雷亚政府执政时期，对农业基础设施建设的投入显著加大，兴建了一大批水利工程，扩大耕地灌溉面积。另外，积极发展农牧渔林业，改变单纯依靠香蕉、可可等经济作物的状况，畜牧业和渔业产值不断上升，农业的发展已从过去以种植业为主发展成为种植业和畜牧业、渔业并重。

二　种植业

厄瓜多尔的种植业分为经济作物和粮食作物两大类。经济作物在农业中占有重要地位，主要经济作物有香蕉、可可、咖啡、鲜花、棉花和蔬菜等。粮食作物主要有稻谷、大豆和玉米等。

香蕉　厄瓜多尔最重要的农作物，是除石油外最大的出口创汇来源。2018年，香蕉种植面积近30万公顷。当年产量达712万吨。[①] 厄瓜多尔

① http：//sipa. agricultura. gob. ec/index. php/cifras - agroproductivas.

以出产香蕉闻名于世，长期占据世界第一大香蕉出口国的位置，被誉为“香蕉共和国”。厄瓜多尔不仅自然气候得天独厚，而且当地农户在抵御极端天气和病虫害防治等方面积累了丰富的经验，保证香蕉质量和产量的稳定。该国香蕉的生产成本为4.5～5.4美元/箱。香蕉主要产地集中在沿海地区的埃尔奥罗省、瓜亚斯省和洛斯里奥斯省。这3省的香蕉产量占全国产量的90%以上。香蕉种植业主要为本国资本经营，外资所占比例很小。绝大多数种植园的面积在1公顷到30公顷之间。出口香蕉使用纸盒子，每盒重量为50磅。香蕉的主要品种是Barraganete和Fhia－21。

香蕉国内消费有限，大部分向国际市场出口。传统出口市场是美国和欧盟国家，输往这两个市场的香蕉一直占香蕉总出口的大半。目前，俄罗斯、中国、波兰等国家也已成为厄瓜多尔香蕉的重要出口市场。外国果品公司控制了厄瓜多尔近30%的香蕉出口。2017年，在与欧盟的贸易协定生效以及俄罗斯、中东和南美需求增长的推动下，厄瓜多尔出口香蕉3.23亿箱。①

可可　主要的经济作物之一。2018年，可可种植面积为46.45万公顷，产量为28.67万吨，每公顷产量为0.6吨，② 主要集中在马纳维、洛斯里奥斯和瓜亚斯等沿海省份。2018年国际市场可可价格处于高位，为2558美元/吨，约每100磅110美元。这大大刺激了可可生产的发展，可可生产商通过优选良种、加强病虫害防治和使用有机肥料等方式，提高可可的单位产量，争取在出口中获得更高的竞争力，可可有望成为新的农业增长点。

可可营养丰富，碳水化合物、脂肪、蛋白质和矿物质含量很高。厄瓜多尔的可可质量优良，绿色有机。巧克力制作工艺精湛，口味自然，品种丰富，极具特色。

可可的主要出口对象国为美国、荷兰、德国、日本、法国、意大利、

① http://ec.mofcom.gov.cn/article/jmxw/201801/20180102706168.shtml.

② http://sipa.agricultura.gob.ec/index.php/cifras－agroproductivas.

比利时、阿根廷、智利和西班牙。厄瓜多尔一年四季都可出口可可豆和加工可可。可可豆的包装为龙舌兰绳编织的袋子，每袋重 69 公斤。可可饮料和可可酱的包装为纸袋子，每袋重 30 公斤。可可粉的包装为纸袋子，每袋重 25 公斤。可可脂包装为盒子，每盒重 25 公斤。

咖啡 是另一种重要经济作物。最近 10 年来，咖啡种植面积逐渐缩小，2016 年厄瓜多尔总共种植咖啡 55000 公顷，较 2015 年规模缩小 30%。2004 年，咖啡产品出口曾高达 4.11 亿美元，到 2012 年出口规模减小，为 2.73 亿美元，而 2016 年出口额约为 1 亿美元。

咖啡产业遭遇困境的原因是多方面的。首先是来自哥伦比亚同类产品的竞争。哥伦比亚咖啡产量大，质量与厄瓜多尔本地咖啡无异，但生产成本较低，因此厄瓜多尔厂商在哥伦比亚投资设厂，或大量进口咖啡豆在厄瓜多尔进行加工和分销，获取的利润均高于种植和加工本土化。其次，厄瓜多尔政府对咖啡行业的扶持力度不够，面对哥伦比亚咖啡进入本地市场的压力，政府仍然要求企业优先采购本地咖啡豆，削弱了企业在市场上的竞争力。

厄瓜多尔生产并出口的咖啡品种有阿拉伯咖啡和大粒咖啡。厄瓜多尔咖啡种植品类和烘焙工艺与邻国哥伦比亚一脉相承，质量和口感毫不逊色。咖啡出口主要是袋装生咖啡豆和烘烤加工过的咖啡豆，袋子用龙舌兰绳编织而成。每袋咖啡重 69 公斤。还出口速溶咖啡，包装使用箱子，每箱重量为 25 公斤至 30 公斤不等。精炼冷冻咖啡装在容量为 55 加仑的桶里。

厄瓜多尔向近 50 个国家出口咖啡，主要有美国、德国、西班牙、智利、哥伦比亚、意大利、法国、波兰、日本、比利时、阿根廷、荷兰和加拿大等。厄瓜多尔一年四季都可出口咖啡豆。

鲜花 鲜花生产是 20 世纪 90 年代以来新开发的农业生产项目，是最大的非传统农业生产项目。2017 年花卉产量达 17 万吨。厄瓜多尔气候条件独特，全国气温白天温暖，夜间凉爽，太阳垂直照射，辐射强，日光照射可达到 12 个小时，具有更明亮的色彩和更长的花期。这里生产的玫瑰质量优异，享誉全球。厄瓜多尔被称为安第斯“玫瑰之乡”，是世界第三大玫瑰出口国，仅次于荷兰和哥伦比亚。玫瑰产业创造10多万个就业岗位。2016年鲜花出口额达8亿美元，居非石油部门的第五位。

全国从事玫瑰种植的企业达600余家，种植面积达4800公顷，种类达140余种。法国戛纳电影节、美国金球奖等大型活动常选择厄瓜多尔的玫瑰装点会场。由于全年气候变化不大，也适合种植奇特品种的鲜花。种植的鲜花品种繁多，300多个品种的月季，占所有品种的63%，满天星占13%，康乃馨占6%，还有补血草、蛇鞭菊、紫苑以及其他多种夏季花卉和少量名贵品种。康乃馨的花期长，颜色独特，花茎笔直。菊花和大丽花的大小及颜色与众不同。还有100多种热带鲜花。鲜花种植业还推动了塑料薄膜、灌溉系统、农业建筑材料、信息、温室设备、广告宣传等行业以及科技和网络事业的发展。

厄瓜多尔的鲜切花全年出口，主要销往美国、荷兰、德国、俄罗斯、意大利和加拿大。向美国的出口量占其总出口的74%，其中64%是月季。欧洲占出口量的16%，其中7%出口到荷兰。还有少量出口到阿根廷等国家。出口主要通过航空运输。

鲜花的价格根据国际市场的供求变化而起伏，1999年每公斤鲜花价格为2.7美元。每年2月鲜花出口量最大。2002年2月，厄瓜多尔向美国出口了36.3万箱鲜花，每箱为18公斤。2018年由于全球花卉市场供过于求，花卉价格下跌，花卉销售额下降了5%。[①] 为此，政府于2018年9月召开花卉国际展览会，展出约600种花卉，125家企业参展，接待了来自46个国家的1500名游客。

水果 水果生产品种繁多，主要是热带水果。除了香蕉外，还有甜瓜、黄金瓜、菠萝、草莓、杧果等。甜瓜营养丰富，含有多种维生素，如维生素A、B_1、B_2和C，还含有多种矿物质。20世纪90年代末甜瓜耕种面积为5000公顷左右。菠萝富含维生素A、B和C，含有多种矿物质。90年代末，菠萝耕种面积大约为5000公顷。1997年出口近万吨，菠萝和菠

① http://ec.mofcom.gov.cn/article/jmxw/201809/20180902789306.shtml.

萝汁出口创汇额为364.3万美元。厄瓜多尔生产的菠萝品种主要有西班牙红菠萝和卡耶纳里萨菠萝。菠萝深加工项目有菠萝罐头、菠萝汁和菠萝果酱等。2018年，杧果种植面积为2.2万公顷，当年产量为9万吨。同年柑橘种植面积1.9万公顷，产量为10.3万吨。[①]

马拉古亚果是厄瓜多尔很有特色的一种水果，在英语国家被称作"多情果"。这种水果富含维生素A、B_5和C，堪称水果维生素之王。90年代末耕种面积为3600公顷。马拉古亚果主要出口到加拿大、德国、荷兰、比利时、法国、瑞典、瑞士、美国和哥伦比亚。出口品种有果汁、果酱、马拉古亚果酒等。2015年，水果出口由7040万美元升至8080万美元，增幅为15%。2017年香蕉与其他热带水果（菠萝、杧果、西番莲、木瓜）出口增幅达10%。厄瓜多尔常年均可生产草莓。主要出口到美国、阿根廷、法国、德国、俄国、西班牙、英国、荷兰和哥伦比亚等国。全国杧果种植面积为5500公顷，90%集中在瓜亚斯省。2017年全国共出口1360万箱（4公斤/箱）杧果，其中92%出口至美国。[②] 近3年，厄瓜多尔杧果年产量增速约为5%。厄瓜多尔杧果产业发达的原因之一为种植密度的增加。厄瓜多尔每公顷杧果树数量在过去10年中翻了一番。此外，杧果产量增加也与农民灌溉系统的创新有关。

三　渔业

厄瓜多尔位于赤道地带，受到洪堡寒流和厄尔尼诺暖流的双重影响。两大洋流的交汇为鱼类创造了一个适于繁殖的理想环境。厄瓜多尔海域主要的渔业资源有黄鳍金枪鱼、鲣鱼、大眼金枪鱼、剑鱼、马林枪鱼、海鲈鱼、鲽鱼、圆沙丁鱼、鲳鱼、马鲛鱼等。

厄瓜多尔渔业资源丰富，捕鱼业比较发达，捕鱼能力在西太平洋地区位居第二。20世纪80年代末以来，渔业生产增长较快。政府十分重视保护本国渔业资源，坚持200海里海洋权。1980年，明令禁止外国船只在

① http：//sipa. agricultura. gob. ec/index. php/cifras – agroproductivas.

② http：//ec. mofcom. gov. cn/article/jmxw/201809/20180902781833. shtml.

厄瓜多尔 100 海里海域内捕鱼。

渔业活动在厄瓜多尔一年四季持续不断，直接从业人员超过 40 万人，进行人工捕捞的小船多达 1.5 万艘，工业化捕捞船上都装备了先进的技术设备，可将捕获的鱼及时贮藏起来。厄瓜多尔金枪鱼捕捞业符合美洲国家热带金枪鱼委员会（IATTC）制定的渔业资源保护计划的要求。

全国从事金枪鱼加工的公司有 20 多家。全国近 90% 的金枪鱼加工厂和包装厂集中在曼塔港。捕获的金枪鱼品种主要有大眼金枪鱼、黄鳍金枪鱼、鲣鱼等。大眼金枪鱼平均体长 160 厘米，重量从 27 公斤到 127 公斤不等。黄鳍金枪鱼平均体长 130 厘米，重量从 55 公斤到 68 公斤不等。鲣鱼平均体长 70 厘米，平均重量为 6 公斤到 7 公斤不等。

养虾业 厄瓜多尔是西半球最大、世界第二大人工养虾国。近年来，池虾养殖业发展迅速，瓜亚基尔湾地区和瓜亚基尔是两大池虾养殖中心。

厄瓜多尔养虾业主要是池虾养殖。1980 年，政府将养虾列入国家重点发展计划，制定了有关政策，提供贷款，引进先进技术，使养虾业迅速发展起来。大虾养殖和加工已成为厄瓜多尔经济支柱产业之一。大虾产量每年稳步增长，2014 年产量为 27.7 万吨，同比增长 28.8%，产值约 25 亿美元，占国内生产总值的 2%，创造 19 万个直接或间接就业岗位。2017 年大虾产量为 9.38 亿磅，较 2015 年增产 2.18 亿磅，增幅为 30.28%。[①] 成为国家仅次于石油和香蕉的第三大出口收入来源。

厄瓜多尔大虾对早期死亡综合征（EMS）具有较强的抗病性。厄瓜多尔的大虾之所以抗病性强，是长期坚持良种选育的结果。1999 年流行的白斑综合征曾给厄瓜多尔大虾养殖业造成毁灭性打击。自此，厄瓜多尔选用从传染病中幸存下来的健康虾苗养殖，其自身免疫力明显强于其他国家的虾苗。淡水虾品种主要是 Penaeus vannamei 类白虾，属 Penaeidae 科。淡水养虾池面积总计为 17.8 万公顷。厄瓜多尔一年四季均可出口淡水虾。虾的生产规格主要是每磅 26/30 尾去头虾和每磅 40/50 尾整虾。另外，有些出口商还向美国等地出口去头熟虾、去皮 IQF

① http://ec.mofcom.gov.cn/article/jmxw/201808/20180802778718.shtml.

和带皮 IQF，这些出口产品的附加值更高一些。[①] 虾的主要出口市场包括 30 多个国家，其中主要有美国、西班牙、法国、意大利、荷兰、比利时、日本和哥伦比亚等。2018 年上半年厄瓜多尔大虾出口总额为 15.89 亿美元，出口总量为 5.39 亿磅。亚洲为厄瓜多尔大虾主要出口地区，2018 年上半年厄瓜多尔对该地区大虾出口量占总量的 62%，越南为厄瓜多尔第一大大虾出口国，[②] 仅2018 年上半年厄瓜多尔对其出口金额达 6.57 亿美元，占出口总量的 43%。同期，对中国出口大虾 2.77 亿美元，出口量为 9507 万磅，占厄瓜多尔大虾出口总量的 18%，同比增长了 14 个百分点。中国已取代美国成为厄瓜多尔第二大大虾出口国。[③]

鱼产品加工业 厄瓜多尔努力提高鱼产品生产的附加值。加工各类鱼产品罐头，如金枪鱼罐头、沙丁鱼罐头、马卡雷拉鲭鱼罐头等。

鱼粉加工是重要的鱼产品加工部门。厄瓜多尔的鱼粉经过防氧化处理，蛋白质含量为 65%。主要出口哥伦比亚、德国、日本、墨西哥等国家。鱼产品加工厂都严格遵守国际质量控制标准。厄瓜多尔的海产品加工厂已获得美国 FDA 要求的危险和关键控制点分析（HACCP）证书。

鱼产品出口 厄瓜多尔出口的鱼产品主要有 4 类：鲜鱼、冻鱼、鱼罐头和鱼粉。冻鱼是厄瓜多尔最主要的出口鱼产品，1999 年冻鱼出口量占鱼类总出口量的 48.78%。鲜鱼和冻鱼的出口品种有整鱼、带皮或不带皮的鱼片等。厄瓜多尔的鲜鱼和冻鱼主要出口到美国、西班牙、英国、荷兰、法国、瑞士、意大利、日本等国。出口金枪鱼形式多样，有鲜鱼、冻鱼或鱼罐头。新鲜的金枪鱼主要以鱼片和整鱼的形式出口。冷冻的金枪鱼主要以整鱼、半成品鱼腰和鱼肉末的形式出口。罐头金枪鱼主要用酱油和盐加工，形式有天然鱼腰、盐水鱼腰和油浸鱼腰、油浸金枪鱼末。出口的

① http：//www.coi.gov.cn/enterprise/dongtai/20010802/817.htm.

② http：//ec.mofcom.gov.cn/article/jmxw/201808/20180802776077.shtml.

③ http：//ec.mofcom.gov.cn/article/jmxw/201808/20180802776077.shtml.

沙丁鱼罐头主要有油浸沙丁鱼和番茄沙丁鱼。金枪鱼罐头主要出口到智利、英国、哥伦比亚、西班牙、德国、委内瑞拉、法国、阿根廷和美国。鱼粉主要销往哥伦比亚、德国、日本、墨西哥等市场。这种产品需要用抗氧化剂进行加工，蛋白质含量达65%，一般用50公斤装的聚丙烯袋包装。厄瓜多尔与欧盟达成关税减免贸易协定后，受益于原材料原产地关税优惠，2017年对欧盟罐装金枪鱼出口达7.16亿美元，比2016年增长51.61%。[①]

四 畜牧业

厄瓜多尔的畜牧业以小规模经营为主。沿海地区主要饲养肉牛，山区饲养奶牛。20世纪80年代以前，厄瓜多尔的畜牧业不够发达，良种牲畜所占比重较低，肉类生产不能满足日益增长的消费需求。进入90年代后，政府采取促进畜牧业发展的政策，鼓励向畜牧业投资，引进和改良牲畜品种，畜牧业有了较大的发展。在满足国内需求的同时，出口创汇额连年增长，从1992年的100万美元增加到1995年的300万美元。2018年，全国牛的存栏数为405.7万头，养骡7.4万匹，养驴4.7万匹，养羊35.6万头，养猪128.3万头。[②]

全国每人每年消费牛肉6公斤。牛奶日产量为502万升。牛奶生产的73%集中在山区，沿海地区为19%，东部地区为8%。全国25%的牛奶用于工业加工，19%用于加工奶粉，6%用于加工成各种奶制品。

五 林业

厄瓜多尔林业资源丰富，有5000多个树木品种。盛产桃花心木、染木和香膏木等贵重木材，是轻木的主要生产国。全国天然森林面积为1100万公顷。其中，70%为可开采林木，30%为保护林。80%的森林位

① http://ec.mofcom.gov.cn/article/jmxw/201805/20180502740621.shtml.

② http://sipa.agricultura.gob.ec/index.php/cifras - agroproductivas.

于亚马孙地区，13%位于沿海地区，7%位于山区。厄瓜多尔的森林覆盖率为39.2%。根据厄瓜多尔农牧业部统计，2013年和2017年，林业生产总值分别为18.97亿美元和18.50亿美元。①

厄瓜多尔木材生产主要供应国内需求，少量木材出口。出口主要是木材半加工产品和木制成品。厄瓜多尔轻木生产十分有名，可自然生长，可人工种植。目前种植面积为2万公顷。轻木出口到45个国家，主要出口市场为美国、欧盟国家、韩国、日本和南美洲国家。

厄瓜多尔十分重视保护森林资源。2017年，与世界银行林业投资计划署合作，获得该组织的资助，开展森林保护项目。项目主要在埃斯梅拉达斯省南部和北部、马纳维省北部、中部沿海地区的山地和山谷加强森林保育，减少因采伐森林等原因产生的温室气体。

第三节　工业

一　概况

工业主要有石油开采和提炼、制糖、纺织、水泥、木材加工、食品加工和制药等。石油开采在工业中占有举足轻重的地位。制造业（包括石油加工业）占用劳动力比重2007年为10.6%，2017年上升到11.3%。

工业发展起步比较晚。20世纪初，随着可可经济的发展，一些轻工业部门开始发展起来，如制鞋业、制帽业、纺织业、食品加工业等。但是大多数工业企业的规模都不大。二战后，外国资本大量进入，工业发展速度加快。增长较快的工业部门是纺织业、食品业、建筑业和伐木业。与此同时，化工业和制造业部门也获得较快发展。工业增长的部门大多分布在山区，因为那里的制造业长期受到保护，而且劳动力供应充足。但在沿海地区的行业，特别是20世纪20年代后期发展

① http://sipa.agricultura.gob.ec/index.php/sipa-estadisticas/estadisticas-economicas.

起来的蔗糖业，由于外部竞争激烈，国内市场缩小，一些糖厂被迫倒闭。但是，甘蔗酒精和甘蔗饮料的生产却有显著的增长。40 年代，厄瓜多尔工业增长急剧下降，这是由于30 年代的衰退和二战期间贸易受到限制。50 年代，政府建立了一种促进工业的体制，并在 1957 年颁布了《工业发展法》。

60 年代，工业企业开始扩大生产规模和采用比较先进的技术，而且大量资本转向了制造业。为了促进民族工业的发展，国家颁布了工业促进法及手工业和小工业促进法。为促进中小企业发展，政府通过全国发展基金会向中小企业发放低息贷款；设立技术服务咨询中心，向中小企业介绍国内外先进生产技术，提供市场信息。由于政府的大力扶植、鼓励政策和扩大投资，工业企业显著增加，1966～1978 年新增企业 492 家。发展比较快的是传统工业制造业，如纺织、食品、烟草、木材加工、炼油和水泥生产等。化工、机械、电器等部门也发展起来。工业主要集中在基多和瓜亚基尔，这两个城市的工业产值占全国工业产值的 81%。

但是从总体上来说，工业仍然处于早期发展阶段，50%的劳动力就业于农业、林业和渔业。传统工业，如食品加工、饮料、纺织主要依赖农业。国内市场规模小，同国际市场相比产品价格高，薄弱的人力、物力和财政基础都阻碍了日用消费品的生产。

2017 年，厄瓜多尔制造业产值达 88.2 亿美元，占国内生产总值的 12.4%（见表 4－5）。工业增长主要是因为政府的政策和来自石油出口的资本向工业部门的投资。另外，外国投资也是重要原因。大的国际跨国公司是很多工业部门的主导企业，本国企业资本力量薄弱，技术相对落后，缺乏国际竞争力。工业产品主要供应国内，主要出口地为周边安第斯国家。2017 年 1～4 月，工业制成品仅占总出口的 4.4%，高科技产品仅占 1%。在出口数量有所增加的情况下，高科技产品附加值有所下滑。

皮钦查省和瓜亚斯省是厄瓜多尔的主要工业区。陶瓷、机械设备、轮胎生产主要集中在阿苏艾省，炼油和木材加工在埃斯梅拉达斯省，海产品和农产品加工企业在马纳维省，钢铁工业在科托帕希省。

表 4-5 2007 年、2010~2017 年制造业产值*

单位：美元

类别	2007 年	2010 年	2011 年	2012 年	2013 年
国内生产总值	51007777000	56481055000	60925064000	6436233000	67546128000
制造业	7003937000	7765521000	8261467000	8599236000	8784903000

类别	2014 年	2015 年	2016 年	2017 年
国内生产总值	70105362000	70174677000	69068458000	71139236000
制造业	8803002000	8731878000	8644676000	8822140000

说明：* 以 2007 年价格计算。

资料来源：*Anuario Estadístico de América Latina 2018*，la Cepal。

二 采矿业

厄瓜多尔拥有比较丰富的矿产资源，如石油和金矿，另有银、铜、硫黄、铁和铅等矿。位于因巴布拉省的卡斯卡维矿区拥有黄金储量 230 亿盎司，铜矿储量 1090 万吨。其他非金属矿还有瓷土、长石、皂土、大理石、石膏、泡沫岩、重晶石、砩石（即萤石）、石英砂等。在金属矿方面，唯一可出口的金属矿为金矿。金矿开采规模有限，不供应国内市场。除了石灰等外，其他非金属矿或因产量小，或因质量差，一般需要进口。

矿产开采主要采取两种形式，第一种是矿场企业形式，使用先进的开采和管理技术，生产规模也比较大，其中有本国资本，也有外国资本；第二种是小矿山，即手工工场形式，开采技术落后，生产规模较小。

小矿山主要分 3 种。第一种是维持生存型的，由当地居民开采，为生计辅助手段，规模很小，在河流沙石、石卵和碎石中淘取黄金矿砂。第二种是非正规性的手工作坊，使用大量的非熟练劳动力。资金投入少，技术水平低，生产率低下。第三种为小规模的企业，为合法采掘活动，一般为面积 150 公顷规模的矿场，使用中等水平的技术手段，日产量在 100 吨左右，投资额在 100 万美元左右。2000 年，小矿场产值占 83.5%。在其他矿产方面，特别是非金属矿，如建筑材料等，小矿场占产值的比重为

30%。

厄瓜多尔存在蕴藏黄金、白银、铅、锌和铜等共生矿的地质条件。处于勘探和开采之中的金属矿藏主要位于安第斯山的东部和西部地区、孔多尔山区以及亚马孙地区。本国企业比拉矿山为最大规模企业，位于萨鲁玛和波托维罗地区。另有因姆金矿开采公司、厄瓜多尔科连特斯公司和特纳资源开发公司正处于投资开发阶段。

金矿是继石油之后第二大开采矿藏。厄瓜多尔是金矿最为丰富的国家之一。金矿主要分布在国家南部，包括卡尼亚尔、阿苏艾和埃尔奥罗等省。全国有200多条河流有金矿。最重要的波尔托维罗金矿区位于国家西南部的波尔托维罗地区。这里蕴藏着丰富的共生金矿，蕴藏于矿层、矿条和矿脉之中，矿层厚度为0.1~2.5米，矿层长度为15公里。其海拔高度为600~1600米。矿区占地面积为4000公顷。其中，500公顷已经租让给小矿场主。自20世纪初开始进行开采以来，波尔托维罗地区已产黄金120吨。[①] 第二个重要的金矿产区是蓬斯恩里克斯地区。另外，南皮哈地区和贝里亚利加地区也是重要的金矿区和银矿区。

2018年，阿苏艾省里奥布兰科和洛马拉格两个金属矿项目正在实施中，矿山规模分别为中型和大型。里奥布兰科项目位于昆卡市，由中国湖南黄金和庄胜集团共同开发，已处于前期投产阶段，主要产品为金和银矿。厄瓜多尔金矿开采公司透露，将使用可降解生物材料进行采矿工作。洛马拉格项目由加拿大INV MENTALS公司开发，矿区海拔3750米，主要开采金、银、铜矿，现处于后期勘探阶段，已投资6500万美元。工期至2020年，项目执行期为12年。[②]

非金属矿开采主要包括石灰石、大理石和瓷土等的开采。在国家南部，有不少非金属矿开采企业，在此基础上，当地发展起了陶器制造业，其中一些产品供应安第斯地区。在国家北部，蕴藏着丰富的石英砂，一些

① Lola Vázquez y Napoleón Saltos: *Ecuador: Su realidad 2004 - 2005*, Fudación "José Peralta", Décima Segunda edición, página 196, Quito, Ecuador, 2004.

② http://ec.mofcom.gov.cn/article/jmxw/201804/20180402737391.shtml.

企业在此投资建厂，并投入生产，为制造玻璃器皿的小厂提供原料。石膏矿开采主要集中在洛哈省的马拉卡托和布拉马德罗斯地区。最大的泡沫岩矿位于科托帕希省。

厄瓜多尔政府采取一系列措施促进采矿业的发展。2015 年 10 月，政府召开战略投资洽谈会，推介 2015 ~2017 年本国矿产、能源、电力、通信等领域的 94 个战略项目，吸引外资 370 亿美元。在采矿部门，开放 25 个矿区的矿权。作为配套措施，根据国家整体发展战略对相关矿业法律法规进行改革，以简化流程，提高投资可行性。另外，科雷亚政府对矿产开采业利润分红做了重大调整。国家的利润分红比例提高到了 52%。

国家有五大战略矿业项目，分别为米拉多尔铜矿项目（铜矿储量 318 万吨）、弗卢达德尔诺特金矿项目（金矿储量 494 万盎司）、布朗哥河金矿项目（金矿储量 60 万盎司）、洛玛拉尔卡金矿项目（金矿储量 260 万盎司）以及圣卡洛斯帕南萨铜矿项目（铜矿储量 306 万吨）。截至 2018 年第三季度，上述五个项目共吸引投资 4.91 亿美元。

开采业（包括石油开采）占用劳动力比重 2007 年和 2017 年分别为 0.5% 和 0.4%，大致保持稳定。2007 年、2010 ~2017 年采矿业产值见表 4 –6。

表 4 –6　2007 年、2010 ~2017 年采矿业产值*

单位：美元

年份	2007 年	2010 年	2011 年	2012 年	2013 年
采矿业产值	5970124000	5957565000	6125351000	6283237000	6463206000

年份	2014 年	2015 年	2016 年	2017 年
采矿业产值	6889067000	6746922000	6877803000	6689089000

说明：* 以 2017 年价格计算。

资料来源：*Anuario Estadístico de América Latina 2018*，la Cepal。

三　电力工业

概述　厄瓜多尔的电力化始于 1897 年，两台功率为 12 千瓦的水轮发电机在洛哈市投入运行。20 世纪 30 年代，政府与美国电力公司签订协议，第一次引进国外技术为本国居民供电。1961 年，约 100 个城市拥有供电设施，全国共修建了 1200 个平均功率为 100 千瓦的水电站，居民用电率为 15%。同年 5 月，政府成立厄瓜多尔国家电力委员会，负责国家电力行业的计划、管理和监控。1966 年 8 月，政府公布全国电力规划，开始对全国供电系统、电站建设、资金使用等进行规划。但是自 1985 年起，由于进口关税和燃料价格的上升，政府将用于电力业的部分资金挪用到石油业，许多电站修建计划项目被取消或搁置，电力业发展一度停滞不前，对整个国家经济产生一定影响。进入 90 年代，随着拉美国家重建公共服务体系浪潮的推动，政府于 1996 年 10 月制定《电力行业管理法》，本着高效和竞争的原则，为私人资本和外国资本进入电力工业开放门户。管理法规定，允许私人和外国资本以股份公司的合作形式建立发电、配电公司。此举在一定程度上缓解了电力工业仅依靠政府投入资金不足的局面，电力工业得到发展。2007 年科雷亚政府上台后，着力解决长期困扰国民经济和生活的供电不足问题，同时，制定大力发展水电的战略计划，上马一批大型水电项目。目前这些工程已陆续竣工投产，彻底解决了电力供应问题。

电力工业管理体制 在 20 世纪 60 年代以前，厄瓜多尔的电力供应由各市政当局负责，因此管理比较混乱。当时，共有 1200 个电站，设备能力仅为 120MW。1961 年 5 月，国家颁布了电力化基本法，建立了厄瓜多尔国家电力化协会，并建立了全国联网供电系统。

厄瓜多尔国家电力化协会统一管理厄瓜多尔的电力工业，其下属有国家能源控制中心。国家电力委员会为国家电力部门的调控机构，国家能源控制中心主要负责管理电力批发市场的经营及技术、资本转让行为。

1999 年 5 月 31 日，根据一项法律，厄瓜多尔国家电力化协会宣布解散，成立 7 个股份有限公司，开始电力系统私有化进程。

科雷亚政府上台后，宣布电力为公共战略部门。成立电力和可再生能源部（Ministerio de Electricidad y Energía Renovable de Ecuador），并于 2010 年成立公共战略性企业厄瓜多尔电力公司（Empresa Pública Estratégica Corporación Eléctrica del Ecuador，CELEC E. P.），隶属于厄瓜多尔电力和可再生能源部。

该公司由瓜亚斯电力公司（Electroguayas S. A.，Hidroagoyán S. A.）、帕乌特水电公司（ Hidropaute S. A.）、埃斯梅拉达斯热电公司（Termoesmeraldas S. A.）、皮钦查热电公司（Termopichincha S. A.）和跨安第斯电力公司（ Transelectric S. A）等合并而成。厄瓜多尔电力公司是国营公司，致力于生产、输送、配电、商业运作、进出口电力。作为其战略计划，厄瓜多尔电力公司力图保障厄瓜多尔能源主权，通过扩大可再生能源来改变当前国家的能源结构和能源主体。

电力生产与消费 电力生产以火力和水力发电为主。火力发电主要燃料为石油。近几年来，利用国内丰富的水力资源发展水电，取得重大进展。2018 年总装机容量中，水电占 69.5%，热电占 30.21%，风电占 0.29%。2018 年厄瓜多尔电力公司总装机容量为 5754 MW，输电能力为 15748MVA。全国输电系统分 4 个区：西北区、东北区、西南区和东南区。有输电网络通达哥伦比亚和秘鲁。

2003 年 6 月，全国电力需求为 934.95MW，生产为 889.04MW。为了解决供电缺口，厄瓜多尔曾与哥伦比亚和秘鲁分别制定了电力地区一体化方案，从该国进口电力。电力供应不足导致大范围拉闸断电现象，严重影响国民经济和生活。在旱季时，国家最大的帕乌特水电站频繁发生供电不足现象。帕乌特水电站使用 8 个涡轮机组，装机容量为 800MW。在 2009 年 9 月至 2010 年 2 月居民停电时间每天甚至达 4 个小时。科雷亚政府加大电力生产投资。在热电生产扩容的同时，拨出巨资，上马一系列水电等可再生能源项目，推动电力能源结构向可再生能源转变。2010 年使用中国技术和资金开工建设科卡科多辛克雷水电站，其装机容量为 1500MW，是全国最大的水力发电站。一共 8 个涡轮，其中的 4 个在 2016 年已投入生产。2018 年德尔西塔尼萨瓜水电站投产。装机容量为 180MW，年发电量为 1.411 GWH。2019 年初，米纳斯圣弗朗西斯科水电站也将投产。

近年来，随着一批水电建设项目陆续竣工投产，厄瓜多尔的电力能源结构发生明显变化。2015～2018 年，在厄瓜多尔电力公司的总装机容量中，水电占比由 53.66% 提高到 69.5%，热电占比由 45.9% 下降到

30.21%。水电装机容量的扩大改变了电力能源结构，满足了国内的用电需求，使厄瓜多尔由电力进口国转变为出口国。2016年，厄瓜多尔开始向哥伦比亚出口电力，当年创收4000万美元。2018年12月，厄瓜多尔与哥伦比亚达成向哥伦比亚出口电力的协议，出口量达1365 GWH。

地热能源大多集中在活跃的火山地区，在这些地区，大量高温的岩浆位于约5000米深的储藏带。蒸汽或热气从地热储藏带冒出，通过蒸汽涡轮，可以用于工业生产和发电。全国共有17个地区可以开发地热能源。例如，在厄瓜多尔与哥伦比亚边境的奇雷斯-塞罗地区，两国正在探讨合作利用地热能源，建立发电站的可能性。

四 建筑业

2017年，建筑业产值约为60.98亿美元，占国内生产总值的比重为8.6%（见表4-7）。厄瓜多尔用于建筑业的公共投资占公共部门总投资的55%~60%，主要用于基础设施工程。

20世纪80年代末和90年代初，由于财政紧缩，公共预算削减，贷款缺少，投资不足，建筑业受到很大冲击。1989~1993年，建筑业萎缩20%。1994年，随着经济形势的好转和需求的迅速扩大，建筑业恢复活力。商业性设施和高档住宅建设、城市基础设施建设等迅速发展，当年建筑业增长率达5.3%。受经济衰退的影响，建筑业生产一直低迷不振，2015~2017年，增长率分别为-0.8%、-5.2%和-5.9%。2018年仍然未摆脱不景气状态。

表4-7 2007年、2010~2017年建筑业产值*

单位：美元

年份	2007年	2010年	2011年	2012年	2013年
建筑业产值	4016663000	4649097000	5465092000	6132321000	6586767000

年份	2014年	2015年	2016年	2017年
建筑业产值	6893456000	6838747000	6483336000	6098220000

说明：* 以2007年价格计算。

资料来源：*Anuario Estadístico de América Latina 2018*，la Cepal。

五 制造业

2007 年、2010～2017 年制造业产值见表 4－8，制造业在国民生产总值中的比重呈下降趋势。20 世纪 90 年代末期所占比重为 16%。2001 年和 2005 年分别为 15.0% 和 13.6%，2015 年和 2017 年均为 12.4%。

纺织业 纺织业在加工制造业中所占的比重为 19%，是仅次于食品及饮料类的第二大产业。纺织与服装加工业创造直接就业 2.5 万人，间接就业 10 万人。

早在殖民时期，厄瓜多尔的毛纺品就已享誉海外。16 世纪，厄瓜多尔初期的纺织工场建于圣米格尔德钦博。后来，在安第斯地区各省都建立了纺织作坊。生产的各种优质呢、粗呢和其他纺织品几乎可以同西班牙出口的纺织品媲美。在可可经济繁荣时期，开始建立现代意义上的纺织企业。后来，阿拉伯移民向纺织业投资，建立了达苏姆纺织集团和罕达尔纺织集团。

20 世纪 60 年代，随着新的工业技术和人工纤维材料的采用，纺织业开始现代化技术改造。与此同时，在瓜亚基尔产生了一些重要的纺织企业。大型的纺织企业有达苏姆、品托、菲兰班科、库利等。目前，24 家纺织企业控制着全国纺织行业 60% 的资产。纺织业生产主要集中在山区的皮钦查、通古拉瓦和阿苏艾三省。这三省纺织企业的数量占其全部纺织业的 86.7%。

自 1992 年厄瓜多尔实行关税改革以来，外部纺织品，特别是来自哥伦比亚和巴拿马的纺织品大量进入厄瓜多尔市场，本国纺织企业面临激烈竞争，被迫裁减工人。纺织业由于依赖原材料进口，生产受国际市场原材料价格浮动的影响很大。

食品饮料 是国家最早的工业部门，也是垄断性最强的生产部门。其中，诺沃亚公司是最大的食品生产企业。面粉加工企业主要有莫利内拉面粉加工厂和莫利诺斯面粉加工厂，它们控制了几乎全部的小麦进口。

主要的饮料生产企业有可口可乐公司、百事可乐公司等。另外还有昆卡的恩普罗公司、瓜亚基尔的因加塞奥萨斯公司和基多的因德加公司等。

后来，这3家公司组成一家联合生产集团，该集团有工人6000名，下有生产企业9家。该集团获得了罐装可口可乐公司产品的许可权，其产品行销全国各省，可口可乐公司监制该集团的产品。可口可乐公司控制着70%的厄瓜多尔饮料市场。

表4-8 制造业产值*

单位：美元

年份	2007年	2010年	2011年	2012年	2013年
制造业产值	7003937000	7765521000	8261467000	8599236000	8784903000

年份	2014年	2015年	2016年	2017年
制造业产值	8803002000	8731878000	8644676000	88221407000

说明：* 以2007年价格计算。

资料来源：*Anuario Estadístico de América Latina 2018*，la Cepal。

第四节 石油工业

一 概况

厄瓜多尔是拉丁美洲的重要产油国，石油输出国组织成员国。全国石油储量丰富，已探明的可开采储量有45亿桶。石油业一直在国民经济中占有举足轻重的地位，石油及石油制品是厄瓜多尔出口的主要组成部分，石油收入是政府财政收入的主要来源。

石油勘探活动始于20世纪初。国家东部地区的石油勘探始于1921年。当时美国纽约伦纳德开发公司获得了面积为2.5万公顷区域为期50年的租让权。1924年，英国厄瓜多尔石油有限公司在圣埃莱纳半岛最早发现了石油，并很快投入开发。1926年日产油量为1226桶。1964年，得克萨斯-海湾（Texaco Gulf）公司获得了150万公顷土地的租让权，1967年钻出了第一口产油井——拉戈阿格里奥1号井，1969年，又打出了几口产油井。20 世纪 70 年代，亚马孙地区开始进行大规模石油开采，厄瓜多尔一跃成为世界主要石油输出国之一。外国资本大量进入厄瓜多尔石油业，控制了 400 万公顷的油田区。1972 年，厄瓜多尔国家石油公司（Corporación Estatal Petrolera Ecuatoriana，CEPE）成立，1974 年 7 月 6 日，厄瓜多尔国家石油公司收购了得克萨斯－海湾公司 25% 的股份，建立了新的厄瓜多尔国家石油公司——得克萨斯－海湾联合公司。1976 年因得克萨斯－海湾公司经营出现问题，国家进行了干预，控制了该公司 62% 的股份（1993 年，杜兰·巴连总统决定撤出国家在该公司拥有的股份）。1989 年，厄瓜多尔国家石油公司改组为厄瓜多尔石油公司（Petroecuador），下属几个分公司：石油生产公司、石油工业公司（Petroindustrial）、石油贸易公司和亚马孙石油公司。石油生产公司负责沿海和东部地区油田的勘探和生产。石油工业公司负责燃料油和其他各种石油制品的生产。石油贸易公司负责燃料油的国内销售。厄瓜多尔石油公司经营效益较高，其中石油生产公司是厄瓜多尔石油公司的骨干企业，石油勘探占全国的 70%，原油生产占全国的 65%。厄瓜多尔石油公司在管理、融资和经营方面有自主权，其赢利的 90% 上缴国库，另外 10% 用于自身的建设和发展。

从 1972 年起，随着东部亚马孙雨林地区一系列油田的发现，厄瓜多尔的石油业得到了快速发展，1980 年石油产量增至 7477 万桶。80 年代，石油生产进入了一个稳定增长的时期。1987 年虽然石油产量曾因为地震出现大的滑坡，但石油业很快就从这一自然灾害的影响中恢复过来，整个 80 年代石油产量年均增长率达到了 3.3%。进入 90 年代后，为了增加资金投入和技术更新，政府对有关法律框架进行了调整，允许私人资本和外国资本以提供服务、技术支持和承租的方式进入石油业，使石油生产在 90 年代初有了较快的增长。但随着 1995 年厄瓜多尔与秘鲁边境冲突的爆发和随后几年国内政治和经济形势持续不稳定，石油业的发展又再度陷入半停滞状态，尤其是石油公司，在 1995 ~ 1999 年连续 5 年滑坡。此后，石油生产基本稳定，但没有大的发展。

厄瓜多尔国内汽油消费价格低廉。截至 2018 年 12 月，尽管厄瓜多尔将该国消费量最高的 Ecopaí 和 Extra 汽油价格从每加仑 1.48 美元上调至 1.85 美元，但仍远低于 4.19 美元/加仑的全球汽油平均价格，且由于厄实施燃料补贴政策，汽油价格也低于邻国哥伦比亚（2.81 美元/加仑）和秘鲁（4.11 美元/加仑），继委内瑞拉之后，为拉美地区汽油价格第二低的国家。委内瑞拉为每加仑 0.03 美元。

二 石油政策

20 世纪 80 年代以后的历届政府力图将厄瓜多尔石油公司和石油生产实行私有化，制定一系列石油法律，提供优惠条件，包括低税收政策吸引私人和跨国公司直接参与勘探和开采。厄瓜多尔石油公司采用联合经营的方式与私人资本进行合作，以便增加石油产量和扩大储量。在杜兰·巴连时期，政府颁布了公共部门预算法，取消了厄瓜多尔石油公司的金融自治权，并将这一职能交给经济和财政部。与此同时，政府还修改了石油法，鼓励私人资本特别是外国资本参与石油的勘探、开发、运输、储存、冶炼和销售，建立参与边远油田合同制度。

1995 年，政府修改了未期满的联合参与合同，将合同有效期延长 20 年。另外，还修改了参与比例，使私人公司获得 81.5% ~87.5% 的收益，国家获得 12.5% ~18.5% 的收益分成，并对国内市场的石油销售实行非调控化。布卡拉姆政府把原来的服务租让法（根据服务租让法，国家是石油生产 100% 的业主）改为参与法，使私人公司成为石油生产的主要业主。据此，西班牙和阿根廷等国的石油公司获得了石油生产 81.5% ~87.5% 的控股权，其余股份由国家持有。智利伊纳普公司与厄瓜多尔签订合同，承诺向帕拉伊索、比古诺、瓜奇托和马乌罗达瓦洛斯油田投资 8000 万美元。

诺沃亚政府修改了石油法，把重油输油管道的建设和经营权交给了与国家有勘探和开采合同的外国石油公司。古铁雷斯政府继续促进石油业私有化政策，将正在由厄瓜多尔石油公司建设的几个油田转让给了外国公司。另外，政府、能源部放弃了共同管理合同方式，转而采取联合参与和特殊服务合同方式，以便私人部门参与厄瓜多尔石油公司经营的油田。

为了吸引投资，政府多次组织石油开采招标，将石油开采分为区块，最大区块为20万公顷，区块下分地块。出售方式为每一地块规定日产油量为1.2万桶，进行公共招标，每个中标企业最多可得到两个地块。

规模最大的生产区是舜舒菲恩蒂、萨查、阿乌加、利贝塔多尔和科诺纳克。2003年仅钻探了7口新油井。2002年钻探了18口油井。在第9轮石油招标中，已举行了几次招标会，以便勘探和开发新的储区。估计新储区的储量为119万桶。

科雷亚政府时期，政府放弃了新自由主义经济政策和私有化政策，石油产业作为国民经济的命脉，国家加强了控制。国营的厄瓜多尔石油公司起着日益重要的作用。在原油生产中它所占比重由2005年科雷亚政府上任前的36.55%扩大到2016年科雷亚政府卸任前的78.78%。

科雷亚政府与石油和能源跨国公司重新进行谈判，改变了合同模式，由参股合同改成提供服务合同。合同规定，厄瓜多尔享有石油资源产权，跨国公司仅提供开采服务。在跨国公司的石油开采中，国家获得利润收入的80%，石油跨国公司获得20%。

2012年底，政府曾对东南部省份16个区块进行招标，并以支付固定服务费的形式与投资者签订服务合同。由于缺乏区块石油蕴藏量等信息，且服务合同条款较为苛刻，最后仅有一个区块成功签约。2017年10月政府宣布，2018年第一季度将采取新合同模式，重启对东南部区块的招标，并承诺为投资者提供充分的信息。2015~2017年投资目录中共包括13个区块，投资额约为12.5亿美元，投资方可根据每个区块的具体情况与政府洽谈合同。

外国公司在厄瓜多尔石油业中占有重要比重。在厄瓜多尔经营的主要外国石油公司有阿根廷的YPF公司，美国的CITY公司、OCCIDENTAL公司、KEER Mc.GEE（ORYX）公司、VINTAGE（ELF）公司，意大利的ARCO公司，等等。

三　石油生产、出口和加工

石油生产　厄瓜多尔的原油生产主要集中在东部亚马孙雨林地区，另外在瓜亚斯省西部半岛地区和瓜亚基尔湾也有少量油田分布。国内处于生产状态的油井少数为自流井，大部分为动力提升井。

厄瓜多尔的原油生产发展比较缓慢。原油总产量2005年约为1.98亿桶，2017年基本与此持平（见表4-9）。2000年全国原油日均产量为40万桶，2017年为53万桶。

表4-9 2010~2017年厄瓜多尔原油生产情况

单位：桶

类别	2010年	2011年	2012年	2013年
总产量	177422000	182357000	184323000	192119000
公共企业	109944000	130528000	133656000	144921000
私人企业	67478000	51829000	50667000	47198000
类别	2014年	2015年	2016年	2017年
总产量	203142000	198230000	200711000	193929000
公共企业	157976000	154308000	158118000	152092000
私人企业	45166000	43922000	42593000	41837000

资料来源：*Anuario Estadístico de América Latina y el Caribe 2018*，*la Cepal*。

作为石油输出国组织成员国，原油生产受到该组织协议的影响。2017年1~10月，受减产协议的影响，厄瓜多尔原油减产580万桶。该减产协议于2017年1月正式开始执行。石油输出国组织为厄瓜多尔设定的日产量上限为52.2万桶。减产取得了预期的效果，厄瓜多尔石油公司公布的数据显示，2017年10月，厄瓜多尔原油出口价格已由年初的43.89美元/桶升至50.44美元/桶，涨幅达15%。原油价格的增长弥补了减产对出口收入造成的不利影响。

1999年厄瓜多尔建立了石油稳定基金。2000年的有关法律规定，当石油收入超过国会规定的国家总预算的数额时，超过部分纳入该项基金。

原油出口 原油出口是厄瓜多尔传统的出口项目，是出口收入的第一大来源。原油出口收入随国际市场原油价格波动，起伏较大。2000年出口收入为21.44亿美元，2001年下跌到17.22亿美元。2008年提升到105.68亿美元后，次年陡降到62.84亿美元。2014~2016年，受国际市场价格波动影响，原油出口收入由130.16亿美元下降到50.54亿美元。

2017 年为 61.9 亿美元。

厄瓜多尔出口原油的 API 平均值为 25.0，含硫量为 1.2%。出口销售方式以招标方式进行，一年一次，主要出口目的地是美国、韩国、南美地区、中美洲和加勒比地区。

石油加工　厄瓜多尔生产的原油，除大部分直接出口外，也有一部分用于生产燃料油等石油制品。石油加工产品主要有汽油、柴油、石油溶剂、柏油和天然气（LPG）等。

全国主要有 3 个炼油厂，由石油工业公司经营和管理，它们是埃斯梅拉达斯炼油厂，日炼油能力为 11 万桶；里贝尔塔德炼油厂，日炼油能力为 4.5 万桶；舜舒菲恩蒂工业综合企业，日炼油能力为 4.6 万桶。另外，在拉戈斯阿格里奥市还有一个规模较小的炼油厂，日炼油能力为 1000 桶。①

2016 年和 2017 年，原油加工总量分别约为 7457.4 万桶和 7771.9 万桶（见表 4 - 10）。主要产品为液化石油气、汽油、柴油、航空燃油和精炼处理后的石油制品（燃料油、粗挥发油和柴油等）。

表 4 - 10　2010 ~ 2017 年厄瓜多尔石油公司加工产品

单位：桶

类别	2010 年	2011 年	2012 年	2013 年	2014 年	2015 年	2016 年	2017 年
总加工量	61886000	70645000	71566000	69649000	65986000	66184000	74574000	77719000
4 号汽油	8907000	9850000	9048000	8818000	9067000	8698000	6872000	8250000
粗挥发油	9443000	10571000	8238000	6203000	1342000	2788000	11439000	13686000
2 号柴油	7962000	11103000	5594000	6943000	6432000	5696000	5795000	6052000
特号汽油	12616000	14793000	17133000	18593000	19449000	18461000	17624000	13373000
液化石油气	1991000	2530000	2674000	2604000	2005000	1522000	2872000	2921000
其他	20967000	21798000	28879000	26488000	27689000	29019000	29971000	33437000

资料来源：*Anuario Estadístico de América Latina y el Caribe 2018*，la Cepal。

① Lola Vázquez y Napoleón Saltos：*Ecuador：Su realidad 2004 - 2005*，Fudación "José Peralta"，Décima Segunda edición，página 203，Quito，Ecuador，2004.

四　石油运输

厄瓜多尔原油运输系统由两部分组成，一个是跨厄瓜多尔输油管道系统（el sistema del oleoducto transecuatoriano，SOTE），另一个是跨安第斯输油管道（Oleoducto Transandino，OTA）。东北部各区的原油开采出来后，先集中到东北部石油城市拉戈阿格里奥，然后通过跨厄瓜多尔输油管道系统和跨安第斯输油管道两条管道输送到太平洋沿岸的出口港口。东南部各区的原油直接通过跨厄瓜多尔输油管道系统的维利亚诺支线注入该管道系统。

跨厄瓜多尔输油管道系统是厄瓜多尔石油运输的中枢系统，也是全国原油外运的最重要的管道。该输油管道拥有 5 个输油站、4 个减压站、1 套废水处理系统、1 套自动监测和数据记录电子系统以及 1 套电台和电视台一体化系统。1970 年 7 月 17 日开始修建，1972 年 6 月竣工。管道直径为 55 厘米，全长 503 公里，从拉戈阿格里奥输油站贯穿全国抵达埃斯梅拉达斯巴拉奥石油港口。巴拉奥港输油管道终端的输油站可以为 10 万吨油轮输油。近年来，通过跨厄瓜多尔输油管道系统输送的原油占全国原油输送总量的 90% 以上。2000 年厄瓜多尔对跨厄瓜多尔输油管道系统进行了一次技术改造以提高其运输能力，目前该管道系统每天可以运送原油 39 万桶。

跨安第斯输油管道将厄瓜多尔石油公司的石油从厄瓜多尔的拉戈阿格里奥输送到哥伦比亚的奥里托，然后运送到哥伦比亚的图马科港，最后装船运送到厄瓜多尔的圣埃莱纳半岛。管线全长 26 公里，日输油能力为 4.5 万 ~6 万桶轻油，这条管线为里贝尔塔德炼油厂运送原油。跨安第斯输油管道占全国输油总量的 10%。

重油输油管道（El Oleoducto de Crudos Pesados）包括输油管、储油设备、加油泵等。全长 503 公里，连接新洛哈和巴拉奥，然后与跨厄瓜多尔输油管道系统并行，向基多北部伸展，日输油能力为 5.2 万桶。

第五节　交通与通信

一　交通运输

公路　公路和汽车是厄瓜多尔最主要的交通运输设施。现有公路4.32万千米。在科雷亚政府时期，政府上马多项公路建设工程，并拨出巨款和利用贷款维修现有公路，显著提高了公路网的质量。

全国登记车辆由2008年的918908辆增加到2015年的1925368辆。在2015年全部车辆中，私人车辆占92.4%，出租用车辆占5.8%，国有车辆为1.5%，其他车辆为0.3%。在全国登记车辆中，雪铁龙占28.8%，铃木占7.0%，丰田占6.6%，现代占6.4%，马自达占5.6%，尼桑占4.8%，起亚占4.0%，福特占3.2%，大众占2.0%，日野占1.9%，鑫源占1.9%，其他占27.9%。

地铁　目前在建项目为基多地铁，为全国第一个地铁建设工程。该项目于2011年列入基多城市基础设施发展规划，地铁规划全长22.8公里，项目总金额约20亿美元。基多市政府计划承担12.5亿美元，中央政府提供7.5亿美元。美洲开发银行、世界银行、安第斯开发银行和欧洲投资银行为其融资。美洲开发银行融资最多，占项目总资金的79%。地铁项目施工点71处，完成项目工作64%，预计2019年下半年正式运行。

铁路　铁路运输不发达。铁路全长965公里，主要由一条由北向南沟通基多和瓜亚基尔的干线组成。由于受公路运输的激烈竞争和缺乏投资，铁路运输不景气，铁路建设基本处于停滞状态。

铁路系统分为中部、沿海、北部和南部分局。2012年中部地区铁路分局载客量为28955人次，沿海地区分局为17542人次，北部地区分局为19223人次，南部地区分局为58422人次。2015年中部地区铁路分局载客量为23714人次，沿海地区分局为16784人次，北部地区分局为19118人次，南部地区分局为23714人次。

海运 全国拥有4个主要港口：瓜亚基尔、埃斯梅拉达斯、曼塔和玻利瓦尔港。瓜亚基尔港为全国最大港口。埃斯梅拉达斯港是运输石油的重要港口，也是香蕉出口的港口。曼塔港是咖啡和可可的出口港。玻利瓦尔港是香蕉出口的中心。曼塔和玻利瓦尔港也进行各种贸易和旅游活动。厄瓜多尔拥有一支由8艘油船组成的石油船队，另有2家私人海运公司。2015年全国海运吞吐量为43880175吨。其中，瓜亚基尔占39.7%。

航空 全国主要的国际机场为基多和瓜亚基尔机场。另有17个国内航线的民用机场。厄瓜多尔航空公司为国营。私人航空公司有2家。另有属于空军管辖的塔米航空公司。2015年国际航空客运人数进港和出港分别为1962663人次和1951106人次。国际航空客运主要集中于基多和瓜亚基尔两个航空港。2015年，基多国际客运进港和出港分别占全国总量的61.6%和57.9%。瓜亚基尔分别占37.3%和41.0%。2013～2015年，全国航空货运入港量分别为25798吨、25771吨和25693吨。同期全国航空货运出港量分别为85888吨、84549吨和74010吨。2015年基多货运入港和出港占总量的比重分别为71.3%和82.5%，瓜亚基尔分别为26.5%和9.6%。

二 电信

概述 1871年，莫雷诺政府把连接巴拿马和秘鲁的海底通信电缆延伸到厄瓜多尔，并于1894年开通了这项业务。1920年厄瓜多尔建立了无线电电报和电台电报通信业务。1943年创建了厄瓜多尔国际电台公司。1945年厄瓜多尔政府和昆卡市政府与瑞典埃里克森公司签署合同，在基多、瓜亚基尔和昆卡建立自动电话中心站。1949年第一座城市自动电话中心站在昆卡投入使用，共有150条电话线。1950年基多的城市自动电话中心站也投入使用，共有3000条电话线。1953年瓜亚基尔的中心站也投入使用。

1967年国家对电台和电报公司进行调整，建立了国立电信公司（Empresa Nacional de Telecomunicaciones，ENTEL）。全国共建立3套重要的电信系统：陆地电信站、微波电信主体网和全国电信网。1972 年国家颁布电信基础法，建立统一的全国电信服务系统，统归厄瓜多尔电信局管理（Instituto Ecuatoriano de Telecomunicacióńes，IETEL）。1992 年又颁布一项新法律，把厄瓜多尔电信局改造成国家电信公司（Empresa Estatal de Telecomunicaciones，EMETEL）。1996 年国家电信公司又改造成为有限公司，成为国家电信有限公司。现在，该公司拥有两个分公司：ANDINATEL 责任有限公司和 PACIFICTEL 责任有限公司，分别负责固定电话业务和向私人公司租让移动电话业务。

1995 年 8 月，政府修改电信特殊法律，调整了电信部门，规定私人部门可以参与国家电信公司。根据这部法律，创建了全国电信委员会（Consejo Nacional de Telecomunicaciones，CONATEL），作为电信部门的协调机构；建立了全国电信秘书处，作为执行电信政策的机构；还建立了电信监察总署（Superintendencia de Telecomunicaciones，SUPTEL），作为全国电信业务监控机构。这些机构负责监察电台和电视宣传、固定电话、移动电话、电信总机系统等的经营。另外，卫星音像数据传播服务被租让给几个私人公司，而光纤电缆服务尚属国营业务。2004 年全国共有固定电话用户 156.7 万家，手机用户 294.9 万家。

泛美海底电缆使用的是光纤电缆，铺设在太平洋海底，从智利南部的阿利查至大西洋，全长 7500 公里，它可以比卫星或微波更快的速度传输音像和数据。从萨利纳斯至瓜亚基尔的泛美海底电缆的使用权被租让给了西门子和阿尔卡特两个公司。

厄瓜多尔是安第斯共同体卫星通信合作的受益者。安第斯共同体制定并正在实施建立安第斯“西蒙·玻利瓦尔”卫星站计划。这一想法产生于 20 多年前，近年开始实施。为此成立了安第斯卫星通信公司，由它与阿尔卡特公司协调这一合作计划。根据这一计划，安第斯国家可以使用其卫星系统。9 家厄瓜多尔投资集团参与了这项计划。

互联网与互联互通 最大的 10 家互联网服务公司覆盖了全国 78.5% 的用户。最近，ETAPA、Impsatel 和 Cyberweb 公司正在执行一项计划，通过使用宽带网，把安第斯地区所有的互联网公司连接起来。[①]

目前，厄瓜多尔拥有两家大的手机通信公司，波尔塔公司和南贝尔公司。它们占领了全国大部分手机用户市场。

为了加快网络的互联互通，厄瓜多尔制定了《软件法》，将软件技术纳入工业政策支柱的框架内，通过科技进步优化各个领域，融合资源从而提高生产效率，推进工业智能化方面的国际合作和投资。努力于 2018 年末前实现制造业 4.0 的构想。制造业 4.0 意味着整合客户资源，与客户形成最大化的联系。它不仅代表科技的高新发展，还反映消费者的不同需求，并通过连接虚拟与现实满足消费者需求。

第六节 旅游业

凭借得天独厚的地理环境、自然景色和人文历史条件，厄瓜多尔的旅游业获得了较大的发展，与石油、侨汇和香蕉出口一道构成国家四大创汇部门。全国有 50 多万人直接或间接从事旅游业。接待外国游客人数由 2002 年的 65 万人次上升到 2015 年的 154.4 万人次。2016 年为 141.3 万人次。[②] 游客主要来自美国、欧洲特别是德国、拉美国家特别是哥伦比亚等。全国共有 600 多家旅行社，300 多个旅游办事处。外国游客在厄瓜多尔旅游的人均消费是 43 美元/日。国内旅游同样十分重要，24% 的人口利用假期外出游玩，62% 的人因出差旅行。基多同北京相差 13 个小时，国际电话区号为 593。

2010 ~ 2014 年，厄瓜多尔接待外国游客数量增长 48.7%，据拉美各国增长之首。2014 年，在厄旅游部发起的“一切尽在厄瓜多尔”旅游宣传活动的推动下，全年人境外国游客数量突破 150 万人次。然而由于科托帕希火山发生强烈喷发和地震，美元升值拉动旅游成本提高，2016 年接

① Lola Vázquez y Napoleón Saltos: *Ecuador: Su realidad 2004 – 2005*, Fudación “José Peralta”, Décima Segunda edición, página 235, Quito, Ecuador, 2004.

② http://ec.mofcom.gov.cn/article/jmxw/201702/20170202514604.shtml.

待外国游客数量比2015年下降了8%。厄瓜多尔是美元化国家，美元升值，导致赴厄旅游成本大幅提高。而哥伦比亚比索、秘鲁新索尔则相应贬值，希望体验亚马孙雨林风情或安第斯印加古文明的游客，更倾向于选择其他两国，甚至厄瓜多尔本国居民也利用强势美元的利好条件，纷纷走出国门。

2016年旅游业直接收入为20.33亿美元，占国内生产总值的2%，较2007年1.83%有所提升，但据官方数据显示，自2014年第三季度起，厄瓜多尔住宿和餐饮服务收入连续下滑，反映出旅游业遇到的困难形势。①

为尽快重振旅游业，厄瓜多尔旅游部门加强协作，共同探讨新的发展战略，以期吸引更多游客。重点措施是进行优惠促销。厄瓜多尔旅游行业协会表示，昆卡等旅游热门目的地会员酒店考虑给予客人最高50%的折扣或满两晚送一晚的促销；受地震影响的马纳维省和埃斯梅拉达斯省，已开始住宿和餐饮给予15%～20%的折扣，希望吸引游客造访。

随着中国与厄瓜多尔关系的全面发展，越来越多的中国公民赴厄瓜多尔出差，探亲访友，或专门旅游。两国不断简化签证办理手续，为中国公民赴厄提供便利条件。根据厄瓜多尔方面的规定，从2016年3月1日起，赴厄瓜多尔旅游、探亲或从事非营利性活动的中国公民可免签入境，一次可停留90天。

第七节　财政金融

一　财政

厄瓜多尔的财政年度与日历年度一致。在政府每年公布的财政收支表中，财政收入可分为两大类：石油收入和非石油收入。非石油收入主要来

① http://ec.mofcom.gov.cn/article/jmxw/201709/20170902637356.shtml.

源于税收。财政开支根据支出的资金分类分列，其中包括政府机构、教育和文化、卫生和社会发展、债务支付等项。

为控制国家财政赤字和公共债务，厄瓜多尔《货币金融法》规定，公共债务不得超过国内生产总值的40%。如政府进行新的借款，须经议会批准，并需提交一份财政可持续发展计划，计划中应包括减少赤字的财政预算政策。

2015 年，中央政府财政收入 203.44 亿美元，财政支出 241.49 亿美元，赤字 38.05 亿美元（见表 4 - 11）。自 2014 年下半年以来，国际市场原油价格大幅下跌，对国家财政收入产生明显负面影响。2015 年，实现税收收入 155.88 亿美元，石油收入 22.64 亿美元，分别占财政收入的 76.6% 和 11.1%。①

由于历届政府实行扩张性财政政策，国家财政支出始终处于赤字状态，且财政赤字逐年增加。2018 年财政赤字 33.33 亿美元。这是继 2008 年财政盈余之后，连续第 10 年财政赤字。2014 年财政赤字曾高达 63.74 亿美元，为近 10 年最高值。

分析人士指出，激进的公共投资政策导致经常性支出增加，进而使得财政赤字上升。2014 年原油价格下跌，厄政府没有进行政策调整，而是选择举债来填补石油收入。

表 4 - 11 2010 ~ 2017 年厄瓜多尔中央政府财政收支

单位：百万美元

类别	2010 年	2011 年	2012 年	2013 年	2014 年	2015 年	2016 年	2017 年
总收入	15076	17198	19523	20400	20381	20344	18556	18170
经常性收入	15076	17198	19523	20400	20381	20344	18556	18170
税收收入	8794	9765	12255	13668	14460	15588	14017	14078
非税收收入	6282	7433	7268	6732	5921	4756	4538	4092
资本收入	—	—	—	—	—	—	—	—
外部捐赠	—	—	—	—	—	—	—	—

① http://ec.mofcom.gov.cn/article/ztdy/201605/20160501321402.shtml.

续表

类别	2010 年	2011 年	2012 年	2013 年	2014 年	2015 年	2016 年	2017 年
总支出	16207	18435	21240	25861	26794	24149	24103	24310
经常性支出	9775	10399	11996	14276	14981	14484	14514	15629
工资支出	6017	6466	7353	7897	8359	8761	8870	9140
采买支出	1095	1279	1658	2035	2491	2409	1935	2139
利息支出	530	673	828	1169	1397	1759	1938	2481
其他经常性转移	1291	998	1257	1511	1737	863	1028	1155
其他经常性支出	843	983	900	1664	998	691	742	715
资本支出	6432	8035	9244	11586	11812	9665	9590	8681
实际投资	3896	5209	6191	8538	8309	5542	6105	5086
资本转移	2399	2668	2724	3048	3482	4108	3091	3226
其他支出	136	159	328	—	22	16	394	369
基础性收支	-602	-563	-889	-4293	-5016	-2045	-3609	-3660
总收支	-1131	-1236	-1717	-5461	-6413	-3805	-5548	-6140

资料来源：*Anuario Estadístico de América Latina y el Caribe 2018*，la Cepal。

二　税收

凡居住在国内的个人和企业，在全球范围经营的收入及利润都要进行申报并交税；在外国居住或经营的个人和企业，也要进行申报并交税。负责执行税收政策和征税的部门为国内税务局。税法规定了主要的税种。厄瓜多尔中央政府税收收入情况见表 4 - 12。

所得税　分为企业所得税和个人所得税。企业所得税征税期为每年一次，指企业每年 1 月 10 日至 12 月 31 日经营活动所得。所得税为中央政府税，地方政府不能再征收所得税。征税范围为企业生产经营所得及其他收入。但以下收入可免征所得税：税后所得及退税收入，临时性投资不动产、股票及合伙经营收入，投资基金、商业信托所得收益，保险赔偿所得，外国石油公司在与政府签署石油勘探、开采服务合同后所进行的非货币性投资收益等。

企业所得税税率主要有三种。第一种是普通公司税率。第二种是石油企业税率。第三种是遗产、捐赠税。

税法规定，厄瓜多尔公民及在境内合法工作的外国人均需缴纳个人所得税。2019 年年收入达 11310 美元以上或月收入达 942.5 美元以上的自然人须缴纳个人所得税。确定纳税收入时，个人社会保障金、退休金及抚恤金、慈善性捐款等均属于从收入中扣除的款项。个人所得税为累进制税，计税时，根据收入多少而变化。

增值税 在厄瓜多尔境内销售货物、进口货物以及提供各种服务行业的企业或个人均应缴纳增值税。增值税由中央政府进行征收。增值税征税期为每月一次。税率为 12%。

表 4-12 2000 年、2005 年、2010～2017 年厄瓜多尔中央政府税收收入情况

单位：百万美元

类别	2000 年	2005 年	2010 年	2011 年	2012 年	2013 年	2014 年	2015 年	2016 年	2017 年
税收总额	1863	4406	10020	11158	13516	14961	15842	16860	15473	16149
直接税收	296	1285	3668	4110	3641	4230	4558	5209	5124	4773
所得利润收入	267	1223	3000	3148	3307	3838	4150	4705	4315	4287
个人缴纳	10	27	554	837	113	161	177	192	224	180
企业缴纳	53	342	91	217	851	1023	1121	1575	1377	1074
其他	204	854	2355	2094	2344	2654	2851	2938	2714	3033
财产税	29	62	668	961	334	392	408	504	809	486
其他直接税	—	—	—	—	—	—	—	—	—	—
间接税	1567	3120	6336	7026	9810	10715	11224	11611	10281	11297
普通采购	923	2194	3855	4202	5415	6056	6376	6352	6042	6817
特殊采购	89	380	958	1176	1975	2082	2231	2139	1641	1915
国际转移	217	547	1152	1156	1261	1352	1357	2026	1633	1468
其他	339	—	371	491	1160	1225	1260	1094	965	1098
其他间接税	—	—	16	22	64	16	60	39	68	78
社会安全	228	1109	2549	3971	4752	4547	4718	5055	4741	4742
税收总额（包括社会安全）	2091	5515	12569	15129	18268	19508	20560	21915	20214	20891

资料来源：*Anuario Estadístico de América Latina y el Caribe 2018*，la Cepal。

三 金融

全国共有300多家金融机构，其中有31家大银行。90%的金融资产掌握在10家金融机构手中。

20世纪90年代初，厄瓜多尔的银行系统比较混乱。货币当局曾允许各种机构，包括银行、金融公司、商业中介公司、合作社、租赁公司等吸纳居民的储蓄存款。很多银行为了逃避税收和获取外汇，把在国内的很多经营活动列入国外的分支机构或与外部合资的企业名下。另外，金融立法不足，银行监控制度差。这就使得金融银行系统缺乏实际的控制。1993～1994年，在美洲开发银行的支持下，厄瓜多尔采取措施改善金融监控，调整金融银行系统的结构。1994年5月颁布的金融机构法对银行及其他金融机构的职能、筹资方式等做出了较详细的规定，为加强金融监控打下了较好的法律基础。

2017年5月至2018年5月，厄瓜多尔银行业贷款增速22%，至2018年5月贷款额超240亿美元。同期，存款增速7.8%，至2018年5月存款额为274亿美元。①

中央银行 1925年，厄瓜多尔开始组建发行国家货币的国家银行。1926年6月26日，建立了货币发行和清偿中央局，负责承认货币支付手段和批准纸币的发行。1927年8月10日，厄瓜多尔中央银行宣布成立。同年8月25日，中央银行在瓜亚基尔开设了瓜亚基尔总支行。1948年，政府颁布货币制度法和国际兑换法，进一步完善了中央银行的职能。1992年，颁布货币制度和国家银行法，中央银行获得通过公开市场行动干预金融制度的权力，增强了控制货币贬值的能力。

在2000年实行美元化政策后，中央银行的金融货币职责和权力显著缩小。2001年6月13日，政府颁布了新的中央银行机构法。该法规定中央银行的职责是制定政策和战略，稳定国家经济形势，促进经济发展，执行国家货币制度，运作外汇储备和公共金融资产，承担国家财政

① http：//ec. mofcom. gov. cn/article/jmxw/201806/20180602756897. shtm.

和金融代理人的角色。2008 年宪法取消了中央银行享有的自治权。

厄瓜多尔的主要银行和金融机构有：国家银行，1979 年成立，位于基多；国家发展银行，1928 年成立，位于基多，下属 70 个分行；国家金融公司，1964 年成立，位于基多；亚马孙银行，1976 年成立，位于基多；安第斯银行，1973 年成立，位于基多，隶属波哥大银行，下属 11 家分行；农业畜牧业信贷银行，1949 年成立，位于基多；厄瓜多尔合作银行，1965 年成立，位于基多，下属 4 家分行；国际银行，1973 年成立，位于基多，下属 7 家分行；厄瓜多尔人民银行，1953 年成立，位于基多，下属 6 家分行；COFFIEC 银行（Banco COFFIEC），1966 年成立，位于基多，前身为厄瓜多尔金融发展公司。基多股票交易所成立于 1969 年。

货币和汇率 厄瓜多尔现行货币为美元。2000 年 1 月实行经济美元化，流通本币苏克雷于同年 9 月退出流通领域，由美元取代。厄瓜多尔硬币为本国发行，单位也称美元。实施经济美元化政策，用美元替代本国货币有效抑制了通货膨胀，实现和保持了经济、货币金融的稳定，为经济增长提供了有利条件。但是美元化政策也导致竞争力下降、出口乏力、经济活力受到抑制、国家失去干预金融和经济的货币手段等弊端。

四 公共债务

根据厄瓜多尔财政部公布的数据，截至 2018 年 7 月底，厄瓜多尔公共债务累计达 484.09 亿美元，其中内债为 139.50 亿美元，外债为 344.59 亿美元。厄瓜多尔政府内债中发行长期债券 131.87 亿美元，占内债总额的 94.53%。厄瓜多尔政府外债中银行债券为 185.26 亿美元，国际债券为 86.58 亿美元，分别占外债总额的 53.76% 和 25.13%。①

近年来，由于石油出口收入显著增加，税收收入也明显增加，财政赤字略有下降，但是公共债务占国内生产总值的比重仍然由 2016 年的 38.5% 上升到 2017 年的 45.1%。2018 年 5 月，公共债务占国内生产总值的 52.54%，超过了法定 40% 的上限。根据厄瓜多尔审计署的报告，厄瓜

① http://ec.mofcom.gov.cn/article/jmxw/201808/20180802778274.shtml.

多尔公共债务于2016年底就已上升到505亿美元，占国内生产总值的52.54%，超法定40%上限12.54个百分点。厄瓜多尔审计署建议财政部提交保障公共资源合理使用与债务可控的财政计划。但政府并不认可审计署的数据，根据政府报告统计，截至2017年12月31日，不含预售石油、国库券、公债等项目的公共债务总额为326.36亿美元，占国内生产总值的32.5%。两方面数据存在较大差距。

在外部筹资方面，在国际证券市场3次发行债券，总额为45亿美元，另外亚马孙石油公司发行证券9.7亿美元。外债总额占国内生产总值的比重由2016年的25.0%上升到2017年的30.8%。国内债务由2016年的12.6%上升到2017年的14.3%。

受两大因素影响，下半年国家公共债务规模仍将继续扩大。一是政府需将石油预售和央行债务纳入核算范围，国家公共债务将飙升至505.25亿美元，占国内生产总值的比重达48.6%。二是由于厄瓜多尔财政资金缺口达95亿美元，政府将继续在国际市场上发行国债。截至2019年1月，公共外债总额为507.76亿美元。

第八节　对外经济关系

一　对外贸易

对外贸易在厄瓜多尔经济中占有重要地位。2017年，厄瓜多尔进出口总额为391.32亿美元（见表4－13）。厄瓜多尔与90多个国家和地区有贸易往来。

表4－13　2010～2017年厄瓜多尔进出口总额

单位：百万美元

类别	2010年	2011年	2012年	2013年	2014年	2015年	2016年	2017年
出口	17490	22322	23765	24751	25724	18331	16798	19122
进口	20591	24438	25477	27021	27726	21518	16324	20010

资料来源：*Anuario Estadístico de América Latina 2018*，la Cepal。

20 世纪 90 年代以来，厄瓜多尔实行贸易开放政策，降低关税，简化进出口手续，促进出口商品多样化和出口市场多样化，对外贸易有了较大的发展。为了培养国家品牌，扩大出口，2018 年初厄瓜多尔宣布把可可、香蕉、大虾、鱼肉、鲜花和巴拿马草帽冠以行业商标出口，作为对出口产品的制造工艺、环保等标准的认证。香蕉、大虾、鲜花、可可、金枪鱼等占非石油类产品出口的 75%。厄瓜多尔原产的名优产品巴拿马草帽已被联合国教科文组织列入世界非物质文化遗产名录。2000～2017 年，厄瓜多尔贸易总额增加 3.5 倍。2010 年以来，大多数年份贸易收支为逆差。

传统出口产品主要有石油、香蕉、咖啡、可可和鱼类等。非传统出口产品主要有鲜花、大虾及其他一些工业制成品。传统出口产品占出口总额的比重在 2/3 左右，非传统出口产品占 1/3 左右。石油（包括石油加工产品）占出口总额的比重 2000 年为 49.56%，2016 年和 2017 年分别为 32.5% 和 36.16%。初级产品占出口总额的比重 2000 年为 75.06%，2016 年和 2017 年分别为 76.66% 和 77.32%。制成品所占比重 2000 年为 24.94%，2016 年和 2017 年分别为 23.33% 和 22.68%。2010～2017 年厄瓜多尔主要产品出口情况见表 4－14。

表 4－14 2010～2017 年厄瓜多尔主要产品出口情况*

单位：百万美元

类别	2010 年	2011 年	2012 年	2013 年	2014 年	2015 年	2016 年	2017 年
出口总额	17490	22322	23765	24751	25724	18331	16798	19122
初级产品	13521	17337	18377	20011	21494	14439	12877	14785
原油	8952	11800	12711	13412	13016	6355	5054	6190
香蕉	2033	2246	2078	2323	2577	2808	2734	3035
咖啡	56	117	75	28	24	18	18	17
大虾	850	1178	1278	1784	2513	2280	2580	3038
可可	350	474	345	423	576	693	621	588
鱼产品	237	257	324	278	296	258	244	242
鲜花	—	—	—	830	918	820	802	881
其他	—	—	—	933	1574	1207	824	794

续表

类别	2010 年	2011 年	2012 年	2013 年	2014 年	2015 年	2016 年	2017 年
制成品	3969	4986	5388	4740	4230	3891	3921	4337
石油加工	721	1145	1081	696	280	305	405	724
鱼加工	623	895	1147	1390	1294	991	951	1207
可可加工品	75	113	110	104	134	120	129	101
咖啡加工品	105	143	186	191	154	128	131	103
化工产品	190	205	254	208	156	170	150	140
金属加工品	708	696	897	508	519	510	402	440
其他	1548	1789	1714	1643	1713	1667	1753	1622

注：* FOB。

资料来源：*Anuario Estadístico de América Latina y el Caribe 2018*，la Cepal。

鲜花和大虾是重要的非传统出口项目，为国家赚取了大量的外汇收入。2016 年和 2017 年鲜花出口占出口总额的比重分别为 4.77% 和 4.61%。2016 年和 2017 年大虾占出口总额的比重分别为 15.36% 和 15.89%。非传统出口产品还包括一些制造业产品，如机械设备和生活消费品等。出口市场主要是安第斯国家。

主要进口项目为工业原料、燃料、化工产品、建筑材料和机械设备等。2016 年和 2017 年进口额分别为 163.24 亿美元和 200.10 亿美元（见表 4－15）。

表 4－15　2010～2017 年厄瓜多尔主要产品进口情况*

单位：百万美元

类别	2010 年	2011 年	2012 年	2013 年	2014 年	2015 年	2016 年	2017 年
进口总额	20591	24438	25477	27021	27726	21518	16324	20010
消费品	4371	5158	5265	5448	5451	4419	3516	4613
非耐用品	2372	2862	2931	2997	3014	2695	2140	2505
耐用品	1999	2144	2162	2210	2230	1593	1241	1944
国际邮寄	—	152	173	240	208	131	136	165
原材料中间产品	10740	13111	13433	14442	15235	11473	8658	10469
农业产品	841	1011	1059	1124	1351	1199	1112	1243
工业产品	4975	5877	5796	6198	6147	5445	4501	5401

续表

类别	2010 年	2011 年	2012 年	2013 年	2014 年	2015 年	2016 年	2017 年
建材	586	853	968	1010	1120	658	413	475
燃料润滑油	4338	5369	5612	6110	6617	4171	2632	3350
资本货物	5395	6124	6732	7065	6981	5563	4088	4875
农业产品	91	108	121	125	128	144	117	141
工业产品	3536	4209	4642	5077	4898	3948	2978	3427
运输设备	1769	1807	1969	1863	1954	1471	992	1308
其他	84	45	46	67	60	63	62	53

说明：* CIF。

资料来源：*Anuario Estadístico de América Latina y el Caribe 2018*，la Cepal。

2017 年厄瓜多尔商品出口市场主要是拉美地区（58.99%）、美国（31.68%）、欧盟（22.44%）、中国（4.04%）、日本（2.03%）等。进口的主要来源地也是拉美地区（53.07%）、美国（19.95%）、欧盟（13.05%）、中国（18.57%）和日本（2.64%）等（见表 4－16、表 4－17）。

2017 年 1 月 1 日，厄瓜多尔与欧盟签署的贸易协定正式生效。2017 年厄瓜多尔对欧盟出口总额为 31.59 亿美元，同比 2016 年增长 12.4%，其中农渔业有机产品出口增长显著。受益于与欧盟达成的贸易协定关税减免的利好因素，欧盟保留厄瓜多尔拉美区域内原材料原产地关税优惠，厄瓜多尔对欧盟渔业和农业有机产品出口增长显著，其中罐装金枪鱼增幅最大，2017 年出口额达 7.16 亿美元，比 2016 年增长 51.61%。出口增幅第二是香蕉与其他热带水果（菠萝、杧果、西番莲、木瓜），达 10%。大虾、可可和鲜花出口小幅增长。贸易协定促进了欧盟产品对厄瓜多尔的出口，厄瓜多尔对欧盟的基础化工制品 2017 年进口额为 4.04 亿美元，同比增长 168%。医疗设备 2017 年进口额为 1.22 亿美元，同比增长 132%。车辆与配件同比增长 80%。此外，2017 年有 15 个新型号欧洲产汽车进入厄瓜多尔市场，2018 年第一季度欧洲品牌汽车在厄瓜多尔市场占比达到 6%。

2018 年厄瓜多尔与欧洲自由贸易联盟签署包容性经济伙伴关系贸易

协定。协定签署后，该联盟成员国的奶酪、抗生素、钟表、肥料和工业机械等产品以更低的价格打入厄瓜多尔市场，部分医药产品、肥料、医疗技术用品将以零关税进口。关税优惠包括1002项，其中98%是非农产品，将在条约批准后三个月生效。

表4-16　2010~2017年厄瓜多尔商品出口市场*

单位：百万美元

年份	总额	拉美地区	安第斯地区	美国	欧洲	欧盟	亚洲、澳洲	日本	中国	非洲
2017	19122	11280	2085	6057	4291	3159	2461	389	772	43
2016	16798	10080	1776	5436	3872	2811	1881	320	656	65
2015	18331	11767	1755	7226	3928	2758	1654	331	723	105
2014	25724	19049	2559	11240	4303	2967	1639	326	485	122
2013	24958	18549	2828	11131	4357	3043	973	570	569	112
2012	23852	18653	3073	10663	3497	2459	564	654	391	111
2011	22343	17200	2810	9726	3633	2687	371	349	192	65
2010	17490	13079	2142	6077	3060	2267	1123	402	329	50

注：* FOB（离岸价）。

资料来源：*Anuario Estadístico de América Latina y el Caribe 2018*, la Cepal。

表4-17　2010~2017年厄瓜多尔商品进口来源地*

单位：百万美元

年份	总额	拉美地区	安地斯地区	美国	欧洲	欧盟	亚洲、澳洲	日本	中国	非洲
2017	19845	10532	2591	3960	2950	2590	2061	523	3685	58
2016	16189	8743	2150	3754	2246	1879	1595	468	3090	17
2015	21387	11152	2542	5086	2924	2529	2484	701	4074	20
2014	27518	15683	3165	7693	3531	3103	2810	879	4615	25
2013	27064	15263	3356	6808	3459	3040	2792	868	4508	21
2012	25197	15643	3349	6774	3319	2901	2378	728	2811	120
2011	24286	14568	3187	5138	2840	2391	2354	901	3327	156
2010	20591	13933	3077	5736	2037	1837	4238	693	1607	92

说明：*　CIF（到岸价）。

资料来源：*Anuario Estadístico de América Latina y el Caribe 2018*, la Cepal。

二 侨汇

侨汇是国家外汇收入的重要来源和国际收支的重要项目。旅居国外的侨民向国内汇款每年约为 15 亿美元，占国内生产总值的比重高达 20%。国外汇款成为仅次于石油、香蕉和大虾之后的第四大外汇收入来源。1995 年以前只有旅居美国的厄瓜多尔人汇款，而现在旅居西班牙、意大利、加拿大、澳大利亚等国的侨民都开始向国内汇款，汇款数额有逐年增加的趋势。

美洲开发银行称侨汇是一种“国际劳动开发新模式”。① 已经考虑把这笔资金纳入金融系统，将其称为“创造发展项目”。

厄瓜多尔央行发布的数据显示，2014 年来自美国的侨汇收入达 12.48 亿美元，较 2013 年的 11.76 亿美元增长明显。增长的主要原因是美国经济复苏，新增就业人口增多，旅居侨民因此受益。而与之形成反差的是，厄瓜多尔传统侨汇收入来源国西班牙和意大利因经济增速缓慢、失业率偏高，导致 2014 年从上述国家接收的侨汇收入较 2013 年下降 4780 万美元，总计仅为 9.15 亿美元。

2018 年上半年侨汇收入达 14.82 亿美元，较上年同期 13.24 亿美元增长 11.93%。美国采取的反移民政策使厄瓜多尔移民因担心被遣回国而加大汇回国内的资金。仅 2018 年上半年，厄瓜多尔接收来自美国的侨汇收入达 8.277 亿美元，占侨汇收入总额的 55.84%，较上年同期 7.518 亿美元增长 10.10%。

三 外国资本

厄瓜多尔政府实行经济改革和开放政策以来，努力改善投资环境，提供优惠的投资条件吸引外资。1993 年 1 月颁布的《投资法》规定：从 1993 年 1 月 13 日起，取消对外国企业在国防、治安、社会福利、金融、

① Lola Vázquez y Napoleón Saltos: *Ecuador: Su realidad 2004 - 2005*, Fudación "José Peralta", Décima Segunda edición, página 138, Quito, Ecuador, 2004.

银行、保险、交通、通信以及其他领域投资的限制，并允许外商把利润以任何可兑换货币自由汇出境外。政府还简化投资审批手续，并给予外国投资者同本国投资者一样的待遇。

2010～2017 年厄瓜多尔外国直接投资情况见表 4－18，2016 年厄瓜多尔外国直接投资额为 7.55 亿美元。世界银行 2015 年《营商环境报告》显示，厄瓜多尔在 189 个国家和地区中，排名第 117 位，较 2014 年下滑 3 个名次。虽然好于委内瑞拉和玻利维亚，但远低于邻国秘鲁和哥伦比亚，在法律法规、税收优惠、资本准入、投资保护等方面差距尤为明显。为吸引私人和海外投资，厄瓜多尔政府积极制定《公私联营法》，改善国内营商环境。2018 年吸收外国直接投资 14.01 亿美元，较 2017 年翻了一番，创 2000 年推行美元化以来的新高。其中，矿业领域投资居首位，达 7.42 亿美元，占当年外国直接投资总额的 53%。2002～2017 年，厄瓜多尔年均吸收外国直接投资 6.5 亿美元，亦主要归功于矿业投资。

表 4－18　2010～2017 年厄瓜多尔外国直接投资情况

单位：百万美元

2010 年	2011 年	2012 年	2013 年	2014 年	2015 年	2016 年	2017 年
166	644	567	727	772	1322	755	606

资料来源：*Anuario Estadístico de América Latina 2018*，la Cepal。

四　外债

同其他拉美国家一样，20 世纪 70 年代厄瓜多尔外债急剧膨胀，导致 80 年代债务危机。1982 年外债余额为 77 亿美元，债务支出额占出口总额的 78%。进入 90 年代后，由于外资大量流入，偿债压力明显减弱，国家走出债务危机。但是 90 年代末期，经济形势再度吃紧，举借外债成为无奈之举，外债压力重新加大。2000 年正式实施经济美元化政策以后，经济和金融趋于稳定。2004 年，政府同国际货币基金组织等国际金融机构达成外债重组和贷款协议，缓解了外债压力。2015 年经济陷入衰退以来，财政压力增大，外债余额显著增加。由 2015 年的 276.8 亿美元，上升到 2016 年的 341.81 亿美元。2017 年外债余额为 395.29 亿美元，其中，公共外债余额为 317.50 亿美元，私人外债余额为 77.79 亿美元（见表 4 - 19）。

科雷亚政府上台后开始调整外债战略和政策，解决债务问题。政府一反债务国通常在危机时重新谈判债务的做法，采取了在国际资本市场偿还外债的一种独特方式：利用上台之初国家经济形势良好、政府财政宽余的有利时机，以市场价格即名义价格的 1/3 重新购买了大部分公共债务，极大缓解了困扰国家经济发展的公共外债问题。

表 4 - 19 厄瓜多尔外债余额

单位：百万美元

类别	2000 年	2005 年	2010 年	2011 年	2012 年	2013 年	2014 年	2015 年	2016 年	2017 年
总额	13216	17237	13914	15210	15913	18617	23975	27680	34181	39529
公共部门	10987	10851	8622	9973	10768	12920	17582	20226	25680	31750
私人部门	2229	6387	5292	5237	5145	5697	6393	7454	8093	7779

资料来源：*Anuario Estadístico de América Latina 2018*，la Cepal。

五 外汇储备

国家外汇储备量随国家经济和金融状况发生起伏。20 世纪 90 年代随着经济的开放，国家外汇储备明显增加，从 1992 年的 7.8 亿美元上升到 1995 年的 15 亿美元，1997 年超过 20 亿美元。90 年代末期，经济危机导致厄瓜多尔外汇储备显著减少。21 世纪头几年，外汇储备缓慢恢复。2005 年为 21.5 亿美元，2016 年达到 35 亿美元。2017 年因政府动用国际储备为公共项目提供资金支持，外汇储备显著减少，下降到 24.5 亿美元，降幅达 30%。与此同时，公共银行和私营银行存款总量为 52.44 亿美元，国际储备仅能有效覆盖其中的 46%。[①] 金融体系面临的风险加大。

① http://ec.mofcom.gov.cn/article/jmxw/201801/20180102694971.shtml.

第五章

社　　会

第一节　社会发展体制

最近10多年来，厄瓜多尔高度重视社会发展。不断加大社会发展基础设施建设，形成了比较系统的国家社会发展体制和机制。

一　社会发展协调部

设立社会发展协调部（Ministerio Coordinador de Desarrollo Social），负责制定社会发展计划和政策、协调公共和私人资源、促进社会领域发展。在政府内阁中，作为六大协调部之一，社会协调部的级别高于其他普通部，它全面负责协调内阁中涉及社会发展的各部的相关工作，如经济与社会包容部、公共卫生部、城市发展与住宅部、体育部等。

二　社会保障局

厄瓜多尔社会保障局（Instituto Ecuatoriano de Seguridad Social，IESS）是国家社会保障的主管部门，主要职能包括养老保险、医疗保险、农村社会保险、失业保险的收取和发放等。另有武装力量社会保障局、全国警察社会保障局等。

三　劳动法律法规

近年来全面修改了《劳动法》《社保法》《劳动公平和家庭工作认同

法》，颁布《教师级别和工资等级法》等，加强和完善了社会发展的法律法规基础。10多年来修订和颁布的社会发展法律和法规文件不仅形成系统，而且体现了政府关于社会发展的理念和基本方针，成为制定和实施社会发展政策和措施的法律依据。

四　社会统计和普查体系

设有厄瓜多尔社会指数综合系统（Sistema Integrado de Indicadores Sociales del Ecuador）。宗旨是常规性地传播信息，用于制定、评估社会政策，进行决策和对厄瓜多尔居民的生活条件开展研究。对生活条件的演变明确概念定义，进行系统的指数统计。社会指数综合系统包括1500多个指数，包括了社会领域最重要的信息，在总体框架之下，体现了社会生活各领域的内在联系和变化。通过电子网络提供给公共部门和社会各界广大民众使用。社会统计和普查是社会发展事业的前提和基础条件。政府在这方面投入大量人力和财力，进行社会统计和普查。例如，在曼努埃拉埃斯佩赫计划的普查工作中，就残疾人的统计标准和人员核实开展了大量工作，确认了几十万名残疾人，为该计划的实施提供了可靠的基础性数据。

五　定期发布社会发展专项报告制度

厄瓜多尔建立了定期发布社会发展专项报告制度，如投入资金和组织专业人员进行研究和采样工作，定期发布全国就业、失业和半失业调查报告、全国贫困状况调查报告、公共卫生调查报告等。

六　社会发展项目

在科雷亚政府期间，国家实施了很多社会发展项目。莫雷诺政府上台后，实施“陪伴一生”计划、居者有其屋项目、夕阳红项目、青年创业项目、低保项目、残疾人关爱项目等。

七 专项基金制度

厄瓜多尔建立失业保障基金，增强对失业人员的保障和救助；设立圣诞基金，又称第 13 个月工资，在圣诞节前发放；实施子女教育基金，又称第 14 个月工资，在 8 月底 9 月初学校开学前发放。另有鼓励青年学生到国外著名大学深造的留学基金等。①

第二节 社会发展概况

20 世纪 80 年代至 21 世纪初，占主导地位的新自由主义政策在厄瓜多尔造成了巨大的社会差距，恶化了社会不平等，影响了社会领域的发展。科雷亚政府于 2007 年执政以后，十分关注社会发展，提出重大的政策指导方针，修改社会领域各方面的法律法规，制定社会发展规划，实行向社会下层倾斜的政策，显著加大社会领域的预算开支，大规模扩大公共投资，2007 ~2014 年，社会各个领域取得显著成果，得到国际社会和各国际机构的赞赏和肯定。2015 年，随着国家步入经济衰退，社会各领域的发展首当其冲，各社会发展指标均出现下滑趋势。2017 年莫雷诺政府上台后，对经济和社会政策进行调整。在经济方面，提出不再通过大规模的公共开支和上马大规模的公共项目刺激经济发展，而要鼓励私人投资发展经济。在社会领域，通过面向贫穷阶层的公共项目减缓社会发展面临的压力。

一 2007 年以来社会领域的变革

科雷亚政府于 2007 年上台后，实行了广泛而深刻的社会领域的变革。

第一，优先考虑收入和社会财富的再分配。实施一系列具有提高再分配效率的政策和措施。2008 年 12 月，立宪大会批准了科雷亚称为“税收公正法律”的税制改革方案。新的所得税税收政策改善了财富分配状况。

① http：//ec. mofcom. gov. cn/article/jmxw/201504/20150400951082. shtml.

明显向中产阶级和社会下层倾斜，他们可以在纳税表中剔除教育、卫生和住宅开支。事实上，在新的税收改革中，属于社会下层和中下层的80%的人口不用纳税，仅仅是对人口1%的最富有人提高征税水平，税收制度更加进步。税制改革后，税收增长了近3倍。这不是通过提高税率而是通过提高征税效率，防止逃税而实现的。目前厄瓜多尔的税率要低于拉美地区的平均水平。尽管现在公共投资水平达到厄瓜多尔历史最高水平和拉美最高水平，但公共债务只占国内生产总值的23%。

第二，实行照顾弱小实体部门的税收和补贴政策。为了促进本国产品的生产，降低原料和资本货物的进口关税。通过减免赋税，为新的雇员和残疾人给予报酬方面的好处。免征印第安村落的土地税。向大量闲置土地征税，用现代化的技术手段适当课税，避免业已为厄瓜多尔和拉美造成那么多伤害的大地产制。促进信贷民主化：在科雷亚执政第一年，最贫穷人的贷款翻了1倍，但受贷人的比例仍然很低。对社会下层人实施科雷亚称为“体面”价格的最低电力价格，对小农生产者提供生产投入进口国家补贴。为了限制投机经济，对资本出境征税，限制投机资本根据其投机预期进出国境。2007年，颁布法律，提高劳动者工资，立宪大会批准了取消劳动的第三者化（tercerización laboral）。[①]

第三，在劳动与资本的关系、企业与社会的关系方面采取重大措施。颁布控制市场权力法。任何企业在没有向所有的劳动者支付体面的工资前都不能宣布利润。如果没有利润，可以支付最低工资，避免劳动者失业。企业的社会责任并不限于慈善救助。企业不能限于经济效益，金融效益，还要包括社会效益，为此需要4种基本的道德要求。第一个道德要求是与劳动者的关系。企业的基本的、优先的、最直接的目的是通过好的工资、良好的工作环境和稳定条件，给予它的劳动者合适的生活水平。第二个道德要求是与消费者的关系。以合理的价格提供高质量的产品。提供适当的产品信息，供消费者进行选择。对于那些对消费者不履行道德的企业，由

---

① 2008年4月11日，科雷亚总统在墨西哥首都联邦区的演讲，http：//www. presidencia. gob. ec/discursos/ 。

国家代表社会对其实施控制，进行惩罚。第三个道德要求是与社群和国家的关系。通过纳税，建立公共事业，进行财富再分配，进行共同产品的监管。第四个道德要求是与环境的关系。我们不能允许企业的盈利基于损害环境财富。科雷亚称厄瓜多尔的宪法是“最绿色的”，给予大自然以权利。

第四，加大社会发展部门的预算开支。近 10 年来，社会发展部门预算呈上升趋势。2008 年社会发展部门预算为 38.9 亿美元，2017 年达 104.8 亿美元，增加 65.9 亿美元，涨幅为 269.4%。2017 年社会发展部门预算较 2008 年增加了一项 0.78 亿美元的文化领域预算与 9.51 亿美元的其他预算，其他五大领域为社会和经济包容、健康、教育、住房和城市发展、工作，预算金额分别为 10 亿美元、33.25 亿美元、48.64 亿美元、2.05 亿美元、0.53 亿美元，较 2008 年分别增长 51.29%、277.84%、163.35%、-55.91%、39.47%，即只有住房和城市发展预算为负增长，其余皆为正增长。

第五，广泛开展社会普查，有针对性地提供社会服务。这一领域突出的项目是曼努埃拉埃斯佩赫计划的普查项目，确认了近 300 个残疾人，推动了华金加略戈斯腊拉项目的实施，向有残疾人的家庭发放 240 美元。另有亚马孙地区流动医疗卫生制度的扩大项目以及其他 54 个项目正在实施。

第六，实行人权发展券制度，向生活贫穷的家庭发放生活现金补贴。以家庭为单位，低保家庭每月可领取 50 美元现金。到 2012 年 12 月 10 日，享受人权发展券的居民达到 190 人，占全国最贫穷人的比例达到 12.7%。莫雷诺总统上台后，把人权发展券制度作为减贫促发展项目（misión Menos Pobreza, Más Desarrollo）的组成部分，建议实行可浮动的人权发展券制度，根据家庭贫困程度确定救济量为 50～150 美元不等。人权发展券的享受者同时有义务履行政府的要求，把自己的子女每天送去上学，注射疫苗，实行政府机构规定的营养食品要求。2017 年联合国发布一份研究报告，对厄瓜多尔人权发展券（最低生活保障金）等减贫政策进行综合分析，肯定了该政策对厄瓜多尔减贫起到的关键作用。报告将该政策与墨西哥和巴西的类似社会保障政策进行了对比，指出发放现金是厄瓜多尔减贫政策成功的关键优势。其他国家往往将着眼点放在教育或改善营养，扶助范围和受益人群较为局限。低保户获得现金后，既可以满足家庭生活所需，也可以将结余储蓄起来，经营小本生意，逐渐摆脱贫困。

第七，加强社会救济的针对性和力度。成年人养老金补贴是指年龄超过65岁，但由于各种原因没有纳入社会保障体系中的老年人。残疾人全国委员会为残疾人发放了残疾人证件。[①] 在关照残疾人的政府规划中，成年人养老金补贴和残疾人补贴领取者分别达到588852人和118698人。科雷亚政府把最低工资由170美元提高到了340美元。[②] 对劳动者实行强制社会保险制。正式就业的劳动者加入社会保险的比率由39%提高到了64%。厄瓜多尔劳动者实际工资的水平居安第斯国家之首。

第八，在劳工和社会政策方面，颁布法律，提高劳动者工资。将有关劳动者保护的条款纳入2008年新宪法。优先照顾非正规经济劳动者，把他们纳入信贷和服务项目中，加强了社会保障和开支。根据全国计划和发展秘书处的报告，在政府执政期间，贫困指数下降了6个百分点，尽管这一指数在农村地区仍然处于较高水平。

第九，在2013～2017年国家发展规划中，政府提出普及卫生、教育、社会包容和社会保障等措施，面向福利的非商品化；社会权利的普及；恢复社会领域和经济领域的关联；社会、家庭和个人对福利的共同责任。其中，福利的非商品化和社会权利的普及是中心，各个方面的福利是受到公共产品和服务供给保障的权利。卫生、教育、社会包容和社会保障应该是普遍的，有质量的，覆盖所有人的。

2007～2013年，厄瓜多尔在克服贫困方面取得了明显进展。贫困率由37.6%下降到25.6%。赤贫率由16.9%下降到8.6%，基尼系数下降了8个百分点。经济两极分化程度得到缩小。10%的最富有者与10%的

① http://www.granma.cubaweb.cu/2013/01/03/interna/artic22.html.

② 2013年5月1日，科雷亚总统在五一国际劳动节纪念大会上的讲话，http://www.presidencia.gob.ec/discursos/。

最贫穷者间的差距由35倍下降到25倍。

第十，教育和卫生部门的投资大幅增加。2013年，政府对教育的投资是2006年的4.3倍，卫生部门的投资是4.5倍。[①] 厄瓜多尔政府提供奖学金派出7000名留学生在世界各地留学，在全球著名大学学习。公立学校取消25美元的注册费，提高教师的工资，创建12000个新的教育岗位，增加卫生部门的建设项目，改善学校和卫生基础设施。厄瓜多尔是拉美地区高等教育投资比重较高的国家之一。科雷亚政府执政以来，创建了4所高质量的高等教育机构，包括亚钗大学和伊吉亚姆大学，另有国家南部卡尼亚尔省的师范大学和瓜亚基尔的艺术大学。[②]

政府高度重视发展教育和卫生事业，认为教育是基本性的，最重要的。为此，上马大量公共基础设施工程和社会开支用于教育和卫生部门。科雷亚提出，只要我们在厄瓜多尔执政，就绝不会允许贫困成为有才智的人无法享有最好学习机会的原因。免费的公共教育应该好于私人教育。政府正在做出努力，实施整个教育周期，从0~3岁的婴儿教育，到3~5岁的幼儿教育，到10年的基础教育，以及统一的3年高中教育。政府还将开办40所技工学校，实施技工教育。改善大学教育，宪法规定公立大学为免费教育。政府制定了整个地区最为雄心勃勃的计划，国家提供的奖学金比整个国家历史上的奖学金总额还要多。在教育和人力资源培训方面，政府采取了大学改革，显著提高了高等教育质量，制定和实施高于商业化私立大学的标准，加强奖学金交流项目，加强研究和技术开发领域。

第十一，确定了最低工资和公正工资。最低工资是292美元/月，公正工资大致是350美元/月，这是一个家庭获得基本消费食品篮子所需，是脱贫所需。科雷亚政府实质性地提高了实际工资，基本达到家庭购买力的水平。此前，家庭基本消费需求的覆盖率为60%~65%，而2013年达到92%，是国家历史上最高的水平。

---

① 2013年5月1日，科雷亚总统在五一国际劳动节纪念大会上的讲话，http://www.presidencia.gob.ec/discursos/。

② 2014年3月13日，科雷亚在欢迎洪都拉斯埃尔南德斯总统仪式上的讲话，http://www.presidencia.gob.ec/discursos/。

第十二，建立失业保障基金。为增强对失业人员的保障和救助，2016年3月，国家社保局设立失业保障基金，对失业人员进行临时救济。根据相关规定，早前常规缴纳社保费用的居民，失业后4个月内仍无法找到新工作的，可通过网上系统申请失业保障金，获批后失业者第4个月可领取相当于就业最后12个月平均工资的70%的补助，随后每月递减5%，失业第9个月起停发。自失业保障基金设立以来，2016年共惠及约2.8万人，2017年1~4月，已惠及约9000人，基金为劳动者失业后的生活提供了重要保障。

厄瓜多尔在经济和社会方面取得的成果得到众多国际机构统计数字的证明。根据联合国人文发展报告，2007~2012年，在人文发展方面，厄瓜多尔是成果最显著的3个国家之一，由中等水平提高到上等水平。另外厄瓜多尔是拉美地区最具经济活力（增速最高）的3个国家之一。失业率最低，为4.1%。2007~2013年，全国100多万人实现脱贫。根据拉美经委会统计，厄瓜多尔是拉美地区消除贫困最显著的3个国家之一。在克服不平等方面，厄瓜多尔以基尼系数衡量的收入分配集中程度，下降了8个百分点，比拉美平均数高出4倍。①

科雷亚政府取得的社会和经济进步得到国际社会广泛的肯定，特别是拉美经委会和联合国开发署的赞赏。厄瓜多尔在发展方面高居拉美地区第3位。

根据联合国开发计划署发布的2016年全球人类发展报告，1990年至2015年，全球人类发展水平显著提高。厄瓜多尔在参与评估的188个国家和地区中排名第89位，高于周边国家，2010年至2015年，上升7位，人类发展指数处于高水平。② 厄瓜多尔人类发展指数提高较快的原因是预期寿命增长，受教育渠道扩大、受教育时间增加、居民人均收入提高等。

2015年，受国际经济形势特别是国际石油价格下跌的影响，厄瓜多

① 2014年4月10日，科雷亚总统在耶鲁大学的演讲，http：//www.presidencia.gob.ec/discursos/。

② http：//ec.mofcom.gov.cn/article/jmxw/201703/20170302539129.shtml.

尔陷入持续2年的经济衰退，各项社会计划的实施受到影响，就业、社会保障等重要的社会经济指标大多出现下滑，社会领域的压力增大。厄瓜多尔国家统计和普查局最新调查显示，2017年6月至2018年6月，全国贫困率从23.1%上升至24.5%；极端贫困率从8.4%上升至9%；正式就业率从40.1%下降至38.9%；非正式就业率从45%攀升至47.5%，为2007年以来的最高水平。①

为扭转不利局面，莫雷诺政府于2017年5月上台后，继续实行重要的社会发展项目。另外，对解决社会问题的思路进行了调整，力图通过促进私人部门的生产积极性，加大经济发展力度，通过扩大产出来改善社会发展状况。政府力图通过《生产促进法》扭转就业不足和贫困状况。它认为经济增长一直在依靠举借债务和加大公共支出来维持，且私营部门未得到实际发展，经济预期并不乐观。政府的思路是实行《生产促进法》，促进私营部门的积极性，使其成为增加就业改善贫困状况的主要动力。

与此同时，莫雷诺政府提出"陪伴一生"计划，并设立专门国务秘书处负责管理相关事务。官方测算2017~2021年，项目投资将达188亿美元。目前部分资金已由中央财政预算列支，划拨至经济与社会包容部等具体实施项目的部门。"陪伴一生"计划是厄瓜多尔近期实行的最大规模社会保障项目，计划通过分支项目，实现对国民从出生至退休的全方位保障。分支项目包括：针对新生儿健康和营养关爱项目、居者有其屋项目、夕阳红项目、青年创业项目、低保项目、残疾人关爱项目以及妇女项目，其中新生儿健康和营养关爱项目耗资最高，将达83亿美元，目前该项目已开始实施并将继续扩大覆盖范围；其次为居者有其屋项目，投资约56亿美元。② 政府表示，只要能够保证使用80%以上的国产建筑材料和当地工人，外国公司可采用公私联营模式参与项目。莫雷诺政府希望通过"陪伴一生"计划，帮扶弱势群体，消除极端贫困。政府在2018年财政

---

① http://ec.mofcom.gov.cn/article/jmxw/201807/20180702767944.shtml.

② http://ec.mofcom.gov.cn/article/jmxw/201707/20170702613137.shtml.

预算中分别拨出 10 亿美元和 32 亿美元支持“陪伴一生”计划和居者有其屋项目。

2017 年中央财政预算数据显示，2018 年政府在社会民生领域的财政支出预计达 101.82 亿美元，而 2016 年仅为 85.06 亿美元，投入增加 16.76 亿美元，同比增长 16.4%。[①]

教育、医疗、社保和福利住房是政府投入占比最多的领域。2017 年在教育领域预算约 51.98 亿美元，同比增长 17.3%，1～7 月已实际投入 23.98 亿美元，完成预算的 46%；政府在医疗领域预算约 27.79 亿美元，同比增长 15%，1～7 月预算执行率为 50%；政府在社保领域预算约 10.48 亿美元，与 2016 年基本持平；作为莫雷诺政府工作重点的福利住房项目投入同比增长 30%，由 2016 年的 8.15 亿美元增至 11.57 亿美元，但项目执行率较为缓慢，2017 年 1～7 月，仅完成预算的 26.7%。[②]

莫雷诺政府多次表示，其政府的财政政策支持重点将从关注新的大型战略项目建设转向优先投入民生领域。2017 年 1～7 月，政府在能源矿产等自然资源领域支出明显下降，仅相当于 2016 年全年的 29%。[③]

二　劳工法规和政策调整

调整劳工法和相关政策是政府促进社会领域发展的重要举措。2008～2015 年，政府多次对劳工法做出调整，内容包括取消时薪合同、重组行业委员会、延长产假等。2015 年 4 月，政府颁布实施《劳动公平和家庭工作认同法》。这一法律对《劳动法》《社保法》等相关法律进行改革，主要涉及厄瓜多尔社会保障局的资金来源、劳务双方合同性质、员工分红、家庭主妇纳入社保、企业员工的第 13 个月和第 14 个月工资发放方式等内容。[④]

---

① http://ec.mofcom.gov.cn/article/jmxw/201708/20170802622409.shtml.

② http://ec.mofcom.gov.cn/article/jmxw/201708/20170802622409.shtml.

③ http://ec.mofcom.gov.cn/article/jmxw/201708/20170802622409.shtml.

④ http://ec.mofcom.gov.cn/article/jmxw/201504/20150400951082.shtml.

第一，强制规定无限期劳动合同，员工辞职获原单位补偿。以前厄瓜多尔劳务双方可在最初签署 1 年的定期合同基础上续签，期满后双方根据意愿改为无限期合同（Contrato Indefinido）。而新法案强制规定，被雇佣方通过 90 天试用期（家政人员 15 天），必须签署无限期合同。对于主动离职、解除劳动关系的情形，按照新法案，离职员工应参照“离职当月工资 ×25% ×工作年限”的计算标准获得额外补偿，用人单位必须在员工离职 15 日内完成支付。

第二，设置员工分红上限，超过部分上缴国家。厄瓜多尔现行法律规定，在国内注册成立的公司每年须将利润的 15% 用于员工分红和公司设备更新等。新法案规定，每个员工所得分红不得超过厄瓜多尔每年基本工资的 24 倍（8496 美元），超过部分须上缴国家。

第三，取消政府对社保的定额补贴，养老保险与通胀率挂钩。厄瓜多尔社保局是厄瓜多尔社会保障和福利主管部门。社保局的资金来源主要由员工自缴、用人单位缴纳和政府补贴组成。据厄瓜多尔官方 2013 年统计报告显示，除政府向社保局养老保险账户提供每年 40% 的补贴外，该机构未来 40 年内（至 2053 年）的正常运转尚需额外 228.6 亿美元的资金保障，资金缺口巨大。目前，厄瓜多尔政府面临沉重的财政压力，在经常性支出难以保障的情况下，无力提供 40% 的养老保险补贴。根据新法案，原应由政府承担的养老保险金将全部取消。

法律还规定退休人员养老金不再按原来的最高达 16% 的养老金年增长固定比例逐年增长，而是与前一年通货膨胀率同步增长。

第四，规定无效解聘适用情况，灵活调整双薪发放方式。新法案规定，公司不得辞退处于妊娠期或因自然、人为原因终止妊娠的妇女，不得辞退工会领导人等。

第五，调整第 13 个月和第 14 个月工资发放方式。员工可选择第 13 个月、第 14 个月工资一次性发放或按月发放，若选择一次性发放，则需向公司提交书面申请。第 13 个月工资又称为圣诞基金，一般在圣诞节前发放，按“全年工资总额 ÷12”计算；第 14 个月工资又称子女教育基金，在 8 月底 9 月初学校开学前发放，数额等同于最低法定月工资。

针对社会各界对劳动法规持有的争议，政府多次组织会议，讨论和收集各方意见。2017 年 12 月 27 日，企业代表、工会代表和劳动部三方达成协议，2018 年员工统一基础月工资（salario básico unificado）最终确定为 386 美元，较 2017 年的 375 美元增长 2.9%。①

第三节　国民生活

一　贫困状况

厄瓜多尔按通货膨胀水平和劳动者工资收入增减幅度确定贫困标准。2018 年 6 月，贫困线为家庭人均月收入低于 84.72 美元，赤贫线为低于 47.74 美元。根据这一标准，全国贫困人口比例为 24.5%，赤贫人口比例为 9.0%。城市贫困人口比例为 15.9%，赤贫人口比例为 4.7%。农村贫困人口比例为 43.0%，赤贫人口比例为 18.1%。

从贫困人口的比率和贫富差距的变化可以看出，这方面的社会指标在 20 世纪 90 年代新自由主义经济改革时期都有所恶化。近年来，随着政府逐步加大社会投入，情况有所缓解。从基尼系数也可以得出同一种结论。城市基尼系数 1990 年为 0.461，1999 年为 0.521，2005 年为 0.513。

自 2015 年经济衰退以来，政府陷入财政困难，经济整体发展较慢，国内生产缺乏活力，失业率上升，部分中下收入人群跌落至贫困线下，导致这一时期贫困率出现反弹。

从基尼系数来看，2005 年为 0.531。在 2007 年厄瓜多尔开始进行深刻的政治经济变革以来，基尼系数曲线总体呈缓慢下降趋势，由 2007 年 12 月的 0.551 缓降到 2017 年 12 月的 0.459。虽然 2018 年 6 月上升到 0.472，仍然低于其他很多拉美国家（见图 5－1）。

---

① http://ec.mofcom.gov.cn/article/jmxw/201504/20150400951082.shtml.

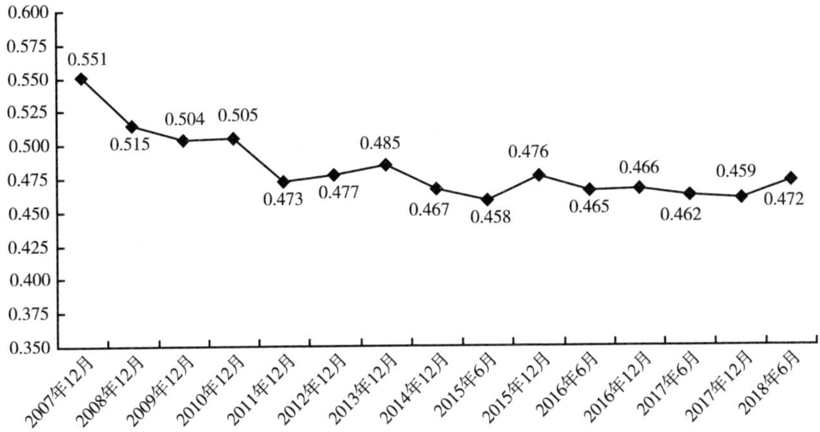

图 5-1 2007～2018 年全国基尼系数

资料来源：*Encuesta Nacional de Empleo, Desempleo y Subempleo de Ecuador 2018*。

二 劳动就业

厄瓜多尔就业具有重要的结构性特点，即正规部门就业水平比较低，存在大量非正规就业。2015～2016 年的经济衰退明显影响了就业质量。正规部门就业呈逐年下降趋势，根据各年 9 月采样，由 2014 年的 51.2%，下滑到 2015 年的 50.6%，再次下跌到 2016 年的 47.7%，2017 年和 2018 年的 47.4% 和 46.8%。[①] 由于非正规就业一般发生在家庭经济单位而非现代化的公司，没有在国家税务部门进行纳税人统一注册系统登记，雇用和就业成本低，在厄瓜多尔十分普遍。近年来非正规部门就业呈上升趋势。2014～2018 年，抽取 9 月的数字，非正规部门就业比例分别为 41.4%、40.6%、44.5%、46.4% 和 46.2%。

2014～2017 年，厄瓜多尔失业情况大致呈现以下特点。一是全国失业水平保持在 4%～5%。根据厄瓜多尔全国就业、失业和半失业调

① Encuesta Nacional de Empleo, Desempleo y Subempleo de Ecuador, 2018, Instituto Ecuatoriano de Seguridad Social, IESS.

查报告，抽取各年9月数字，全国失业率分别为5.1%、5.4%、6.8%和5.6%（见表5－1）。二是城市失业率略高于全国水平。各年分别为4.7%、5.5%、6.7%和5.4%。三是农村失业处于低水平。各年分别为3.9%、1.8%、2.3%和1.7%。四是女性失业率略高于男性。2014～2017年，抽取各年9月数字，男性失业率分别为3.3%、3.4%、4.2%和3.2%；女性为4.9%、5.5%、6.6%和5.4%。五是半失业水平呈上升趋势。抽取各年9月数字，同期全国半失业率分别为12.5%、14.8%、19.4%和20.5%。失业率呈现的曲线也反映出2015～2016年经济衰退的影响：2007～2013年失业率曲线呈现下滑趋势，2014～2016年递次上扬。2017年有所下降。

从公开失业和隐性失业来看，2014～2017年，抽取各年9月数字，各年公开失业率分别为4.3%、4.7%、5.9%和5.0%（见表5－1）。同期隐性失业率分别为0.7%、0.6%、0.7%和0.5%。

从劳动者就业收入来看，劳动者月均收入2007年为315美元，男性为351美元，女性为251美元；2015年分别为356美元、388美元和301美元；2017年分别为341美元、369美元和295美元。[①]

2017年男性劳动者每周工作时间平均为41小时，女性为34小时。

表5－1　2010～2017年厄瓜多尔就业情况

单位：%

类别	2010年	2011年	2012年	2013年	2014年	2015年	2016年	2017年
就业参与率	63.7	62.5	61.7	62.1	63.2	66.2	68.2	68.8
失业率	7.6	6.0	4.9	4.7	5.1	5.4	6.8	5.6
公开失业率	6.1	5.0	4.2	4.0	4.3	4.7	5.9	5.0
显性半失业率	11.7	9.1	7.9	9.9	10.6	11.7	15.7	17.0

资料来源：*Anuario Estadístico de América Latina 2018*，la Cepal。

① Encuesta Nacional de Empleo, Desempleo y Subempleo de Ecuador, 2018, Instituto Ecuatoriano de Seguridad Social, IESS.

三　社会保障状况

厄瓜多尔的社会保障体系主要由厄瓜多尔社会保障局、武装力量社会保障局、全国警察社会保障局等机构组成。

根据厄瓜多尔统计和普查局的数据，2015 年和 2016 年的长期经济衰退对社会保障水平产生影响。一是厄瓜多尔社会保障局的社保覆盖面有所缩减。参加 IESS 保险的劳动者比重 2014 年和 2015 年分别为 34.2% 和 34.1%，2016 年下降到 30.3%，2017 年和 2018 年分别为 29.5% 和 30.0%。二是参加除 IESS 之外的机构社会保险的劳动者比重大致保持稳定，2014～2018 年分别为 12.1%、11.9%、13.3%、12.8% 和 12.6%。三是没有参加任何社会保险的劳动者比重呈扩大趋势，由 2014 年和 2015 年的 53.7% 和 54.0% 上升到 2016～2018 年的 56.4%、57.4% 和 57.4%。[①]

四　住房情况

根据厄瓜多尔统计和普查局所做的“居民生活条件调查”，在接受调查的 430 万户家庭中，63% 的家庭拥有房产，19% 的家庭居住出租屋。在无自有房产的家庭中，部分家庭已有意向购买住房，各大主要城市价值在 2 万～3.5 万美元的社会保障房最受青睐。

社会保障政策与房地产部门相结合，努力促进居民住宅条件的改善是解决住房问题的有效途径，社保银行积极向购房者提供贷款。自 2010 年以来，社保银行住房贷款保持约 15% 的年增长率，累计发放贷款 14 万笔，总金额 50 亿美元。近年来，尽管受经济发展放缓影响，但社保银行本年度放款目标仍达 13.4 亿美元，其中社保房贷款占 37%。按照厄瓜多尔相关规定，满足一定条件的家庭购买社保房时，最高可获得 7 万美元的贷款。

① Encuesta Nacional de Empleo, Desempleo y Subempleo de Ecuador, 2018, Instituto Ecuatoriano de Seguridad Social, IESS.

2018年10月，政府推出了促进就业和繁荣的计划，通过6条信贷途径向建筑商、供应商、公民和地方政府注入27.5亿美元资金。政府将可享受鼓励政策的社保住房总价由4万美元提高到7万美元。通过这一调整，社会保障房的价格范围也将产生变化，变更为70000~90000美元。鼓励政策包括向民众提供免费住房、奖励住房、支付部分购房费用和补贴利率。这将有助于降低购房成本及提高家庭购买力。

五　现代信息手段普及

随着现代科学技术的普及，居民现代信息手段应用水平有明显提高。在5岁以上人口中，全国在12个月中使用过计算机的人口由2012年的38.7%上升到2017年的52.0%，增加了13.3个百分点。使用过互联网的人口由2012年的35.1%上升到2017年的58.3%，增加了23.2个百分点。使用互联网的频率也明显提高。一天至少一次使用互联网的人口2012年为59.8%，2017年为74.7%。

居民对手机的使用也明显得到普及。5岁以上人口中，拥有手机的人口比例2012年全国为50.4%，城市为57.6%，农村为36.2%；2017年全国为58.5%，城市为64.0%，农村为46.5%。智能手机占有率得到提高。拥有智能手机的人口比例2012年全国为6.2%，城市为8.6%，农村为1.3%。2017年全国为37.2%，城市为44.7%，农村为20.8%。

“数据文盲”（analfabetismo digital）率显著下降。15~49岁人口中，不懂任何数据操作知识的比例2012年全国为21.4%，城市为15.1%，农村为35.6%。2017年全国为10.5%，城市为6.0%，农村为21.2%。①

六　医疗卫生

厄瓜多尔的医疗卫生事业发展比较缓慢。全国可支配病床数量增加缓慢。2000年共有可支配病床1.95万，其中私人部门为8300个，公共部

① Encuesta Nacional de Empleo, Desempleo y Subempleo de Ecuador, 2018, Instituto Ecuatoriano de Seguridad Social, IESS.

门为 1.12 万个。2010 年共有可支配病床 2.38 万个，其中私人部门为 1.17 万个，公共部门为 1.21 万个。2017 年共有可支配病床 2.35 万个，其中私人部门为 1.01 万个，公共部门为 1.34 万个。在 17 年间，全国可支配病床数量增长了 20.5%，私人部门可支配病床数量增长了 21.69%，公共部门仅增长了 19.64%。可支配病床数量增长有限，致使每千人可支配病床比例明显下降。1970 年为 2.7‰，1995 年平均数下降到 1.6‰，2000 年仍维持在这一水平上。2017 年甚至下降到 1.4‰。①

住院处数量增长有限。2000 年全国医疗住院处数量为 590 个，其中私人住院处为 422 个，公共住院处为 168 个；2010 年住院处数量为 780 个，其中私人住院处为 607 个，公共住院处为 173 个；2017 年住院处数量为 645 个，其中私人住院处为 466 个，公共住院处为 179 个。在 17 年间，住院处总数仅增长了 9.32%。2017 年住院处绝对数量甚至低于 2010 年水平，住院处总数减少了 135 个，私人住院处数量减少了 141 个，公立住院处数量仅增加了 6 个。

根据拉美经委会统计数字，2016 年专业医护人员护理下的孕妇生产比例在厄瓜多尔为 96.3%，拉美地区的平均数为 94.8%。

① Encuesta Nacional de Empleo, Desempleo y Subempleo de Ecuador, 2018, Instituto Ecuatoriano de Seguridad Social, IESS.

第六章

文　化

第一节　教育

宪法规定，政府预算的25% ~30%用于教育。国民生产总值至少6%用于基础和中等教育。目前国立大、中、小学实行免费教育，大学实行自治，保护私人办学自由。

一　教育发展概况

在拉美地区，厄瓜多尔的教育历史比较长，始于殖民初期。1535年西班牙殖民者在基多建立第一所专供西班牙人子女学习的初级实验学校。1552年这所学校改名为圣安德烈斯书院，除教授原来的课程外，又增加了图画、雕刻、泥瓦工、木工、缝纫等技艺科目。1559年黑袍教团建立了第一所中等学校，讲授神学、宇宙论和拉丁文等课程。1573年阿古斯丁派的传教士在昆卡建立了圣阿古斯丁学校。1586年阿古斯丁派传教士创立了厄瓜多尔的第一所大学——圣富尔亨西奥大学。在圣富尔亨西奥大学，学生学习神学、伦理学、哲学、逻辑和宗教事务等课程，并可以授予神学和宗教法学学士、硕士和博士学位。1594年在基多创办的圣路易斯神学院是厄瓜多尔殖民时期最有声望的学校，只招收富家子弟。1622年厄瓜多尔成立圣格雷戈里奥大学，1681年又成立圣托马斯·德阿基诺大学。在长达300年的殖民统治时期，殖民者通过教会兴办教育，通过教士传播文化，牢牢控制了教育和文化的发展。学校和大学的学习内容非常贫乏和片面。神学、圣经和教规等学科占主要地位，后来增设了自然哲学、物理学、语法、修辞和人文学、法学、医学等科目。

独立后，由于统治集团内部矛盾尖锐，政局动荡不定，教会争夺教育权力，国家因经济落后，无力发展教育事业，教育发展受到很大的影响。

二战后，政府为了发展教育事业，曾多次进行教育改革，建立健全教育体制。1944 年政府颁布《教师级别和工资等级法》，对教师的职责、福利、社会地位做了明确规定；1946 年颁布《中等教育建制法》，努力提高中等教育水平；1947 年颁布职业教育总则，加速培养中等科技人才。

进入 60 年代以后，厄瓜多尔进一步实行教育改革。为了提高印第安人文化水平，在部分学校开设克丘亚语课程。1964 年在印第安人聚居的因巴布拉省建立了印第安人农村教育中心，创办了 22 所学校，专门培训印第安人。1967 年进行初等和中等教育改革，实行 9 年义务教育制（小学6 年，初中3 年）。1975 年进行大学教育改革。1977 年政府颁布的《教育法》全面系统地规定了政府的教育方针和政策，教育体制，行政管理和经费，中央、省、市各级教育领导机构以及学校的职责和权力。从此，国家教育事业开始按照统一正规的教育体制发展。

20 世纪 60 年代末 70 年代初，厄瓜多尔在东部亚马孙雨林地区发现了丰富的石油资源，源源不断的石油收入为厄瓜多尔发展教育事业提供了良好的机会。随着石油业的快速发展，炼油业、石油化工工业、钢铁工业和其他工业相继发展起来。国内经济的发展对科技人员和训练有素的工人的需求日益增加。为了更好地发展经济，政府加大了对教育的投入，实行教育改革，制定教育发展计划，加速人才培养。

自 70 年代开始，政府加大对教育的投入。1970 年公共教育开支占国内生产总值的比重达到 4.2%。1972 年政府制定计划发展教育，在尽可能短的时间内，消灭一切形式的文盲。对所有学龄儿童实行普通小学教育。给予大学自治权利，改善内部的教学和行政组织形式。厄瓜多尔的教育获得显著发展，学生入学人数大幅度增加。入幼儿园的儿童人数从 1970 年的 13755 人，增加到 1977 年的 28504 人。1970 ~ 1980 年，小学生由 101.6 万人增加到 142.8 万人；中学生由 21.7 万人增加到 53.5 万人。大学生由 1971 年的 4.4 万人增加到 1980 年的 22.5 万人。同时，教师人数也大幅度增加。1970 年学前教育教师仅有 417 人，1977 年增加到 910 人。1970 ~ 1980 年，小学教师由 2.7 万人增加到 4 万人；中学教师由 1.57 万人增加到 3.15 万人。1980 年大学教师在万人以上，而 1970 年仅有 2867 人。

20 世纪 90 年代，动荡的经济和政治形势影响了教育的发展。公共教育开支占中央政府财政预算的比重远达不到 30%，且呈下降趋势，由 1980 年的 5.6% 跌到 1990 年的 3.1% 和 1995 年的 3.4%。90 年代末，由于石油价格暴跌、厄尔尼诺现象和东南亚金融危机等不利因素影响，厄瓜多尔陷入金融危机。经济危机和外债压力的双重影响制约了政府对教育的投资。根据拉美经委会的统计数字，2000 年和 2001 年，公共教育开支占国内生产总值的比重竟分别下跌到 1.5% 和 1.1%。此后，随着经济状况的逐步改善，这种状况逐步有所改观。由于缺乏教育管理资源，城市和农村居民受教育的机会存在明显差距。根据 2001 年的人口普查统计，城市中 24 岁以上人口达到人均接受教育 9 年以上，而在农村这一年龄组人的受教育年限还不到 5 年。很多农村的小学只有一名教师，并缺少电力供应。占人口 30% 的 18 岁以上人口完成中等教育。在印第安人中，人均受教育 2 年，文盲率为 40% ~50%。

二 教育体系

最高教育领导机构是公共教育部。下属机构有：全国教育委员会、全国教育研究协会、全国教育领导委员会和各省的教育领导委员会。

基础教育 厄瓜多尔实行 10 年制免费义务基础教育。每个公民都享有受教育的权利和义务。政府监督义务教育的执行，保障每个公民受教育的机会均等。2013 年基础教育入学率为 96%。

基础普通教育的宗旨是开发 5 岁以上受教育者的能力，直至升入高中阶段。基础普通教育分 4 个阶段：基础教育第一阶段，1 年级阶段，适龄学生为 5 岁。基础教育第二阶段，2 ~ 4 年级阶段，适龄学生为 6 ~ 8 岁。基础教育第三阶段，5 ~ 7 年级阶段，适龄学生为 9 ~ 11 岁。基础教育第四阶段，8～10 年级阶段，适龄学生为 12～14 岁。无论学生多大年纪，均不能以超龄为理由拒绝从事与其水平和能力相应的学习。

高中教育 为 3 年学制，适龄学生自 15 岁起。学业主要目标是给予学生综合性培养，使学生具备制定自己生活规划的能力，成为负责任的有评判和互助能力的社会参与者。同时致力于开发学习能力和公民职责意识，使之适应社会劳动，或升入高等教育。

高中阶段实行统一普通高中教育制度。学生从事一系列的普通科目学习。除此之外，可以选择科学高中科目或技术高中科目。科学科目内容为科学人文补充性培养。技术科目为技工、手工操作、体育等补充性培养，以便学生能够进入劳动市场，参与社会。2011 年以前，高中阶段的教育按学科进行分类，如自然科学和社会科学等。后来教育部进行了调整，采用现行的高中教育分类。

高等教育 高等教育科技和创新秘书处（Secretaría de Educación Superior，Ciencia，Tecnología e innovación）是政府实施教育公共政策的机构。与高等教育委员会（Consejo de Educacion Superior）和厄瓜多尔高等教育质量评估、认证和保证委员会（Consejo de Evaluación，Acreditación y Aseguramiento de la Calidad de la Educación Superior del Ecuador）一道组成高等教育系统的三大机构。在高等教育方面，高等教育科技和创新秘书处有效保证公民免费获得高等教育，确认公共利益规划和专业，管理和协调厄瓜多尔全国高等教育信息系统、全国评级和招生系统。另外，高等教育科技和创新秘书处负责制定、管理和实施政府高等奖学金政策，负责制定科技创新领域的公共政策，协调公共和私人生产部门与学术研究部门的联系，批准全国研究、创新和技术透明计划。秘书处下设两个分秘书处：高等教育副秘书处（Subsecretaría General de Educación Superior）和科技和创新副秘书处（Subsecretaría General de Ciencia Tecnologia e Innovacion）。2013 年高等教育入学率为 35%。

高等教育分为大学、工艺学院及国立的和私立的高等学院。著名高等院校有厄瓜多尔中央大学、天主教大学、瓜亚基尔大学和昆卡大学。厄瓜多尔中央大学位于基多，1769 年成立，由圣路易斯神学院、圣格雷戈里奥大学和圣托马斯·德阿基诺大学合并而成，曾于1822年和1926年两次重建，1925年取得管理自治权。大学设法律、经济管理、医学、农业等11个系和多所研究所，是全国高等教育中心和实验基地。瓜亚基尔大学位于瓜亚基尔，1867年成立。中央大学和瓜亚基尔大学规模最大，两校的学生约占全国大学生总数的2/3。另外还有厄瓜多尔天主教大学，位于基多，1946年成立。昆卡大学位于昆卡，1868年成立。

职业培训 厄瓜多尔职业培训服务中心（Servicio Ecuatoriano de Capacitación Profesional）隶属于厄瓜多尔劳动部，负责全国的职业培训工作。根据职业培训服务中心的机构构成法，其职能为制定和实施计划；对经济活动部门的劳动者进行职业培训；对14岁以上的劳动者进行专业培训；对成年人进行职业培训，着眼于劳动就业；对微小企业管理者进行培训；与农、工企业进行协调开办职业培训班；开办技术教师方法论培训班；对各个部门职业者进行回炉培训以适应管理的需求。培训中心设有全国委员会负责领导中心，领导委员会成员有社会保障部长，公共教育部长，生产部长，计划委员会技术局局长或其代表，职业培训服务中心的两名代表，劳动者中央工会的两名代表。中心具有公共权利法人身份，具有管理和财政自治权，拥有自己的财产和资金来源。

扫盲工作 文盲人口系指15岁以上、文化水平在小学3年级以下，无阅读能力和书写能力的人口。文盲率系指文盲人口与15岁以上人口的比例关系。65岁以上人口的文盲率较高，24岁以下人口的文盲率较低。2015年，全国文盲率为5.5%。文盲率最高的省份是那些印第安人口集中的省份。

厄瓜多尔政府历来重视开展扫盲运动，1981年政府规定，中学生在最后一年学习期间，既可以写专题论文，也可以参加扫盲运动，特别是到农村去开展扫盲运动。1988年厄瓜多尔开展了历史上规模最大的一次扫盲运动。政府对这次扫盲运动十分重视，通过新闻媒体大张旗鼓地宣传识字的重要意义，号召全国人民积极支持扫盲运动。总统亲自挂帅，成立了全国、省、市扫盲运动委员会。为了支持这场运动，政府拨款约900万美元用于宣传这场运动的重要意义和向参加扫盲运动的学生提供补贴。约有

7万人参加了这次扫盲运动，其中大多数是青年学生。扫盲工作者经过短期的培训后，86%的人员到农村和边远地区，14%的人员在城市开展扫盲工作。经过长期的努力，扫盲工作取得成效。

第二节　科学技术

一　概况

厄瓜多尔科技发展基础薄弱。2011年科技和创新活动的开支总计为121053万美元，占国内生产总值的比重为1.58%。其中，人文领域占2.3%，医学占3.5%，社会科学占13.9%，自然和精准科学占32.9%，农业研究占22.3%，工程技术占25.0%。

科研人力资源分布社会科学占35.1%，工程技术部门占20.1%，自然和精准科学占14.6%，农业研究占11.4%，医学占11.3%，人文科学占7.5%。创新成果分布制造业占39%，开采业为3%，服务和商业为58%。

二　科技体制

国家科技体制以两个中央机构为基础构成，即高等教育科技和创新秘书处、科学技术基金会。高等教育科技和创新秘书处为国家科技领导部门。科学技术基金会为非营利性的司法组织机构，从事厄瓜多尔科技系统的技术管理和开发。

高等教育科技和创新秘书处的主要职能有：与科技咨询委员会一道制定科技政策；制定国家科技发展规划；协调国家科技系统的重大战略行动；为科技系统提供资助资金，负责科技合作和资金合作谈判；建立和改善必要的司法手段，以促进科技发展；领导科学技术基金。

科学技术基金会的主要职能有：负责实施和监控科技政策和经由全国科技秘书处批准的中、长期科技发展计划；就国家科技规划的资金配置标准提出建议；向科技研究、服务和科技创新项目提供资金支持；负责培训科技人力资源；负责协调国家科技信息系统，并提供资金支持；为科技发展所需的基础设施和设备提供资金支持；为生产部门的技术管理提供资金支持；为全国科技秘书处谈判达成的科学技术传播、合作项目和机制提供资金支持；管理全国科技秘书处和其他多边机构提供的财力资源。

三 科技研究机构

科技研究活动主要集中于各个大学。从事科技活动的主要机构有31个大学和理工学院的150个机构，私人部门的46个机构，17个非政府组织机构，以及公共部门的12个机构。

厄瓜多尔主要有19个机构从事各领域的科技研究和提供科技服务，其中有厄瓜多尔中央大学的生物医药中心，国立理工学院的环境研究和控制中心、水利资源研究中心、技术研究所、纺织技术程序试验室、结构工程和抗震研究中心、环境研究中心和脊椎动物学研究中心，昆卡大学的非金属矿研究资助中心，天主教大学的亚苏尼科学站，安巴托技术大学的技术研究所，海滨理工学院的全国海洋学和海洋研究中心，农牧业研究所，伊斯捷塔·佩雷斯全国卫生研究所，全国渔业研究所，等等。

第三节 新闻出版

厄瓜多尔新闻事业比较发达，截至2019年3月，有50多种报纸和21种杂志，多为私人经营。主要报纸和发行量：《商报》，为曼蒂利亚家族的私营报纸，发行量为9万份；《今日报》，由海梅·曼蒂利亚集资兴办，7.2万份；《宇宙报》，7.5万份；《快报》，6万份。《浏览》是发行量较大的综合性杂志。以上报纸和杂志均为西班牙文版。国家通讯社为厄瓜多尔新闻社。[①]

主管全国新闻宣传工作的机构是全国社会通讯秘书处，成立于1973

① http：//www. ejercitoecuatoriano. org/espanol/mostrarweb. php？ id =110.

年，原名全国公共新闻秘书处，为政府官方机构。

全国共有电台460多家，其中首都有54家。主要有厄瓜多尔电台、天主教电台、基多电台、成就电台和安第斯之声电台。电台绝大多数为私人所有。

全国共有19家电视台，均由私人经营。主要电视台有2台、4台、8台、10台和13台。

第四节　体育

厄瓜多尔虽人口不多，但在国际体育运动中曾取得过可喜的成绩，涌现出一批杰出运动员。比较有名的有跳高运动员哈辛塔·桑迪福德（Jacinta Sandiford），另外还有罗纳尔多·贝拉（Rolando Vera），他在1996年亚特兰大奥运会上曾为厄瓜多尔赢得一枚金牌。杰斐逊·佩雷斯（Jefferson Perez）是厄瓜多尔著名的竞走运动员。1992年他获得青年竞走世界冠军；1996年在亚特兰大奥运会上获得20公里竞走金牌；在2003年巴黎世界田径赛中获得竞走项目的金牌。他是厄瓜多尔体坛的骄傲。

在集体项目中，厄瓜多尔国际足球队曾在2001年打入世界杯决赛圈，参加了2002年韩国－日本世界杯决赛，获得了第24名的好成绩。厄瓜多尔历史上著名的足球运动员有阿尔韦托·斯潘塞（Alberto Spencer）和亚历克斯·阿吉纳加（Alex Aguinaga）。斯潘塞虽然没有能够参加世界杯赛，但是在其12年的俱乐部比赛生涯中曾取得过辉煌的战绩。由于其足球天赋和骄人战绩，乌拉圭曾盛邀他加入乌拉圭国籍，但是受到他的婉拒。阿吉纳加曾99次代表厄瓜多尔国家队参加比赛，是国家队中的绝对主力和灵魂人物。他曾代表厄瓜多尔参加过1990年、1994年、1998年和2002年的世界杯预选赛。

拳击是厄瓜多尔的传统项目运动，具有广泛的社会基础。在20世纪60年代，曾出现黄金时代，涌现了丹尼尔·瓜宁（Daniel Guanin）、欧亨尼奥·埃斯皮诺萨（Eugenio Espinosa）和海梅·巴利亚达雷斯（Jaime

Valladares）等优秀拳击运动员。巴利亚达雷斯曾在 1969 年世界拳击锦标赛中打入决赛。2001 年厄瓜多尔拳击选手塞萨尔·“马拉维利亚”·辛戈（Cesar“Maravilla”Singo）曾一路过关斩将，获得国际拳击协会的金腰带。

厄瓜多尔奥林匹克委员会成立于 1956 年，于 1959 年获得国际奥委会的承认。厄瓜多尔奥委会有 40 多个体育协会成员。

厄瓜多尔是多山国家，登山运动比较普及，也涌现出一些著名运动员，其中有伊万·巴列霍（Iván Vallejo）。1999 年 5 月 28 日他曾成功登上珠穆朗玛峰，成为第一个登上世界最高峰的厄瓜多尔人。另外，他还成功攀登上世界其他很多有名山峰。

厄瓜多尔还在其他一些体育运动项目上取得过好成绩。如网球运动员安德烈斯·戈麦斯（Andrés Gómez）曾在 1990 年戴维斯网球赛上，以 3∶1 的比分战胜美国著名选手阿加西，这使得他的 ATP 排名一度上升到第 4 位。比较有名的运动员还有：自行车运动员胡安·卡洛斯·罗塞罗（Juan Carlos Rosero）、佩德罗·罗德里格斯（Pedro Rodríguez）和马里奥·庞斯（Mario Pons），国际象棋运动员玛尔塔·费耶罗（Martha Fierro），游泳运动员豪尔赫·德尔加多（Jorge Delgado）和加洛·耶佩斯（Galo Yépez）。德尔加多在 1974 年慕尼黑奥运会上曾获得 200 米蝶泳比赛第 4 名。

厄瓜多尔体育运动的发展主要靠运动员自己的努力，国家投入比较少，在一定程度上影响到一些体育运动项目的发展。

第五节　文学艺术

一　文学

（一）古印第安时期的文学

发源于安第斯地区的克丘亚文学明显落后于墨西哥的阿兹特克文学和马雅文学。在西班牙人来到这里以前的近 100 年间，现在的厄瓜多尔地区曾处于印加人的统治之下，是印加帝国塔万廷苏约的一部分。这一时期的文学是由后来的传记作家和历史学家根据当时的记事绳作品记载下来的。印加人的记事绳记载了过去发生的一些事情，形成口头传播的文学。它采取宗教诗歌、宇宙起源的传说、赞美神和英雄的颂歌、抒情合唱、爱情歌曲、剧情诗、故事以及表现民间智慧的演说形式。后来的传记作家安东尼奥·阿尔塞多（Antonio Alcedo）在其《美洲书院》（*Biblioteca Americana*）中记述说，出生在伊瓦拉的一位叫作哈幸托·科利亚瓦索（Jacinto Collahuazo）的印第安酋长根据记事绳和传说写下了《秘鲁印加人史》（*Historia de los Incas del Perú*）。一位西班牙地方长官发现后，斥责其为异端邪说，当众把它烧毁了。后来，这位印第安酋长向检审庭提出申诉，检审庭允许他再次写出作品，并改名为《印加阿塔瓦尔帕国王与他的兄弟阿托克，俗称瓦斯卡尔相残的战争》（*Las guerras civiles del Inca Atahualpa con su hermano Antoco, llamado comunmente Huáscar*）。但可惜的是后来这部手记作品流失于民间。

19 世纪，胡安·莱昂·梅拉（Juan León Mera）搜集到了克丘亚语作品《阿塔瓦尔帕·瓦努伊》（*Atahualpa Huanui*）又名《阿塔瓦尔帕的挽歌》（*Elegia por la muerte de Atahualpa*）。梅拉和路易斯·科尔德罗（Luís Cordero）把这部作品翻译成了西班牙文。作者以被征服者的身份把部落群体的哀伤之情注入挽歌，哀悼阿塔瓦尔帕的被俘和遇害。挽歌是这样描述的："白人贪婪黄金，像密布的阴云扑来。他们遍布山野，抓住了印加之父，把他砍倒在地，残忍地杀害。他们怀着禽兽之心，长着豺狼之爪。啊，他们把他撕裂，就像撕扯一只羔羊。"① 这部诗作创作于西班牙征服者到来之后，更多表述的是印加人的乡土之恋，而非西班牙后来者之情。

在古印第安时期，经常有游唱诗人、古秘鲁诗人和民间诗人走街串巷，四处游历，歌唱神灵和英雄。后来伴有安第斯音乐的抒情情歌形式从这种古老史诗的表述形式中诞生。19 世纪，希门尼斯·德拉埃斯帕达（Jiménez de la Espada）向在马德里召开的第五届拉美研究学者大会提交

① *Enciclopedia Ecuador a su alcance*, Editorial Planeta Colombiana, Página 530, Bogotá, Colombia, febrero de 2004.

了 18 部基多情歌作品。

在印加帝国的创建和组织过程中，专门有一些文人负责记述史实，并传授给贵族青年。在 20 世纪的厄瓜多尔，甚至在我们现在的时代，通过对民间文学的考察，我们仍然可以发现一些民间歌曲和警句，甚至包括一直流传到 19 世纪的戏剧，如费利克斯·普罗亚尼奥（Félix Proaño，1850 ~ 1938 年）教长搜集的克丘亚语的作品《演说》（*Las Arengas*）以及其他具有西班牙殖民之前史实内容的作品。另外，还有很久以后创作的一些剧本，如《蒂文，蒂文》（*El Diun*，*Diun*）和《基利亚科人》（*Los Quillacos*）。这些剧作被作为殖民时期之前的作品收集于里卡多·德斯卡尔西（Ricardo Descalzi）编撰的《厄瓜多尔戏剧评论史》（*La Historia Crítica del Teatro Ecuatoriano*）之中。实际上这些作品并不是创作于那个年代，但却反映了那个时期口述文学的风貌。

（二）殖民地时期的文学

（1）16 世纪的基多文学

在经过征服战争、巩固了殖民统治之后，西班牙人在印第安人村落的废墟上建立了城镇，都市生活发展起来。西班牙人建立了自己的政治、司法和行政机构，以及新的社会和经济秩序。在西班牙殖民征服战争和新的社会生活基础上，产生了 16 世纪的基多文学。

为了使印加帝国的印第安臣民皈依天主教，西班牙殖民当局在推广西班牙语的同时，允许普遍使用克丘亚语。16 世纪的基多文学首先是教士和士兵们撰写的西印度纪事，记述了他们在这个陌生世界中的所见所闻。他们使用的语言比较粗糙，甚至粗俗，但是所讲述的东西却为亲身感受，很有感染力。他们的信件和回忆录并不追求诗情画意般的文学修饰，而侧重对历史事实做见证和记录。其中包括对西班牙王室征服土地的描述，突出征服行动的业绩。作者对一切感到陌生，惊叹这个神奇的世界，他们对新大陆的描述就像古希腊和中世纪时期的神话和传说，充满了文学色彩。

当时的基多西班牙纪实作家写作的主题是如何俘获和杀害阿塔瓦尔帕，印第安军队的将领们如何抵抗西班牙人的进攻以及最后如何失败，还包括对印第安人社会的观察，如何建立城市，进行新的探险，如发现埃尔多拉多（El Dorado）和亚马孙河，还有殖民征服者是如何相互倾轧和钩心斗角的。16 世纪比较有名的纪实文学作者有佛朗西斯科·德赫雷斯（Francisco de Jerez，1504～1539 年）、佩德罗·桑乔·德拉奥斯（Pedro Sancho de la Hoz，？～1547 年）、佩德罗·皮萨罗（Pedro Pizarro，1514～1571 年）、马科斯·德尼萨（Marcos de Niza）神父、佩德罗·谢萨·德莱昂（Pedro Cieza de León，1518～1560 年）、米格尔·卡韦略·德巴尔沃亚（Miguel Cabello de Balboa，1530～1608 年）、加斯帕尔·德卡瓦哈尔神父（Gaspar de Carvajal，1504～1584 年）、托里维奥·德奥蒂格拉（Toribio de Ortiguera）等。当时也产生了一些诗歌，主题仍然是描述征服战争和印第安人的反抗斗争。

17 世纪，殖民统治稳定，耶稣会教士们建立了圣路易斯神学院、圣费尔南多神学院、圣富尔亨西奥大学、圣托马斯大学和圣格雷戈里奥大学。在昆卡、伊巴拉、里奥班巴、波帕延和帕斯托也建立了神学院，教会和修道院控制了教育和文化。这个时期的文学包括宗教颂歌、布道词、宗教诗歌、司法和神学著作。

在这一时期的文学中，加斯帕尔·德比利亚罗埃尔神父（Gaspar de Villarroel，1587～1665 年）占有重要地位。他出生于基多，就学于利马，在那里加入了圣奥古斯丁教会。他十分爱好文学，并极具天赋，曾游历西班牙，成为西班牙国王的讲道士。后来，先后任智利圣地亚哥主教、阿雷基帕的主教和苏克雷查尔卡斯的大主教，1665 年去世。他创作的作品有《封斋节的福音书述评》（*Comentarios sobre los evangelios de cuaresma*），《遵守教规与和平的政府》（*Gobierno Eclesiástico y Pacífico*），《两把匕首的合力》（*Unión de los dos cuchillos*）和《神圣教会的历史》（*Hstotias sagradas y eclasiásticas*）。

在教廷赋予王室任命神职人员特权后，作者创作了《遵守教规与和平的政府》一书，表述了对教会与王室关系的政治观点。书中收集了作者的回忆录、经历、慈善之举和具有中世纪风格的奇闻轶事，劝告主教们行善事，守戒律，以便和王室当局和睦相处。《遵守教规与和平的政府》以及《神圣教会的历史》这两部书中，作者以灵活的语言技巧讲述了大量故事，展示了17世纪殖民社会的风俗习惯、信仰和生活价值观，既有教化功能又有文学价值。

（2）巴洛克文学

16世纪后期，巴洛克艺术在意大利兴起，并于17世纪传入美洲西属殖民地，其影响波及各个文化领域，包括文学。在西属美洲，巴洛克文学贯穿整个17世纪和18世纪。殖民者在亲身经历的基础上创造了关于殖民征服的纪实文学和史诗，他们所使用的语言并不追求美学目的。到了巴洛克时期，作家们进行的文学创作大多基于别人的经历，语言追求美学感受和复杂的艺术风格，力图运用具有感性吸引力的形式抒发感情。在艺术风格上，较前有很大进步，但却缺乏朴实无华的感染力。这个时期的抒情文学和宗教演讲都采用了这种绮丽的文体。1613年菲利普三世的王后奥地利的马加丽塔去世，为了纪念她，在基多举办了首次赛诗会，基多诗人曼努埃尔·乌尔塔多（Manuel Hurtado）以一首敷衍体诗获奖。这首诗可以被看作巴洛克时期基多地区的首部诗作，也是巴洛克文学传入基多的明证。

1675年，《哈辛托·埃维阿大师早期创作和收集的诗歌集》（*Ramillete de varias flores poéticas, recogidas y cultivadas en los primeros abriles de sus años por el maestro Jacinto Evia*）在马德里问世。它不仅收集了乌尔塔多的作品，而且还有他的老师、耶稣会教士、瓜亚基尔人安东尼奥·巴斯蒂达斯（Antonio Bastidas，？～1681年）和新格拉纳达人埃尔南多·多明格斯·卡马戈（Hernando Domínguez Camargo，1601～1656年）的诗作。这部作品具有浓厚的巴洛克艺术风格，是殖民地时期基多第一部抒情诗集。

1767年卡洛斯三世采取务实政策，驱逐耶稣会教士，这对西属美洲殖民地产生巨大影响。首先，人们对君主专制政权和宗教权力提出批评，并由此产生一种新的世界观，即启蒙运动思想。贸易开放有利于一些禁书传入殖民地，特别是启蒙运动的法国思想家的作品对土生白人和混血种人产生很大影响。另外，耶稣会教士在受到驱逐后，开始寻求一种自身的认同，肯定新大陆意识，创造了不少相关的文学作品。耶稣会教士受到驱逐使基多地区的教育陷入危机，也为教育调整带来机会。胡安·包蒂斯塔·阿吉雷（Juan Bautista Aguirre，1725～1786年）神父在圣格雷戈里奥大学引进了哥白尼和牛顿的新物理学。阿吉雷和胡安·德贝拉斯科神父对当时的教育产生了极大的影响。

科学的发展和印刷技术的引进也促进一种新精神的诞生和发展。1736年法国科学家地理测量团来基多测量赤道。1801年杰出的人文主义者、著名的科学家亚历山大·洪堡（Alexander von Humboldt）和阿伊米·本普兰特（Aime Bonpland）也来到基多。这促进了科学知识在厄瓜多尔的传播。在新格拉纳达和基多，科学家们惊奇地发现里奥班巴人佩德罗·比森特·马尔多纳多（Pedro Vicente Maldonado，1704～1748年）、西班牙人何塞·塞莱斯蒂诺·穆蒂斯（José Celestino Mutis，1732～1808年）、哥伦比亚人弗朗西斯科·何塞·德卡尔达斯（Francisco José de Caldas，1771～1811年）对知识的追求和不倦的探索。

这一时期正是两种世界观的交替年代。一种是根植于殖民制度之中的传统世界观，它从经院思想中获得营养，把宗教信仰作为工具，依靠神学理论和纯粹的思辨，占据统治地位。另一种世界观是破字当头，预示着未来，要求打破旧的制度，以启蒙运动思想为批判武器，主张理性，崇尚进步，采用实验方法。在现实中，这两种世界观并不从来都是相互排斥的，有时是相互重叠的，交织在一起，使得启蒙思想观可以在经院思辨的缝隙中或多或少地显露出来。

这一时期文学的发展趋势首先表现为传统的延续，为绮丽文体诗歌和格言体诗歌、神话诗歌、唯灵论散文、祭神的演说文体和宗教史诗等。夸饰绮丽的文风在西属美洲的影响比在西班牙的影响要更加持久。这种文风的代表者是耶稣会教士胡安·包蒂斯塔·阿吉雷，他撰写了3部哲学著作，4部神学和伦理学著作，1部讲经布道作品，1部拉丁文、西班牙文和意大利文诗歌，3部论战文集。他生于道莱，父亲是瓜亚基尔人。早年到基多，就学于圣路易斯神学院，1742年5岁时加入耶稣会，33岁时成为耶稣会教士。阿吉雷在圣格雷戈里奥大学教授哲学，很有新意。他讲授《哲学课程》（Cursus Philosophicus）时，突出宣讲物理学和逻辑学以及形而上学论。在基多生活期间，他撰写了为人熟知的诗歌。另外，他还是一位受人欢迎的布道师。他 42 岁时离开基多，流亡到意大利，与耶稣会同事相聚，61 岁辞世。

虽然夸饰绮丽的文风在美洲延续时间长于西班牙，但是基多耶稣会教士们的诗歌作品却被人们淡忘了。到了 19 世纪，阿根廷人胡安·玛丽亚·古铁雷斯发现了阿吉雷的诗歌作品手迹，并将其公之于众。《致利萨尔多的信》(*Carta a Lizardo*)、《想象中的漂亮贵妇人的赞歌》和《卢斯贝尔的暴动和失败及其追随者》(*A la rebelión y caída de Luzbel y sus secuaces*) 延续了西班牙的文学传统。作为宗教史诗作家，阿吉雷通过《卢斯贝尔的暴动和失败及其追随者》，充分展示了自己的诗歌才华，给读者留下深刻的印象。

胡安·德贝拉斯科　这一时期，基多另一位有名的耶稣会教士是胡安·德贝拉斯科 (Juan de Velasco, 1727～1792 年)。他出生于里奥班巴，父母为西班牙人，但是他从小便从奶妈那里学会了克丘亚语。1743 年当他 16 岁时，进入基多耶稣会的圣路易斯神学院学习。在结束了神父学业后，因工作关系，他游历了基多各地检审庭，看到了殖民时期前的历史古迹，收集了很多历史资料，阅读了很多手迹，如后来失传的哈辛托·科利亚瓦索 (Jacinto Collahuazo) 手迹以及其他一些历史学家和纪实作家的作品。在走访过程中他与很多人进行交谈，还在一些地方任教，收集了很多民间传说和神话。这些对他世界观的形成产生很大影响，为其后来的历史创作积攒了大量素材。当他来到波帕延时，正值耶稣会教士受驱逐之际。贝拉斯科后来定居意大利的法恩扎，在前期工作的基础上创作了《基多王国的历史》，直到临去世前才完成这部作品。这部作品包括“自然历史”和“古代历史”。另外，他还创作了《基多王国的现代历史及该地耶稣会编年史》(*la Historia moderna del Reino de Quito y Crónica de la Companía de Jesús en este Reino*) 以及耶稣会教士表达思乡情感的诗作《法恩扎的游手好闲者》(*El ocioso de Faenza*)。

贝拉斯科是一位具有批判精神的现实主义作家。有人称他为“基多小说作家的先驱”。他的巨作《基多王国的历史》是外部世界了解厄瓜多尔文学的必读物。另外，他的文学创作素材，广泛收集的传说和神话也是重要的历史考证资料。不少人怀疑这些传说和神话所叙述的事情的真实性，但是很多作家认为，以科学的方法去分析这些材料，确实能够为历史研究提供宝贵的素材。

贝拉斯科出版的诗集《法恩扎城游手好闲者诗选》（*Colección de poesías varias hechas por un ocioso en la ciudad de Faenza*）收集了被从基多驱逐、定居于法恩扎城的耶稣会教士思念故乡而创作的诗歌。这些教士包括基多人拉蒙·别斯卡斯（Ramón Viescas）、诗歌《米诺卡的征服》（*la conquista de Menorca*）的作者何塞·奥罗斯科（José Orozco）、诗歌《告别基多》（*la Despedida a Quito*）的作者马里亚诺·安德拉德（Mariano Andrade）、安布罗西奥（Ambrosio）和华金·拉雷亚（Joaquín Larrea）两兄弟、安巴托人华金·艾利翁（Joaquín Ayllón）等人。这部诗集为研究18世纪基多文学提供了宝贵的资料。马里亚诺·安德拉德的作品《告别基多》以十分凄凉的语调描述了作者在辞别家乡基多时的伤感之情。贝拉斯科的这部诗集是18世纪流亡他乡的基多耶稣会教士一代人规模最大的诗创作品集。就像阿吉雷一样，既有体现出严肃的巴洛克风格的宗教诗歌和史诗，又有讽刺诗作和讥讽诗歌。后者大多创作于学校课堂，或随手而出，应景而作，但是字里行间却流露出诗人的风格和个性，显露出作者们流亡生活状况。他们以诗歌寄托对家乡的眷恋。最后，这些诗人都未能回到自己的家乡，客死意大利。

殖民时期文学创作的题材大多是神灵、宗教圣徒传和布道演讲。教堂和修道院的生活是文学创作的主题。圣徒传是基多殖民时期诗歌的主题，这在18世纪得到充分的体现。当时的著名作品有耶稣会教士华金·莫兰·布特龙（Jacinto Morán Butrón）的《教堂花园中绽开的基多百合花》（*La Azucena de Quito que brotó del florido campo de la iglesia*）。这部作品虽然创作于1696年，直到18世纪才开始在各地流传，1702年传到利马，1724年在马德里出版，1732年传到墨西哥。作者1668年出生于瓜亚基尔，1749年在瓜亚基尔去世。在他去世后，其作品《神灵的历史简述及瓜亚基尔港》（*Compendio histórico de la providencia y Puerto de Guayaquil*）才于1789年问世。

卡塔丽娜（Catalina） 是当时一位很有才华的女诗作家。在她的年代，妇女难以享受充分的教育，她靠自学成名。24岁时由瓜亚基尔迁居到基多的圣卡塔丽娜修道院生活，在那里创作了诗歌和散文集《灵魂与上帝间的秘密》（*Secretos entre el alma y Dios*），题材大多为作者在修道院的生活经历，表达了作者虔诚的宗教信仰、神秘的修女经历和丰富的精神世界。

这里需要提及的还有那些地理学家和历史学家，他们身上显露出与殖民时代的文学传统决裂的特征。他们所从事的职业和工作也有助于他们与宗教神学决裂。其中的一位便是佩德罗·比森特·马尔多纳多，他是基多检审庭最有名气的知识分子，学问渊博，受到法国学者们的公认。洪堡是这样称赞他的："除了埃及和大印度（las Grandes Indias）一些地区的地图外，欧洲海外最详尽的地图当属马尔多纳多制作的《基多王国地图》（*El mapa del Reino de Quito*）"。[①] 如果说马尔多纳多绘制了古基多王国地图，那么贝拉斯科神父便是历史地图的制作者。在他们制作的地图中，无论是在时间还是在空间上，基多都具有了国家的雏形，反映出当时在基多已经开始产生民族意识。

欧亨尼奥·埃斯佩霍 最深刻反映当时时代的意识和变化的是欧亨尼奥·埃斯佩霍。1779 年他出版了《新卢西亚诺》（*El Nuevo Luciano*）。其 9 部对话体裁作品阐述了他的审美观，关于知识和教育的看法，显露出文学爱好和天赋。他讥讽了当时盛行的绮丽文体和格言文体，同时还嘲弄了当时的一些社会名流，表现出一种犀利的文风。他曾经因此被投入监狱。1781 年他出版了《布兰卡迪纳科学》（*La ciencia blancardina*）。埃斯佩霍在其作品中，表现出由巴洛克和殖民思想向一种新的审美观念过渡的痕迹。1785 年他创作的《天花引起的思考》（*Reflexiones acerca de las viruelas*）流露出了关心基多民众疾苦，担心传染病在市民中扩散的忧患心情。1787 年埃斯佩霍创作了《里奥班巴的信》（*Cartas riobambeses*），嘲笑统治阶层的习惯和嗜好。后来因被指控在《拉戈里利亚的写照》一文中嘲讽西班牙君主，被带到圣菲德波哥大总督府去辩诉。1792 年他在报纸上开辟"基多文化集萃"专栏，发表作品大多采取散文形式，其中有哲

① *Enciclopedia Ecuador a su alcance*, Editorial Planeta Colombiana, Página 534, Bogotá, Colombia, febrero de 2004.

学杂文、书信、演讲等，从文学角度看这些作品并不出众，没有什么奇特之处，但是题材大多为社会问题，这标志着作者与夸饰绮丽、神学思辨和布道演讲等殖民文学传统的决裂。他创建了爱国社团“和睦学堂”（Escuela de la Concordia）。尽管埃斯佩霍公开表示拥护君主制度，在“基多文化集萃”专栏中并没有质疑西班牙王室及其基多权力机构的合法性，但是这些多为他实施爱国社团“和睦学堂”计划的策略，通过宣传批判理论和思维，揭露殖民社会的谬误，质疑其合法性，宣传爱国意识和民族意识。

安东尼奥·阿尔塞多 是这个时期另外一位杰出的作家。1807 年他出版了 5 卷本的《西印度或美洲传记及美洲文库》（*Diccionario biográfico-histórico de las Indias Occidentales o América y de la Biblioteca Americana*），该作品收集了以美洲为题材、使用各种语言进行创作的作家的生平及其作品。阿尔塞多是第一个研究美洲文化的伟大学者，以百科全书形式记录本民族的文化，弘扬本民族意识。

另外一位较有名的作家是何塞·梅西亚·莱克里卡（José Mejía Lequérica，1777～1813 年），他作为议员，代表新格拉纳达参加了加蒂斯议会。他崇尚自由，渴望知识，深信人类的平等观念，反对独裁专制。

（三）19 世纪的文学

（1）从巴洛克到新古典主义

19 世纪最初几十年是拉美地区独立战争和共和国诞生时期。在这种走向独立的过程中，文学从巴洛克向新古典主义形式发展。当时有两个概念十分流行：一个是“高贵”传统，另一个是佚名的民间诗歌。“高贵”传统代表为何塞·华金·奥尔梅多（José Joaquín de Olmedo，1780～1847 年）。他是独立时期文学中大型诗歌《胡宁的胜利：玻利瓦尔的赞歌》（*la victoria de Junín*，*Canto a Bolívar*）的作者。他出生于瓜亚基尔，父亲是西班牙人，母亲是土生白人。9～12 岁时他在基多的多明我会开办的圣费尔南多学校读小学。1794 年到利马，先在圣卡洛斯大学，后在圣马科斯大学学习。在圣马科斯大学他获得法学博士学位，并留校任教。在利马期间，他广结朋友，扩大社交圈。他十分爱好读书、写诗。当时的动荡时代为他的诗歌创作提供了源泉、灵感和动力。后来，他作为参加加的斯议会的议员赴西班牙，在那里发表了废除米塔制度的演讲。1820 年 10 月 9 日，在瓜亚基尔独立革命中，奥尔梅多领导了三人执政委员会。后来他曾任利马立宪大会代表、驻伦敦和巴黎外交使团代表。在南方区脱离大哥伦比亚共和国并于 1830 年 5 月 13 日成为厄瓜多尔共和国后，奥尔梅多继续站在第一线为祖国服务。他当选为第一副总统，与弗洛雷斯总统共事两年。后来任瓜亚斯省长。1835 年任代表瓜亚基尔的议员和安巴托立宪大会主席。1845 年 3 月 6 日，领导了反对外国军事入侵的起义。在此两年后，奥尔梅多去世。作为诗人他有两大杰作，1825 年创作的《玻利瓦尔赞歌》和 10 年以后创作的《米纳利加的颂诗》（*la Oda a Minarica*）。在《玻利瓦尔的赞歌》中，诗人怀着胜利之情回顾了胡宁战役的场景。尽管奥尔梅多在史诗作品中明显流露出新古典主义的成分，但同时又具有前一时代的巴洛克风格。玻利瓦尔在读到他的这部作品后，曾写信给他，对其诗作的艺术水平给予了很高的评价。《米纳利加的颂诗》这部诗作写的是 1835 年 1 月 18 日弗洛雷斯率领的军队与巴利亚加（Barriaga）将军领导的反对派之间的残酷战争，作者站在弗洛雷斯一边，歌颂了他的胜利和“公德”。在这部作品中，作者已经显露出浪漫主义的情调。

在佚名的民间诗歌这一领域，独立时期文学也显示出热烈的爱国主义感情，讴歌了独立战争，抨击了西班牙殖民当局的血腥暴行。在由胡安·莱昂·梅拉收集在他的诗集《厄瓜多尔人民的诗歌》（*Cantares del pueblo ecuatoriano*）的附录中的题为《奇妙的古风》（*Antiguallas curiosas*）诗歌中，佚名作者以叙述形式歌颂了 1809 年 8 月 10 日主权委员会废除西班牙殖民当局的检审庭代而执政的革命行动。这首诗歌描述了当时西班牙殖民当局进行屠杀的流血场面：“哦，可憎的 8 月 2 日/残酷的西班牙人是刽子手/双手沾满了鲜血/犯下了滔天罪行/哦，这一天人们看到了基多/城市充满了恐惧和恐怖/让上帝的旨意显灵吧/他能够决定一切/不能不复仇，向那些可恶的刽子手”。①

① *Enciclopedia Ecuador a su alcance*, Editorial Planeta Colombiana, Página 541, Bogotá, Colombia, febrero de 2004.

1830 年厄瓜多尔建立共和国时，如同其他拉美国家一样，除了国土满目疮痍、经济凋敝和战争带来的混乱之外，政治动荡，考迪罗横行，军事独裁频仍，文人阶层冲突不断，笼罩着新生的共和国。经济也经历了一场过渡，从传统的殖民制度向在金融方面依附和从属于外国市场的新殖民制度过渡。国家为工业化国家提供原料产品。在这种过渡时期，各种社会集团的利益和政治观念发生冲突：一是保守派贵族、传统派、天主教势力，他们维护大地产主的利益，维护封建统治；二是兴起于农业出口贸易生意的自由的资产阶级、创新派，他们聚集于世俗旗帜下，主张开明政治体制和思想自由；三是其他新生的社会阶层，由中小地产主组成，他们在利益上与传统的大地产主存在冲突。厄瓜多尔如同其他拉美国家一样，在这种社会和政治冲突中，发展起来了各种审美观。不相匹配的不同历史时代的并列和社会的四分五裂使得审美运动并不能够以纯粹形式表现出来。多质成分以并不对称的形式交织在一起。19 世纪，拉美诗歌中的新古典主义的范式——安德烈斯·贝略、奥尔梅多——保留着巴洛克成分，但表现出浪漫主义的痕迹。

（2）浪漫主义

厄瓜多尔的一位有名的浪漫主义作家是多洛雷斯·本提米利亚·德加林多（Dolores Ventimilla de Galindo，1829～1857 年）。在昆卡，一位贫穷的劳动者被判处死刑，女作家仗义执言，公开为他鸣不平，反对死刑，而在外省，女作家的这种态度和文学倾向遭到舆论界的贬斥，最后导致她自杀。多洛雷斯·本提米利亚的作品以自白形式、通过个体自我意识与他人的敌视之间的紧张对峙，以诗作表露感情的形式，流露出浪漫主义情调。

19 世纪厄瓜多尔最有名的文学家是胡安·莱昂·梅拉和胡安·蒙塔尔沃（Juan Montalvo，1832～1889 年）。梅拉于 1879 年创作了《库曼达》（*Cumanda*），有人认为这是厄瓜多尔第一部小说。但实际上第一部小说问世于 1863 年，名为《获得解放的女人》（*la emancipada*），是由洛哈人米格尔·里奥弗里奥（Miguel Riofrio，1832～1879 年）创作的一部小说。在这部小说中，主人公拒绝了她的丈夫为获取自由而行贿的行为。为了做到这一点，她深入贫苦人之中，了解情况，为其伸张正义。小说表现出了自由和浪漫主义情调。

在梅拉和蒙塔尔沃身上，同样分别存在着矛盾对立成分的交汇。他们两人同属于浪漫主义流派，但是人们常常把两人对立起来，把一个视为保守派，另一个视为自由派：梅拉是莫雷诺的朋友和合作者，而蒙塔尔沃却是莫雷诺的死敌。

从文学－社会学角度，可以看到在文学构思方面、在如何看待当时的过渡时期方面，两位作家的相似性。当时，山区大庄园经济制度支撑着保守派政治权力，莫雷诺政权实行严格的意识形态控制。另外，莫雷诺所实行的政策有助于资本的发展，无论是在商业活动还是在山区中小地产主之中，或者在沿海地区的贸易和农业出口活动方面，从长期讲，有助于自由主义在全国的胜利。在19世纪背景下阅读梅拉和蒙塔尔沃的作品，二者有不同的标记：一个是新古典派，另一个是忏悔性的护教论者。二者又都是世俗教育家；同时，还都是浪漫主义作家，尽管二者的风格有所不同。梅拉的小说《库曼达》清晰地反映出了二者的不同。1880年梅拉出版了杂文《内部学校》（*La escuela doméstica*）。1857年蒙塔尔沃首次到欧洲旅游，3年后回到厄瓜多尔，这对他的文学发展起了很大作用。他具有世俗和自由思想，与教会决裂。1869年当莫雷诺再次上台执政时，蒙塔尔沃流亡国外，曾长期侨居巴黎。在流亡期间，创作了《僵而不死的独裁》（*La dictadura perpetua*），抨击莫雷诺的独裁统治。他的主要作品是《抨击》（*Las Catilinarias*）和《教会神灵》（*Mercurial Eclesiástica*）。蒙塔尔沃的作品在对独裁统治和教会的鞭挞中表现出浪漫主义的风格。《七项契约》（*Los siete tratados*）是蒙塔尔沃最富思辨性、思路最为开阔的作品，它严厉抨击教会眼光狭窄、愚昧无知，反对教会干政。当时基多的大主教伊格纳西奥·奥多涅斯甚至发布禁令，禁止阅读这部作品。有人认为，蒙塔尔沃的作品曾是甚至直到今天仍然是厄瓜多尔最严肃、最广泛地阐述新世界观、新价值观的系统作品。1871～1873年，蒙塔尔沃在流亡期间创作了5幕剧作《激情书卷》（*El libro de las pasiones*）。此后，还创作了杂文《观众》（*El Espectador*）和小说《塞万提斯遗忘的章节》（*los capítulos que se le olvidaron a Cervantes*）。这部小说在蒙塔尔沃去世5年后才于1889

年出版。这部小说模仿了塞万提斯的手法，构思了唐吉坷德及其随从新的历险经历。这部小说充满了浪漫主义情调，但是与社会浪漫主义还有一定的距离。

（3）19 世纪末的风俗派和现实主义

浪漫主义与当地民间传统风俗相结合促生了风俗派。其中比较有名的作家有何塞·莫德斯托·埃斯皮诺萨（José Modesto Espinosa，1833～1916年）。他是基多作家，创作了《风俗杂篇》（*Artículos de costumbres*），以讽刺和辛辣口吻描写了那个年代的城市生活。另一位风俗派作家是何塞·安东尼奥·坎波斯（José Antonio Campos，1868～1939 年）。他是瓜亚基尔人，起初在当时的报刊上发表描写民间风俗的杂文，经常使用“撕裂者杰克”（Jack The Ripper）的笔名发表文章，后来著书《家乡逸事》（*Cosas de mi tierra*）和《神灯》（*La linterna mágica*）。他的作品首次以一个沿海地区的农民作为主人公。坎波斯在描写农民生活时，不像当时其他作家那样渲染农民生活中的暴力，其笔调十分温和，没有暴力色彩。

当时十分有名的作家还有曼努埃尔·J. 卡列（Manuel J. Calle，1869～1918 年）。他是一位著名的自由派记者，但同时撰写了一系列历史传说，汇集成《英雄时代的传说》（*Leyandas del tiempo heroico*）和《美洲传说》（*Leyandas americanas*）。他还撰写了小说《卡洛塔》（*Carlota*），风格介于风俗派和现实主义之间。当时的作家何塞·佩拉尔塔（José Peralta，1855～1937 年）创作了风俗派作品短篇小说集《家乡来客》（*Tipos de mi tierra*）。他是一位著名的激进自由派人士，从年轻时起就献身于当时的政治斗争，曾在埃洛伊·阿尔法罗执政时期担任外交部长，并以外交官身份出使多个国家，参与起草了 1906 年宪法，把自由派思想纳入其中。他还创作了不少哲理杂文和政治杂文，如《神学的价值观》（*La moral teológica*）、《神学和科学眼中的大自然》（*La naturaleza ante la teologia y la ciencia*）以及《拉丁美洲的奴隶制》（*La esclavitud de América Latina*）。在他的著作中，有《埃洛伊·阿尔法罗及其殉难者》（*Eloy Alfaro y sus víctimarios*）和《斗争年代》（*Años de lucha*）。他的作品大多歌颂和肯定自由和世俗化，充满了对人民的感情和热爱。他具有拉丁美洲意识，反对帝国主义。

路易斯·A. 马丁内斯（Luís A. Martínez，1869～1909 年）使用笔名"科拉斯修士"（Fray Colas）创作了不少风俗派短篇小说。但他最有名的作品是 1904 年出版的小说《沿海边》。这部小说描述了 3 项重大的历史事件：第一部分描述了 1895 年 6 月 5 日伊巴拉发生的地震，圣米格尔德奇波斯地区自由派和保守派之间的对抗；第二部分描写了大自然的威力、政治对抗、经济和社会动荡；第三部分描写劳动者由山区向沿海地区的大迁移。小说描述了名字叫萨尔瓦多·拉米雷斯的穷困山民流浪到沿海地区寻找生计，但又无法忍受繁重的农业雇工生活的经历。

费德里科·冈萨雷斯·苏亚雷斯（Federico González Suárez，1844～1917 年）是这个时期一位对民族文化做出贡献的作家。他出身贫苦家庭，与母亲一起生活，通过艰苦奋斗成才。他在其回忆录《内心深处的回忆》（*Memorias íntimas*）中回忆了这段历史。他 18 岁时进入耶稣教会学校学习 10 年。后来脱离了耶稣教会，就职于昆卡主教区。他早年就阅读了贝拉斯科的作品，写下了阅读安巴托人佩德罗·费尔明·塞瓦略斯（Pedro Fermín Cevallos，1812～1893 年）的《厄瓜多尔简史》（*Resumen de la historia del Ecuador*）的笔记。他还是最早从事考古研究的学者，为后来的考古学打下了基础。他还在塞维利亚潜心 10 年抄录史料，在此基础上创作了《厄瓜多尔共和国通史》（*Historia general de la República del Ecuador*）。其中第 4 卷因涉及殖民时期基多各个教派内部的纷争而被人告发到罗马教廷，要求禁止出版并监禁作者，但是该企图并未得逞。1895 年冈萨雷斯·苏亚雷斯于被任命为伊巴拉的首任主教，1905 年任基多大主教。另外，他还是著名的文学评论家，于 1908 年出版了《文学研究》（*Estudios literarios*），其中包括《大自然之美及其审美情感》（*Hermosura de la naturaleza y sentimiento estético de ella*）等名篇。

（四）20 世纪的文学

（1）现代主义

现代主义在厄瓜多尔兴起得比较晚。人们一般把 1888 年鲁文·达里奥出版的《兰》（*Azul*）作为现代主义在西属美洲兴起的起点。直到 1910 年，人们对现代主义的热衷持续不减。在厄瓜多尔，现代主义文学创作持续了15年。劳尔·安德拉德（Raúl Andrade）把最有名的4位诗人称为“断颅的一代”（Generación Decapitada），以此凸显其放荡不羁的生活方式，而这为这些诗人带来不少丑闻，也正因为此，他们都早年先衰，英年早逝。这些诗人把艺术作为最高价值追求，反对现实生活对艺术的侵害。受法国象征主义的影响，他们认为诗歌的精粹和最高的表现形式是节律和和谐。他们创造了梦幻的世界，或沉醉于宫廷和贵族轶事，或以鲜明的浪漫主义情调叙述痛苦的内心世界。痛苦的感触使他们的诗歌独具特色，给人一种崇高的感受，甚至使人们沉湎于对现实的逃避，去寻求一种朦朦胧胧的理想境界，热衷于一种方向不明的闲游，不免沉陷于对死亡的苦恼，对逝去的伊甸园的眷恋，由此产生的是疲倦和厌倦的精神。现代派诗人们采纳了不对仗的韵律，革新了以前传统诗歌的规则，使之更加灵活，节律十分独特。

厄瓜多尔“断颅的一代”诗人，即最早的现代派诗人有：阿图罗·博尔哈（Arturo Borja，1892～1912年）、埃内斯托·诺沃亚·伊卡马尼奥（Ernesto Noboa y Camaño，1898～1927年）、温贝托·费耶罗（Humberto Fierro，1890～1929年）、梅达多·安赫尔·席尔瓦（Medardo Angel Silva，1898～1919年）。后来产生的现代派诗人有：阿方索·莫雷诺（Alfonso Moreno，1890～1940年），何塞·马里亚·埃加斯（José María Egas，1897～1988年）。基多诗人阿图罗·博尔哈去世后，他的诗作《缟玛瑙的响笛》（*La flauta de onix*）于1920年问世。温贝托·费耶罗创作了《山谷中的诗琴》和《隐藏起来的披肩》（*Velada palatina*），他的诗歌更贴近于鲁文·达里奥的《亵渎的散文诗》（*Prosas profanas*）。梅达多·安赫尔·席尔瓦出生于瓜亚基尔，与他同时代另外3位同伴不同的是，其他3人出身于富人家庭，而他出身平民。他从小从事诗歌创作，因家境贫寒，被迫辍学，在瓜亚基尔的电讯报报社从事记者工作。他的诗集《好与坏的青树》（*El árbol del bien y mal*）收入了其1914～1917年创作的作品。他还出版了一部短篇小说《玛丽亚·赫苏斯》（*María Jesús*）。他的另一部诗集《金喇叭》（*Trompeta de oro*）还未出版就去世了。

20世纪30年代不仅是小说作家而且是诗歌作家与前一时期的传统相

决裂的年代。在前一时期，现代主义在厄瓜多尔曾有过短暂的繁荣。当然，诗歌作家们也经历了当代诗歌深刻的革新过程，如超现实主义和先锋派以及波及整个拉美地区的革新运动。参与拉美地区诗歌革新运动的有比森特·伊德罗博（Vicente Hidrobo）、塞萨尔·巴列霍、巴勃罗·涅鲁达、尼古拉斯·纪廉等人。后现代主义诗歌代表人物主要有乌戈·马约（Hugo Mayo，1897～1988 年）、豪尔赫·卡雷拉·安德拉德（Jorge Carrera Andrade，1902～1978 年）、贡萨罗·埃斯库德罗（Gonzalo Escudero，1903～1971 年）和阿尔弗雷多·甘戈特纳（Alfredo Gangotena，1909～1944 年）。

卡雷拉·安德拉德擅长形象创作，对世界有敏锐的洞察力，善于用诗歌语言描述世界。1922 年他发表了处女作《冷漠的池塘》（*Estanque inafable*）。卡雷拉·安德拉德曾多年在国外任外交官，游历很广，他把自己的丰富经历和感情注入这部诗歌中。1926 年他创作了《超声波》（*Microgramas*），把日本诗歌中的俳句融入这部作品中，很好地抒发了对大自然的热爱之情。同年他还创作了《沉寂中的吉马尔达》（*La guirnalda del silencio*）。卡雷拉·安德拉德结束外交生涯回到祖国后，继续进行诗歌创作。1928 年创作了《主教堂的雄鸡》（*El gallo de la catedral*），抒发对贫苦大众的同情。1928～1929 年创作了《印第安人诗集》（*Cuaderno de poemas indios*）。1930 年先后创作了《大海与土地的通讯》（*Boletines de mar y tierra*）和《城市之画》（*Dibujo de ciudades*）。作者把对祖国的热爱和对当代社会的感受融为一体，倾注在自己的作品中。他的其他作品有：《群鸟使用的传记》（*Biografía para uso de los pájaros*，1937 年）、《秘密之国》（*País secreto*，1939 年）、《来源地》（*Lugar de origen*，1945～1947 年）、《泡沫》（*Aquí yace la espuma*，1948～1950 年）、《夜晚之家》（*Familia de la noche*，1952～1953 年）、《赤道线的讯息》（*Boletines de la línea equinoccial*，1958 年）、《地球人》（Hombre planetario，1959 年）、《黎明叩门来》（*El alba llama a la puerta*，1966 年）和《大地使命》（*Vocación terrena*，1972 年）。1976 年卡雷拉·安德拉德的诗歌全集问世。两年后，卡雷拉·安德拉德去世。

贡萨罗·埃斯库德罗进行诗歌创作十分严谨，对自己的作品精雕细琢。1919年他发表了处女作《艺术诗歌》（*Poemas del arte*）。他早期热衷于格言和史诗创作，歌颂美洲英雄、浪漫爱情、伟大的女性、与物质世界相认同的神灵以及多姿多彩的大自然，表现出先锋派的创作风格。这一时期，他大多以对外部世界的观察和感受进行创作。他这时期的作品有《奥林匹克的寓言故事》（*Las parábolas olímpicas*，1922年）和《飓风和太阳的螺旋线》（*Helices de huracán y de sol*，1933年）。此后，埃斯库德罗进入自省和内心剖析的创作阶段，因此作品渗透着深刻的哲理思考，语言也趋于柔和、平缓和朴素，但并没有失去其特有的对音乐美感的追求，保持着古典诗歌的节律。其代表作品有：《深夜》（*Altanoche*，1947年）、《空气中的塑像》（*Estatua de aire*，1951年）、《安赫尔的材质》（*Materia de ángel*，1953年）和《形象自塑》（*Autorretrato*，1957年）。后来，他还创作了《死亡的引言》（*Introducción a la muerte*，1960年）。1983年他去世后，《由阳光而兴的安魂曲》（*Requiem por la luz*）和《9月的夜晚》（*Nocturno de septiembre*）才问世。

从文学角度讲，厄瓜多尔的20世纪来得稍迟些，大致始于1925年，当时银行寡头们控制了国家政治，委派部长，甚至扶持傀儡总统，血腥镇压为现代国家打下基础的民主运动。与此同时，墨西哥1910年革命、阿根廷科尔多瓦大学改革和苏维埃革命的影响传入厄瓜多尔，催生了一种新的民主政治意识。

在这一时期，在文学和艺术方面，厄瓜多尔文化处于开拓性的蓬勃的运动之中，涌现出了迪奥赫内斯·帕雷德斯（Diogenes Paredes）、爱德华多·金曼（Eduardo Kingman）和奥斯瓦尔多·瓜亚萨明等一批大家。这时第一批研究印第安人和沿海农民的作品问世，出现了大量根植于社会现实的绘画作品和一批具有社会现实主义风格的高质量的小说。这些作品都属于新闻创作型的，热衷于选择农村环境，使用具有地方特色的方言，以最为粗俗和暴力的事件构织情节，以直线的时间顺序构织历史。主人公大多是社会典型，而非具有强烈个性的个体形象。这个时代的小说叙述方式与前一时期的传统形成鲜明对照。作者们努力反映鲜为人知的社会现实，发掘土著人和沿海农民们的暴力斗争，抨击最为残酷的剥削印第安人的山区大庄园制度，反映无产阶级团体的斗争。

（2）“瓜亚基尔帮”

一批年轻有为的作家开创了一种新的文学创作道路。阿尔弗雷多·帕雷哈·蒂斯坎塞科（Alfredo Pareja Dizcanseco，1908～1993年）和何塞·德拉夸德拉（José de la Cuadra，1903～1941年）组成了“瓜亚基尔帮”（grupo de Guayaquil）。这一流派的代表人物是华金·加列戈斯、恩里克·希尔·希尔韦特（Enrique Gil Gilbert，1912～1975年）和德梅特里奥·阿吉莱拉·马尔塔（Demetrio Aguilera Malta，1909～1981年）等人，他们都很年轻，为18～21岁，驾驭语言的技巧、娴熟程度和准确性都令人赞叹不已，十分有感染力。他们撰写了名为《走开的人们》（*Los que se van*）的小说集。这部作品由24部短篇小说组成。小说节奏紧凑，情节引人入胜，具有强烈的震撼力。他们运用极具地方特色的方言和细腻的人物刻画手法，细致入微地描写了土著人和沿海农民的暴力生活，为厄瓜多尔的小说创作开辟了新路。小说中常常会出现这样的情节：热恋中的男主人公受到背叛，他发誓要报仇，由此引申出跌宕起伏的情节。在作品中，异性生活处于一种相互仇视的环境之中，沿海农村和岛屿居民的宗教信仰和传统风俗最后决定了男女主人公陷入悲剧。

希尔·希尔韦特于1933年发表了短篇小说《高温湿热带》（*Yunga*），1939年发表了《埃曼努尔的故事》（*Emmauel*），1941年发表了描写种稻谷农民生活的小说《我们的食品》（*Nuestro pan*）。后来，他放弃文学创作转而从政。1967年他又发表了短篇小说《垃圾堆中孩子的头颅》（*Cabeza de un niño en un tacho de basura*）。

阿吉莱拉·马尔塔早年深入沿海地区农民的生活，进行了卓有成效的发掘，于1933年发表小说《堂戈约》（*Don Goyo*）。在同一生活环境中，他还创作了小说《处女岛》（*La isla virgen*），并于1942年发表。1964年先后创作了《阳光下的女骑士》（*La Caballeresa del Sol*）和《埃尔朵拉多的吉坷德》（*El Quijote de El Dorado*）等作品后，重新深入沿海地区农民生活，于1970年创作了小说《七个月亮和七条蛇》（*Siete lunas y siete serpientes*）。

帕雷哈·蒂斯坎塞科是这一代作家中最多产的小说作家，他于1933年创作了《码头》（*El muelle*），描述瓜亚基尔和纽约码头工人的痛苦生活。1938年创作了《拉贝尔达卡》（*La Beldaca*），描写受排斥民众阶层中的一位不屈不挠的女性生活。1938年他发表了《没有时间的人》（*Hombre sin tiempo*），后来又创作了一系列具有历史感的短篇小说，如《警示、空气和记忆》（*La advertencia*, *El aire y los recuerdos*）和《独裁政权》（*Los poderes omnimodos*）。这些短篇小说收集在三卷本小说集《新的岁月》（*Los nuevos años*）中。1970年他又发表了《矮小身材》（*Las pequeñas estaturas*）和《拉曼提克拉》（*La manticora*）。在这些作品中，他使用的语言比以前更加富有表现力，更加丰富。

在何塞·德拉夸德拉早期的小说中，人们可以看到现代主义审美观的影响。他热衷于选择贵族豪门的生活环境作背景，以外来人作主人公，以爱情作主题，在语言上精心雕琢。后来，他逐渐转向现实主义，于1931年创作了《托架》（*Repisas*），1934年创作了《熔炉》（*Hornos*）和《桑古里马斯》（*Los Sangurimas*），1938年创作了《瓜辛通》（*Guasinton*）。德拉夸德拉是一位小说大师，从事律师工作，因工作关系，常常与沿海农民打交道，由此获取了最为丰富的创作素材，发表了《群居体》（*Banda de pueblo*）、《野蛮四脚蛇的经历》（*La tigra o Guasinton*, *historia del lagarto montubio*）。在短篇小说《桑古里马斯》中，作者表现出浓厚的现实主义倾向，这点在后来的古巴人阿莱霍·卡彭铁尔的小说《这个世界的王国》（*El reino de este mundo*）中，得到淋漓尽致的发挥。另外，在加夫列尔·加西亚·马克斯的马孔多的叙事传说（女巫）中，也得以体现。

在德拉夸德拉的这部作品中我们可以感受到两种世界观：一种是更贴近政权的贵族精神世界，现存的传统习俗和文化；另一种是贵族阶层的对立面，与其决裂的社会下层的民众价值观。德拉夸德拉早期作品之一——1923年创作的《解放者的孙女》（*Nieta de libertadores*）揭示了这两种世界观和意识形态的冲突。这部小说的主角，一位农民家庭的姑娘被迫与一位年事已高、富有的西班牙庄园主结婚，她对这位富豪很快充满了仇恨，最后把他杀死了。1931 年德拉夸德拉发表了短篇小说集《托架》，在这部由 21 篇短篇小说组成的小说集中，作家十分娴熟地驾驭故事情节和脉络发展节奏，语言丰富，对环境和人物的描写和刻画十分生动。该部小说集最后的 8 篇作品表明作者的创作生涯进入了一个新的阶段，即开始揭示一个沿海地区农民的生活世界，反映他们生活暴力的一面，如《仙人掌》（*Chumbote*）、《逃兵》（*El desertor*）、《马卢哈》（*Maruja*）、《玫瑰》（*rosa*）、《水果》（*fruta*）、《歌曲》（*canción*）等。在这一时期，他所从事的创作与《走开的人们》的创作思路和题材十分相近。德拉夸德拉在 1932 年发表并于 1942 年再版的《熔炉》中，在《托架》结束部分所反映出的创作倾向得到充分展现。他更加关注客观社会，而非个人主观世界和情感，通过对一无所有的被剥夺者的关注和同情以及对互助共济的呼吁，表明了作者对文学创作功能的看法。在他的这部作品中，大量描述了两性越轨和放纵不羁的行为，以此揭示社会的贫困和精神匮乏，唤醒社会大众起来反抗贫困和非正义。在以印第安人生活为主题的作品中，作者的关注倾向得到了充分的体现，如他的《狗的餐点》（*Merienda de perro*）、《虚假的阿约拉斯》（*Ayoras falsos*）、《婴儿的啼哭》（*Barraquera*）等。这些作品所反映出的冷漠、无动于衷、残暴、极端暴力成为对社会现实的逼真写照，反映出作者赋予文学创作的功能。

20 世纪 30 年代，还有一位较为知名的作家，洛哈人，巴勃罗·帕拉西奥（Pablo Palacio，1906～1947 年）。他的主要作品有：1927 年的短篇小说集《被踢死的人》（*Un hombre muerto a puntapiés*）和小说《吞噬》（*Devora*）、1933 年的小说《上绞刑架人的生活》（*Vida del ahorcado*）。他作品中的人物大多处于孤独的环境，游离于社会之外，同时又无法摆脱日常琐事和普通生活的困扰，反映出作者反传统的精神追求。人们对他的生活经历知之甚少。这个时期还有一位现实主义作家，豪尔赫·伊卡萨（Jorge Icaza，1906～1978 年），他于 1934 年创作了小说《养身地》（*Huasipungo*）。这是一部现实主义的社会写实杰作，是厄瓜多尔传播最广的作品，被翻译和介绍到很多国家。豪尔赫·伊卡萨早期曾经从事剧作创作，因此在他后来的作品中，人物间的大量对白成为他的作品的一大特色。他还发表了短篇小说集《山区的淤泥》(*Barro de la Sierra*),这也是一部描写印第安人生活的作品。《养身地》以激烈的笔锋揭露了山区大庄主对印第安人的非人剥削和奴役。很多人对这部作品挑剔较多,认为在语言、写作构思、对印第安人历史的认知方面存在瑕疵。但是作品所表现的社会功能和对读者的震撼赋予它较高的知名度。此后他于1935年、1937年和1948年先后创作了《街头》(*En las calles*)、《乔洛人》(*Cholos*)和《瓦拉帕姆卡斯》(*Huairapamushcas*)。

此外,这一时期的作家还有安赫尔·F.罗哈斯(Angel F. Rojas, 1909年),他既是一位小说作家,又是一位有名的小说评论家。他的作品有1948年由墨西哥经济文化基金会出版的评论集《厄瓜多尔小说》(*La novela ecuatoriana*),在这部评论集中,他呼吁有代表性的作家们在当时的文学革新中更快地成熟起来,肩负起更大的责任。另外,他还发表了小说《扬加纳村的迁徙》(*El exodo de Yangana*),这部作品出版于1949年,是一部在厄瓜多尔小说文库中占有重要地位的成熟作品,为社会现实主义画上了一个句号。这部作品不仅反映出作者热切期望当时的年轻作家们尽快成熟起来,而且指出了今后几十年厄瓜多尔叙事文学应该发展的道路。他的这部作品对人物的刻画十分细腻,对情节的描述引人入胜。

罗哈斯与本哈明·卡里翁(Benjamín Carrión, 1898~1979年)一道组成了这个时期最著名的历史学家和文学评论家。卡里翁于1959年创作了历史杂记《刑场的圣徒》(*El Santo del Patibulo*),其中涉及了莫雷诺有争议的历史经历。另外还发表了文学评论和杂文,其中有《新美洲的创建者》(*Creadores de la nueva América*, 1928年)、《乌纳穆诺的圣米格尔》(*San Miguel de Unamuno*, 1956年)、《圣加夫列拉·米斯特拉尔》(*Santa Gabriela Mistral*, 1959年)等。此外,他还是热心推动民族文化发展的倡导者。1944年他曾同其他人一道创建了厄瓜多尔文化基金会,支持厄瓜多尔作家出版文学和艺术作品。1951年出版了他最重要的评论作品《关于厄瓜多尔的新小说》(*El nuevo relato ecuatoriano*)。书中介绍了厄瓜多尔小说的发展情况,小说作家,对厄瓜多尔小说创作的评论及对今后小说文学发展的看法。

除了上述作家外，还要提及的是瓜亚基尔人佩德罗·豪尔赫·贝拉（Pedro Jorge Vera，1914～2000年），他的作品有《纯粹的野兽》（*Animales puros*，1946年）、《贫瘠的种子》（*La semilla estéril*，1962年）、《我即人民》（*El pueblo soy yo*，1976年）、《家庭与年代》（*Las familias y los años*，1982年）和《疲惫的上帝》（*El cansancio de Dios*，1997年）。另外，还有埃斯梅拉达斯人阿达尔韦托·奥尔蒂斯（Adalberto Ortiz，1914年～），著有小说《胡云戈》（*Juyungo*，1943年），纳尔逊·埃斯图皮尼安·巴斯（Nelson Estupiñán Bass，1912～2001年），作品有《当瓜卡延花盛开的时候》（*Cuando los guacayanes florecían*，1954年）。他们的这两部小说是埃斯梅拉达斯省最成功的黑人作家小说作品。

（3）“爆炸”文学

1950～1970年可以说是小说和短篇小说发展的过渡时期，即由社会现实主义向新流派过渡。这时候在小说创作领域中诞生了风靡拉美地区的“爆炸”文学。这时期主要的小说作品有：塞萨尔·达维拉·安德拉德（Cesar Davila Andrade）的短篇小说集《被遗弃于大地的人们》（*Abandonados en la Tierra*，1953年）、《13部叙事小说》（*13 relatos*，1955年）和《鸡首》（*Cabeza de gallo*，1966年），亚历杭德罗·卡里翁（Alejandro Carrión，1915～1991年）的短篇小说集《存心不良的威胁》（*La amenaza dañada*，1948年）、小说《芒刺》（La espina，1959年）、短篇小说《丢失的钥匙》（*La llave perdida*，1970年）和小说《糟糕的蚂蚁式的圣灵送行》（*Mala procesión de hormigas*，1978年），阿图罗·蒙特西诺·马洛（Arturo Montesino Malo，1913年～）的短篇小说《难使唤的黏土》（*Arcilla indocil*，1959年）、小说《第二次生命》（*Segunda vida*，1962年），阿方索·奎斯塔·伊奎斯塔（Alfonso Cuesta y Cuesta，1912～1991年）的《儿女们》（*Los hijos*）。

20世纪50年代，厄瓜多尔的诗歌收获颇丰，后现代主义诗歌创作日臻成熟，一批杰出的作品相继问世，如豪尔赫·卡雷拉·安德拉德、贡萨洛·埃斯库德罗和塞萨尔·卡韦拉·安德拉德（Cesar Cavila Andrade，1918～1967年）的作品。塞萨尔·卡韦拉·安德拉德是厄瓜多尔当代最有名的作家之一。他在晚年创作了诗歌创作杂文集《魔幻、瑜伽和诗歌》(*Magia, yoga y poesía*)。在这部作品中，他阐述了自己对诗歌创作的看法。他十分关注宗教问题，诗歌创作与宗教问题联系在一起。他的早期诗歌作品《时空，你战胜了我》(*Espacio, me has vencido*, 1947年)流露出现代主义、亚历山大诗体、繁复的节律、形容词修饰句等痕迹。卡韦拉·安德拉德在诗歌创作中追求绝对论，这体现在他的作品《建筑师的赞歌》(*Oda al Arquitecto*)中。这部作品歌颂了一种不同于任何其他的内在的神灵，它存在于人的感受中，存在于现实空间、树木、山川和一切事物的深处，处于沉眠状态，始终窥视着人类，甚至死亡都存在意义，因为它意味着复归无处不在的普天神灵。诗人的泛神论表现在他的作品《胜利生涯的邀约》(*Invitación a la vida triunfante*)中，神灵本身存在于整个生活中，时时处处驱使人们去爱一切事物和人。他的作品有《妖魔化的外表》(*Corteza embrujada*)、《野蛮的主教堂》(*Catedral salvaje*, 1951年)、《居民》(El habitante)、《预言》(*Vaticinio*)、《致陌生的上帝》(*Al Dios desconocido*)等。他在晚期的作品中，如《与土地的情谊》(*Conexiones de tierra*, 1964年)，对普天神灵的探究更加深奥。

随着1972年厄瓜多尔开始大规模开发石油，国家的社会物质生活条件发生了深刻变化，政府的政策壮大了官僚阶层和中产阶级，形成消费社会阶层。"石油繁荣"和财富增加使人们的风俗、价值观、观察世界的方式、生活方式的方方面面如娱乐方式、自由时间消磨方式等都发生了变化。

在20世纪60年代和70年代的诗歌创作方面可以感受到"石油繁荣"留下的巨大财富和活力的印记。这体现在很多作家身上，如豪尔赫·恩里克·阿多姆(Jorge Enrique Adoum, 1926年~)、埃弗拉因·哈拉·伊德罗沃(Efrain Jara Idrovo, 1926年~)、佛朗西斯科·托瓦尔·加西亚(Francisco Tobar García, 1928~1995年)、埃德加·拉米雷斯·埃斯特拉达(Edgar Ramírez Estrada, 1923年~)、卡洛斯·德拉托雷·雷耶斯(Carlos de la Torre Reyes, 1925~1995年)、戴维·莱德斯马(David Ledesma, 1934~1961年)、乌戈·萨拉萨尔·塔马里斯(Hugo Salazar Tamariz, 1923~1999年)、欧亨尼奥·莫雷诺·埃雷迪亚(Eugenio

Moreno Heredia, 1925～1998年)、拉斐尔·迪亚斯·伊卡萨(Rafael Díaz Icaza, 1925年～)、菲洛特奥·萨马涅戈(Filoteo Samaniego, 1928年～)、弗朗西斯科·格拉尼索·里巴德内拉(Francisco Granizo Ribadeneira, 1928年)、欧雷尔·格兰达(Euler Granda, 1935年～)、费尔南多·卡松·贝拉(Fernando Cazon Vera, 1935年～)、卡洛斯·爱德华多·哈拉米略(Carlos Eduardo Jaramillo, 1932年～)、鲁文·阿斯图迪略(Rubén Astudillo, 1938年～)、安东尼奥·普雷西亚多(Antonio Preciado, 1941年)、安纳·马丽亚·伊萨(Ana María Iza, 1941年～)、温贝托·比努埃萨(Humberto Vinueza, 1944年～)、拉斐尔·拉雷亚(Rafael Larrea, 1943～1995年)、比奥莱塔·卢纳(Violeta Luna, 1943年～)等。

埃弗拉因·哈拉·伊德罗沃创作的作品有《两首诗》(*Dos poemas*, 1973年)、《为佩德罗·哈拉哭泣》(*Sollozo por Pedro Jara*, 1978年)、《回忆录》(*In memorian*, 1980年)、《支配自己死亡的人》(*Alguien dispone de su muerte*, 1988年)等。

弗朗西斯科·格拉尼索·里巴德内拉的主要作品有《仅有话语》(*Nada más que el verbo*, 1969年)和《母亲的死亡与追逐》(*Muerte y caza de la madre*, 1990年)。欧亨尼奥·莫雷诺·埃雷迪亚的主要作品有《仅有男人》(*Sólo hombre*, 1972年)。埃德加·拉米雷斯·埃斯特拉达创作的作品有《表露的皮肤》(*Con la piel afuera*, 1970年)。菲洛特奥·萨马涅戈撰写了《征兆》(Signos)、《裸露躯体的大地》(*El cuerpo desnudo de la Tierra*, 1973年)和《失聪的孩子们》(*Los niños sordos*, 1977年)。卡洛斯·爱德华多·哈拉米略创作了《失眠的哈科沃》(*Las desvelaciones de Jacob*, 1970年)、《当幸福来临时》(*Una vez la felicidad*, 1972年)、《镜子中的英仙座》(*Perseo en el espejo*, 1974年)。欧雷尔·格兰达创作了《弹奏里拉琴的狗》(*Un perro tocando la lira*, 1977年)和《布拉，布拉，布拉》(*Bla-bla-bla*, 1982年)。

豪尔赫·恩里克·阿多姆的作品有诗歌、小说、剧作和杂文等。1949年他创作了首部诗集《苦难的厄瓜多尔》(*Ecuador amargo*, 1949年)。后来又写作了《大地诗集》(*Los cuadernos de la Tierra*)，这是一部关于祖国历史的诗作，十分宏大，从遥远的古代到殖民时期，除了描述历史和进行史实评论外，还涉及诗歌永恒的主题——爱情，另外还有与孤独抗争、人类转瞬即逝的经历、对死亡的思考等。其他诗作有《暴露出来的爱情及其他诗歌》(*El amor desenterrado y otros poemas*)。后者是一部关于爱情的诗集，其中包括他的著名诗歌《暴躁脾气背后的曼努埃拉》(*Tras la pólvora, Manuela*)。阿多姆的小说作品题材丰富，情节曲折，反映了作者生活中遇到的困惑，国家发展和民族认同的危机，以及作者所体验到的人类的危机。他创作了《没有安赫尔的城市》(*Ciudad sin angel*, 1995 年)。他的剧作有《马蹄下的太阳》(*El sol bajo las patas de los caballos*) 和《地狱之路》(*La subida a los infiernos*)，杂文有《厄瓜多尔：特殊的标记》(*Ecuador: Señas particulares*, 1998 年)。

弗朗西斯科·托瓦尔·加西亚自 1955 年开始从事剧本创作，他既是编导、剧作家又是话剧演员，是这一时期活跃在基多话剧领域的主要人物。他的悲剧剧本有：《寓言故事》(*Parábola*)、《走向深渊之门的钥匙》(*La llave del abismo*)、《奇怪的职业》(*Extraña ocupación*)、《失明的女人》(*La dama ciega*)、《人们迷惘的眼睛》(*En los ojos vacíos de la gente*)、《沙地上的一滴雨水》(*Una gota de lluvia en la arena*) 等。喜剧作品有：《给恶棍的叙事曲》(*Balada para un imbécil*)、《善于算计者》(*Un hombre de provecho*)、《打哈欠的恺撒》(*El César ha bostezado*) 等。70 年代，托瓦尔带着怨恨离开了“可咒的”城市基多，长期移居西班牙，后来到海地和委内瑞拉生活。他开始从事小说和短篇小说创作，其中有《基多人》(*Los quiteños*, 1981 年)、《纯净的流水》(*La corriente era limpia*, 1977 年)、《偶数群和奇数群》(*Pares o nones*, 1979 年)、《无休止的消遣》(*El ocio incesante*, 1994 年) 等。他在小说中擅长使用戏谑、讽刺和嘲弄等艺术手法来表达他对世界中爱情和仇恨的感受。托瓦尔最有代表性的作品是诗集《灾难及其他诗歌》(*Naufragio y otros poemas*, 1962 年)、《永久的准则》(*Canon perpetuo*, 1969 年)、《永恒的沉醉》(*Ebrio de eternidad*, 1991 年)。他的诗作广泛使用节律，气势宏伟，具有强烈的震撼力。

最近一段时间以来，厄瓜多尔的诗歌创作在某种程度上延续了20世纪热情奔放的抒情传统，语言精心雕琢而且深奥，抒情主题为爱情、时代、死亡、人类转瞬即逝的经历等。埃弗拉因·哈拉·伊德罗沃的诗作很好地体现了这一点。特别是他的《为佩德罗·哈拉哭泣》，这一作品采用的是开放体例，围绕同一个主题，即儿子的死亡这一人类最致命的极限展开。他以死亡为主题的诗作还有《支配自己死亡的人》。在这方面需要提及的还有诗人伊万·卡瓦哈尔，他的诗作有《抒情诗不景气时代的诗歌》（*Poemas de un mal tiempo para la lírica*，1980年）、《变形》（*Del avatar*，1981年）、《逗留地》（*Parajes*，1984年）。卡瓦哈尔以《逗留地》荣获了"奥雷利奥·埃斯皮诺萨·波利特"（Aurelio Espinosa Polit）全国文学大奖。他的其他诗作有《孙帕的恋情者》（*Los amantes de Sumpa*，1983年）、《遮至嘴唇的头盔》（*En los labios la celada*，1996年）、《歌剧》（*Opera*，1997年）。另外需要提及的诗作还有布鲁诺·萨恩斯（Bruno Sáenz）的《学徒与语言》（*El aprendiz y la palabra*，1980年）、《镜中看话语》（*La palabra se mira en el espejo*）以及《哦，重复的话语》（*Oh palabra otra vez pronunciada*，2001年）。其他一些较有创作力的诗作家有哈辛托·科尔德罗（Jacinto Cordero）、欧亨尼奥·莫雷诺·埃雷迪亚、费尔南多·卡松·贝拉、卡洛斯·爱德华多·哈拉米略、欧雷尔·格兰达以及鲁文·阿斯图迪略。

厄瓜多尔诗歌创作中形成的一个特点是，把被遗忘抑或被视为有损诗歌大雅的成分作为抒情诗歌的组成部分纳入其中，如平铺直叙的散文体，特别是直白对话形式。一些诗人把民间俚语和社会下层俗语引入诗歌创作。例如，费尔南多·涅托·卡德纳（Fernando Nieto Cadena，1947年～）早在70年代就创作了《心甘情愿》（*De buenas a primeras*），1989年又发表了《被记起的行路者》［*Los des（en）tierros del caminante*］。

最近几年，出现了一些进行诗歌创作的新形式，如利用诠释历史进行诗歌创作的倾向。在这方面有温贝托·比努埃萨的《诗人，你的诺言》（*Poeta tu palabra*，1989年）；另外还有讽刺和揭露社会的诗歌创作，如乌利塞斯·埃斯特雷利亚（Ulises Estrella，1939年～）的《击穿时空的针刺》(*Aguja que rompe el tiempo*, 1980 年)、《出局》(*Fuera del juego*, 1983 年)、《60 首诗歌》(60 *poemas*, 1984 年)、《下等人》(*Inferiores*, 1986 年) 和《太阳当头照》(*Cuando el sol se mira de frente*, 1989 年)。

在小说创作方面，那些经历了社会现实主义并作为其主角却得以继续发展下来的作家在 70 年代仍孜孜不倦地进行创新。这方面的典型作家是阿尔弗雷多·帕雷哈·迭斯坎塞科 (Alfredo Pareja Diezcanseco)，他创作了《矮子》(*Las pequenas estaturas*, 1970 年)，这部作品更贴近于荒诞和嘲讽，而非现实主义的表述，作者采用了最近拉美小说家常常采用的各种叙事手法。但是仍然有很多作品是沿用现实主义纪录手法进行创作的，如安赫尔·F. 罗哈斯 (Angel F. Rojas) 很晚才发表的《库利潘巴》(*Curipamba*, 1983 年)。仍然沿用现实主义纪录手法进行创作的其他小说家还有佩德罗·豪尔赫·贝拉 (Pedro Jorge Vera)，他以何塞·马丽亚·贝拉斯科为原型，创作了《我即人民》(1976 年)、《家庭与年代》(*Las familias y los años*, 1982 年)、《因银币跳舞的狗》(*Por la plata baila el perro*, 1989 年)、《疲倦的上帝》(*El cansancio de Dios*, 1997 年) 等。

自 70 年代以来，在厄瓜多尔小说家身上可以更加明显地看到博尔哈斯、科塔萨尔、加西亚·马克斯、胡安·鲁尔夫或卡彭铁尔等人的印记。在这 10 年中，出现了一批重要的小说作品，其中有：《失之交臂》(*El desencuentro*, 1976 年)、《生死之间的玛丽亚·华金纳》(*María Joaquina en la vida y en la muerte*, 1976 年)、《亚麻地》(*Las Linares*, 1976 年)、《尘飞烟灭》(Polvo y ceniza, 1979 年)。在豪尔赫·达维拉·巴斯科斯 (Jorge Davila Vazqués, 1947 年) 的《生死之间的玛丽亚·华金纳》中，幻境、毫无节制、幽默和夸张等构成了奇特的现实主义，尽管这稍逊于加西亚·马克斯在“马孔多”中的描述，但是却更加符合厄瓜多尔山区寒冷和雾气重重的氛围。达维拉·巴斯科斯在他的这部小说中，巧妙地使用了断裂的时间和空间、多样的叙事口吻等手法，具有胡安·鲁尔夫和卡洛斯·富恩特斯的风格。

这个时期另一位多产小说作家是埃列塞尔·卡德纳斯 (Eliécer Cárdenas, 1950 年 ~)。他于 1971 年发表了处女作《今天，致将军》

(*Hoy, al general*)，后来便一发不可收拾，相继发表了一系列小说作品。另外，他还从事剧本创作。卡德纳斯最有名的小说是《尘飞烟灭》，曾获得由“厄瓜多尔文化之家”颁发的全国青年小说家大奖。读者们十分喜爱这部小说是理所当然的，因为书中的生活环境对他们来说太熟悉了，而且是从一位名叫瑙恩·布里奥内斯的江洋大盗，受排斥的社会阶层的眼光来审视厄瓜多尔社会中的一切。

费尔南多·迪纳赫罗（Fernando Tinajero，1940 年 ~）是上面提及的另一部较为有名的小说《失之交臂》的作者。它讲述的是关于一代知识分子陷入危机的故事。在 20 世纪 60 年代社会的动荡和变化之中，知识分子们遇到各种困惑，却找不到答案。他们通过不同的路径，最后均陷入失望。其他可以被视为一代人进行自我审视的作品还有《沮丧之理》(*Teoría del desencanto*，1985 年)、《狼的梦想》(*Sueño de lobos*，1986 年)、《被摧残的天堂花园》（*El devastado jardín del paraíso*，1990 年）等。在一代人进行自我审视的同时，这些作品直接和鲜明地揭示了那个时代危机的复杂性。《狼的梦想》是同一时代另一部重要的小说作品，由作家阿夫东·乌维迪亚（Abdón Ubidia，1944 年 ~）创作。这部作品通过对主人公的成功塑造，揭示了两个不同时代、不同环境的变化和两种不同的社会集体意识，反映出人们十分关注 70 年代石油经济造成的社会变革。那是乌托邦和充满革命热情的年代，但又是怀有饿狼式梦想的新年代，这两种年代处于更迭和过渡过程中，因此小说的主人公塞尔希奥身处分裂状态的社会的迷宫中倍感迷惘。涉及同一个时代、同样宏大梦想的小说还有亚历杭德罗·莫雷诺（Alejandro Moreno，1944 年 ~）的《被摧残的天堂花园》。作者力图从总体上把握一个广泛的、多样化的社会，作品中既有对宗教信仰的忧患、哲理性的思辨、历史评论，又有对国家政治发展的思考，主人公涉及社会各个阶层和集团有代表性的人物。小说中若干章节的描述堪称这一时期厄瓜多尔小说中的精粹。作者的笔触集中于城市贫困环境和受排斥的社会阶层，作品取得很大成功。

但是，这一时期厄瓜多尔的小说创作并不仅仅围绕着梦想的破灭和失望展开，而且集中于描绘批判政权和各个社会集团的冲突和紧张关系，他们的精神狂乱、苦恼和矛盾的心理感受。家庭、社区、农民社团和省城都是小说作家们描述的对象，它们是主人公赖以生存和发展的环境。伊万·埃圭斯（Iván Egüez）在他的小说《鸟的回忆》（*Pájara la memoria*）中，通过对丹尼尔·马丁内斯家庭生活的描写，对国家历史进行了剖析，揭露了政治上的尔虞我诈，分析了政权的基础及从头至尾、再回复始端的历史循环怪圈。

在厄瓜多尔文学中，短篇小说具有某种前瞻性。30 年代，它的发展要先于长篇小说。1950～1970 年，短篇小说有了一些创新。在此后的几十年，出现了不少有名的短篇小说作家。主要有：劳尔·佩雷斯·托雷斯（Raúl Pérez Torres，1944 年～），1980 年他发表了《夜晚与雾》（*En la noche y en la niebla*），该书获得了美洲之家的大奖；豪尔赫·达维拉·巴斯科斯，他于 1979 年发表了《遗忘的年代》（*Los tiempos del olvido*），此后不久，他的《这个世界是必由之路》（*Este mundo es el camino*，1981 年）获得了“奥雷利奥·埃斯皮诺萨·波利特”全国文学奖；哈维尔·巴斯科内斯（Javier Vasconez，1946 年～），他创作了《遥远的城市》（*Ciudad lejana*，1982 年）、《斜视的人》（*El hombre de la mirada oblicua*，1989 年），他的作品《赌者的影子》（*La sombra del apostador*，1998 年）获得 2001 年举办的罗穆洛·加列戈斯大奖赛的提名奖；弗朗西斯科·普罗亚尼奥（Francisco Proaño，1944 年～），他于 1987 年发表两部短篇小说集，《双重性》（*La doblez*）和《抵触魔幻》（*Oposición a la magia*），此后创作了小说《镜中的老面孔》（*Antiguas caras en el espejo*，1984 年）等；弗拉迪米罗·里瓦斯（Vladimiro Rivas，1944 年～），他创作了《财富》（*Los bienes*，1981 年）和《体验故事》（*Vivir del cuento*，1983 年），还发表了长篇小说《老虎的遗训》（*El legado del Tigre*，1977 年）和《消沉与夜晚》（*La caida y la noche*，2000 年）；马科·安东尼奥·罗德里格斯（Marco Antonio Rodríguez，1944 年～），他创作了短篇小说集《角落的故事》（*Cuentos del rincón*，1970 年）、《闯入者的历史》（*Historia de un intruso*）、《海豚和月亮》（*El delfin y la luna*）等；卡洛斯·贝哈尔·波蒂利亚（Carlos Béjar Portilla，1938 年～），他创作了短篇小说《月亮港》

(*Puerto de luna*, 1986 年); 阿夫东·乌维迪亚, 70 年代末期他创作了短篇小说集《同一奇怪的天下》(*Bajo el mismo extraño cielo*), 此后, 又出版了《趣味, 魔幻和空想之书》(*Divertimientos*, *libro de fantasias y utopias*, 1989 年), 这后一部作品开创了厄瓜多尔小说创作的一条新路, 即注重魔幻手法。

厄瓜多尔小说和短篇小说一直沿着现实主义的道路发展, 受传统的影响很深。弗拉迪米罗·里瓦斯和卡洛斯·贝哈尔·波蒂利亚这两位作家尽管关注点和创作重点有所不同, 但是都注重魔幻手法, 另外都十分敬佩豪尔赫·路易斯·博尔哈斯, 尊他为大师。

(4) 新现实主义

最近几年, 厄瓜多尔小说家在发展现实主义文学流派方面做出很大努力, 在反映现实题材方面做出创新。他们更多关注人物复杂内心, 更多地使用魔幻手法, 更多地进行思考和剖析。这些似乎正在形成一种新的现实主义。在反映和阐述现实之前, 努力对现实进行探究和深度挖掘。他们认为, 世界现实是多样的和多面的, 有多种交会点, 可以进行多方位的思考和发掘。30 年代的社会现实主义致力于揭示社会问题, 进行准确和精确的描述。但是最近几年的小说界所描述的世界是模糊的, 充满了复杂性。这种对现实感受的模棱两可性在一些小说作品中得到体现。如弗朗西斯科·普罗亚尼奥的《镜中的老面孔》、米格尔·多诺索(Miguel Donoso)的《大海不复存在》(*Nunca más el mar*, 1981 年)和路易斯·费里克斯(Luís Félix)的《麻雀在黑暗中鸣叫》(*El gorrión canta en la oscuridad*, 1986 年)等。一些小说使用了传说、幻觉或美学和哲学思考。这些在 70 年代以来的小说作品中得到更多的体现, 甚至出现了这样一种倾向, 即重新诠释历史, 至少是把历史作为一种必不可少的参照。这类的小说有: 伊万·埃圭斯的《鸟的回忆》和《尊贵先生的权力》(*El poder del gran señor*), 豪尔赫·贝拉斯科的《被遗弃歌曲的伴鼓声》(*Tambores para una canción perdida*, 1986 年), 巴尔达诺(Valdano)的《当日子来临的时候》(*Mientras llega el día*), 卡洛斯·德拉托雷·弗洛尔(Carlos de la Torre Flor)的《日当午时夜幕降临》(*Anocheció en la mitad del día*, 1983

年），劳尔·罗哈斯的《屠杀的理由》（*Una razon para matar*，1990年）。这些作品更多的是一种历史纪实，而非小说。另外，大部分小说和短篇小说热衷于把历史小说基于得到明确诠释的真实的历史基础之上。例如，阿莉西亚·亚涅斯（Alicia Yáñez）在其小说《餍足的处女》（*La virgen pipona*）中，把国家政治发展的编年材料作为素材引入小说中。在《三里屯的调侃》（*Las tertulias de San Litun*，1993年）中，作者胡安·安德拉德·埃曼（Juan Andrade Heymann）在描述国际政治进程时也大量引用了史实资料。

进入20世纪80年代后，厄瓜多尔的小说创作更趋严肃，更少讥讽、滑稽和幽默。而在70年代，使用滑稽手法似乎是小说创作的一种时髦手法，如伊万·埃圭斯在其小说《尊贵先生的权力》中，采用了滑稽手法构思作品，阿莉西亚·亚涅斯在其《餍足的处女》和《健康愉悦之家》（*La casa del sano placer*，1989年）中，采用了某种讥讽式的幽默。但是这些并不影响小说创作日趋严肃、更谨慎地使用讽刺手法的总的发展趋势。

（五）杂文和散文

最近几十年来，涌现出了一批杂文作家，可以提及的有阿古斯丁·奎瓦（Agustín Cueva，1937～1992年）和费尔南多·蒂纳赫罗（Fernando Tinajero）。后者创作了《趋近和距离》（*Aproximaciones y distancias*）和《从遁世到沮丧》（*De la evasión al desencanto*，1987年），胡安·巴尔达诺（Juan Valdano）的《厄瓜多尔：文化与一代代人》（*Ecuador：cultura y generaciones*，1985年），弗拉迪米罗·里瓦斯的《明示与同谋》（*Desciframientos y complicidades*，1991年），安德烈斯·格雷罗（Andrés Guerrero）的《统治的语义：与印第安人的契约》（*La semantica de la dominación：el concertaje de indios*）等。

阿古斯丁·奎瓦是厄瓜多尔近几年来最有名的杂文作家，他的作品有：《在愤怒与希望之间》（*Entre la ira y la esperanza*，1967年）、《拉丁美洲资本主义的发展》（*El desarrollo del capitalismo en América Latina*，1977年）、《拉丁美洲社会理论和政治进程》（*Teoría social y procesos políticos de América Latina*，1988年）。奎瓦把社会学、政治分析、广泛的文化思考以

及文学领域的杂文表述力量结合起来，混为一体。其他一些比较有名的社会学、经济、政治和历史杂文作家有奥斯瓦尔多·乌尔塔多、胡利奥·埃切韦里亚（Julio Echeverria）和恩里克·阿亚拉·莫拉（Enrique Ayala Mora）。

最近几年，文学评论也得到较大发展。在厄瓜多尔文学史方面颇有建树的有埃尔南·罗德里格斯·卡斯特洛（Hernán Rodríguez Castelo，1939年），他的作品有《16世纪基多检审庭的文学》（*Literatura en la Audiencia de Quito, siglo XVI*，1980年），他还为厄瓜多尔阿列尔作家经典丛书收集的100部作品进行了导论性研究。另外，发表了《厄瓜多尔当代的抒情诗》（*Lírica ecuatoriana contemporánea*），研究并选编了最近几年厄瓜多尔的诗歌作品。

在民间诗歌评论方面，有劳拉·伊达尔戈（Laura Hidalgo），他的作品有《埃斯梅拉达斯的十行诗》（*Décimas esmeraldeñas*，1982年）和《瓜兰达狂欢节的民歌》（*Coplas del carnaval de Guaranda*，1984年）。

在叙事文学评论方面有建树的有米格尔·多诺索·帕雷哈、安东尼奥·萨科托（Antonio Sacoto）、塞西里亚·安萨尔多（Cecilia Ansaldo）、梅赛德斯·马弗拉（Mercedes Mafla）、胡安·巴尔达诺等。

在抒情诗歌研究方面，有埃尔南·罗德里格斯（Hernán Rodríguez）、胡利奥·帕索斯（Julio Pazos）、玛丽亚·罗莎·克雷斯波（María Rosa Crespo）、玛丽亚·奥古斯塔·本提米利亚（María Augusta Ventimilla）等。

在历史研究方面，厄瓜多尔智库图书馆出版了重要的系列丛书。比较有名的著作有《厄瓜多尔的新编历史》（*Nueva historia del Ecuador*）和多卷本的《厄瓜多尔文学史》（*Historia de las literaturas del Ecuador*）。

二 造型艺术

（一）古印第安人时期

公元前3500～前1500年，当时的巴尔迪维阿人发明了陶器，可以说这是美洲大陆最早的陶器文化。巴尔迪维阿人制作的陶器上面有立体图案，依稀可见的精美条文，由 3 种颜色组成的彩绘，以及被叫作“巴尔迪维阿女神”的形象。公元前 1500 ~ 前 1000 年，马查理利亚人制作了精美的黑色器皿，上面烟黑色与红色相配，还制作了十分好看的细嘴瓶。乔雷拉人代表了截至公元前 1000 年最先进的艺术，他们制作的陶制器皿采用了拟人和动物形状，造型十分漂亮，上面以陶器自然色为底色，绘有乔雷拉人日常生活中使用的一些实物，配有彩虹状的图案。他们还发明了可吹出响声的小瓶子。另外，还加工首饰品。他们把生活日常用品加工得十分精美，堪称艺术品。此后，出现了托里塔文化。托里塔人制作了十分精细的陶制品、黄金制品、铜制品，银、金、铜甚至白金合金制品。北部山区的屯卡乌安人以立体图案装饰他们制作的器皿。后来的曼特尼亚人制作了呈“U”字形、底部支撑形状各异、有动物和人物图案的石料椅子和精美的陶制器皿，以及送葬时使用的漂亮的银制面具。

（二）殖民时期

在西班牙殖民时期，基多艺术家创作的艺术作品在西班牙美洲具有很高水平。他们创作的绘画和雕塑作品质量很高，风格十分独特，摆设在基多富丽堂皇的教堂中，十分引人注目。在 17 世纪和 18 世纪，基多艺术甚至传播到欧洲和美洲其他地区。17 世纪，基多著名的画家有埃尔南多·德拉克鲁斯（Hernando de la Cruz）、米格尔·德圣地亚哥（Miguel de Santiago）和尼古拉斯·哈维尔·戈里瓦尔（Nicolás Javier Goribar）。米格尔·德圣地亚哥创作了关于圣阿古斯丁的系列画和关于瓜普罗寺院的绘画作品。帕德雷·卡洛斯创作了十分精美的雕塑作品。18 世纪，出现了殖民时期基多最杰出的两位雕塑家，贝尔纳多·德莱加尔达和卡斯皮卡拉·莱加尔达（Caspicara Legarda）。这一时期最杰出的画家有贝尔纳多·罗德里格斯和曼努埃尔·德萨马涅戈，他们把基多的巴洛克风格推向了矫饰风格。

在 16 世纪至 18 世纪，宗教建筑艺术得到很大的发展，使基多成为宏大建筑成群的城市。16 世纪基多最有名的建筑，乃至美洲最重要的宗教建筑之一是圣弗朗西斯科教堂。1533 年开始建筑广场和回廊，并于 1573 年完工。16 世纪建筑的还有圣多明各教堂。17 世纪扩建了大主教堂的祭坛，建成了圣阿古斯丁教堂、萨格拉利奥教堂、圣克拉拉教堂和瓜普罗教堂。18 世纪建成了富丽堂皇的德拉梅塞德教堂。

（三）19 世纪的造型艺术

19 世纪初，拉美国家获得独立后所面临的一项重要任务是在殖民文化的基础上，塑造民族文化，脱离殖民时期的规范和模式，逐步形成本民族的艺术。在造型艺术方面也是如此。厄瓜多尔造型艺术的发展经历了一个比较漫长的过程。

在西班牙殖民统治崩溃后，原殖民地的文化并没有自然而然地在本土条件下过渡到一种本土的民族文化。殖民文化的桎梏消失后，这些新独立的国家却沿袭和继承了欧洲的文化发展模式。这一方面是因为民族文化的发展基础比较薄弱，弱小的本土文化和艺术难以填补新出现的空白；另一方面是因为一个时期以来，西班牙美洲殖民地受到欧洲文化，其中包括文艺复兴、启蒙运动和法国大革命的影响。这一系列运动对美洲殖民地的影响十分深远，乃至在拉美国家获得独立后，在塑造民族文化的过程中，欧洲模式成为他们追求的目标和范式。因此，在 19 世纪，拉美新独立的国家，包括厄瓜多尔的文化和艺术大多是在欧洲文化的影响下发展起来的，走过了欧洲 19 世纪所经历的文化艺术发展过程，也相应地产生了欧洲各个时期产生的文化和艺术流派，如浪漫主义和新古典主义。也可以说，拉美地区，包括厄瓜多尔，19 世纪是浪漫主义和新古典主义世纪。

如果说，在殖民时期占优势或正统地位的基本上是宗教艺术，那么在 19 世纪初，争取独立的战争和政治的需要成为艺术表现的主要内容，如人物画像、战役场面、屠杀场面以及其他与战争和政治斗争紧密相关的题材。在这一时期，教会的权力和影响力大为削弱，宗教题材的艺术创作明显减少。

战争和政治题材艺术 在独立战争年代，出现了很多战争领袖和英雄的画像，其中包括基多独立时期的英雄迪奥斯·莫拉莱斯（Dios Morales）。他积极参加了 1809 年 8 月 10 日的基多独立运动，并于 1810 年 8 月 2 日在利马皇家城堡被杀害。这部画像是遵循 18 世纪新古典主义和浪漫主义的艺术标准进行创作的，为半身像，人物占去版面的 3/4，双手交叉在胸前，穿着18世纪末传统的正规服饰，给人以自由派和现代派的印象。肖像显示出文艺复兴传统所要求的表现技巧。这部作品揭示出自18世纪末以来绘画艺术家们所面临的挑战，出现了新的创作题材，同时需要保持殖民时期宗教艺术所要求的标准和规范，即需要把二者巧妙地结合起来。如同殖民时期其他绘画作品一样，这部肖像的创作时间和作者均无法查证。另外，在这一时期，还有很多绘画作品均为无名氏所做。

在独立战争时期，出现了很多直接和客观地反映战争、战役和执行枪决场面的绘画，如《枪决罗萨·萨拉特》（*Fusilamiento de Rosa Zárate*）、《米尼亚利加战役》（*Batalla de Miñarica*）和《阿亚库乔战役》（*Batalla de Ayacucho*）等。这些作品表现出较强的绘画技巧，场面生动，人物栩栩如生，技术构思十分娴熟和自然。

共和国时期的艺术从宗教肖像画发展到肖像、风俗和风景画，安东尼奥·萨拉斯（Antonio Salas，1780～1858年）开创了绘画艺术的一个新高峰。在他的影响和熏陶下，他的儿子拉蒙和拉斐尔也在绘画方面颇有建树。这个时代比较有名的画家有卡德纳（Cadena）、马诺萨尔瓦斯（Manosalvas）、特罗亚（Troya）、何塞·华金·平托（José Joaquín Pinto）等。

政治肖像画　安东尼奥·萨拉斯是这一时期从事政治肖像画创作的代表人物，他继承了18世纪末的画家萨马涅戈和莱加尔达时期形成的绘画繁荣。萨拉斯既为政府官员又为私人做画像，他画的人物有宗教领袖和军事官员。萨拉斯的肖像画线条略显僵硬，色彩的使用少有立体感。现在，在基多市立博物馆中珍藏着据说是他创作的玻利瓦尔的一幅肖像画。作品中的玻利瓦尔显得很有尊严和自信，但是面部表情不大生动，耳部、头发和脸部的线条比较僵直。这部作品体现了殖民时期巴洛克艺术风格，如色彩明暗相间等。玻利瓦尔的表情似乎表明这可能是一幅人物写真画。这部作品的艺术价值在于它不遵循经院式的教规和范式，追求一种精美的直接表现和写真效果。胡安·何塞·弗洛雷斯将军当时任南方区的总司令，领导解放南方区的战争，他委托萨拉斯为自己和追随他的将军们制作了不少肖像。作品一般为全身像，将军们大多为站立姿势，身负戎装，表情严肃，显得高贵和威严。这些肖像画的背景颜色大多为金黄色。这种色彩为中性，有助于突出人物形象，同时还是一种抽象的精神空间象征。殖民时期，特别是拜占廷时期，金黄色背景通常用于宗教肖像画，以显示人物的尊贵地位和身份。

在整个 19 世纪，肖像画一直是主要的艺术表现形式之一。画中人物不仅有将军，而且有总统和其他政府首脑，还有比较显赫的贵族人物。一些贵族夫人们喜欢在肖像画中配上当时欧洲比较时髦的服装，尽管她们的衣柜中并没有这种服饰，而是在当时从欧洲传播过来的杂志上见到过。当时，在厄瓜多尔的贵族中流传着一种观念和意识，即希望在画像和肖像中寄托或表述对未来的期盼。在这方面，比较有名的肖像作品是 19 世纪中期安东尼奥·桑托斯·塞瓦略斯（Antonio Santos Cevallos）创作的肖像画《安东尼娅·桑切斯·巴尔迪维索》（*Retrato de Antonia Sanchez Valdivieso*）。

19 世纪下半期，日益增强的自然主义在艺术表现方面的影响力增大。人们对自然的观察和自然知识日益感兴趣，并建立了艺术教育机构。

艺术研究院的兴起 新生的拉美各国日益重视艺术研究和教育，开始建立艺术研究院，制定并实施促进艺术发展的规划。在波旁王朝的支持下，墨西哥在独立后建立了拉美第一个艺术研究院，即圣卡洛斯艺术研究院。1826 年巴西在里约建立了艺术研究院。大致与此同时，玻利瓦尔制定了大哥伦比亚公共教育法，根据这一法律，要开办学校，教授绘画、艺术理论和设计、建筑和雕塑艺术等课程。直到 1850 年才在加拉加斯建立绘画和雕塑研究院。从此，殖民时期的经院艺术才开始向与人文艺术相关的方向发展。1850 年前后，玻利瓦尔的计划在厄瓜多尔加以实施，当时在基多建立了一系列的艺术机构，尽管这些机构存在时间并不长。1849 年建立了由法国画家厄恩斯特·沙尔东（Ernst Charton）领导的绘画协会。当时他教授了风俗派绘画艺术。1852 年米格尔·德圣地亚哥民主学校（Escuela Democratica de Miguel de Santiago）成立。1860 年艺术和绘画院（Academia de Arte y Pintura）成立。1872 年，在加西亚·莫雷诺政府任期，艺术和职业技能学校（Escuela de Bellas Artes y Oficios）成立，由画家路易斯·卡德纳（Luís Cadena，1830～1889 年）任校长，当时在厄瓜多尔举办了第一次艺术展览会。但是在1875年加西亚·莫雷诺总统被杀后不久，该学校便关闭了。

在这一时期与艺术机构并存的是进行绘画制作的手工工场，如安东尼奥·萨拉斯和拉斐尔·特罗亚分别开办的绘画工场。在这些工厂里，他们的儿子、孙子和众多徒弟在里面从事绘画制作，负责为委托人制作作品。虽然这一时期先后建立的各个艺术机构存在时间不长，但反映出当时厄瓜多尔日益重视并致力于艺术教育和发展，为后来厄瓜多尔的艺术发展打下了基础。随着艺术的社会地位不断提高，人们逐渐改变了对艺术家的看法，由一种作坊手工技师转变成为职业艺术家。1904年，基多艺术学校成立。

路易斯·卡德纳出生于马查奇，早年为裁缝，在认识了画家萨拉斯以后，经常光顾他的画廊和工场，对绘画产生浓厚兴趣，遂改行绘画制作，1852年他在刚刚成立的米格尔·德圣地亚哥民主学校的绘画大奖赛中获奖，获得一定的社会名气。1855年卡德纳的一位顾客资助他赴智利游历。在那里他在艺术家蒙沃伊辛（Monvoisin）领导的学校进修绘画近一年，不仅提高了绘画艺术水平，而且掌握了当时十分流行的绘画艺术教学方法，临摹绘画艺术名人的作品。1856年他回到厄瓜多尔，翌年享受罗夫雷斯总统提供的奖学金赴意大利，在十分有名气的圣卢卡斯艺术院（Academia de San Lucas）学习两年。在那里，他继续临摹欧洲绘画艺术大师们的作品，绘画水平大有长进。大致在1859年和1860年，他返回厄瓜多尔，负责筹建艺术和绘画院。当时积极推动艺术教育和建立艺术机构的除了路易斯·卡德纳以外，还有胡安·马诺萨尔瓦斯（Juan Manosalvas，1837~1906年），他们除了从事艺术教学外，还到外地和国外参加艺术活动和教学。

胡安·马诺萨尔瓦斯的艺术经历与卡德纳相似。1871年他赴罗马在圣卢卡斯艺术院学习，师从西班牙绘画大师亚历杭德罗·马里尼（Alejandro Marini）。后来赴墨西哥艺术院从事艺术教学和创作。还在哥伦比亚和玻利维亚的艺术院工作过。1873年他回到厄瓜多尔，领导基多艺术学校，直到1876年该校关闭。

风景和风俗画派　18 世纪末，当西班牙王室开始对外开放西属殖民地后，不少其他地区的游客和科学家到这里旅游和考察。新大陆的人文地理、风景和风俗等在欧洲国家引起广泛的兴趣，人们渴望通过游记和绘画了解新大陆。这刺激了拉美地区科学研究和绘画艺术的发展。18 世纪末，何塞·塞莱斯蒂诺·穆蒂斯（José Celestino Mutis）领导了对新格拉纳达地区进行植物考察之行，绘制了这一地区 5300 多幅植物标本画，其中很多是由基多的画师们制作的。此后，在整个 19 世纪，当地画师也陆续地参与了欧洲科学家的科学考察工作。例如，当地画师拉蒙·萨拉斯（Ramón Salas）和特罗亚就曾陪伴欧洲科学家的考察队，制作了大量的植物标本画。他们所创作的作品为后来厄瓜多尔的绘画，特别是风景画的发展打下了基础。19 世纪中叶，在此基础上，发展起了厄瓜多尔风景画和风俗画。当时的风景画和风俗画家有拉蒙·萨拉斯、特罗亚、拉斐尔·萨拉斯、何塞·华金·平托等。他们的不少作品现在珍藏在欧洲一些国家的博物馆中。

1850 年拉斐尔·萨拉斯创作了《基多风景》（*Vista de Quito*），这部作品通常被视为厄瓜多尔第一部风景画。1858 年曼努埃尔·比利亚维森西奥（Manuel Villavicencio）在纽约出版了《厄瓜多尔地理》（*Geografía de Ecuador*），其中收入了厄瓜多尔山区的很多风景画。1868 年，何塞·华金·平托创作了《从卡皮亚潘巴看皮钦查火山口》（*Vista del crater del Pichincha desde Capillapamba*），1899 年创作了《从埃尔普拉瑟山看基多风景》（*Vista panoramica de Quito desde El Placer*），据说，这部作品是为基多庆祝使用电灯剪彩而作。19 世纪和 20 世纪之交，出现了一位有名的风景画家，路易斯·A. 马丁内斯（Luís A. Martínez，1869～1909 年），他多才多艺，艺术领域涉猎广泛，除了绘画外，还从事小说创作，农艺学研究并出版著作，曾任教育部长。在绘画艺术方面，曾从师拉斐尔·萨拉斯，但是艺术水平很快便超过了老师。

19 世纪末期的雕塑艺术　在殖民时期，宗教是雕塑艺术的主要题材。但是进入 19 世纪后，如同绘画艺术一样，以宗教为题材的雕塑艺术受到影响。这一方面是由于天主教会普遍处于经济困境之中，没有充足的财力扩大需求，另一方面是厄瓜多尔世俗社会的不断发展为艺术家们开辟了更加宽阔的创作领域和题材，影响着他们的创作方向。在这一时期，从事宗教题材创作的雕塑家并不多，其中比较有名的是米格尔·贝莱斯（Miguel Vélez），他虽然保持了殖民时期传统的技术程序和教会的艺术要求，同时又采纳了时代的审美标准和观念，他使用的色彩更加明亮。这一时期雕塑领域进一步扩大，人们对纪念性雕塑如公园、广场的纪念碑和历史建筑雕塑群的修复，以及丧葬性雕塑如基多和瓜亚基尔新建的公墓区中的纪念堂和墓葬碑等的需求显著增加。

（四）20 世纪的造型艺术

现代艺术的诞生 厄瓜多尔文化界普遍流行一种看法，即从文化角度讲，厄瓜多尔 20 世纪的起点是在 1922 年发生瓜亚基尔大屠杀事件之后。另有一种观点认为，根据历史事件，20 世纪起始于 1895 年的自由派革命。但是从造型艺术来讲，该世纪应该从 1893 年在昆卡市建立美术学校和 1904 年在基多建立国立艺术学校（Escuela Nacional de Bellas Artes）算起。当时的自由派政府执行新文化政策，建立了这些艺术教育机构。

尽管厄瓜多尔建立国立艺术学校要晚于拉美其他国家，它却标志着国家艺术活动的体制化和专业化的开始，为专业艺术的发展构造了包括艺术培训、作品展览、艺术评论等体制基础。尽管当时保守主义政策和艺术观在教育领域占统治地位，国立艺术学校为造型艺术的创新和国家现代艺术的发展提供了依托。艺术活动开始具有社会意义和价值，与国家的文化结合为一体。1917 年，马里亚诺·阿吉莱拉年度艺术大奖赛首次举行，虽然是由私人倡议的，却受到国立艺术学校的支持。

国立艺术学校在成立之初的 7 年中，由西班牙人维克多·普伊赫（Víctor Puig）领导，实行欧洲传统的经院式教育模式。为此，聘请了当时最为重要的厄瓜多尔艺术家任教，如拉斐尔·萨拉斯、胡安·马诺萨尔瓦斯和何塞·华金·平托。1906 年，在他们先后去世后，普伊赫聘请了很多欧洲教师，并从欧洲进口了一系列仿制的古典石膏雕塑像作教具，还成立了教学用的平版印刷室，首次创办了专门发表造型艺术成果的杂志《艺术学校杂志》。另外，还设立了到国外主要是意大利留学的奖学金，学习欧洲艺术。1911 年，何塞·加夫列尔·纳瓦罗（José Gabriel Navarro）代替普伊赫任国立艺术学校校长。1915 年国立艺术学校的首批学员毕业，他们成为国家艺术发展的新生力量，形成了两个主要的艺术流派：古典经院派和新艺术现代主义经院派。古典经院派的著名代表性作品是安东尼奥·萨尔加多（Antonio Salgado）的《诡计》（*Insidia*）。新艺术现代主义经院派以卡米罗·埃加斯（Egas）、维克多·米德罗斯（Víctor Mideros）和何塞·阿夫拉姆·莫斯科索（José Abraham Moscoso）等人创作的早期作品为代表。新艺术现代主义经院派体现了推动艺术走向现代化和民族化的努力，其中尤以埃加斯的作品表现突出，其风格来源于象征主义，特别是西班牙的新艺术流派，即西班牙现代主义。西班牙现代主义在欧洲官方传播十分广泛，并通过西班牙的杂志在拉美地区广为人知晓。在1917 年由国立艺术学校举办的年度绘画大奖赛中，西班牙现代主义的影响十分明显，当时埃加斯、米德罗斯和莫斯科索参加了这次活动，他们参赛的作品具有浓厚的西班牙现代主义风格。

米德罗斯和埃加斯创作了一系列具有浓厚西班牙现代主义风格的风俗画，如前者的《森比萨》（*La Zámbiza*），而埃加斯在 1916 年至 1923 年间创作的这种风格和题材的作品数量最多。他使印第安题材回归厄瓜多尔艺术，印第安人成为厄瓜多尔现代民族和进步的象征。米德罗斯在其艺术生涯中则贴近欧洲 19 世纪末期的艺术风格，尽管在 30 年代他吸收了先锋派的成分。自 20 年代初起，他从意大利和美国游历回国后，逆造型艺术世俗化的潮流而动，开始从事宗教题材的艺术创作，并取得显著成功。

20 世纪，厄瓜多尔的宗教艺术绘画又有所收获，出现了著名画家维克多·米德罗斯，他擅长于象征主义风格创作，成为 20 世纪初厄瓜多尔画坛的领军人物。

社会现实主义　20 世纪初的国际环境和艺术背景十分有利于厄瓜多尔的社会现实主义艺术的产生。当时，墨西哥爆发了革命，国际社会主义运动方兴未艾，墨西哥壁画艺术在整个拉美产生重要影响，1922 年在瓜亚基尔发生了工人大屠杀惨案，1925 年爆发了胡利亚纳革命，1926 年诞生了厄瓜多尔社会主义党。正是在这种背景下，“瓜亚基尔团体”在 30

年代初发起了文学领域中的社会现实主义创作运动。此后，社会现实主义波及绘画艺术。

谈及厄瓜多尔社会现实主义绘画艺术不能不提及埃加斯。1927年埃加斯移居美国纽约，一直生活到1962年去世。在那里任社会研究新学校（New School for Social Research）艺术系主任。在大萧条期间他曾参加在美国发生的一系列社会运动。他的政治倾向促使他在30年代的艺术创作转向社会现实主义，他经常以工人和贫苦人为创作题材，制作了很多以印第安人风俗和节日为题材的壁画。尽管埃加斯长期定居海外，远离厄瓜多尔艺术环境，但是对厄瓜多尔20世纪的艺术发展却产生很大的精神影响，各个时期的很多青年艺术家均参考他的作品进行创作。

但是在厄瓜多尔国内，促使30年代中期绘画艺术发展出现重要变化的却是一位年轻画家埃德华多·金曼（Eduardo Kingman）。1935年，金曼具有社会现实主义风格的绘画作品《烧炭工》（*El carbonero*，1934年）参加马里亚诺·阿吉莱拉艺术大奖赛，其参赛资格却遭评委会质疑。另外评委们对其以受剥削和贫困困扰的工人为题材难以接受。几经众多青年画家们的强烈抗议，评委会进行了改选，重新进行评选，作品最终折桂。这大大提高了该作品的社会和艺术影响。这部极具艺术水平的作品成为厄瓜多尔社会现实主义绘画艺术的范式，拉开了国家绘画艺术中社会现实主义的序幕。自此，出现了大量以劳动者特别是印第安人为题材的社会现实主义绘画作品。1939年，青年画家们成立了五月第一画廊（Primer Salon de Mayo），决心与反映官方艺术政策和传统艺术观念的马里亚诺·阿吉莱拉艺术评奖机构决裂，主张向一切绘画艺术流派开放。1940年，埃德华多·金曼和其兄弟尼古拉斯·金曼一起发起成立了卡斯皮卡拉画廊，吸引了左翼青年画家。画廊十分活跃，仅在成立第一年就举办了13次画展。

艺术家本哈明·卡里翁（Benjamín Carrión）受墨西哥壁画文化反映的民族主义的影响，从墨西哥回到厄瓜多尔后，于1944年发起成立了“厄瓜多尔文化之家”，目的是促进民族文化的发展。在40年代和50年代中，“厄瓜多尔文化之家”在造型艺术方面大力提倡社会现实主义。可以说，在这20年，社会现实主义在画坛占据了主导地位，佩德罗·莱昂

（Pedro León，1894～1956年）和米德罗斯等都加入了社会现实主义运动。

20世纪40年代又出现了一批新的造型艺术家，如加洛·加莱西奥（Galo Galecio，1908～1993年）、海梅·安德拉德·莫斯科索（Jaime Andrade Moscoso，1913～1990年）和奥斯瓦尔多·瓜亚萨明。其中，瓜亚萨明是最有名气和最具争议的画家。加莱西奥和安德拉德分别擅长于木刻和雕塑。1944～1947年，加莱西奥曾在墨西哥民间木刻艺术学校（Taller de Gráfica Popular）学习。1942年安德拉德就学于纽约的社会研究新学校，从师于西班牙雕塑家何塞·德克雷夫特（José de Creft）。加莱西奥在赴墨西哥学习之前，曾与瓜亚基尔的进步作家和知识分子保持联系，为"瓜亚基尔团体"的作家设计小说和短篇小说集封面，并为报社和杂志社制作政治漫画。后来，与安德拉德、瓜亚萨明、金曼等发起了壁画创作运动。在墨西哥他为墨西哥艺术学校创作了壁画《人民大众》（*Gente de pueblo*）。后来在基多为"厄瓜多尔文化之家"创作了壁画《厄瓜多尔历史》（*Historia del Ecuador*），为刚刚落成的社会保障局绘制了《保护劳动者》（*Protección a los trabajadores*），为基多苏克雷将军机场制作了《首航安第斯山脉》（*Primer vuelo sobre los Andes*）。在壁画特别是木刻方面，加莱西奥为厄瓜多尔更新了造型艺术语言，由自然色彩描绘转向简单和浓重色彩的使用和调配，以此来表述历史和社会内容。可以认为，加莱西奥是厄瓜多尔最重要的社会现实主义艺术家之一和最杰出的木刻艺术家之一。

安德拉德是厄瓜多尔20世纪最杰出的雕塑家，历史上最杰出的雕塑家之一，毕生从事社会现实主义艺术创作，为之做出了重要贡献。他同时又是壁画家，1948～1954年，为厄瓜多尔中央大学校长楼制作了浮雕壁画，1949年，为社会保障局制作了浮雕壁画。前者为社会现实主义常见的拉美历史题材，该题材以印第安人为主，欧洲人为反面角色。为社会保障局大楼制作的壁画反映的是国家各地区印第安人的生活。如同加莱西奥，他的作品主要是社会现实主义风格，但是并不是原始性的现实主义表现形式，而具有先锋派艺术的简化形式。自60年代，安德拉德的作品开始最大化地简化自然形式，并在浮雕壁画和雕塑创作中使用铁做材料。他使用多种技术形式进行创作，包括用石条等石料、镶嵌砖、彩饰铁料等。

在造型艺术革新的年代，瓜亚萨明为社会现实主义的发展做出杰出贡献。1942 年，他在卡斯皮卡拉画廊举办了第一个个人画展。他在 1942 年创作的作品《家庭》（*La familia*）中，通过色彩的巧妙运用、布局的精心构思和笔触的轻重结合突出了社会现实主义的主题。

1946 年，曼努埃尔·伦东·塞米纳利奥（Manuel Rendón Seminario，1894～1982 年）在第二国立艺术馆展出了一幅抽象体裁绘画作品，这也是在厄瓜多尔第一次展出这种风格的作品，这反映出国内寻求艺术创新、加入国际现代艺术的一种新尝试。

第二次世界大战后的国际政治形势和世界政治两极化格局对艺术流派产生深刻影响，促进了新的国际艺术流派的产生和发展。例如，抽象立体派，认同于地缘政治中西方一极；社会现实主义派，更多地认同苏联阵营。拉美地区与外部世界的联系进一步加强，国际上各种艺术流派的发展也影响到拉美，包括厄瓜多尔。拉美和厄瓜多尔的很多艺术家十分关注这种国际影响及民族文学艺术的发展前途。

抽象派艺术 伦东和阿拉塞利·希尔韦特（Araceli Gilbert，1914～1993 年）可以说是厄瓜多尔抽象派艺术的创始人。伦东生于法国巴黎，并在那里度过其青年时代。1937～1950 年，在厄瓜多尔生活。最初参与社会现实主义文艺运动，发表作品《大管家》（*Mayordomo*，1941 年）。40 年代中期，开始创作充满活力、日趋抽象的绘画作品。他的作品主题比较难以理解，需要结合作者本人对世界的看法加以理解。他寻求简朴的生活方式和更高层次的精神世界。他的作品线条流畅，画面由不同层次的色彩组成，给人以半透明的印象和感觉。作品中的曲线和圆形具有重要的象征含义，在伦东的作品中，可以发现“一种意识和思想表现，一种向更高层次升华的感觉，物体和形式已经不属于现实世界”①。在这种精神高度，伦东的绘画作品具有二战后表现主义的一些表现形式，是发自作者

① *Enciclopedia Ecuador a su alcance*, Editorial Planeta Colombiana, Página 622, Bogotá, Colombia, febrero de 2004.

内心世界的精神表述。

阿拉塞利·希尔韦特是一位杰出的厄瓜多尔女画家。早年生活在智利，在圣地亚哥艺术院学习绘画。阿拉塞利回到厄瓜多尔后，在瓜亚基尔艺术院师从当时在那里任教的汉斯·迈克尔森（Hans Michaelson）。1944年，她赴纽约阿梅代奥森凡特艺术学校（Amedee Osenfant Art School）进行深造，后赴巴黎学习绘画技术，在那里结识了抽象派艺术家安德烈·埃尔文（Andre Herbin）。丰富的艺术经历使她具备了扎实的抽象派艺术基础。50年代阿拉塞利创作了一系列具有很强的立体抽象感的作品，并于1955年举办画展。她热衷于使用纯粹抽象的表现形式，完全脱离自然，擅长运用节奏和色彩，通过大量色彩之间的相互协调达到精确的均称效果，使作品内容丰富，充满活力。可以说，阿拉塞利和伦东促进了当时和此后10多年占主导地位的两个艺术流派的发展，即阿拉塞利代表了建筑立体抽象派，伦东则代表了具有表现主义成分的立体抽象派。

建筑型艺术 阿拉塞利与其他一些艺术家一道，于20世纪60年代和70年代，在厄瓜多尔掀起了一场虽然不大却很有代表性的建筑型艺术运动。在这场运动中，还有一位较有代表性的人物，即路易斯·莫利纳里（Luís Molinari，1929～1995年）。他50年代生活在布宜诺斯艾利斯。阿根廷具有立体艺术的传统，当时那里出现的动力艺术高潮对他后来的艺术发展产生很大影响。60年代前半期他侨居巴黎，1968～1975年生活在纽约。莫利纳里早年为超现实主义者，自60年代，开始转向建筑艺术和视觉艺术。莫利纳里在其作品中习惯于立体学向量的使用，通过不断变换方向显示活力，同时构置三维空间。另一位艺术家是埃斯图亚多·莫尔多纳多（Estuardo Moldonado，1930年）。他出生于基多附近的一个乡村，1944年到瓜亚基尔艺术院学习。后来争取到政府的奖学金，到意大利深造。自1968年开始研究建筑型立体抽象派艺术，利用工业建筑材料“建筑”作品的形式和结构。他采用一种在工业中已广泛使用的新技术，即氧化上色术（inox-color）。这种技术使用于汽车工业，把不锈钢材料浸于酸性液体中，通过不同时间的浸泡，使不锈钢材料的表面呈现不同色彩。

60年代的寻古主义 60年代，受欧洲和美国抽象派艺术的影响，也产生了根植于本土文化的抽象派艺术流派。在安第斯地区产生了一种艺术流派，最初它被称为前殖民艺术流派，现在通常被称为寻古主义。寻古主义力图摆脱全盘模仿欧洲艺术进行创作的做法，在传统民族文化中寻找创作源泉。其代表人物在玻利维亚有玛丽亚·路易莎·帕切科（María Luísa Pacheco），在秘鲁有费尔南多·德希什罗（Fernando de Szyszlo），在厄瓜多尔有恩里克·塔瓦拉（Enrique Tabara，1930 年～）、阿尼瓦尔·比利亚西斯（Anibal Villacis，1927 年～）和埃斯图亚多·莫尔多纳多。

恩里克·塔瓦拉、阿尼瓦尔·比利亚西斯和埃斯图亚多·莫尔多纳多于 20 世纪 40 年代开始其学业，当时恰逢印第安主义处于发展高潮。50 年代中期，3 位青年人留学欧洲，这种经历对他们后来的艺术发展产生很大影响。塔瓦拉于 1955～1964 年在巴塞罗那生活和学习，于 1963 年创作了作品《迷信》（*Superstición*）。在这部作品中，他在不规则和色彩柔和的平面上进行分割，以这种方式隐喻创作的主题。他没有直接涉及殖民前的土著文化，而是以模糊的方式加以反映，分割方式隐喻殖民前各土著文化及其象征，丰富的线条色彩隐喻当时土著人的彩色陶器文化。阿尼瓦尔·比利亚西斯于 1953～1956 年生活在法国和西班牙。他大量使用线条进行构思，隐喻殖民时期的金银丝细工和十字褡，以及殖民前时期土著人的陶器上的图案，这种构思隐喻厄瓜多尔文化中印第安和欧洲的双重性，反映了在那个年代知识分子中存在的关于混血文化（mestizaje cultural）的争论。埃斯图亚多·莫尔多纳多的作品的特点是立体感和动力感十分突出。这一代艺术家的作品反映了当前安第斯文化的复杂性，不仅涉及文化方面，而且表现在社会问题方面。可以说，他们采用国际流行的艺术创作方式，反映本地文化内容，表现出一种重建复杂的拉美文化认同的艺术创作意图。

70 年代雕塑艺术的复兴 在安德拉德的影响下，70 年代涌现出了一些较有创作力的雕塑家，如米尔顿·巴拉甘（Milton Barragán，1934 年～）。巴拉甘大学专业为建筑学，后来学习绘画和水彩画。在安德拉德的启发下，他走上了雕塑艺术创作道路。60 年代，当安德拉德开始使用铁料进行雕塑时，巴拉甘也采用了这一技术，并一直致力于这方面的雕塑创作。

1972 年，他在阿尔塔米拉画廊首次举办个人展览，引起社会关注。他在作品中主要使用建筑铁料，对其进行艺术加工，有时也使用木质材料。他更多地以地中海地区古老文化为题材进行创作。他的抽象派雕塑作品表现出较强的力量感和均衡感。自 90 年代，他开始更多地使用木料进行创作。自 80 年代，巴拉甘培养出了一批雕塑艺术青年，其中有保林·巴卡（Paulin Baca）、佛朗西斯科·普罗阿尼奥（Francisco Proaño）、维基·卡马乔（Vicky Camacho）、加夫列尔·卡斯塔涅达（Gabriel Castañeda）和孔苏埃洛·克雷斯波（Consuelo Crespo）。这些青年雕塑家参加了 90 年代开始的基多市容改造和古老艺术建筑的修复工作，显露出其艺术才华。

这一时期还有几位比较成功的雕塑艺术家，其中有赫苏斯·科沃（Jesús Cobo）和毛里西奥·苏亚雷斯·班戈（Mauricio Suárez Bango）。赫苏斯·科沃于 70 年代中期毕业于中央大学艺术系。他不同于安德拉德和巴拉甘，在 90 年代中期以前主要采用象牙作雕塑材料，题材主要是风景和爱情等。最近，他开始探索新的雕塑材料、创作题材和艺术表现形式，如采用历史题材等。赫苏斯·科沃使用窄叶箣竹作雕塑材料，在厄瓜多尔沿海地带，这种材料广泛用于传统建筑中。他擅长于创作动感较强的作品。

20 世纪厄瓜多尔的雕塑艺术曾出现过一些繁荣时期，但总的来说，其发展是断断续续的。

表现主义艺术 80 年代进入艺术创作界的青年人推动了表现主义的新发展。路易吉·斯托纳奥罗（Luigi Stornaiolo，1956 年 ~）便是其中之一。他采用漫画和过分的彩墨涂抹手法扭曲作品所表现的形象，以此作为社会评论的方式。埃尔南·奎瓦（Hernán Cueva，1957 年 ~）也采用类似手法，而且更加激越，为了表现一种目的，甚至超出了技术极限。这些年轻艺术家们采用了新技术。在作品的表层，使用切割或油墨涂抹方法来加强表现效果，由此，强化他们所制作的具有爱情色调的形象的表现力。自 90 年代以来，画家皮拉尔·弗洛雷斯（Pilar Flores，1957 年 ~）采用强力手法表现抽象主题，甚至把似乎互不相干的物体拼集在一起，强化表现效果。现在他更加注重表现内心世界，不对称性、转瞬即逝、非物质性等成为理解其绘画作品的关键词。另一位画家马塞洛·阿吉雷（Marcelo Aguirre，1956 年 ~）注重表现内心世界与社会和政治现象的冲突与冲撞，表现失控的科技发展、政治腐败和社会道德沦丧等现象对人的精神的扭曲。

著名画家瓜亚萨明 瓜亚萨明 1919 年 7 月 6 日出生于基多市一个贫穷家庭，父亲为印第安人，母亲为混血人。1932 年考入基多美术学校。1942 年首次在基多举办个人画展，大获成功。其中《我弟弟的肖像》获马利亚诺·阿吉莱拉大奖赛一等奖。他的著名作品《泪之路》获第三届西班牙巴塞罗那双年展大奖（1955 ~ 1956 年）、1957 年圣保罗双年展金奖、墨西哥第二届绘画雕塑双年展大奖（1961 年）。1957 年瓜亚萨明当选为“厄瓜多尔文化之家”主席。1981 年厄瓜多尔政府创立国家文化财富瓜亚萨明基金，作者将自己的作品捐给基金会。1999 年去世。

40 年代末期，瓜亚萨明开始设计包括 100 幅作品的系列画作《哈乌卡伊尼延》（*Haucayñán*）。如同 40 年代安德拉德和加莱西奥的作品，这部系列画作脱离了表现主义，形成简明风格和立体主义的几何传统构思。瓜亚萨明的这种创作思路受到毕加索的作品《格尔尼加》（*Guernica*）和墨西哥人鲁尔夫·塔马约作品的启发。可以说，瓜亚萨明从拉美现实出发，在发展现代艺术、艺术反映社会现实等方面做出了极大的努力，并卓有成效。瓜亚萨明后来以其著名系列画作如《瓦卡伊尼安》（*Huacayñan*）和《愤怒的年代》（*La edad de la ira*）等享誉世界画坛。瓜亚萨明在 20 世纪 60 年代到中国见到过毛泽东主席和徐悲鸿等中国美术界大师。

摄影艺术 20 世纪 40 年代和 50 年代曾是厄瓜多尔摄影艺术发展的黄金时代，著名摄影作家有布隆贝格（Blomberg）、伊斯（Hirz）和沃思（Wuth）。60 年代，著名摄影作家有乌戈·西富恩特斯（Hugo Cifuentes）。自 90 年代中期以来，摄影艺术以前所未有的有力势头发展。当前比较有名的摄影家有：露西亚·奇里沃加（Lucia Chiriboga，1954 年 ~）、佩培·阿维莱斯（Pepe Avilés）和帕科·萨拉萨尔（Paco Salazar）。露西亚·奇里沃加还是摄影艺术史领域的社会学家和学者。[①]

三 电影

厄瓜多尔的电影历史是一部断断续续的历史，最早产生于20世纪初，此后，除了电影纪录片外，电影艺术没有什么大的发展。20世纪20年代，两部电影作品开启了电影制作的两种趋势：科幻片和纪录片。科幻片由奥古斯托·圣米格尔（Augusto San Miguel）制作，片名为《阿塔瓦尔帕的财宝》（*El tesoro de Atahualpa*）。纪录片由神父卡洛斯·克雷斯皮（Carlos Crespi）制作，他既从事传教活动，又从事科学研究和电影制作。厄瓜多尔的电影创作相对沉默了多年后，诞生了《皮钦查的黎明》（*Amanecer en el Pichincha*），它是由著名剧作家、诗人和小说家帕戈·托瓦尔·加西亚（Pago Tobar García）创作的，他是一位电影业余爱好者。在很长时间内，只有一位职业电影作家活跃在影坛，即奎斯塔·奥多涅斯（Cuesta Ordoñez），他是记者和纪录电影制作人。后来，埃内斯托·阿尔万（Ernesto Albán）和胡里奥·哈拉米略（Julio Jaramillo）与拉美其他国家的电影制作公司合作拍摄了电影《我们的誓言》（*Nuestro Juramento*）。

70年代，出现了两部电影纪录片，即劳尔·卡利菲（Raúl Kalife）制作的《饿狼之口》（*Boca de Lobos*）以及伊戈尔（Igor）和古斯塔沃·瓜亚萨明（Gustavo Guayasamín）兄弟制作的《钦博拉索山的采冰者》（*Los hieleros del Chimborazo*）。此后，伊戈尔继续从事电影事业，于90年代制作了一系列关于厄瓜多尔印第安人和黑人的电影纪录片。1989年，卢苏里亚加（Luzuriaga）把何塞·德拉瓜德拉的文学作品《雌美洲豹》（*La tigra*）改编成同名电影。卢苏里亚加在70年代从事话剧制作，后来改行专门从事电影创作。后来出现了一批电影纪录片制作人，如何塞·科拉尔（José Corral）、“庞乔”·阿尔瓦雷斯（“Poncho” Alvarez）、海梅·奎斯

① *Enciclopedia Ecuador a su alcance*, Editorial Planeta Colombiana. S. A., página 672, Bogotá, Colombia, 2004.

塔（Jaime Cuesta）、圣地亚哥·卡塞伦（Santiago Carcelen）等。自2000年以来，由一批青年电影制作人拍摄的4部科幻电影在厄瓜多尔各大城市电影院上演，其中，已有一定国际知名度的塞瓦斯蒂安·科尔德罗（Sebastian Cordero）拍摄的电影《老鼠，大老鼠和鼠贼》（*Ratas, ratones y rateros*）甚至在威尼斯国际电影节上得到肯定，赢得赞誉。2002年，维克多·阿雷吉（Victor Arregui）拍摄的电影《出局》（*Fuera de juego*）在巴塞罗那电影节上获得"发展中的电影"奖项。1997年，胡安·马丁·奎瓦（Juan Martín Cueva）制作了电影《海员》（*Marineros*）；2002年，阿道夫·马西亚斯（Adolfo Macias）拍摄了《可恶》（*Maldita sea*）；2001年，马丁·埃雷拉（Martín Herrera）拍摄了《享尽快乐》（*Alegría de una vez*）；2002年，亚纳拉·瓜亚萨明（Yanara Guayasamín）拍摄了《当死亡降临到我们头上》（*De cuando la muerte nos visitó*）；2003年，比维亚纳·科尔德罗（Viviana Cordero）拍摄了《拳击场上的泰坦巨人》（*Un titán en el ring*）。另外，经常有一些厄瓜多尔电影制作人拍摄短篇电影在各大城市的电影院上映。

60年代，厄瓜多尔诗人、"桑斯科斯"（"Tzantzicos"）文化团体的创始人乌利塞斯·埃斯特雷利亚（Ulises Estrella）在电影领域做出的努力也值得一提。他曾在20年间支持"厄瓜多尔文化之家"的国立电影资料馆的工作。国立电影资料馆不仅致力于传播厄瓜多尔电影，而且是一个厄瓜多尔民族电影研究、教学和培训本国青年电影工作者的中心。自70年代以来，乌利塞斯·埃斯特雷利亚一直支持举办各种电影论坛的活动。

四　音乐和舞蹈

厄瓜多尔音乐主要有两个来源，印第安音乐和西班牙音乐，但是也有非洲后裔人的音乐成分。

在厄瓜多尔山区流行着一种混血种人音乐，即丹桑特舞曲，旋律主要采用五声音阶，时有七声音阶，舞曲常出现三度平行，交替使用3/4和6/8节拍。伴奏乐器主要有排箫、竖笛、横笛和当地广为使用的竖琴。

更多保留了印第安音乐成分的民间音乐有亚拉维埃斯乐曲和舞曲（Yaravíes）。印第安和西班牙混合型音乐有圣胡安尼托（Sanjuanito）和卡丘利亚皮斯（los cachullapis）。圣胡安尼托乐曲是厄瓜多尔最广泛的音乐体裁之一，因常用于保护神圣胡安日弹奏，故得其名。乐曲采用小调式，2/4 节拍，有轻度的切分，即用 16 分音符、8 分音符和 16 分音符替换三连音。

帕西利奥（pasillo）、帕萨卡里埃（pasacalle）和华尔兹保留了西班牙音乐成分。有人考证说，帕西利奥是从华尔兹演变而来的，在哥伦比亚和厄瓜多尔都有所流行。厄瓜多尔的帕西利奥维小调式，在当地的民族节日中常常可以听到，演奏乐器主要是竖琴、吉他等。

在厄瓜多尔还流行着具有非裔文化特色的音乐，比较典型的是马林巴歌舞音乐，主要流行于沿海地区的非裔居民之中。舞曲伴奏以乐器马林巴琴为主，马林巴琴常进行变奏，重复旋律或低声部，平行三度，连续的切分等，有时还形成复调。[①]

随着民族文化的发展，厄瓜多尔的音乐家们不断努力创造本地题材的民族音乐。20 世纪，出现了不少杰出的音乐家，如弗朗西斯科·萨尔加多（Francisco Salgado）于 1922 年创作了第一部乐团交响乐，塞贡多·路易斯·莫雷诺（Segundo Luís Moreno）创作了一首厄瓜多尔的组曲。最重要的音乐家是路易斯·温贝托·萨尔加多（Luís Humberto Salgado），他致力于歌剧、交响乐和其他交响乐曲创作。他的一些作品在欧洲和美国上演，他的作品大多是本国题材。最近对音乐发展做出较大贡献的音乐家有梅西亚斯·马伊瓜什卡（Mesías Maiguashca），他创作了十二音体系四重奏曲（dodecafonismo Cuarteto de Vientos），后来从事电子音乐创作，成为现今作品被搬上欧洲乐坛最多的厄瓜多尔作曲家。其他比较有名的作曲家有赫拉尔多·格瓦拉（Gerardo Guevara）和克劳迪奥·艾萨加（Claudio Aizaga）。

---

① 陈自明：《拉丁美洲音乐》，人民教育出版社，2004，第 105 页。

第七章

军　　事

1822 年 5 月 24 日，厄瓜多尔与阿根廷、玻利维亚、哥伦比亚和委内瑞拉等国组成的起义军发动皮钦查战役，一举打败西班牙殖民军，这一天成为厄瓜多尔武装力量日。1829 年 2 月 27 日，在厄瓜多尔和秘鲁因领土争端而爆发的武装冲突中，厄瓜多尔赢得塔尔基战役的胜利。这一天被定为厄瓜多尔陆军节。1830 年厄瓜多尔退出大哥伦比亚共和国后，着手建立自己的国防体制，设立了陆军和海军部，海军部成为该部的一个局。1936 年厄瓜多尔建立了海军航空兵。1937 年海军成为独立军种。后来，确定 7 月 25 日为海军节。空军创建于 20 世纪初。1920 年 10 月 27 日，厄瓜多尔成立空军航校，并将 10 月 27 日定为空军节。

2015 年国防预算 25 亿美元，占国家预算总额的 7.16%。[①] 厄瓜多尔实行志愿兵役制，士兵服役期 1 年。军衔分 3 等 9 级：将官 3 级（上将、中将、少将），校官 3 级（上校、中校、少校），尉官 3 级（上尉、中尉、少尉）。

第一节　国防体制

共和国总统为武装力量最高统帅，通过国防部长和三军联合指挥部统率全军。国防部长由总统任免，可为现役或退役军人。三军联合指挥部由三军司令组成，负责制定训练和作战计划。

① https://es.wikipedia.org/wiki/Fuerzas_Armadas_del_Ecuador.

武装力量的基本任务是捍卫国家主权和领土完整。军队的基本原则是民主和人权，尊重人的尊严和权利，不含歧视，严格遵从法律原则。

国家安全委员会 国家安全委员会是国家安全和国防最高决策机构，由总统领导，由国民代表大会主席，最高法院院长，内政、外交、国防和财政部长，三军联合指挥部司令组成。负责保障国家内外安全。常设机构是国家安全委员会总秘书处，隶属于总统。任务是向国家安全委员会提供咨询，制定国家安全计划，协调国家各个安全机构的活动。总秘书处下设：动员局、民防局、情报局和国家高等研究所。

国家安全法第 35 条规定，军事部门由国防部和三军联合指挥部组成。

国防部 国防部是最高军事行政机关，负责实施总统确定的军事政策，制定国防预算、进行兵力动员等工作。国防部长由总统任命，可为现役或退役军人。

1830 年 4 月共和国建立初期，在里奥班巴，第一次立宪大会颁布了第一部宪法。宪法第二章第 38 条规定，建立总参谋部，从功能和作用来看，它就是国防部的前身。1843 年在弗洛雷斯将军的第三届总统任期内，总参谋部改为陆军和海军部。1930 年军队改组成三军体制后，将原来的陆军和海军部改组成国防部。

武装力量机构法对国防部的职能和义务做出规定：制定和实施国防政策和计划；根据总统的意见，起草和提交与军队履行宪法职责有关的协定、决议、法令和法律；根据总统制定的政策管理武装力量；在法律上代表三军兵种；制定武装力量参与国家社会和经济发展的计划，并与国家有关部门进行协调；了解和决定国防部、三军联合指挥部、海陆空三军及其下属机构的财政预算；向总统提交武装力量编制计划；培训和挑选武装力量人员；制定每个军种的军事规章，负责监督实施各种特殊法令和章程；根据保卫国家领土的需要，决定建立军事基地和海军基地，设立灯塔和浮标，开设航道，在河流和海洋设立航标，改善和维修军用设施；进行地理勘查，制定国家地图；根据特别法律和法令，负责管理军事人员养老金和救济金。另外，国防部有义务在国家发展方面提供合作，派遣武装力量人员参与工程、道路和公路、住宅和公共建筑的建设，在国家领海、湖泊和河流进行水利勘查和研究，参与贫穷地区居民的教育、医疗和救济活动。①

武装力量机构法对国防部的构成做出规定：副国务秘书处、咨询和控制局、行政管理局和发展局。副国务秘书处是国防部的支持机构，行政管理局和发展局归属它领导。咨询和控制局的职能是在政策、管理、财务、司法等方面为国防部决策提供咨询。行政管理局负责地理勘查、人事和财务事务，以便国防部履行其职能，并与三军联合指挥部进行协调。发展局负责为国防部及三军种制定计划。

三军联合指挥部 三军联合指挥部是军事计划和领导的最高机构，也是国家安全委员会的常设顾问机构，由三军司令组成，负责制定平时和战时的训练和作战计划，在军事和战争政策方面向总统和国防部长提供常规性咨询。三军联合指挥部司令由国防部长提名，总统任命。

第二节 军事力量②

武装力量由正规军和准军事部队组成。正规军分陆、海、空三个军种。现役部队 5.8 万人，其中陆军 4.65 万人，海军 7300 人，空军 4200 人。全国预备役力量为 11.8 万人。③

一 陆军

陆军兵力 4.65 万人，主要编成：4 个师部；1 个装甲骑兵旅、5 个步兵旅、3 个丛林作战旅、1 个特种作战旅、1 个炮兵旅、1 个航空旅、1 个工兵旅等。轻型坦克：AMX－13 型 24 辆。装甲侦察车 67 辆：AML90 型 25 辆、EE－3 型 10 辆、EE－9 型 32 辆。装甲输送车 123 辆，履带式 95

① https：//es. wikipedia. org/wiki/Fuerzas_ Armadas_ del_ Ecuador.

② 参见军事科学院《世界军事年鉴》编辑部《世界军事年鉴 2015》，解放军出版社，2017，第 280 页。

③ https：//es. wikipedia. org/wiki/Fuerzas_ Armadas_ del_ Ecuador.

辆（AMX－VCI型80辆、M－113型15辆），轮式28辆（EE－11型18辆、UR－416型10辆）。火炮主要型号为155毫米自行火炮、105毫米牵引火炮、155毫米牵引火炮。另有多管火箭、无后坐力炮、高射炮等装备。飞机：轻型运输机15架，教练机6架。直升机：海上侦察直升机29架，运输直升机11架。

二 海军

海军兵力7300人。其中包括海军航空兵、海军陆战队、海岸警卫队等。有2个主要战斗舰队、9艘巡逻舰及海岸战斗舰船等。主要基地：瓜亚基尔、加拉帕戈斯和埃斯梅拉达斯。

海军航空兵380人。

固定翼飞机："空中国王"200T型侦察机2架、"空中国王"300型侦察机1架、CN－235－300M型联络机1架、"空中国王"200型运输机1架、"空中国王"300型运输机1架、CN－235－100型运输机1架。直升机9架：贝尔－206A型3架、贝尔－206B型3架、贝尔－230型1架、贝尔－430型2架。无人驾驶飞机5架："苍鹭"型重型机2架、"搜索者"型中型机3架。

海军陆战队2150人。

陆战营5个（承担警备职责），特种分队1个。主要装备：60毫米、81毫米和120毫米迫击炮，"西北风"型、SA－18型"松鸡"式防空导弹等。

三 空军

总兵力4200人。编为作战司令部和军事空运大队。作战司令部下辖装备有"猎豹"C/D型战斗机的中队1个，装备有"幼狮"C－10型、"幼狮"C－2型、"幼狮"TC－2型战斗机的飞行中队1个。装备有EMB－314"超级巨嘴鸟"轻型攻击机/教练机飞行中队2个。军事空运大队下辖装备有"贝尔"206B型直升机的搜救运输中队1个，装备有"北极星"轻型高空直升机、PA－34型直升机的搜救运输中队1个，装备有

B－727 型、“大力神” C－130/H 型、L－100－30 型、HS－748 型 “双水獭” DHC－6－300 型小型客机、EMB－135BJ 型等飞机的飞行中队 4 个。战斗机 25 架：“猎豹” C 型 10 架，“猎豹” D 型 2 架，“幼狮” C－2 型 4 架，“幼狮” C－10 型 7 架，“幼狮” TC－2 型 2 架。装备有运输机 36 架，主要型号有 “大力神” C－130B 型、“大力神” C－130H 型、L－100－30 型、“空中国王” E90 型、C－295M 型、塞斯纳 150 型、塞斯纳 206 型和 “双水獭” DHC－190 型。另有教练机 40 架，主要型号有 DA20－C1 型、EMB－314 “超级巨嘴鸟” 轻型教练机和 T－34C 型。直升机 12 架。空空导弹有 “巨蟒” Ⅲ型、“巨蟒” Ⅳ型、“魔术” R－550 型等。地空导弹主要有小槲树 M－18 型、“壁虎” SA－8 型等。雷达装备主要有填隙雷达和二维对空雷达。高射炮主要有 M－35 型 20 毫米高射炮和 ZU－23 式 23 毫米高射炮。

四 准军事力量和武装警察

2015，厄瓜多尔准军事人员和武装警察共计 39500 人，装备有直升机 9 架，主要型号有 MD530F 型侦察机、“松鼠” AS－350B 型轻型运输机和 “贝尔” －206B 型直升机等。① 海岸警卫队 500 人，装备有各式巡逻艇。

在基多设有警察学校，专门培养治安警察。②

第三节 军事院校

理工军事学校 理工军事学校是一所培养优秀专业人才和研究人才的军事院校。它的前身是 1932 年 6 月 20 日建立的工程师军官学校，仅招收军人学员。1936 年 10 月 22 日，建立炮兵和工程师学校，后来更名为工程师技术学校。1970 年 11 月，学校开始招收非军队学员。1977 年 12 月

① 参见军事科学院《世界军事年鉴》编辑部《世界军事年鉴 2015》，解放军出版社，2017，第 281 页。

② https://es.wikipedia.org/wiki/Fuerzas_Armadas_del_Ecuador.

20 日，政府决定把学校改造成一所多学科的教育机构，由此，开始使用理工军事学校的名称。1992 年 5 月 14 日，政府将理工军事学校被列入由法律承认的大学之列，成为一所高等教育机构。

埃洛伊阿尔法罗军事学院 埃洛伊阿尔法罗军事学院是一所培养陆军军官的军事院校，位于基多。1899 年 12 月 11 日，当时的共和国总统颁布法令建立了第一所军校，也就是军事学校。此后，又建立了专门培养军士和军士长的军官学校。在古铁雷斯总统任期间，创建了 3 所军官学校，即战争研究院、军事学院和培训学校。军事学院被定名为埃洛伊阿尔法罗军事学院。它的宗旨是培养炮兵、骑兵和工程兵军官。1919 年 10 月 18 日，建立国立军事博物馆，从属于军事学院。1935 年 10 月，费德里科·派斯（Federico Páez）总统将埃洛伊阿尔法罗军事学院改名为军事学校，并一直使用到 1970 年。1970 年 10 月 5 日，成立了埃洛伊阿尔法罗高等军事学院和军事学校（la Escuela Superior y el Colegio Militar Eloy Alfaro）。直到 1981 年 10 月 4 日，军事学院与军事学校分离，二者的职能重新确定。军事学院致力于培养陆军军官，毕业生可获得少尉军衔。军事学校的任务是培养预科生。埃洛伊阿尔法罗高等军事学院每年培养 100 名 Subtenientes。

高等军事航空学校 高等航空军事学校是厄瓜多尔主要的军事飞行员培训基地。原名萨利纳斯航空学校，1920 年创建于瓜亚基尔。由于这里气候潮湿，蚊虫滋生，不适宜航空训练，1929 年 12 月 31 日，空军决定把瓜亚基尔的航空训练设施迁往拉塔昆加市。自 1942 年起，该校被称为高等军事航空学校。1971 年 10 月 15 日，颁布法令批准高等军事航空学校开设高等教育课程。

其他主要的军事院校有：格拉德米格尔伊图拉德军事学校，位于波托维耶霍市；乌戈奥尔蒂斯加尔塞斯中校军事学校，位于瓜亚基尔市；塔比军事学校，位于里奥班巴市；阿波东卡尔德龙军事学校，位于昆卡市；劳罗格雷罗军事学校，位于洛哈。[①]

---

① http://www.fuerzasarmadasecuador.org/espanol/seguridadnacional/oficialaviacioncosmerenella.htm.

第四节 国防工业

国防工业的任务是与私人部门共同创建和发展军工企业，满足武装力量和社会的需要。

一 军工企业

全国共有20多家军工企业，主要从事钢铁和军用物资生产。

厄瓜多尔国家钢铁有限公司是国家大型企业之一，厄瓜多尔两大钢板生产企业之一，生产78种产品，年生产能力120万吨，拥有450名工人。国家炼钢厂是国家唯一的炼钢企业，用废钢生产钢材，作建筑构件。1974年11月组成股份有限公司，每年向厄瓜多尔国家钢铁有限公司供应4.5万吨钢材。有工人180名。卡林森制鞋股份有限公司建于1992年2月，生产军用鞋、胶鞋、工作靴和运动鞋。生产设备和技术从德国进口，比较先进。日产量1500双，拥有80名工人。伊科斯普林森公司建于1977年，从事炸药及其副产品生产，如雷管、导火线、发火药等，主要供应矿业、运输业、石油和基础设施建设部门。法德姆股份有限公司成立于1975年8月，从事50多种军用帆布产品的生产，如帐篷、背包、睡袋和防水披肩等。产品也投放国内民用市场。雇用工人200名。圣巴巴拉军用物资生产厂从事军用物资生产，如手榴弹、教练弹、PAME－90式轻机枪、小口径武器的配件。还生产12毫米、16毫米和20毫米口径的运动步枪。有工人180名。法米有限公司成立于1950年，后加盟迪内阿格罗斯公司。生产多种军用服装，如军用制服、衬衫、内衣、床单和毛巾等。①

二 民用服务

武装力量一直努力支持国家的经济发展，支持国家边远地区的交通运输。另外，积极从事对国家的经济发展十分关键而私人部门不愿从事的

① http：//www.fuerzasarmadasecuador.org/espanol/apoyoaldesarrollo/apoyoindustriasdiaf.htm.

活动。

航空工业局 1985年成立，负责军用和民用飞机的保养。维修和保养的首批飞机为Cessna A－37B。1989年3月，航空工业局成为向军用和民用飞机提供商业性维修服务的企业，拥有空军的许可证。①

空军民航局 根据1946年8月9日颁布的1693号法令成立，隶属于国防部航空司令部。为了使民航局的活动获得正常发展，颁布了一系列法律、规章、制度和决定，其中包括民用航空法、空间活动规定、航线开发规定、农用航空规定和民用航空规定等。

空军民航局参与了拉戈阿格里奥市机场的扩建工程，参与勒曼塔市埃洛伊阿尔法罗机场的修建工程，使之成为瓜亚基尔机场的全天候替代机场。另外，还参与其他一些重要机场的修建、扩建和设计，如埃尔科卡机场、巴伊亚德卡拉克斯机场、马查拉机场、特纳机场、拉塔昆加机场等。另外，空军民航局使用了现代化的地面卫星技术为民用航空服务，形成了覆盖全国所有机场的地面卫星通信网络。

航空军事运输公司 由厄瓜多尔空军于1962年自筹资金成立，具有行政和财务自主权。致力于向国家边远地区提供运输服务，同时提高空军飞行员的训练水平。航空军事运输公司在国内开辟了14条航线，日客运量达3500人。这些航线主要分布于商业利润微薄的边远地区。1996年开辟了飞往古巴、智利、巴拿马的国际航线。目前，公司拥有4架波音727－200、3架波音727－100、2架Fokker F－28－4000，还有2架Avro 748和1架DH Twin Otter用于客运需求少的航线。

海军水路运输公司 受政府的委托，自1999年厄瓜多尔海军开始从事公共水路运输服务，并为此成立了海军水路运输公司。它拥有的客运船都由厄瓜多尔造船厂制造，拥有现代化的技术，载客量都在200人以上。海军水路运输公司还从事旅游业，每逢周末和节假日，为去普纳岛的旅游者提供运输服务。从佩德雷加尔码头沿巴巴奥约河逆流而上，行进两个小时便可到达。水路运输公司由委员会领导，委员会的主席由海军第一军区

① http：//www. fuerzasarmadasecuador. org/espanol/apoyoaldesarrollo/apoyoindustriasdiaf. htm.

参谋长担任，成员有厄瓜多尔海军造船企业的代表，瓜亚基尔港辖区的代表做技术顾问，海军第一军区后勤部部长做财政顾问，成员还包括司法顾问，管理监察秘书，海军第一军区作战部部长做经理。在经济方面，海军水路运输公司得到政府的支持。

三　军工造船业

在厄瓜多尔海军造船和修船史上，瓜亚基尔造船厂占有重要位置。在殖民时期，瓜亚基尔的造船技术在南、北美洲都是首屈一指的。塞尔瓦莱格雷侯爵造船厂（Marques de Selvalegre）是西属美洲殖民地最大的造船厂。当时，制造用的是木船结构，后来逐步引进先进技术和材料，采用金属构架，并使用蒸汽机作动力装置。但是此后，造船业并没有得到应有的发展。直到20世纪初，厄瓜多尔仍然以擅长于造船和制造水雷与鱼雷闻名，它拥有的技术并不先进，但足以满足本国海军和近海航运的需要。1960年军队决定扩大造船厂的生产能力，并决定建造一个1000吨级的钢筋混凝土船只维修船坞，以取代原来的木制船坞。此后，厄瓜多尔海军造船厂于1972年在瓜亚基尔成立，并于1984年建造了纳波河船坞，大大提高了修船能力，能对3500吨级的船只提供维修服务。[①]

① http：//www. fuerzasarmadasecuador. org/espanol/apoyoaldesarrollo/apoyoindustriasastinave. htm.

第八章

对外关系

截至2019年3月，厄瓜多尔同147个国家保持外交关系，是联合国、世贸组织、77国集团、石油输出国组织、美洲国家组织、拉美和加勒比共同体、南美国家联盟、安第斯共同体等国际和地区组织的成员国。

第一节　外交政策

2017年莫雷诺政府执政后，根据宪法精神原则、国际形势变化和政府2017~2021年执政规划的基本要求，制定和发表2017~2021年外交政策白皮书，阐述了国家的基本外交政策。

国际环境　自21世纪初国际金融危机以来，全球经济形势十分复杂，前景黯淡，悲观主义盛行。近年来，美国作为霸权强国，在国际舞台上实力削弱。特朗普上台执政后提出"美国优先"，对外政策转向。在贸易方面，采取贸易保护主义，放弃跨太平洋伙伴关系协定（TPP），退出跨大西洋贸易与投资伙伴协议（TTIP）。美国由以前的大型贸易协定的推动者变成了贸易保护主义者。在对外政策方面，优先于国内需要。

中国地位在全球地缘政治中的上升，特别是在地区经济中影响力不断增强，是近几年国际形势最重要的现象之一。丰富的矿产资源和多样化的自然资源使得拉美地区成为中国重要的合作者。

对外政策目标　根据宪法原则和2017~2021年国家发展规划的需要，

厄瓜多尔提出对外政策所追求的 7 个目标。①捍卫主权，维护和平。承诺促进和平。②捍卫人权和大自然的权利。捍卫这些权利是国家的主要关注点之一。将一如既往地在国际舞台捍卫这些权利，特别是妇女和大自然的权利，移民流动的权利，印第安人和非洲裔的权利，残疾人、儿童的权利。③为了国家的利益实施对外关系多样化战略。促进厄瓜多尔作为旅游和文化强国、发挥高质量产品和服务出口的作用，巧妙地融入世界。④加强双边和地区一体化，加强多边主义。履行对拉美一体化进程的承诺，在多极世界框架下，在各国间建立更加有效和民主的多边主义。⑤充分维护移民的权利，保障我国海外移民的福祉。⑥协调国际合作，实现我国政府的目标和优先政策。实行和深化多样化合作，获取资源，实现我国的国家发展规划，为南南合作做出贡献。⑦加强外交工作的管理和职业化。

自公民革命以来，根据国内、拉美地区和世界发生的变化，厄瓜多尔一直实行新的对外政策模式。新模式集中于下述指导方针：捍卫国家主权和民族尊严，维护和平、人权和大自然的权利；根据国家利益诉求，实现国际关系多样化；推动拉美地区一体化新模式；在移民流动、维护人的自由流动权利方面，保护厄瓜多尔公民。

国际关系原则 宪法第 416 条规定，厄瓜多尔的对外关系遵从厄瓜多尔人民的利益。遵循下述原则：①申明各国的独立，法律平等，和平共处和人民自决权。主张合作、一体化和互助共济。②以和平方式解决争端和国际冲突，反对以武力威胁和诉诸武力解决冲突。③谴责以任何形式，包括采取武力、侵略占领、经济封锁或军事封锁形式，干涉他国内部事务。④维护和平、主张世界裁军，谴责发展和使用大规模破坏性武器，反对在其他国家领土强加军事基地或军用设施。⑤承认各国人民的权利，尤其是在表达、保存和保护社会多样性方面。⑥坚持普世公民属性的原则、全球所有居民自由流动的原则，改造国家间的不平等关系，尤其是南北国家间的不平等关系。⑦要求尊重人权，特别是移民者的人权，通过履行签署人权国际协约的义务，帮助移民充分行使其权利。⑧谴责任何形式的帝国主义、殖民主义和新殖民主义，承认人民反抗任何形式的压迫、追求解放的权利。⑨坚持国际法行为准则，实现国际机构的民主化和各国的公正参与权。⑩促进建立世界多极化秩序，加强横向关系，建设一个公正、民主、互助共济、多样化和跨文化的世界。⑪优先促进安第斯、南美洲和拉美地区的政治、文化和经济一体化。⑫在公平、互助共济、互补的基础上，发展国家间新的贸易和投资体制，构筑对跨国公司实行国际控制的机制，建立一种公正、透明和平等的国际金融体制。反对外国私人企业的摩擦转化为国家间的冲突。⑬制定、批准和实施国际协议，保护再生地球生命周期的环境。

作为上述原则的补充，就国际条约和国际协议谈判，厄瓜多尔做出下述规定：①厄瓜多尔批准的国际条约必须遵从于宪法规定的原则。在与人权相关的国际协约和国际协议方面，实行有利于人的权利的原则，以直接和公开的方式实施宪法规定的这些权利。②国际贸易协议不能以直接或间接方式损害公民获得医药和医药材料及卫生服务的权利。③禁止签署使厄瓜多尔向国际仲裁机构让渡司法主权的国际协议。

第二节 同美国的关系

厄瓜多尔独立后不久便开始发展与美国的关系。1839 年，厄瓜多尔与美国建立领事级外交关系。

厄瓜多尔与美国的关系较密切。历届总统十分重视与美国的关系，乌尔塔多总统于 1984 年访问美国。费夫雷斯总统在当政期间（1984～1988 年）曾 3 次访问美国。1990 年，博尔哈总统访问美国。1992 年杜兰・巴连总统访问美国时，强调把厄瓜多尔与美国的关系置于特别重要的地位。1996 年 8 月，布卡拉姆总统访问美国。1998 年，马瓦德总统访问美国。1987 年 3 月，美国副总统布什访问厄瓜多尔。2000 年 8 月，美国国务卿奥尔布赖特出访厄瓜多尔。2000 年 8 月，诺沃亚利用参加联合国千年首脑会议的机会访问美国并与克林顿总统举行会晤。

厄瓜多尔同美国的经济关系也比较密切，其资金和技术多来自美国，石油出口主要面向美国，占厄瓜多尔石油出口总额的一半以上。根据美国的安第斯关税优惠法（Ley de Preferencias Arancelarias Andinas），厄瓜多尔享有美国市场的优惠准入条件。该法律旨在支持安第斯国家反对贩毒以及打击与贩毒有关的犯罪行为的努力，支持这些国家减少对毒品经济的依赖。根据该法律，厄瓜多尔可以享受关税优惠，向美国市场扩大出口。

厄瓜多尔与美国的军事合作关系也比较密切。1952 年 2 月，厄瓜多尔与美国签署军事互助协定。该协定规定，在联合国宪章允许的范围内，美国向厄瓜多尔提供军事援助，以维护地区和平；厄瓜多尔保证，未经美国许可，不将美国提供的军援挪作他用或转让他人。美国向厄瓜多尔派遣人员执行该协定并监督协定的实施情况，厄瓜多尔向美国派遣人员给予外交人员待遇。厄瓜多尔与美国进行合作，共同采取措施控制同危及本地区安全的国家的贸易。厄瓜多尔向美国提供重要的原材料及半成品。20 世纪 90 年代末期，厄瓜多尔与美国的军事合作关系得到进一步深化。1999 年 4 月，双方签署协议，厄瓜多尔允许美国使用曼塔空军基地，作为美国在南美洲地区的反贩毒基地。美国使用曼塔空军基地的协定主要是针对贩毒活动，加强在侦察、监视、搜寻和控制贩毒活动方面的国际合作。根据该协定，在美国结束对这些设施的使用后，将与厄瓜多尔政府协商移交这些设施。美国政府支持厄瓜多尔政府实行经济美元化。2000 年 3 月 30 日，美国众议院批准 127 亿美元的紧急援助基金，主要用于开展安全方面的国际行动。其中最大的项目是落实哥伦比亚计划。根据哥伦比亚计划，美国向安第斯地区，包括厄瓜多尔，提供援助，开展打击贩毒斗争。

美国作为《里约热内卢议定书》4 个保证国之一，支持厄瓜多尔与秘鲁改善关系。为了落实厄瓜多尔和秘鲁广泛一体化协定，美国向厄瓜多尔提供援助。

厄瓜多尔在积极发展与美国的合作关系时，也坚持维护本国的合法权益。1971 年 1 月，厄瓜多尔海军巡逻队在圣埃伦娜角、安孔角和圣克拉拉岛等海域先后查扣 17 条美国非法进入本国领海的金枪鱼捕捞船。厄瓜多尔外交部就此提出抗议。美国政府则表示拒绝承认厄瓜多尔 200 海里领海管辖权，要求厄瓜多尔立即释放美国渔船，否则美国将对厄瓜多尔实行制裁并中断对厄瓜多尔的军事援助。厄瓜多尔采取强硬措施，向美洲国家组织提出申诉，强烈要求召开该组织外长特别会议，讨论美国入侵厄瓜多尔领海问题。厄瓜多尔的立场和要求得到美洲国家组织绝大多数成员国的支持。最后，美国被扣渔船在如数缴纳全部罚款后才被释放。

2007 年科雷亚政府上台，对厄瓜多尔对美政策进行了重大调整。与拉美左翼政府建立相互支持联盟。反对美国在拉美推行霸权主义政策。美国使用曼塔空军基地的协定到期后拒绝延期。

2017 年 9 月，莫雷诺总统上台后首次出访选择了美国，参加了第 72 届联合国大会，并对美国进行了访问。2018 年 6 月，美国副总统彭斯访问厄瓜多尔，双方就地区安全、打击贩毒、委内瑞拉危机等事务交换意见。2018 年 10 月，时隔 9 年之后，厄瓜多尔和美国政府同意恢复贸易和投资委员会工作机制。厄美关系至此结束了长达 10 年的疏远和冷淡时期。

美国一直是厄瓜多尔主要的贸易伙伴之一。2017 年厄美贸易额达 105.89 亿美元，其中厄瓜多尔对美出口 60.57 亿美元，厄瓜多尔自美进口 45.32 亿美元，贸易顺差 15.25 亿美元。2018 年 1～8 月，厄美贸易额达 79.29 亿美元，贸易顺差 7.41 亿美元，其中，厄瓜多尔对美出口 43.35 亿美元，较 2017 年同期 41.75 亿美元增长了 3.8%；厄瓜多尔自美进口 35.94 亿美元，较 2017 年同期 29.78 亿美元增长了 20.69%。①

贸易和投资委员会是厄瓜多尔与美国间对话的主要平台。2018 年 11 月，厄、美两国代表举行会议，讨论扩大双边贸易流通和投资的举措，推动贸易、投资和合作方面的双边关系，旨在扩大厄瓜多尔对美出口，并鼓励吸引来自美国的投资。

第三节 同拉美主要国家的关系

厄瓜多尔与拉美其他国家，特别是安第斯邻国拥有共同的历史和文化

① 《厄瓜多尔和美国重启商贸协调机制》，中华人民共和国驻厄瓜多尔共和国大使馆经济商务参赞处，2018 年 10 月 26 日，http://ec.mofcom.gov.cn/article/jmxw/201810/20181002799715.shtml。

渊源，关系比较紧密。厄瓜多尔一贯坚持优先发展拉美地区和次地区政治和经济一体化关系。1952 年厄瓜多尔与智利和秘鲁共同签署了维护 200 海里领海权的圣地亚哥宣言。1984 年初，在厄瓜多尔的倡议下，拉美 30 多个国家在基多召开了拉美经济会议，协调拉美国家关于重新谈判外债的立场，同年 6 月，厄瓜多尔又与其他 10 个拉美主要债务国一道，在哥伦比亚的卡塔赫纳召开会议，通过了《卡塔赫纳协议书》，提出公正合理解决拉美国家债务危机的主张，组成拉美债务国共同阵线即卡塔赫纳集团。

1992～1996 年，杜兰·巴连总统先后访问哥斯达黎加、墨西哥、巴西和智利等。其间，还与巴拉圭、哥伦比亚和阿根廷总统实现互访。1997 年阿拉尔孔总统访问巴拉圭、乌拉圭和智利。同年 9 月，哥伦比亚总统桑佩尔访问厄瓜多尔。1998 年 2 月，阿拉尔孔总统访问哥伦比亚。1999 年 8 月，智利总统弗雷访问厄瓜多尔。2000 年 8 月，诺沃亚总统访问哥伦比亚。同年 9 月，哥伦比亚总统帕斯特拉纳访问厄瓜多尔。2001 年 9 月，巴西总统卡多佐访问厄瓜多尔。同年 12 月，诺沃亚总统访问哥斯达黎加。

厄瓜多尔优先重视发展安第斯共同市场内部的经济一体化。根据 1991 年卡塔赫纳首脑会议的决议，安第斯地区开始实行市场开放和启动自由贸易区进程。自 1995 年 1 月，厄瓜多尔、哥伦比亚、委内瑞拉开始实行共同对外关税。

莫雷诺政府上台后，厄瓜多尔对拉美事务的立场和态度开始发生变化。逐步疏远拉美左翼政府和政治力量。其中标志性的事件是与委内瑞拉关系日趋恶化，于 2018 年 8 月宣布退出美洲玻利瓦尔联盟，同时申请加入太平洋联盟。

同秘鲁的关系 厄瓜多尔与秘鲁边界线长达 1600 公里，两国自独立以来一直对边界划分存在争议，双边关系的发展一直受到边界问题的影响。在殖民统治时期，厄瓜多尔和秘鲁同属于秘鲁总督辖区。独立后，两国的边界始终没有正式划定，大致以原行政区为界，而行政区间很多地段又缺乏明确界线。1832 年两国签订条约，承认了当时的边界，但仍有很多遗留问题悬而未决。边界争议主要集中于3个地区，即通贝斯地区的1295平方公里土地，塞尔瓦地区10360平方公里土地和马拉尼翁河流域的25.9万平方公里土地。

1941年7月两国爆发边界战争，厄瓜多尔战败，秘鲁占领了位于厄瓜多尔西部埃尔奥罗省有争议的地区及一部分厄瓜多尔领土。在美国、巴西、阿根廷和智利的调停下，两国于1942年1月在里约热内卢签订了《和平、友好和边界议定书》，即《里约热内卢议定书》，划定了两国争议地区的归属。厄瓜多尔失去20万平方公里土地，其中包括埃尔奥罗省的部分土地和东部亚马孙流域的大片领土。同年2月，两国议会分别通过了该议定书，并同意上述4国为议定书保证国。但是后来双方对亚马孙地区塞内帕河边界走向产生严重分歧，在孔多尔山留下一段78公里长的未确定边界，争议面积约340平方公里。20世纪60年代后，厄瓜多尔政府多次宣布议定书无效。

20世纪80年代初，在两国争议地区发现金矿、铀矿和油田，双方都加紧勘探和开采，领土纠纷再次激化，双方多次发生武装冲突。经美洲国家组织调停实现停火。1995年1月边界武装冲突再次爆发。后经《里约热内卢议定书》4个保证国的斡旋，两国于同年2月17日和28日签署了《伊塔马拉蒂和平声明》和《蒙得维的亚声明》。虽然边界问题并没有因此得到解决，但两国关系走向缓和。

1998年两国同意由《里约热内卢议定书》4个保证国提出解决边界问题的建议及和平方案。同年10月26日，厄、秘两国签署了以4个保证国提出的建议为基础的《巴西利亚总统条约》。该条约的内容包括：争议地区边界的划分仍按《里约热内卢议定书》的有关规定，以孔多尔山脊为边界线；秘鲁将蒂温萨军事据点为中心的1平方公里土地移交给厄瓜多尔，但厄瓜多尔不得在该区域内部署军队和警力或从事军事和警事活动；两国在边界线勘定立桩后，各自从与对方接壤的地区撤军，沿边界建立同名生态保护区，暂不进行开发。

除《巴西利亚总统条约》以外，双方同时签署了其他文件：巴西利亚总统备忘录，贸易和航海协定，厄瓜多尔与秘鲁加速深化自由贸易的协定，采取措施保证萨卢米里亚运河（Zarumilla）运转的协议，管理萨卢米里亚运河及利用该河水源的安排文件，等等。据1998年有关协定和文件的规定，双方正在研究制定一系列发展边境地区和基础设施建设的计划。一些友好国家和国际组织为此承诺提供资助。

1999年5月13日，两国完成树立界碑工作，结束划界。1999年8月和10月，马瓦德总统和藤森总统实现互访。2001年10月，秘鲁总统托莱多访问厄瓜多尔。2002年3月，诺沃亚总统访问秘鲁。

2018年10月，厄瓜多尔总统莫雷诺和秘鲁总统马丁·维斯卡拉在基多举行会晤，纪念两国签署和平协定20周年。维斯卡拉总统表示秘鲁政府将为厄瓜多尔加入太平洋联盟提供一切支持。2018年7月，厄瓜多尔正式提出要求成为该联盟成员国。

1998年两国关系实现正常化后，双边贸易稳定增长。厄瓜多尔常有顺差。2017年厄秘贸易额达21.13亿美元，厄瓜多尔对秘鲁出口12.83亿美元，厄瓜多尔自秘进口8.3亿美元，贸易顺差4.53亿美元。两国间的边境贸易很活跃，非正规贸易量很大。厄瓜多尔与秘鲁之间的贸易关系互补性较强，厄瓜多尔主要出口原油、橡胶、金枪鱼罐头、木板、肉类、奶制品、纺织品和铁制品等。

同委内瑞拉的关系　厄瓜多尔于1832年10月承认委内瑞拉为主权国家，是最早承认它为主权国家的国家之一。1861年3月，委内瑞拉向厄瓜多尔派遣常驻大使。此后两国保持着频繁的友好往来。

作为安第斯地区开始实行市场开放和启动自由贸易区进程的组成部分，厄瓜多尔与委内瑞拉的自由贸易区于1993年3月1日开始运行。在与委内瑞拉的双边贸易中，厄瓜多尔多为逆差。

在科雷亚总统执政时期，厄瓜多尔与委内瑞拉关系紧密，两国同属美洲玻利瓦尔联盟，在地区和国际事务中相互支持。莫雷诺总统上台后，双边关系开始冷淡。近年来，越境进入厄瓜多尔的委内瑞拉逃亡民众不断增加。特别是2018年初以来，逃亡民众规模急剧扩大。其中一部分人留在这里，其余的则继续去往其他国家。莫雷诺总统多次发表批评马杜罗总统的言论。两国政府相互指责，双边关系陷入危机。2018年10月18日，两国相互驱逐对方驻本国的大使（厄瓜多尔为代办）。

两国签署的主要协定和文件有：通商和航海友好条约（1838 年）、技术合作基础协定（1973 年）、厄瓜多尔中央银行和委内瑞拉中央银行签署的相互提供贷款的协定（1976 年）、文化合作协定（1982 年）、贸易交流协定（1985 年）、能源和矿业信息补充协定（1989 年）等。

同哥伦比亚的关系　自 1830 年，两国关系不断加强。1989 年两国建立了邻邦双边委员会，处理两国双边事务。

90 年代以来，双边关系呈现较好发展势头。1997 年 9 月，埃内斯托·桑佩尔总统访问厄瓜多尔，并签署了推动两国旅游合作的几项协定，双方还决定，把曼塔港和布埃纳文图拉港纳入两国陆路、海路和航空通道一体化区。两国还决定两国公民的身份证具有等同护照的效力。两国还签署了保护环境和防止厄尔尼诺现象效应的加拉帕戈斯文件。1998 年 7 月 1 日，桑佩尔总统和阿拉尔孔临时总统在哥伦比亚的伊皮亚雷斯（Ipiales）举行会晤，评估双边关系的发展和邻邦双边委员会工作所取得的成果，两位总统签署了关于社会住宅合作的协定和两国 138 伏电网联网的实施协定。1998 年 11 月，两国在厄瓜多尔的埃斯梅拉达斯召开邻邦双边委员会特别会议，磋商人权、边境通道地区住宅、河流流域、司法事务、捕鱼、劳工和移民、环境、地热等方面的合作问题。自 1993 年以来，双边贸易有了显著的增长。厄瓜多尔一般持有贸易顺差。

在反对贩毒、控制贩毒及边境地区扫毒方面，两国保持着很好的合作。厄瓜多尔坚决支持哥伦比亚的反贩毒斗争和解决哥伦比亚游击队问题所采取的措施。2000 年 8 月和 9 月，诺沃亚总统和帕斯特拉纳总统实现互访。双方签署了一系列协定，其中包括修建马塔赫河国际桥梁和建立照管边境的国家中心的协定、常规性移民章程、厄瓜多尔民用航空总局与哥伦比亚民用航空管理局签署的技术合作协定、厄瓜多尔警察总局和哥伦比亚警察总局签署的体制化合作协定、边境集市和重大活动协定等。

同玻利维亚的关系　玻利维亚是最早承认厄瓜多尔的国家，两国于 1842 年签署进攻和防卫友好条约，并建立外交关系。厄瓜多尔和玻利维亚两国拥有更多的相似点，均是混血种人为主、印第安人口众多的国家，两国文化传统十分相似，双边关系的发展拥有更有利的基础。厄瓜多尔与玻利维亚保持着良好的传统关系。两国均为安第斯共同体成员国，拉美一体化协会成员国，并且在拉美同属经济发展水平相对较低的国家，因此在很多问题上的立场保持着一致性。在厄瓜多尔与秘鲁进行和平谈判过程中，玻利维亚向厄瓜多尔提供了坚决的支持。

两国的贸易额不大，但却拥有较大的潜力。厄瓜多尔可以向玻利维亚出口鲜海产品和罐头海产品、可可及其加工产品、卫生用品等。在卫生、旅游、环保、小工业、财政、行政分权化、教育等方面，两国保持着技术合作。

2016 年 4 月 16 日，厄瓜多尔发生 7.8 级地震，玻利维亚政府向厄瓜多尔受灾民众提供共计 130 吨人道主义救灾物品，包括食品和生活用品等。

同墨西哥的关系 1883 年厄瓜多尔与墨西哥建立外交关系。近年来，两国政府努力推动建立规范双边关系的广泛的司法框架，领域包括：移民、反贩毒、自由贸易、科技合作、双边混合委员会等。在移民领域，两国研究采取联合行动，解决厄瓜多尔移民经过墨西哥境内进入美国的问题。在反贩毒方面，制定具体措施，实施打击贩毒和解决药物依赖问题的双边协定。

两国之间的经贸关系存在较强的发展潜力。1996 年，两国就签署所及内容比现行的经济互补协定更为广泛的新的贸易协定保持接触和谈判，研究签署一项部分贸易实行自由化的协定。该协定将不包括两国存在竞争的商品。2003 年厄瓜多尔从墨西哥进口价值 1.2 亿美元的商品，而墨西哥仅进口 250 万美元。厄瓜多尔主要向墨西哥出口木材、金枪鱼、生可可、咖啡、纺织品（人造纤维毯）等。2004 年 11 月，比森特·福克斯总统访问厄瓜多尔。

在科技合作方面，为了落实 1992 年 6 月 23 日签署的科技合作基础协定，两国于 1998 年 4 月签署了一项科技合作双边计划，该计划包括一些具体的项目。两国十分愿意充实新的内容，密切科技合作。

墨西哥是近十年来在厄瓜多尔累计投资金额最多的国家，2008 ~ 2017

年，墨西哥向厄瓜多尔直接投资 14.76 亿美元，占厄瓜多尔外国直接投资总额的 21.3%。

墨西哥对厄瓜多尔投资和再投资 15 年内实际达 150 亿美元。2017 年，厄墨双边贸易商会登记在厄瓜多尔拥有墨西哥资本的公司有 547 家。

同阿根廷的关系　1942 年厄瓜多尔与阿根廷外交关系升格为大使级，在此之前为领事级。近年来，两国在各方面的关系得到较大发展。根据两国外交部间的协议，两国建立双边合作混合委员会，研究在政治、经济、贸易、文化、教育和技术与金融双边合作事务。两国制定了 1999 ~ 2000 年文化和教育交流与合作规划，两国政府表示支持建立拉美 - 东亚论坛和拉美 - 欧盟战略协会。

两国的经贸和科技合作比较活跃。阿根廷一些企业，特别是石油、水利、电信和公路建设部门的企业参与了在厄瓜多尔开展的基础设施建设工程。阿根廷对与厄瓜多尔进行技术合作十分感兴趣。两国政府间的技术合作在阿根廷外交部横向合作基金会和厄瓜多尔外交部国际合作局之间进行。

厄瓜多尔在与阿根廷的贸易中多为逆差，而且逆差额较大。阿根廷限制厄瓜多尔金枪鱼罐头进入阿根廷市场。另外，虽然厄瓜多尔香蕉的质量优良，但由于价格大大高于巴西和玻利维亚，厄瓜多尔香蕉在阿根廷市场上的竞争力大为削弱，香蕉出口显著减少。

同智利的关系　1833 年厄瓜多尔与智利建立外交关系，当时，阿根廷向厄瓜多尔派驻临时代办。时任总统比森特·罗卡富埃特为了调解智利与秘鲁之间的冲突，派出驻智利大使。1837 年两国签署第一个通商、航海友好协定。

两国关系的发展有着良好的基础。在厄瓜多尔与秘鲁的长期领土纠纷中，作为 1942 年厄瓜多尔与秘鲁《里约热内卢议定书》的担保国，智利向厄瓜多尔提供了宝贵的支持。

90 年代以来，双边关系获得显著的发展。1997 年 8 月，厄瓜多尔临时总统阿拉尔孔访问智利，两国签订了技术合作协定和人员行李及旅游运输车辆过境修改协定。1999 年 4 月，两国召开文化混合委员会第一次会议，评估和商讨教育、文化、体育领域的各个合作协定的实施情况。此后，两国每年都通过政治磋商机制，召开副部长级双边会议，评估上述领域的合作情况。2000 年 11 月，诺沃亚总统应智利总统里卡多·拉戈斯的邀请，访问智利。双方签署了互补合作协定。

1995 年 1 月，两国关于相互优惠关税的经济互补协定开始生效，根据该协定，两国间对 90% 的贸易商品提供免税待遇。在技术合作领域，两国也积极开展活动，交流人员，进行农业、林业、政府管理、高等教育、卫生、电信、对外贸易等领域的合作。

为了扩大厄瓜多尔安第斯山区的驼羊饲养，智利政府于 1988 年向厄瓜多尔赠送 100 只优良品种驼羊。

2017 年 10 月，智利总统巴切莱特对厄瓜多尔进行访问，与莫雷诺总统会晤，双方签署了关于贸易和投资、旅游、环境保护、社会发展等方面的双边合作协议。厄瓜多尔与智利的合作领域十分广泛，例如，2016 年 9 月，两国内政部和警方在基多举行工作会议，商讨打击人口贩卖罪行，遏制黑手党在两国边境日益猖獗的贩卖妇女和儿童活动。

同乌拉圭的关系 厄瓜多尔与乌拉圭的关系始自 1885 年，当年 6 月 10 日，两国在智利圣地亚哥签署了交换文学出版物的议定书。

近年来，两国的友好合作关系获得了发展。在政治方面，两国在联合国、里约集团、美洲国家组织和伊比利亚首脑会议等国际组织中保持着良好的合作关系。

同巴西的关系 为了加强两国的边境安全，1853 年两国签署了引渡条约。在厄瓜多尔发展地区关系的过程中，巴西起着重要作用。巴西是厄瓜多尔与秘鲁 1942 年签署的《里约热内卢议定书》的保证国，在厄瓜多尔 - 秘鲁军事观察员委员会中起着协调作用。

1997 年两国在巴西召开了双边政治磋商机制会议，商讨贸易、环境和亚马孙河流域合作、科技合作、反贩毒斗争合作等事务。两国在亚马孙合作协定的框架下，就共同采取行动方面保持着合作。厄瓜多尔在与巴西的贸易中有逆差。2017 年 12 月，厄瓜多尔与巴西正式就香蕉出口达成协议，厄瓜多尔香蕉获准于 2018 年进入巴西市场。早前，由于巴西蕉农的反对和卫生检验检疫方面的限制，厄瓜多尔香蕉一直无法进入巴西市场。2019 年初巴西宣布自厄瓜多尔进口大虾，取消 2018 年 5 月暂停自厄瓜多尔进口大虾的决定。

同巴拉圭的关系 厄瓜多尔在 1932 年的查科战争中是中立委员会成员国，调停双方的冲突。1991 年 8 月 14 日，两国建立双边政治磋商机制，并在亚松森召开了第一次会议。1994 年 1 月，巴拉圭总统胡安·卡洛斯·瓦斯莫西（Juan Carlos Wasmosy）访问厄瓜多尔，与厄瓜多尔签署促进和保护相互投资协定，并就经贸问题、环境问题、反贩毒和恐怖主义问题进行磋商。同年 9 月，厄瓜多尔总统杜兰·巴连进行了回访。双方签署第 30 号经济互补协定，航空运输协定，技术、农业、牧业和渔业合作协定，厄瓜多尔－巴拉圭建立常设协调委员会的协定，等等。

同古巴的关系 同古巴的关系始自 19 世纪，当时古巴还是西班牙的殖民地。1844 年，厄瓜多尔在哈瓦那建立第一个领事馆。1930 年，两国签署第一个外交信使协定。1953 年，两国建立大使级外交关系。1962 年，美洲国家组织在乌拉圭的埃斯特角召开第 8 次外长磋商会议，在对把古巴驱逐出美洲国家组织进行表决时，厄瓜多尔投了弃权票。同年，当厄瓜多尔驻古巴大使馆被一些古巴人占领时，两国关系出现危机，厄瓜多尔宣布断绝与古巴的外交关系。1979 年 8 月 24 日，两国恢复外交关系。1985 年 4 月，莱昂·费夫雷斯·科尔德罗总统访问古巴。2002 年 11 月，诺沃亚总统访问古巴。2003 年 7 月，帕拉西奥总统访问古巴。卡斯特罗主席曾几次访问厄瓜多尔。科雷亚总统 2007～2017 年执政期间曾多次访问古巴，两国的经贸往来和人文交流十分频繁。

第四节 同欧洲国家的关系

厄瓜多尔十分重视发展同欧洲国家的关系，积极参加历届伊比利亚美洲国家首脑会议，加强同西班牙的传统往来，并通过这些会议加强与欧洲其他国家的关系。20 世纪 90 年代以来，厄瓜多尔高级代表团频繁出访欧洲国家。1991 年，博尔哈总统出访法国、瑞士和比利时。1992 年，杜兰·巴连总统访问西班牙。1995年，杜兰·巴连总统访问荷兰、德国和梵蒂冈。德国、英国、西班牙等欧洲国家对发展与厄瓜多尔的关系持积极态度。1993年，德国总统访问厄瓜多尔。1994年，德国国防部长、英国财政大臣、西班牙商业和旅游大臣先后对厄瓜多尔进行了访问。1997年10月，阿拉尔孔总统以安第斯共同体总统委员会主席身份访问比利时、卢森堡、意大利等国。1999年6月，西班牙首相阿斯纳尔访问厄瓜多尔。2000年10月，诺沃亚总统出访意大利、德国等。2001年7月，诺沃亚总统对西班牙进行了访问。

厄瓜多尔与东欧国家保持正常的外交和贸易关系，政治交往不多。1991年12月，匈牙利总统访问厄瓜多尔。1993年1月，厄瓜多尔宣布同捷克共和国和斯洛伐克共和国建交；1998年同波黑和格鲁吉亚建交。2000年同马其顿建交。

在与欧盟国家的贸易方面，厄瓜多尔与法国等欧盟国家曾在香蕉出口贸易方面发生争端。厄瓜多尔多次诉诸世贸组织。2000年3月，世贸组织曾做出有利于厄瓜多尔的裁决，裁定欧盟的保护措施每年对厄瓜多尔香蕉出口造成2.01亿美元的损失。2000年10月，欧洲委员会基于“谁先到，谁售货”的原则，提出一个新的香蕉进口制度的建议。厄瓜多尔接受了这一建议，因为据此可以取消对方实行的国家份额制度，有利于厄瓜多尔的香蕉生产和出口。2001年4月30日，厄瓜多尔与欧洲委员会签署有关香蕉出口的谅解备忘录，该文件结束了双方之间的“香蕉战争”。欧洲委员会承诺，在今后的关税谈判中，厄瓜多尔将享有主要的香蕉供应者的身份，取消国家份额和许可证，建立有利于中小供应商的贸易竞争框架。

同英国的关系　1825年，英国与大哥伦比亚建立外交关系，双方签署了通商友好条约。1832年，厄瓜多尔与英国建立领事关系。1837年5月，厄瓜多尔政府任命特使赴英国与大哥伦比亚外债债券持有者商谈债务事宜。1838年3月，厄瓜多尔派出全权代表与英国谈判债务问题，并建立友好关系。1839年6月，两国签署新的通商友好条约。根据该条约，英国承认厄瓜多尔为独立国家。1841年5月24日，厄瓜多尔与英国在基多市签署关于废除奴隶贸易的条约。英国与厄瓜多尔分别于 1847 年 2 月和 1847 年 7 月批准了该条约。

厄瓜多尔主要向英国出口香蕉、大虾和金枪鱼等产品。2018 年出口额为 1.87 亿美元，虽较 2017 年减少 0.13 亿美元，同比下降 6.5%，但英国仍是厄瓜多尔重要的出口目的地。

2010 年，瑞典检方指控维基解密创始人朱利安・阿桑奇涉嫌强奸，对他进行调查。2012 年，阿桑奇躲进厄瓜多尔驻伦敦大使馆，向厄瓜多尔当局提出政治避难申请。科雷亚总统接受了他的避难申请。莫雷诺总统上台后，提出以确保阿桑奇人身安全为前提，结束这名维基解密创始人在厄瓜多尔驻英国大使馆的避难，让他离开使馆。两国政府多次协商，但未达成一致。2019 年 4 月 11 日，在厄瓜多尔取消了对阿桑奇的庇护后，英国警方进入厄瓜多尔驻英国大使馆，直接将阿桑奇逮捕。①

同法国的关系 厄瓜多尔主要向法国出口虾，可可及其制品，咖啡及其制品，脱水香蕉，金枪鱼，等等。法国向厄瓜多尔主要出口机械、电力设备、汽车、拖拉机、医药品、铁锭、钢锭、有机化学产品、塑料产品等。

在关税方面，厄瓜多尔可以享受安第斯国家关税优惠制度，即“零关税”制度。根据该制度，自 1990 年 11 月，安第斯国家所有可出口的产品均可享受优惠关税。其目的是扩大安第斯国家（哥伦比亚、厄瓜多尔、秘鲁和玻利维亚）在欧盟国家的市场准入。

同德国的关系 厄瓜多尔与德国的关系始自 1845 年，当时德国向厄瓜多尔瓜亚基尔派驻领事。1895 年，厄瓜多尔向德国派出领事。1887 年 3 月，两国签署友好协定，建立外交关系。

1994 年 3 月，杜兰・巴连总统访问德国。2000 年 10 月，诺沃亚总统访问德国。

同意大利的关系 1890 年，厄瓜多尔政府向意大利派出全权代表，

① https://www.360kuai.com/detail?url=982633ea8289b0735&cota=4&sign=360_57c3bbd1&refer_scene=so_1.

负责处理两国事务。9 年后，两国在基多签署旨在保护意大利在厄瓜多尔利益的议定书。1900 年 8 月，两国在基多签订通商和航海友好条约，1906 年双方交换该协定的批准文本。1954 年，厄瓜多尔派驻意大利的使团提升为大使级。1989 年 4 月，两国召开技术合作双边混合委员会第一次会议。1997 年 10 月，阿拉尔孔总统访问意大利，签订厄瓜多尔保证食品安全的特别计划。2000 年 10 月，诺沃亚总统访问意大利，双方商讨了减缓债务压力的问题，签署了一项关于债务问题的谅解备忘录。2003 年 12 月，厄瓜多尔外交部长、安第斯共同体部长委员会主席帕特里西奥·苏吉兰达·杜克访问意大利，签署安第斯共同体和欧盟关于政治合作的协定。2005 年 3 月，厄瓜多尔与意大利签署债务转换协定，该协定于 2005 年 9 月开始生效。根据该协定，2636 万美元债务转换为社会领域的投资，由双方组织社会项目投资招标，用债务转换资金从事社会项目建设。

同西班牙的关系 1836 年，厄瓜多尔任命全权代表在巴黎与西班牙代表就贸易和航海协定进行谈判。1840 年 2 月，双方签署和平、友好和相互承认协定，西班牙承认厄瓜多尔为主权国家。双方互派外交代表。实际上，在此协定签署之前，厄瓜多尔已向西班牙多个城市派出了领事。

自 20 世纪 90 年代末期以来，西班牙成为厄瓜多尔移民的主要目的地之一。目前在西班牙生活着大量厄瓜多尔移民。厄瓜多尔移民连续多年是马德里规模最大的移民群体。2004 年，马德里的厄瓜多尔移民人数约为 14.3 万人，此后该群体人数连年下降，直至 2018 年才恢复增长。目前，马德里厄瓜多尔移民规模为 8.8 万人，其中超七成拥有西班牙国籍。[①] 为适应人员往来需要，2016 年西班牙欧洲航空公司（Air Europa）开通了基多－马德里直飞航线。

第五节 同中国的关系

1946 年 1 月 6 日，厄瓜多尔与中华民国建交。中华人民共和国成立

① http://mil.news.sina.com.cn/2019-07-01/doc-ihytcitk8884842.shtml.

后，厄瓜多尔与中国台湾当局保持着所谓“外交关系”。1971 年 10 月 25 日，第 26 届联合国大会表决恢复中国在联合国的合法地位问题，厄瓜多尔投了赞成票，支持中国恢复在联合国的合法权益。同年 11 月 17 日，宣布与台湾当局断绝所谓“外交关系”，驱逐了台湾当局派往厄瓜多尔的农业技术团。1973 年 2 月，中国国际贸易促进会派团访问厄瓜多尔，双方签订了中国购买厄瓜多尔 2 万吨香蕉的贸易合同。双边贸易有了明显进展。1980 年 1 月 2 日，厄瓜多尔与中国正式建立外交关系。同年 7 月，中国在厄瓜多尔设立大使馆。翌年 7 月，厄瓜多尔在中国设大使馆。中国在瓜亚基尔设有总领事馆。厄瓜多尔在上海、广州设有总领事馆。2015 年 1 月，中厄建立战略伙伴关系。① 2016 年 11 月，两国关系提升为全面战略伙伴关系。②

一 政治关系

两国建交以来，双边政治关系得到了很大的发展。1984 ~ 2015 年，厄瓜多尔 6 任总统先后访问中国。两国政府、议会和军界的高级互访频繁，双方签署了一系列重要的协定和文件，为两国关系的发展打下了良好的基础。1984 年 5 月，厄瓜多尔总统乌尔塔多对中国进行正式友好访问，成为两国建交以来访华的第一位厄瓜多尔总统。中厄双方签署了关于经济和科技合作的协定，关于成立中厄经济、科技和贸易混委会的协议和关于在上海和瓜亚基尔设总领事馆的协议。杜兰·巴连总统（1994 年 3 月）、马瓦德总统（1999 年 8 月）、诺沃亚总统（2002 年 3 月）、古铁雷斯总统（2003 年 8 月）、科雷亚总统（2007 年 11 月）先后对中国进行了正式访问。2015 年 1 月，科雷亚总统再次对华进行访问并出席中拉论坛首届部长级会议开幕式。1997 年 10 月，中厄双方签署了议定书，建立了政治磋商制度。1998 年 10 月，双方在基多召开第一轮政治磋商会议。

① 中华人民共和国外交部网站，https://www.fmprc.gov.cn/web/gjhdq_676201/gj_676203/nmz_680924/1206_681096/1207_681108/t1226230.shtml。

② 中华人民共和国外交部网站，https://www.fmprc.gov.cn/web/gjhdq_676201/gj_676203/nmz_680924/1206_681096/1207_681108/t1416559.shtml。

中国国务院副总理回良玉（2009年2月），全国政协主席贾庆林（2009年11月），外交部长王毅（2016年10月）等先后访问厄瓜多尔。

2016年11月，习近平主席访问厄瓜多尔，成为历史上首次访问厄瓜多尔的中国国家主席。习主席的访问为新时期双边合作的全面发展开辟了良好的前景。2018年12月，莫雷诺总统访问中国。双方围绕双边交流、捍卫自由贸易和多边主义、扶贫等进行了会谈。两国签署共同推进“一带一路”建设的谅解备忘录等双边合作文件。厄瓜多尔成为拉美加勒比地区第十六个正式加入“一带一路”倡议的国家。

二　经贸关系

中国和厄瓜多尔的双边经贸合作范围广泛。两国签有贸易协定、经济和技术合作协定、投资保护协定、贷款支付协定、无偿援助换文等。1984年，两国建立经贸混委会机制不定期举行会议。

双边贸易　中国是厄瓜多尔第二大贸易伙伴，厄瓜多尔是中国在拉美第十大贸易伙伴。据中国海关统计，2018年，中厄双边贸易额为57.11亿美元，其中中方出口37.18亿美元，进口19.93亿美元。2011～2018年，中厄贸易中厄瓜多尔处于贸易逆差地位。[①] 中方主要向厄方出口机械设备、汽车、钢材等，主要从厄方进口原油、香蕉、鱼粉等。

近年来，厄瓜多尔想方设法增加非传统产品包括鲜花对华出口。厄瓜多尔已成为中国主要的鲜花供应国。厄瓜多尔玫瑰对华出口由2003年的5850美元上升至2014年的130万美元。2016年，厄瓜多尔玫瑰在中国新鲜玫瑰进口市场占有率超过65%。2017年，厄瓜多尔对华出口鲜花1261吨，出口额达1618万美元。[②]

投资合作　截至2016年底，中国在厄瓜多尔直接投资存量11.8亿美元。2017年，中国对厄瓜多尔直接投资额为3亿美元。截至2017年

① 中国人民共和国驻厄瓜多尔共和国大使馆经济商务参赞处，http://ec.mofcom.gov.cn/，http://ec.mofcom.gov.cn/article/zxhz/tjsj/201908/20190802887104.shtml。

② 中国人民共和国驻厄瓜多尔共和国大使馆经济商务参赞处，http://ec.mofcom.gov.cn/，http://ec.mofcom.gov.cn/article/jmxw/201808/20180802776929.shtm。

底，厄瓜多尔在华投资项目51个，实际投资863万美元。截至2018年底，中国在厄瓜多尔投资企业有90多家。许多中资企业承建关系厄瓜多尔国计民生的重大战略性项目。其中包括厄瓜多尔最大的水力发电站——装机容量为1500兆瓦的科卡科多辛克雷水电站。截至2017年底，中国在厄瓜多尔累计签订承包工程合同额123.2亿美元，完成营业额157.7亿美元。

在汽车制造领域，中国汽车品牌正迅速打入厄瓜多尔市场。在厄瓜多尔市场占有率逐年提高。2018年，中国品牌汽车销量达1.86万辆，占厄瓜多尔汽车销售市场份额的13.5%，较2016年增长8.3个百分点，位居第三，仅次于韩国和厄瓜多尔当地汽车品牌。

旅游合作 2006年，中国宣布厄瓜多尔为中国公民出境旅游目的地国。2007年11月，两国旅游部门签署《关于中国公民组团赴厄瓜多尔旅游实施方案的谅解备忘录》。2013年11月，两国民航部门签署两国政府间航空运输协定。2015年1月，两国政府签署互免持普通护照人员签证协定，2016年8月正式生效。2015年至2016年期间，来自中国的游客从1.8万人增加到2.2万人。2017年，有3万名中国游客进入厄瓜多尔。中国旅游行业公布的数据显示，2017年春节期间，中国游客出行人次增速最快的前10个目的地国中，厄瓜多尔位列第三。

三 文化教育等方面的合作

文化和教育交流 中瓦两国文化教育等领域的交流日益加强。中厄双方签有教育合作协议。1965～2016年，中国共接收272名厄瓜多尔政府奖学金学生，派出汉语教师110人次、志愿者125人次，提供孔子学院奖学金名额159个。

1974年6月15日，厄瓜多尔—中国文化协会在瓜亚基尔市成立，成为厄中两国之间相互了解、友谊和合作的重要纽带。两国于1982年签订政府间文化合作协定。根据文化合作协定和文化交流执行计划，中国的各种文艺和体育代表团先后访问厄瓜多尔。厄瓜多尔的文化、电视新闻、卫生、教育等领域的人士也先后访问中国。中国的杂技团、歌舞团、京剧团和武术团等赴厄瓜多尔演出，中国还在厄瓜多尔举办工艺美术展、图片展、书展和电影节。应厄瓜多尔的邀请，中国曾派出乒乓球、排球、篮球、体操和跳水教练赴厄瓜多尔任教。厄瓜多尔先后派出教育、医学、文化代表团访华。一些画家还在中国举办过画展。在 2016 年“中拉文化交流年”框架下，厄瓜多尔艺术家来华参加“拉美及加勒比艺术节”系列展览和交流活动。8 月，中国文化部同厄瓜多尔驻华使馆合作举办钢琴演奏会。2016 年 11 月至 2017 年 2 月，中国文化部同中国驻厄使馆、厄瓜多尔天主教大学在厄瓜多尔共同主办“志合山海——中国当代陶瓷艺术展”。2016 年 11 月，中央民族乐团参加厄瓜多尔洛哈市首届国际艺术节。2017 年 3 月，厄瓜多尔画家贝当古水彩画展在北京举办。

科技合作　两国政府签有科技合作协定。2012 年 7 月，两国举行政府间科技合作混委会第一次会议。2013 年，中方在酒泉卫星发射中心用长征二号丁运载火箭承担高分一号卫星发射任务同时，成功为厄瓜多尔搭载发射了“飞马”小型卫星。2015 年 9 月，首届中国—拉丁美洲和加勒比国家共同体科技创新论坛在厄瓜多尔首都基多举行。2014 年，我国科技部派出 8 位科学家参与厄瓜多尔政府“普罗米修斯”人才引进计划。2015 年，厄瓜多尔派出 2 名青年科学家赴中国热带农业科学院海口实验站工作。

在中国与厄瓜多尔关系发展中，旅厄华人、华侨发挥了重要作用。截至 2018 年，在厄瓜多尔的华人华侨有 3 万多，主要从事百货零售、进出口贸易、餐饮、养殖、种植、采矿等行业。新生代华侨大多受过西方高等教育，基本或完全融入当地社会，少数人进入政界、教育界和法律界。

附　　录

一　中厄双方签署的重要文件

（一）　双边关系体制和机制建设

（一）《中华人民共和国和厄瓜多尔共和国关于建立外交关系的联合公报》（1979 年 12 月 24 日）

（二）《中华人民共和国政府和厄瓜多尔共和国政府文化合作协定》（1982 年 11 月 16 日）

（三）《中华人民共和国政府和厄瓜多尔共和国政府关于经济和科学技术合作的基础协定》（1984 年 5 月 17 日）

（四）《中华人民共和国政府和厄瓜多尔共和国政府关于互免外交、公务（官员）护照签证的换文》（1987 年 6 月 12 日）

（五）《中华人民共和国政府和厄瓜多尔共和国政府关于鼓励和相互保护投资协定》（1994 年 3 月 21 日）

（六）《中华人民共和国外交部和厄瓜多尔外交部关于建立政治磋商制度的议定书》（1997 年 10 月 23 日）

（七）《中华人民共和国政府和厄瓜多尔共和国政府科学技术合作协定》（1999 年 8 月 30 日）

（八）《中华人民共和国政府和厄瓜多尔共和国政府关于免除香港特别行政区和厄普通护照签证的协议》（1999 年 9 月 3 日）

（九）《中华人民共和国外交部和厄瓜多尔共和国外交部关于太平洋地区经济合作的谅解备忘录》（2000 年 5 月 18 日）

（十）《中华人民共和国政府和厄瓜多尔共和国政府关于植物检疫的合作协定》（2003 年 8 月 26 日）

（十一）《中华人民共和国国家旅游局与厄瓜多尔共和国旅游部关于中国旅游团队赴厄旅游实施方案的谅解备忘录》（2007 年 11 月）

（十二）《中国科技部和厄瓜多尔高等教育、科技与创新国务秘书处关于加强科技合作的框架协议》（2010 年 12 月）

（十三）《中华人民共和国政府和厄瓜多尔共和国政府关于避免所得双重征税和打击偷漏税的协定》（2013 年 1 月）

（十四）《中华人民共和国政府和厄瓜多尔共和国政府航空运输协定》（2013 年 11 月）

（十五）《中华人民共和国和厄瓜多尔共和国关于建立战略伙伴关系的联合声明》（2015 年 1 月）

（十六）《中华人民共和国政府和厄瓜多尔共和国政府关于互免持普通护照人员签证的协定》（2015 年 1 月）

（十七）《中华人民共和国和厄瓜多尔共和国关于建立全面战略伙伴关系的联合声明》（2016 年 11 月）

（十八）《中华人民共和国与厄瓜多尔共和国引渡条约》（2016 年 11 月）

（十九）《中华人民共和国国家发展和改革委员会与厄瓜多尔共和国战略行业协调部，生产、就业及竞争力协调部关于开展产能与投资合作的框架协议》（2016 年 11 月）

（二十）《中华人民共和国国家民族事务委员会与厄瓜多尔共和国政策管理国务秘书处合作框架协议》（2016 年 11 月）

（二十一）《中华人民共和国国务院新闻办公室和厄瓜多尔总统府新闻国务秘书处友好交流与合作谅解备忘录》（2016 年 11 月）

（二十二）《中华人民共和国商务部与厄瓜多尔共和国工业和生产化部关于工业园区和经济发展特区合作的谅解备忘录》（2016 年 11 月）

（二十三）《中华人民共和国与厄瓜多尔共和国关于刑事司法协助的条约》（2018 年 12 月）

（二十四）《中华人民共和国政府厄瓜多尔共和国政府关于共同推进丝绸之路经济带和 21 世纪海上丝绸之路建设的谅解备忘录》（2018 年 12 月）

（二十五）《中华人民共和国和厄瓜多尔共和国联合新闻公报》（2018 年 12 月）

二　中华人民共和国政府和厄瓜多尔共和国政府关于鼓励和相互保护投资协定*

中华人民共和国政府和厄瓜多尔共和国政府（以下称“缔约双方”），为缔约一方的投资者在缔约另一方领土内的投资创造有利条件，认识到相互鼓励、促进和保护此种投资将有助于促进投资者投资的积极性和增进两国的繁荣，愿在平等互利的原则基础上，加强两国间的经济合作，达成协议如下：

第一条

本协定内：

一、“投资”一词系指缔约一方投资者依照缔约另一方的法律和法规在缔约另一方领土内所投入的各种财产。特别是，但不限于：

（一）动产、不动产及其他财产权利，如抵押权、质权；

（二）公司的股份、股票和任何其他形式的参股；

（三）金请请求权或任何其他具有经济价值的行为请求权；

（四）著作权、工业产权、专用技术和工艺流程；

（五）依照法律授予的特许权，包括勘探和开发自然资源的特许权。

二、“投资者”一词

在中华人民共和国方面，系指：

* 资料来源：中华人民共和国商务部网站，http：//www. cytrade. gov. cn/policy/internatepact/internatepact489. htm。

（一）具有中华人民共和国国籍的自然人；

（二）依照中华人民共和国的法律设立，其住所在中华人民共和国领土内的经济组织。

在厄瓜多尔共和国方面，系指：

（一）作为厄瓜多尔共和国国民的自然人；

（二）法人团体、商业合伙和其他社团或设立于厄瓜多尔共和国领土内并拥有法定资格的合伙，而不论其合伙人的责任类型或其从事的活动。

三、“收益”一词系指由投资所产生的款项，如利润、股息、利息、提成费和其他合法收入。

第二条

一、缔约一方应鼓励缔约另一方的投资者在其领土内投资，并依照其法律和法规接受此种投资。

二、缔约一方应根据其国内立法为到或在其领土内从事与投资有关活动的缔约另一方国民获得签证和工作许可提供帮助和便利。

第三条

一、缔约任何一方的投资者在缔约另一方领土内的投资和与投资有关的活动应受到公正与公平的待遇和保护。

二、本条第一款所述的待遇和保护，应不低于给予任何第三国投资者的投资和与投资有关的活动的待遇和保护。

三、本条第一款和第二款所述的待遇和保护，不应包括缔约另一方依照关税同盟、自由贸易区、经济联盟、避免双重征税协定和为了方便边境贸易而给予第三国投资者的任何优惠待遇。

第四条

缔约任何一方不应对缔约另一方的投资者在其领土内的投资采取征收、国有化或其他类似措施（以下称“征收”），除非符合下列条件：

（一）为了公共利益；

（二）依照国内法律程序；

（三）非歧视性的；

（四）给予公平的补偿。

本条（四）所述的补偿，应等于宣布征收时被征收的投资财产的价值，应是可以兑换和自由转移的。补偿的支付不应无故迟延。

第五条

缔约一方的投资者在缔约另一方领土内，由于战争、全国紧急状态、暴乱、骚乱或其他类似事件而遭受损失，缔约另一方给予该投资者的待遇不应低于给予第三国投资者的待遇。

第六条

一、缔约一方应依照其法律和法规，保证缔约另一方的投资者转移在其领土内的投资和收益，包括：

（一）利润、股息、利息及其他合法收入；

（二）投资的全部或部分清算款项；

（三）与投资有关的贷款协议的偿还款项；

（四）本协定第一条第一款第（四）项的提成费；

（五）技术援助或技术服务费、管理费；

（六）有关承包工程合同款项的支付。

二、上述转移应依照转移之日接受投资缔约一方通行的汇率进行。

第七条

如果缔约一方或其代表机构对其投资者在缔约另一方领土内的某项投资做了担保，并据此向投资者做了支付，缔约另一方应承认该投资者的权利或请求权转让给了缔约一方或其代表机构，并承认缔约一方对上述权利或请求权的代位。代位的权利或请求权不得超过原投资者的原有权利或请求权。

第八条

一、缔约双方对本协定的解释或适用所产生的争端应尽可能通过外交途径协商解决。

二、如在正式提交请求的六个月内通过协商不能解决争端，根据缔约任何一方的要求，可将争端提交专设仲裁庭。

三、专设仲裁庭由三名仲裁员组成。缔约双方应在缔约一方收到缔约另一方要求仲裁的书面通知之日起的两个月内各委派一名仲裁员。该两名仲裁员应在其后的两个月内共同推举一名与缔约双方均有外交关系的第三国国民为第三名仲裁员，并由缔约双方任命为首席仲裁员。

四、如果在收到要求仲裁的书面通知后四个月内专设仲裁庭尚未组成，缔约双方间又无其他约定，缔约任何一方可以提请国际法院院长任命尚未委派的仲裁员。

如果国际法院院长是缔约任何一方的国民，或由于其他原因不能履行此项任命，应请国际法院中非缔约任何一方国民的资深法官履行此项任命。

五、专设仲裁庭应自行制定其程序规则。仲裁庭应依照本协定的规定和普遍承认的国际法原则做出裁决。

六、仲裁庭的裁决以多数票做出。裁决是终局的，对缔约双方具有拘束力。应缔约任何一方的请求，专设仲裁庭应说明其做出裁决的理由。

七、缔约双方应负担各自委派的仲裁员和出席仲裁程序的有关费用。首席仲裁员和专设仲裁庭的有关费用由缔约双方平均负担。

第九条

一、缔约一方的投资者与缔约另一方之间就在缔约另一方领土内的投资产生的任何争议应尽量由当事方友好协商解决。

二、如争议在六个月内未能协商解决，当事任何一方有权将争议提交接受投资的缔约一方有管辖权的法院。

三、如涉及征收补偿款额的争议，在诉诸本条第一款的程序后六个月内仍未能解决，可应任何一方的要求，将争议提交专设仲裁庭。如有关投资者诉诸了本条第二款所规定的程序，本款规定不应适用。

四、该仲裁庭应按下列方式逐案设立：争议双方应各任命一名仲裁员，该两名仲裁员推选一名与缔约双方均有外交关系的第三国的国民为首席仲裁员。头两名仲裁员应在争议任何一方书面通知另一方提出仲裁后的两个月内任命，首席仲裁员应在四个月内推选。如在上述规定的期限内，仲裁庭尚未组成，争议任何一方可提请解决投资争端国际中心秘书长作出必要的任命。

五、专设仲裁庭应自行制定其程序。但仲裁庭在制定程序时可以参照解决投资争端国际中心仲裁规则。

六、仲裁庭的裁决以多数票做出。裁决是终局的，对争议双方具有拘束力。缔约双方根据各自的法律应对强制执行上述裁决承担义务。

七、仲裁庭应根据接受投资缔约一方的法律（包括其冲突法规则）、本协定的规定以及普遍承认的国际法原则做出裁决。

八、争议各方应负担其委派的仲裁员和出席仲裁程序的费用，首席仲裁员的费用和仲裁庭的其余费用应由争议双方平均负担。

第十条

如果缔约一方根据其法律和法规给予缔约另一方投资者的投资或与投资有关的活动的待遇较本协定的待遇更为优惠，应从优适用。

第十一条

本协定适用于在其生效之前或之后缔约一方投资者依照缔约另一方的法律和法规在缔约另一方的领土内进行的投资。

第十二条

一、缔约双方代表为下述目的应不时进行会谈：

（一）审查本协定的执行情况；

（二）交换法律情报和投资机会；

（三）解决因投资引起的争议；

（四）提出促进投资的建议；

（五）研究与投资有关的其他事宜。

二、若缔约任何一方提出就本条第一款所列的任何事宜进行磋商，缔约另一方应及时做出反应，磋商可轮流在北京和基多举行。

第十三条

一、本协定自缔约双方完成各自国内法律程序并以书面形式相互通知之日起下一个月的第一天开始生效，有效期为五年。

二、如缔约任何一方未在本条第一款规定的有效期期满前一年书面通知缔约另一方终止本协定，本协定将继续有效。

三、本协定第一个五年有效期满后，缔约任何一方可随时终止本协定，但至应提前一年书面通知缔约另一方。

四、第一至第十二条的规定对本协定终止之日前进行的投资应继续适用十年。

由双方政府正式授权其各自代表签署本协定，以昭信守。

本协定于一九九四年三月二十一日在北京签订，一式两份，每份都用中文、西班牙文和英文写成，三种文本同等作准。若解释上发生分歧，以英文本为准。

中华人民共和国政府代表
石广生
（签字）

厄瓜多尔共和国政府代表
迭戈·帕雷德斯
（签字）

大事纪年

1526 年　皮萨罗到达现今的厄瓜多尔海岸。

1532 年　皮萨罗曾委派塞瓦斯蒂安·德贝拉尔卡萨尔筹划征服厄瓜多尔地区的计划。

1765 年　基多城市民众发动反对宗主国中央政府的暴力事件，史称“烧酒专卖局暴动”。

1822 年　5 月 22 日，苏克雷的军队在基多起义军的配合下，发动皮钦查战役，彻底打败了西班牙殖民军。两天以后，西班牙在基多的统治者阿伊梅里科宣布投降，厄瓜多尔获得独立，并于同年加入由玻利瓦尔建立的大哥伦比亚共和国。

1829 年　2 月 27 日，在大哥伦比亚共和国和秘鲁因领土争端而爆发的武装冲突中，苏克雷将军发动塔尔基战役，厄瓜多尔赢得塔尔基战役的胜利。这一天被定为厄瓜多尔陆军节。

1830 年　5 月 12 日，胡安·何塞·弗洛雷斯将军领导的南方区决定脱离大哥伦比亚共和国，宣布成立一个“自由和主权”的国家。几个星期后，第一届立宪大会在里奥班巴召开，大会最终决定新的国家取名为厄瓜多尔。弗洛雷斯当选厄瓜多尔共和国第一任总统。8 月 14 日，厄瓜多尔颁布了第一部宪法。

1835 年　6 月，代表商业资产阶级利益的自由派领导人比森特·罗加富埃尔特取代弗洛雷斯任总统。

1839 年　弗洛雷斯再次上台执政，颁布了一部新宪法，将总统任期延长至 8 年，并规定可以连选连任，为自己长期实行独裁统治铺平道路。

1840 年　西班牙承认厄瓜多尔为独立国家。

1851 年　7 月 25 日，何塞·玛利亚·乌尔维纳颁布一项著名法令，宣布奴隶制“是和共和制度不相容的”，“是对道德和文明的打击”，并宣布废除奴隶制。

1852 年　乌尔维纳任总统后，努力巩固沿海地区商业资产阶级与军队的联盟，进行一系列改革。

1859 年　厄瓜多尔各地建立了自治政府。

1860 年　保守党人加西亚·莫雷诺诺出任总统，实行长达 15 年之久的独裁统治。

1862 年　加西亚·莫雷诺与罗马教廷签订条约，把国家的教育权划归教会，教会取得了一切与宗教有关的事务的审判权，包括遗嘱、婚姻、财产继承、离婚和犯罪等。

1875 年　8 月 6 日，莫雷诺被人暗杀。在此后的 20 多年间，厄瓜多尔政局仍然一直动荡不安，军人控制着国家政治生活。

1887 年　3 月，厄瓜多尔与德国签署友好协定，建立外交关系。

1893 年　厄瓜多尔与美国建立领事级外交关系。

1918 年　厄瓜多尔与日本建立外交关系，并签署通航和航海友好条约。

1922 年　厄瓜多尔工人联合会诞生。

1924 年　贡萨洛·科尔多瓦当选总统，引起自由党的左翼、工人和因通货膨胀加剧而工资受到影响的青年军官的强烈不满。

1925 年　7 月 9 日青年军官联合发动政变，成立军人政府。后来军政府将权力移交给伊西德罗·阿约拉。在美国专家的协助下，阿约拉政府继续实行改革，建立了中央银行，由中央银行负责发行纸币。制定新货币法，为苏克雷重新定价，整顿汇率制度，调整农村税收，制定所得税法。采取促进工业发展的措施。在其政府任期内，产生了1929年宪法和第一个劳工法典。

1926年　厄瓜多尔社会党成立，但很快因内部矛盾陷入分裂，其中的一个派别从中分裂出来，于1931年创建了厄瓜多尔共产党，并加入第三国际。

1938年　62个工人组织联合组成了厄瓜多尔工人联合会，该联合会为制定劳工法进行了斗争。

1941年　7月，厄瓜多尔和秘鲁间爆发了武装冲突，厄瓜多尔战败，损失大片领土。

1952年　6月，普拉萨卸任，成为30多年来第一位成功结束任期的总统，贝拉斯科·伊瓦拉当选总统。

1956年　卡米洛·庞塞在伊瓦拉的支持下，战胜全国民主阵线的候选人劳尔·克莱门特·韦尔塔，当选总统。

1960年　贝拉斯科·伊瓦拉再次当选总统。

1961年　军人发动政变，推翻了贝拉斯科总统。

1964年　7月11日，军政府颁布了厄瓜多尔历史上第一部土改法，进行土地改革，废除瓦西朋戈制，消灭传统的大庄园，大量农民获得了土地。

1968年　贝拉斯科·伊瓦拉参加总统大选，并以微弱多数胜出。

1972年　在大选临近时，武装部队发动政变，推翻了贝拉斯科，并将政权交给陆军司令吉列尔莫·罗德里格斯·拉腊。

1974年　6月15日，厄瓜多尔—中国文化协会在瓜亚基尔市成立，成为厄中两国之间相互了解、友谊和合作的重要纽带。

1978年　11月，基多古城成为世界上第一个由联合国教科文组织宣布为“人类文化遗产”的城市。

1979年　4月，人民力量集中党候选人海梅·罗尔多斯·阿吉莱拉（Jaime Roldos Aguilera）当选为总统，从而结束了长达7

年的军人统治，开始了民主化进程。

1980 年　1 月 2 日，厄瓜多尔与中国建立外交关系。同年 7 月，中国在厄瓜多尔设立大使馆。翌年 7 月，厄瓜多尔在华设大使馆。

1981 年　1 月底，在孔多尔山脉与秘鲁发生边界冲突，所有的社会阶层都表示了支持，最后冲突在美洲国家组织的调停下得到解决。5 月 24 日，罗尔多斯总统因飞机失事遇难，基督教民主党人奥斯瓦尔多·乌尔塔多·拉雷亚（Osvaldo Hurtado Larrea）继任总统。

1986 年　国内发生军事叛乱。

1987 年　1 月，费夫雷斯和国防部长等人被扣押在瓜亚基尔市郊的空军基地。最后，事件得到和平解决。

1992 年　西斯托·杜兰·巴连·科多韦斯（Sixto Durán Ballén Cordovez）工程师上台执政。巴连政府实行新自由主义的经济改革，稳定汇率，紧缩财政，抑制通货膨胀，实行对外全面开放和自由贸易，恢复同债权国的正常关系，重新谈判债务。厄瓜多尔经济实现持续增长。

1994 年　6 月，国会通过了政府提交的农业部门整顿法，该法得到了农业商会的支持和参与。

1995 年　11 月 26 日，政府就国企私有化和公共服务问题举行全民公决，除了瓜亚斯省，其他各省均拒绝政府和企业界的计划。

1996 年　8 月，阿夫达拉·布卡拉姆·奥尔蒂斯（Abdalá Búcaram Ortiz）总统上台执政。由于布卡拉姆政府的经济政策不当和其他政治原因，国内各种矛盾激化，政治风波迭起。

1998 年　7 月，人民民主党候选人哈米尔·马瓦德·维特（Jamil Mahuad witt）在第二轮总统选举中获胜，并于 8 月 10 日就职。同年，政府颁布第 386 号政府令，建立了厄瓜多尔民族和部落发展委员会，作为管理民族事务的官方机构。

2002 年　“1·21”爱国社团党领导人卢西奥·埃德温·古铁雷斯·布尔布阿与帕恰库提克多民族团结运动结成竞选联盟，得到了人民民主运动的支持，在 11 月举行的第二轮总统选举中获胜当选，并于 2003 年 1 月 15 日正式就职。

2004 年　12 月 8 日，为了控制政局，摆脱危机，在政府授意和执政党“1·21”爱国社团党的策划下，议会以多数票解散了当时试图弹劾总统的最高法院，罢免了全部的 31 名法官。

2005 年　4 月初民众开始举行大规模的示威游行，发动“褴褛者”运动，抗议古铁雷斯干预司法和腐败的运动。古铁雷斯政府实施紧急状态，使得矛盾激化，抗议人群与警察发生了冲突，造成多人死亡。4 月 20 日，面对严重局势，国民警察司令决定辞职，不久军队也宣布收回此前给予古铁雷斯的支持。古铁雷斯总统被迫离开总统府，进入巴西驻厄瓜多尔大使馆，寻求避难。副总统阿尔弗莱多·帕拉希奥接任总统职务。

2006 年　拉斐尔·科雷亚·德尔加多（Rafael Correa Delgado）组建“主权祖国联盟运动”，制定公民革命纲领，提出进行政治、经济和社会变革的口号，参加大选，并在同年 11 月第二轮总统选举中，击败“制度革新党”候选人阿尔瓦罗·诺沃亚，当选总统，并于 2009 年和 2013 年两次连选连任总统。

2007 年　11 月，中厄两国旅游部门签署《关于中国公民组团赴厄瓜多尔旅游实施方案的谅解备忘录》。

2012 年　7 月，中厄两国举行政府间科技合作混委会第一次会议。

2013 年　中厄两国民航部门签署两国政府间航空运输协定。

2015 年　1 月，中厄建立战略伙伴关系，2016 年 11 月，两国关系提升为全面战略伙伴关系。

2016 年　11 月习近平主席访厄瓜多尔，成为历史上首次访问厄瓜多尔的中国国家主席。

2017 年　4 月，执政党主权祖国联盟运动候选人雷宁·莫雷诺·加尔塞斯当选总统，并于 5 月就职。9 月，莫雷诺总统上台后首次出访选择了美国，并参加了第 72 届联合国大会；10 月，厄瓜多尔总统雷宁·莫雷诺和秘鲁总统马丁·维斯卡拉在基多举行会晤，纪念两国签署和平协定 20 周年。

2018 年　2 月 4 日，莫雷诺政府推动修宪公投，获得高票通过。根据修宪公投，总统不得无限期连任。12 月，莫雷诺总统访问中国，双方围绕双边交流、捍卫自由贸易和多边主义、扶贫等问题进行了会谈，两国签署共同推进“一带一路”建设的谅解备忘录等双边合作文件，厄瓜多尔成为拉美加勒比地区第十六个正式加入“一带一路”倡议的国家。

参考文献

一　中文著作

E·布拉德福德·伯恩斯：《简明拉丁美洲史》，王宁坤译，湖南教育出版社，1989。

艾·巴·托马斯：《拉丁美洲史》，商务印书馆，1973。

奥·埃·雷耶斯：《厄瓜多尔简明通史》，商务印书馆，1973。

陈芝芸、徐宝华等：《发展中的"新大陆"——拉丁美洲》，世界知识出版社，1990。

陈自明：《拉丁美洲音乐》，人民教育出版社，2004。

陈作彬、石瑞元等：《拉丁美洲国家的教育》，人民出版社，1986。

高放：《耕海帆丛书：美洲大洋洲卷》，新华出版社，1998。

国际复兴开发银行/世界银行：《世界发展数据手册》，中国财政经济出版社，2006。

贺双荣：《中国与拉丁美洲和加勒比国家关系史》，中国社会科学出版社，2016。

洪育沂主编《拉美国际关系史纲》，外语教学与研究出版社，1996。

焦振衡：《外国象征标志手册》，新华出版社，1988。

莱斯利·贝塞尔主编《剑桥拉丁美洲史》第1卷，经济管理出版社，1995。

李春辉、苏振兴、徐世澄主编《拉丁美洲史稿》第3卷，商务印书馆，1993。

李春辉：《拉丁美洲史稿》，商务印书馆，1983。

李明德主编《简明拉丁美洲百科全书》，中国社会科学出版社，2001。

李明德主编《拉丁美洲和中拉关系——现在与未来》，时事出版社，2001。

孟淑贤：《各国概况（南美）》，世界知识出版社，1997。

欧亨尼奥·陈-罗德里格斯：《拉丁美洲的文明与文化》，商务印书馆，1990。

沙丁等：《中国和拉丁美洲关系简史》，河南人民出版社，1986。

宋晓平等：《西半球区域经济一体化研究》，世界知识出版社，2001。

托马斯·E. 斯基德莫尔、彼德·H. 史密斯：《现代拉丁美洲》，世界知识出版社，1996。

维·沃尔斯基主编《拉丁美洲概览》，中国社会科学出版社，1987。

夏丽仙：《拉丁美洲的印第安民族》，中国社会科学出版社，1997。

徐世澄主编《帝国霸权与拉丁美洲——战后美国对拉美的干涉》，世界知识出版社，2002。

徐世澄主编《美国和拉丁美洲关系史》，社会科学文献出版社，1995。

杨志敏：《回望拉丁美洲左翼思潮的理论与实践》，中国社会科学出版社，2018。

印卡·加西拉索·德拉维加：《印卡王室述评》，商务印书馆，1993。

中国社会科学院拉丁美洲研究所编《拉丁美洲历史词典》，上海辞书出版社，1993。

中国社会科学院世界宗教研究所编《各国宗教概况》，中国社会科学出版社，1984。

宗教研究中心：《世界宗教总览》，东方出版社，1993。

二 外文著作

Acosta, Alberto, *Breve Historia Económica del Ecuador*, Segunda

Edición, Corporación Editora Nacional, 2001.

Ayala, Enrique Mora, *Resumen de Historia de Ecuador*, Biblioteca General de Cultura, Quito, 2003.

Cepal (ed.), *Anuario Estadístico de América Latina 2006*, Cepal.

Cepal (ed.), *Anuario Estadístico de América Latina y el Caribe 2018*, Cepal.

Cepal (ed.), *Globalización y Desarrollo*, Cepal, Brasilia, Brasil, 2002.

Cepal (ed.), *Panorama Social de América Latina: 2001 - 2002*, Cepal, Santiago de Chile, 2002.

Cepal (ed.), *Situación y Perspectivas: 2002 - 2003*, Cepal, Santiago de Chile, 2003.

Díaz, Jaime marmolejo, *De China con Honor*, 2000, Guayaquil, Ecuador.

Economist Intelligence Unit (ed.), *Country Profile 2006: Ecuador*, Economist Intelligence Unit, Londom, United Kingdom.

Edipcentro (ed.), *Almanaque Ecuatoriano: Panorama 2003*, Edipcentro, Riobamba, Ecuador, 2003.

Falconí, Fander y julio Oleas, *Conomía Ecuatoriana*, Flacso, Sede Ecuador, Quito, Ecuador, 2004.

Jumandi (ed.), *Guía de Oro Ecuador 2015 - 2016*, Jumandi.

Lexus (ed.), *Historia del Ecuador*, Lexus, Barcelona, España, 2010.

López, Francisco Segrera, *América Latina 2020*, Escenarios, alternativas, estrategias, FLACSO, Temas Grupo Editorial, Buenos Aires, Argentina, 2000.

Lucio, Pablo Paredes, *La Dolarización: Un Amor Eterno?* Grupo Santillana, Quito, Ecuador, 2004.

Ortiz, Alfonso Crepo, *Arte Quiteño al Mundo.*

Planeta Colombiana (ed.), *Enciclopedia Ecuador a su Alcance*, Planeta

Colombiana, Bogotá, Colombia, 2004.

Schdt, David W., *Ecuador: An Andean Enigma*, Westview Press, INC.

Sierra, Enrique y Oswaldo Molina, *Ecuador: Su Pueblo*, Edarsi, Quito, Ecuador, 2000.

Vázquez, Lola y Napoleón Saltos, *Ecuador: Su Realidad* 2004 – 2005, Fundación "José Peralta", Décima Segunda edición, Quito, Ecuador, 2004.

"Calendario 2017", http://www.calendarioecuador.net/calendario-2017.html.

"Constitución de la República del Ecuador", Asamblea Constituyente, https://www.asambleanacional.gov.ec/documentos/constitucion_de_bolsillo.pdf.

"El Ecuador", Banco Mundial, https://datos.bancomundial.org/pais/ecuador?view=chart.

"El Ecuador", Grupo Andino, https://www.iadb.org/es/paises/ecuador/perspectiva-general.

"Enciclopedia del Ecuador", http://www.enciclopediadelecuador.com/calendario/.

"Fuerzas Armadas del Ecuador", Comando Conjuno, https://www.defensa.gob.ec/wp-content/uploads/downloads/2015/10/sep_15_sostenimiento-operacional-de-FFAA.pdf.

"Informe Institucional 2017", http://ejercitoecuatoriano.mil.ec/wp-content/uploads/2018/07/Informe_de_Gestion_2017.pdf.

"La Relación China – Ecuador en el Siglo XXI", https://editorial.iaen.edu.ec/wp-content/uploads/2017/09/La-relacio%CC%81n-China-Ecuador-en-el-siglo-XXI-ilovepdf-compressed.pdf.

"Listado Completo de Partidos Políticos del Ecuador", CNE, https://informacionecuador.com/listado-completo-de-partidos-politicos-del-ecuador-2017-cne-movimientos-organizaciones/.

"Plan Nacional de Desarrollo 2017 – 2021", https://www.planificacion.

gob. ec/wp – content/ uploads/downloads /2017/10/PNBV – 26 – OCT – FINAL _ 0K. compressed1. pdf.

"Sistema de Información del Ecuador", Ministerio Coordinador de Desarrollo Social, http://www. siise. gob. ec/share/cnsT2. html? 17&1701&undefined.

三 主要网站

中华人民共和国外交部，https://www. fmprc. gov. cn。

中华人民共和国驻厄瓜多尔共和国大使馆经济商务参赞处，http://ec. mofcom. gov. cn/。

Asamblea Nacional, República del Ecuador, https://www. asambleanacional. gob. ec/es.

El Banco Central del Ecuador, https://www. bce. fin. ec/.

El Comercio, https://www. elcomercio. com/tag/fenomeno – de – el – nino.

Instituto Nacional Estadístico y Censo, https://www. ecuadorencifras. gob. ec/ estadisticas/.

Ministerio de Comercio Exterior e Inversiones, https://www. comercioexterior. gob. ec/ estadisticas/.

Ministerio de Relaciones Exteriores y movilidad Humana, https://www. cancilleria. gob. ec/wp – content/uploads/2018/01/agenda _ politica _ 2017baja. pdf.

Servicio Nacional de Gertión de Riesgos y Emergencias, https://www. gestionderiesgos. gob. ec/sgr – confirma – la – presencia – del – fenomeno – del – nino – en – ecuador/.

索　引

新版《列国志》总书目

亚洲

阿富汗
阿拉伯联合酋长国
阿曼
阿塞拜疆
巴基斯坦
巴勒斯坦
巴林
不丹
朝鲜
东帝汶
菲律宾
格鲁吉亚
哈萨克斯坦
韩国
吉尔吉斯斯坦
柬埔寨
卡塔尔
科威特
老挝
黎巴嫩
马尔代夫
马来西亚
蒙古
孟加拉国
缅甸
尼泊尔
日本
沙特阿拉伯
斯里兰卡
塔吉克斯坦
泰国
土耳其
土库曼斯坦
文莱
乌兹别克斯坦
新加坡
叙利亚
亚美尼亚
也门
伊拉克
伊朗
以色列
印度
印度尼西亚
约旦
越南

非洲

阿尔及利亚
埃及
埃塞俄比亚
安哥拉
贝宁
博茨瓦纳
布基纳法索
布隆迪
赤道几内亚
多哥
厄立特里亚
佛得角
冈比亚
刚果共和国
刚果民主共和国
吉布提
几内亚
几内亚比绍
加纳
加蓬
津巴布韦
喀麦隆
科摩罗
科特迪瓦
肯尼亚
莱索托
利比里亚
利比亚
卢旺达
马达加斯加
马拉维
马里
毛里求斯
毛里塔尼亚
摩洛哥
莫桑比克
纳米比亚
南非
南苏丹
尼日尔
尼日利亚
塞拉利昂
塞内加尔
塞舌尔
圣多美和普林西比
斯威士兰
苏丹
索马里
坦桑尼亚
突尼斯
乌干达
赞比亚
乍得
中非

欧洲

阿尔巴尼亚
爱尔兰
爱沙尼亚
安道尔

奥地利
白俄罗斯
保加利亚
北马其顿
比利时
冰岛
波斯尼亚和黑塞哥维那
波兰
丹麦
德国
俄罗斯
法国
梵蒂冈
芬兰
荷兰
黑山
捷克
克罗地亚
拉脱维亚
立陶宛
列支敦士登
卢森堡
罗马尼亚
马耳他
摩尔多瓦
摩纳哥
挪威
葡萄牙
瑞典
瑞士
塞尔维亚
塞浦路斯
圣马力诺
斯洛伐克
斯洛文尼亚
乌克兰
西班牙
希腊
匈牙利
意大利
英国

美洲

阿根廷
安提瓜和巴布达
巴巴多斯
巴哈马
巴拉圭
巴拿马
巴西
玻利维亚
伯利兹
多米尼加
多米尼克
厄瓜多尔
哥伦比亚
哥斯达黎加
格林纳达
古巴
圭亚那
海地
洪都拉斯
加拿大
美国
秘鲁
墨西哥

尼加拉瓜
萨尔瓦多
圣基茨和尼维斯
圣卢西亚
圣文森特和格林纳丁斯
苏里南
特立尼达和多巴哥
危地马拉
委内瑞拉
乌拉圭
牙买加
智利

大洋洲

澳大利亚
巴布亚新几内亚
斐济
基里巴斯
库克群岛
马绍尔群岛
密克罗尼西亚
瑙鲁
纽埃
帕劳
萨摩亚
所罗门群岛
汤加
图瓦卢
瓦努阿图
新西兰

国别区域与全球治理数据平台

www.crggcn.com

“国别区域与全球治理数据平台”（Countries, Regions and Global Governance, CRGG）是社会科学文献出版社重点打造的学术型数字产品，对接国别区域这一重点新兴学科，围绕国别研究、区域研究、国际组织、全球智库等领域，全方位整合基础信息、一手资料、科研成果，文献量达30余万篇。该产品已建设成为国别区域与全球治理数据资源与研究成果整合发布平台，可提供包括资源获取、科研技术服务、成果发布与传播等在内的多层次、全方位的学术服务。

从国别区域和全球治理研究角度出发，“国别区域与全球治理数据平台”下设国别研究数据库、区域研究数据库、国际组织数据库、全球智库数据库、学术专题数据库和学术资讯数据库6大数据库。在资源类型方面，除专题图书、智库报告和学术论文外，平台还包括数据图表、档案文件和学术资讯。在文献检索方面，平台支持全文检索、高级检索，并可按照相关度和出版时间进行排序。

“国别区域与全球治理数据平台”应用广泛。针对高校及国别区域科研机构，平台可提供专业的知识服务，通过丰富的研究参考资料和学术服务推动国别区域研究的学科建设与发展，提升智库学术科研及政策建言能力；针对政府及外事机构，平台可提供资政参考，为相关国际事务决策提供理论依据与资讯支持，切实服务国家对外战略。

数据库体验卡服务指南

※100元数据库体验卡，可在“国别区域与全球治理数据平台”充值和使用

充值卡使用说明：

第1步 刮开附赠充值卡的涂层；

第2步 登录国别区域与全球治理数据平台（www.crggcn.com），注册账号；

第3步 登录并进入“会员中心”→“在线充值”→“充值卡充值”，充值成功后即可使用。

声明

最终解释权归社会科学文献出版社所有

客服QQ：671079496

客服邮箱：crgg@ssap.cn

欢迎登录社会科学文献出版社官网（www.ssap.com.cn）和国别区域与全球治理数据平台（www.crggcn.com）了解更多信息

图书在版编目(CIP)数据

厄瓜多尔 / 宋晓平，张颖编著. -- 2 版. -- 北京：社会科学文献出版社，2020.1

（列国志：新版）

ISBN 978-7-5201-5641-7

Ⅰ.①厄… Ⅱ.①宋… ②张… Ⅲ.①厄瓜多尔-概况 Ⅳ.①K977.6

中国版本图书馆 CIP 数据核字（2019）第 219018 号

·列国志（新版）·

厄瓜多尔（Ecuador）

编　　著 / 宋晓平　张　颖

出 版 人 / 谢寿光

责任编辑 / 郭白歌

文稿编辑 / 张　弦

出　　版 / 社会科学文献出版社·国别区域分社（010）59367078

地址：北京市北三环中路甲 29 号院华龙大厦　邮编：100029

网址：www.ssap.com.cn

发　　行 / 市场营销中心（010）59367081　59367083

印　　装 / 三河市尚艺印装有限公司

规　　格 / 开　本：787mm × 1092mm　1/16

印　张：22.5　插　页：1　字　数：333 千字

版　　次 / 2020 年 1 月第 2 版　2020 年 1 月第 1 次印刷

书　　号 / ISBN 978-7-5201-5641-7

定　　价 / 89.00 元